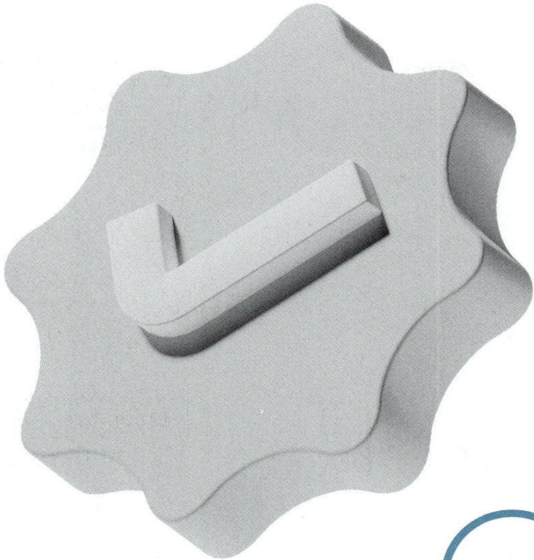

개정판

THE ORIGIN OF
CUSTOMER SATISFACTION AND SUSTAINABLE GROWTH:
QUALITY MANAGEMENT

고객만족과 지속가능성장의 원천
품질경영

김연성 · 정욱 · 박민재 · 유한주 지음

생능

고객만족과 지속가능성장의 원천: **품질경영**

초판발행 2019년 2월 28일
제2판1쇄 2025년 6월 16일

지은이 김연성, 정욱, 박민재, 유한주
펴낸이 김승기, 김민정
펴낸곳 (주)생능 / **주소** 경기도 파주시 광인사길 143
출판사 등록일 2014년 1월 8일 / **신고번호** 제2014-000003호
대표전화 (031)955-0761 / **팩스** (031)955-0768
홈페이지 www.booksr.co.kr

책임편집 이종무 / **편집** 신성민, 최동진 / **디자인** 유준범, 노유안
마케팅 최복락, 김민수, 심수경, 차종필, 백수정, 송성환, 최태웅, 명하나
인쇄 성광인쇄 / **제본** 일진제책사

ISBN 979-11-86689-59-2 93320
정가 31,000원

개·정·판·머·리·말

"품질경영이 고객만족과 지속가능경영의 원천임"에 품질 전문가들이 모여 이 책을 처음 펴냈던 2019년 초만 해도 ESG 경영이라든가 AI 대전환은 그리 널리 알려진 패러다임은 아니었던 것 같다. 심지어 코로나19의 확산은 아무도 예측하지 못했었다.

지난 5년여 동안 세상은 전혀 다른 양상으로 변화해 왔고, 기업 경영의 모습도 무척 달라지고 말았다. 복합 대전환 시대라는 용어를 동원해도 충분하지 않을 변화와 혁신의 시대를 살고 있다. 이런 변화 속에서도 기업 경영에서 변하지 않는 본질 중의 하나는 고객만족과 지속가능경영의 추구라고 하겠다. 이를 위한 품질경영은 기업의 경쟁력을 제고하는 가장 중요한 요인 중의 하나로 더욱 중요시되고 있고, 제품이나 서비스의 품질 수준을 높이기 위한 통계적 방법론의 적용과 관리는 물론 조직의 경영 품질 수준을 전반적으로 제고하기 위한 방안에 대한 관심과 연구는 더욱 심화하며 확산되고 있다.

초판에서 다루었던 주옥같은 주제를 살리는 동시에 그동안 새롭게 등장하여 자리 잡은 이론과 이를 증명하는 사례를 함께 개정판에 담으려 저자들은 한껏 촉각을 세웠다. 개정판이지만 마치 초판을 작업하듯 처음부터 하나하나 다시 살폈고, 또 그동안 독자님들이 보내주신 의견과 조언을 반영하여 꼼꼼히 수정 및 보완하였다. 이에 1부 품질과 경쟁력, 2부 전사적 품질경영, 3부 품질의 개선과 혁신에서는 장절의 제목은 그대로라도 그 내용은 사뭇 새롭게 변경하었으며, 4부 통계적 품질관리는 현업 적용성을 보다 높이기 위해 대폭적인 수정과 보완을 거쳤다. 그리고 분석과 판단에 도움을 주고자 부록의 내용도 충실화하였다.

이번 개정판에서는 초판과 마찬가지로 한 학기 강의에서 다루기에 적합하도록 총 4부 15장으로 구성하였다. 1부 품질과 경쟁력에서는 코로나19 이후 더욱 진전된 디지털 전환과 최근 급속히 진행 중인 AI 전환을 반영하여 기업 경쟁력에 미치는 품질의 영향을 보다 비중 있게 다루었다. 2부는 전사적 품질경영으로 말콤 볼드리지 국가품질상의 범주별로 개념과 의의 그리고 각각에 적합한 사례의 제시를 통해 기업의 경영 품질 수준을 제고하기 위한 방안을 낱낱이 설명하였다. 특히 이 부분에서는 새로운 사례를 추가하였다. 3부는 품질의 개선과 혁신으로 품질기능전개, 품질개선도구, 서비스 품질의 측정과 설계 등 주요 방법론을 알기 쉽게 해설하고 그 적용 사례를 포함하였다. 마지막 4부에서는 통계적 품질관리의 내용을 확충하여 관리도, 프로세스 능력 분석, 샘플링 검사 그리고 품질분임조와 6시그마까지 충실하게 다루었다.

이 책이 발간되어 독자들로부터 좋은 반응을 얻으며 여러 번의 추가 인쇄를 할 수 있었고, 이에 개정판을 발간하기까지 전 과정을 지원해 주신 생능의 김승기 대표님과 저자들의 생각과 의견 그리고 의도와 희망을 모두 다 활자로 표현하기 위해 노력한 편집부 전문가들께 저자들은 깊이 감사드린다. 아울러 이 책의 발간을 위해 저자들을 지켜봐 주신 저자들의 가족분들에게도 무한한 감사를 드린다.

2025년 풍요로운 계절에

저자들이 독자님들께

머·리·말

"품질경영, 제4차 산업혁명 시대를 맞아 다시 경쟁력의 중심으로 자리 잡다!"

품질경영은 조직에서 품질을 어떻게 경영할 것인가를 다루는 아주 의미 있는 학문분야라는 점에서 교수들에겐 좋은 연구의 주제이며 대상이다. 제조업이건 서비스업이건 또는 대기업이건 중소기업이건 관계없이 가치를 창출하는 과정에서 언제나 품질은 중요한 전략적 고려 요소이며, 기업의 경영자는 품질의 중요성을 누구보다도 잘 알고 있어서 어떻게 하면 품질을 높은 수준으로 끌어 올려서 경영성과를 높일 것인지에 고심한다.

우리는 지금 인류 역사상 가장 역동적인 변화의 시기를 살고 있음을 "제4차 산업혁명"이라는 표현을 통해 실감하고 있다. 훗날 역사가들이 정리하고 규정할 일이지만 지금 진행되고 있는 디지털 전환을 주목하여 새로운 산업혁명이 일어나고 있다는 점에 모두가 공감을 하고 있다. 패러다임이 완전히 새롭게 바뀌는 전환기를 경험하고 있다는 것은 한편으로는 고달픈 점도 있지만 다른 한편으로는 엄청난 기회를 맞이할 수 있다는 점에서 흥미롭다. 품질경영 분야도 지난 수십 년 동안 축적되고 발전되어 온 수많은 이론과 기법의 토대 위에 이제 디지털 전환이라는 새로운 변화를 받아들이면서 새로운 변화를 맞이하고 있다. 이를 두고 "품질 4.0" 이라고 부르며 이미 선진 기업에서는 품질경영의 새로운 지평을 열어나가고 있고, 불량은 더 이상 발생하지 않는 완벽한 제조와 서비스 창출 및 전달이 가능함을 예견하고 있다는 점에서 품질경영은 앞으로 엄청난 변화를 겪으며 발전해 나갈 것으로 기대된다.

저자들의 전공분야를 경영학과 산업공학으로 다양하게 구성한 것은 품질경영이라는 분야가 학제간(interdisciplinary)의 연구를 필요로 하는 특성을 가지고 있기 때문이다. 즉, 품질경영 전문서적은 경영학이든 산업공학이든 어느 한 쪽에 치우쳐서는 안 된다는 점을 고려하여 전공분야간의 균형을 잃지 않도록 노력하였다. 이러한 관점에서 저자들은 새로운 시대에 적합한 품질경영을 품질과 경쟁력, 전사적 품질경영, 품질의 개선과 혁신 그리고 표준화와 서비스품질의 4부로 구성하였다. 1부에서는 품질과 품질경영의 개념과 품질경영의 트렌드를 분석하였고, 품질비용과 기업경쟁력의 관계를 집중 조망하였다. 2부는 말콤 볼드리지 국가품질상 및 우리나라 국가품질상의 범주별 내용을 중심으로 전사적 품질경영을 다루었다. 제품이나 서비스의 품질도 중요하지만 좋은 상품을 만들어 내고 전달하는 경영의 품질 수준을 탁월하게 만들어 가는 품질경영시스템에 대해 사례와 함께 주요 이론을 충실히 설명하고자 노력하였다. 3부는 제품과 서비스의 설계 단계에서의 품질경영, 품질개선도구에 대한 이해, 관리도와 공정능력분석 그리고 품질분임조와 식스시그마 등 품질 개선과 혁신에 적용되는 이론과 방법론을 체계적으로 설명하고 사례를 제시하였다. 그리고 4부에서는 ISO 9001 등 표준화와 품질인증에 대한 고찰과 점차 중요성이 더해 가는 서비스산업에서의 서비스품질의 측정과 설계 방안을 설명하였다. 또한 통계적 사고의 기초를 부록에 수록하여 품질경영에서 기본적으로 파악해야 할 사항을 간략히 소개하였다.

처음 이 책을 저술하고자 4명의 저자들이 의기투합을 할 때엔 다소 모호해 보이던 제4차 산업혁명이 점차 현실로 다가오고 있고 이미 무언가를 실현해 내는 사례가 속속 등장하고 있어서 좀 더 새로운 관점과 이론 그리고 사례를 보완해야 한다는 숙제를 품은 채 지속적인 개선과 보완을 하기로 약속하며 이 책을 발간하기로 결정한 것은 어쩌면 이 순간에 선택할 수 있는 최선의 대안이 아닐까 싶다. 진화하고 발전하는 과정의 완성을 파악한 후에 이를 정리하기 보다는 함께 발전하며 함께 계속 만들어 가야 한다는 책임감을 갖고 서로를 격려하며 원고를 탈고하였다.

이 책의 기획에서부터 발간에 이르기까지 지리한 과정을 묵묵히 기다려 주고 또 때로는 긴박하게 조율해 가면서 좋은 책으로 만들어 주신 생능의 김승기 대표님과 편집부 전문가들에게 깊이 감사드린다. 혹시 있을 부족함은 저자들의 몫이고, 이를 채워갈 책무도 저자들에게 있음을 밝혀 둔다. 품질경영을 연구하고 강의하며 품질을 통해 국가 발전에 기여한다는 생각을 함께하는 저자들은 이 책이 나오기까지 도움을 주신 여러 분들에게 깊이 감사드린다. 아울러 연구와 집필에 몰두할 수 있도록 가까이에서 지켜보며 무언의 조언과 무한한 신뢰를 보내준 저자들의 가족에게 감사드린다.

2019년 기해년을 맞이하며

저자 일동

이·책·의·구·성

이 책은 품질경영의 핵심 이론과 실무적 적용 능력을 체계적으로 습득할 수 있도록 대학 강의용으로 기획된 교재이다. 총 4개의 파트(1부 품질과 경쟁력, 2부 전사적 품질경영, 3부 품질의 개선과 혁신, 4부 통계적 품질관리)로 구성되었으며, 총 15개의 장으로 세부적으로 나누어져 있다. 품질의 개념과 최신 품질경영 트렌드, 다양한 품질 개선 도구와 통계적 품질관리 기법까지 폭넓게 다루어 이론과 실무의 균형을 갖추었다.

1부에서는 품질경영의 정의, 품질비용의 개념, 기업 경쟁력과 품질경영의 핵심 요소를 학습하여 품질경영의 기초를 탄탄하게 구축한다. 또한 다양한 사례를 통해 품질경영의 실제 적용 방식을 익히게 된다.

2부에서는 리더십, 전략기획, 고객 중심 및 인적자원 관리, 측정과 분석, 지식경영 등의 내용을 다룬다.

3부에서는 품질기능전개(QFD), 품질개선도구, 서비스 품질 측정 및 설계와 같은 품질 개선과 혁신 기법들을 소개한다.

마지막으로 4부에서는 통계적 품질관리를 중심으로 관리도, 프로세스 능력 분석, 6시그마 기법 등을 중점적으로 학습하여 공정 상태의 진단과 변동성 관리 역량을 높이게 된다.

부록에서는 통계적 사고의 기초(부록 A), 엑셀을 활용한 관리도 작성(부록 B), 품질과 신뢰성(부록 C), 부표 활용법(부록 D) 등을 제공하여 본문의 학습 효과를 높이도록 구성하였다.

본 교재는 15주 과정에 맞추어 구성되었으나, 교수자의 필요와 목적에 따라 특정 내용을 생략하거나 추가할 수 있도록 유연하게 설계되었다. 특히 최신 품질경영 트렌드와 다양한 사례 연구를 통해 학생들이 실무 현장에서 바로 적용할 수 있는 품질경영 능력을 키울 수 있도록 구성했다. 본 교재의 최종 목표는 이론과 실무 역량을 겸비한 품질경영 전문가를 양성하는 것이다.

차·례

CHAPTER 13 프로세스 능력 분석

CHAPTER 14 샘플링 검사

품질경영

PART I 품질과 경쟁력

1

CHAPTER

품질 정의와 품질경영

학습 목표

- 품질의 정의를 이해한다.
- 품질의 차원을 상품과 서비스로 구분하여 파악한다.
- 새로운 품질의 차원을 공부한다.
- 품질경영의 3가지 핵심(시상모형, 모범사례, 인증제도)을 파악한다.
- 품질경영의 최신 트렌드를 살펴본다.

사례

경영의 전신 거울 – MB 모델(탁월한 성과를 내는 기준)

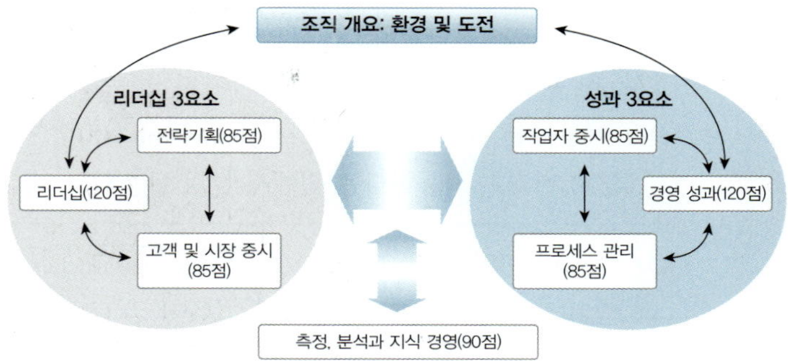

신 사장의 회사는 매달 월례 조회 후에 전 직원 대상 특강을 진행한다. 이번 달엔 기업의 경영 성과를 측정하고, 평가하는 기준인 '말콤 볼드리지 국가 품질상(MB) 모델'을 소개하려고 한단다. 우리나라에서 시행하는 거의 모든 시상 제도가 이 모델에 뿌리를 두고 있으며, 여러 기업이 이 모델로 큰 성과를 냈다는 얘기를 들은 모양이다.

걱정스러운 마음에 어찌 이렇게 쉽지 않은 주제를 아침 강의 소재로 골랐느냐고 물었다.

"MB 모델은 경영의 전신 거울이라고 생각합니다. 거울 본다고 예뻐지는 것은 아니지만, 우선 현재 상태가 어떤지를 잘 알아야, 예뻐지고 건강해지기 위한 방편을 마련할 게 아닙니까? 거울도 안 보는 사람이 예뻐질 수는 없죠."

MB 모델은 미국이 경제적인 어려움을 극복하고 국가 차원의 경쟁력을 강화하기 위해 만들어낸 최고의 경영 평가 모델이다. 1987년 제정된 이 모델은 유럽(1991년)과 일본(1996년)에도 전파되었고, 우리나라에도 1994년부터 국가품질상을 통해 소개되어 적용되었다. 회사가 잘 되기 위한 조건이 무엇인지를 알아야 노력도 할 수 있다는 게 신 사장의 생각이었다.

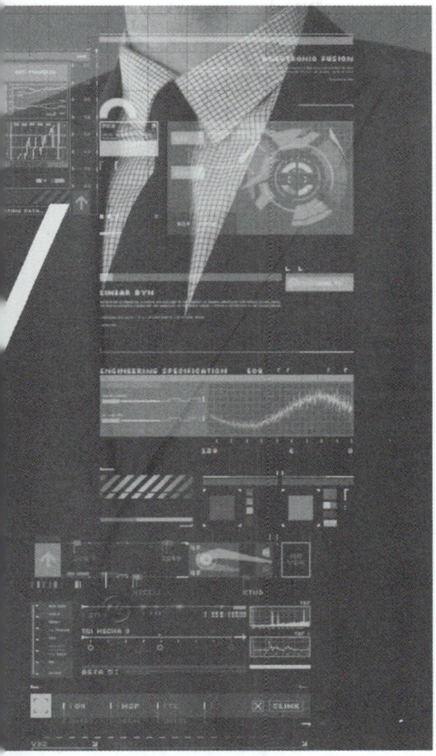

말콤 볼드리지 국가 품질상(MBNQA: Malcolm Baldrige National Quality Award) 모델

기업 경영 수준을 평가하는 기준을 통해 성과를 도출하는 모델로 경영 품질의 글로벌 스탠더드다. '시스템적 경영 방식'과 '지속적인 경영 성과'를 중시하는 것이 특징이며, 1) 리더십, 2) 전략기획, 3) 고객 및 시장 중시, 4) 측정, 분석과 지식 경영, 5) 직원 중시, 6) 운영 관리, 7) 경영 성과의 7가지 범주로 구성되어 있다. 1,000점 만점에서 700점 이상이면 월드 클래스 회사로 분류된다. 500점 이상은 업계 선두로 평가된다. 이는 계량적 비교가 가능하다는 점에서 널리 활용되고 있다.

출처: "경영의 전신 거울 MB모델", https://dbr.donga.com/article/view/1206/article_no/2762/ac/magazine

1.1 품질의 정의

1.1.1 품질의 다양한 정의

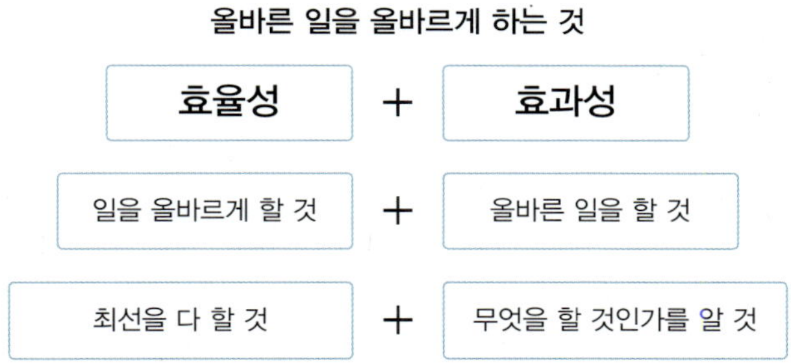

[그림 1-1] 품질의 정의

품질

품질은 무엇인가? 올바른 일을 올바르게 하여 전혀 불량이나 오류가 발생하지 않는 상태가 품질이라 하는 정의가 있다. 이는 효율성, 효과성이란 두 마리 토끼를 동시에 잡는 것이 바로 품질이라는 관점이다.

품질에 대한 다양한 정의가 역사적으로 등장해 왔고, 최근의 새로운 정의도 시대와 상황에 따라 거론되고 있어서 무척 다양한 관점에서 품질을 정의할 수 있다. 기업이나 조직에 비교적 일반적이며 잘 알려진 관리적 관점의 정의와 사회적, 문화적, 정치적 차원을 포함하는 포괄적 관점의 정의도 있다. 제품 기반의 접근, 제조 기반의 접근, 가치 기반의 접근, 사용자 기반의 접근은 관리적 관점의 정의에 해당되며, 통합적 접근과 이해관계자 접근 등은 포괄적 관점에 포함된다.

- 제품 기반 접근: 제품이 갖는 성질이나 성능으로 품질을 정의하려는 접근으로, 비교적 오랫동안 이 개념이 사용되었다. 특성이 더 많은 제품이 더 품질이 좋다고 판단하는 방식이나 개개인별로 어느 정도의 제품 특성을 원하는지가 다르다면 평가도 다르게 될 수 있다.
- 제조 기반 접근 – 생산자 관점: 제품의 규격이나 표준 등을 표시한 시방(specification)에 대한 일치 여부로 정의한다. 시방에 품질 측정의 기준을 제시하여 합격과 불합격의 판단 근거로 삼는다.
- 가치 기반 접근: 흔히 가치는 가격 대비 품질을 의미하며 최근에는 가성비(가

격에 대한 만족)라는 용어로 보다 널리 사용된다. 이 접근은 가치가 있는 것이 품질이 있다고 판단하는 정의이다.

- 고객 기반 접근 – 사용자 관점: 이는 고객의 기대와 고객의 사용 경험의 차이를 근거로 하여 품질을 평가하려는 접근이다. 고객의 기대를 충족시켜 주거나 이를 뛰어 넘을 때 고객의 관점에서는 품질이 좋다고 판단한다.
- 통합적 접근 – 이해관계자 관점: 기업의 가치사슬 전반에 걸쳐 품질이 좋다고 느끼게 하는 것이 통합적 접근에서 강조하는 품질의 정의이다. 공급자나 고객은 물론 조직의 모든 분야에서 일하는 직원들도 품질이 좋다고 느끼도록 각 기능별 구성원의 관점을 통합적으로 이해할 필요가 있다. 좀 더 나아간다면 협력업체나 정부나 지역사회와 같은 포괄적인 이해관계자들의 관점과 입장도 함께 고려되어야 할 것이다.
- 판단적 접근: 품질의 개념을 우수성이나 탁월함과 동의어로 생각하는 접근이다. 탁월함은 추상적이고 주관적이고 평가자 의존적일 가능성이 높아서 이를 기준으로 평가하기에는 어려움이 있다는 한계가 있지만, 품질이 좋은 제품이 무엇인지를 개념적으로 설명하기에는 유용하다.
- 슬로건 접근: 품질이란 단어를 단순히 슬로건으로 이용하고 강조하는 접근법이다. 품질이 중요하다는 슬로건에는 아무도 반대를 하지 않겠지만, 실제적으로 현재의 품질 수준을 측정하여 개선방안을 도출하고 품질을 높이기 위한 혁신을 추진하기 위해서는 슬로건을 뒷받침하는 다소 구체적인 실행 개념이 병행되어야 한다. 슬로건에서 제시한 내용이 실제로 고객에게 전달되지 않는다면 고객들에게 다소 부정적인 영향을 미칠 수 있다는 점도 주의하여야 한다.

이 외에도 다른 방식으로 품질을 정의할 수 있다. 위키 백과에 따르면, 품질은 공장에서 생산된 제품이나 서비스 산업이 제공하는 서비스가 가지는 성질과 바탕을 의미한다. 또한, ChatGPT에 따르면, 품질은 제품이나 서비스가 고객의 기대와 요구를 얼마나 충족하거나 초과하는지를 나타내는 특성이라고 한다. 이는 성능, 신뢰성, 일관성, 안전성, 심미성 등 다양한 측면에서 평가되며, 고객만족도를 중심으로 판단된다고 한다. 이처럼 품질에 관한 다양한 정의가 있으나 어느 하나만이 정답이라고 할 수 없을 정도로 상황, 여건과 관점에 따라 적합한 정의가 있다는 점에 주목할 필요가 있다.

1.1.2 품질의 새로운 관점

세상이 빠르게 발전함에 따라 품질의 개념도 더욱 진화하고 발전해 간다. 기존의 품질 개념으로는 설명하기 어려운 새로운 현상이 등장함에 주목하여 새로운 품질 개념을 도입하려는 시도가 계속되고 있다. 전통적인 품질 개념에는 표준, 속도, 고객화 등이 포함된다고 하면, 새로운 품질 개념에는 경험, 참여, 공동창조, 공유, 지속가능성 그리고 쾌락적 속성까지 포함되어야 한다는 주장도 있다.

한편, 많은 기업에서 디지털 전환(DX)이란 AI 전환 시대를 맞이하여 품질을 재조명하고 있다. 실시간 관리 가능성, 품질정보의 투명성 확보, 품질 데이터의 정합성 확보가 가능하게 됨에 따라 이제 품질은 곧 무결점을 의미하게 될 것으로 기대된다. 즉, 현장에서 발생하는 품질이슈가 실시간으로 전사에 전달되고 관리되며, 기업 내부는 물론 공급사슬 전반에 걸쳐 품질정보가 투명하게 공유되고, 전반적으로 손실없이 품질데이터가 제공되어 분석되는 전혀 새로운 품질이 등장하게 되었다. 이를 두고 지멘스의 디지털 팩토리에서는 불량이 멸종되는 불량의 종말 시대가 열렸다고 설명하였다.

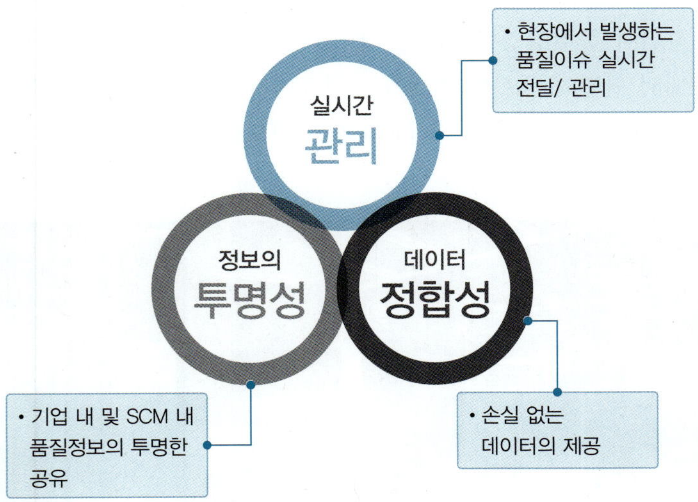

[그림 1-2] DX 시대의 3가지 품질 특성

출처: "Defects: A Vanishing Species?", http://www.siemens.com/innovation/en/home/pictures-of-the-future/industry-and-automation/digital-factories-defects-a-vanishing-species.html

[그림 1-3] 지멘스: 디지털 팩토리, 불량의 종말-불량 멸종의 시대

품질 4.0(Quality 4.0)

2018 ASQ 컨퍼런스(World Conference on Quality and Improvement, WCQI)에서는 본격적으로 4차 산업혁명 시대를 맞이하여 **품질 4.0(Quality 4.0)**이 품질의 미래를 대변하는 새로운 정의가 될 것이라고 강조하였다. 디지털 전환(DX) 시대를 맞이하면서 품질경영은 새로운 패러다임을 맞고 있다. 이미 현실로 다가온 DX 시대의 단면이 품질의 미래라는 발표에서 강조되었다. 심지어 품질 교육에 있어서도 과거의 전통적인 집합교육과는 별도로 온라인 강의가 널리 활용되

품질의 미래-품질 4.0과 디지털 전환 발표

품질의 미래-품질 4.0과 품질 도구 발표

[그림 1-4] ASQ 컨퍼런스-품질 4.0

고 있음에 대해서도 특별 강연을 통해 제시되었다. 그렇다고 모든 산업이 단번에 모두 4차 산업혁명 수준으로 변신하긴 어려운 상황이니, 아직 디지털 전환이 되지 않은 분야에서 적용할 품질경영의 원칙과 방법은 유지하되, 새로운 패러다임의 전환에 따른 새로운 방법론과 이론의 적용은 꼭 필요한 상황이 된 것으로 이해된다.

품질(quality)은 사실상 생산과 직접적으로 연관되어 있는 부분이다. 오늘날 품질은 단순히 제품의 상태를 의미하는 것을 넘어 제품 생산의 초기단계인 제품 설계에서부터 판매 후의 서비스까지를 모두 포함하는 개념이다. 품질은 모든 부분을 아우르는 매우 포괄적인 개념으로 이해된다. 4차 산업혁명의 기술을 현재 기업이 안고 있는 품질 문제에 적용하고 그에 대한 해결을 통해 가치를 생성하는 것이 품질이 될 것이다. 즉, 품질 4.0은 기술 측면만을 의미하는 것이 아니라 그 기술을 이용하는 사용자의 가치를 극대화하기 위한 프로세스라고 하겠다.

디지털 전환(DX)은 어김 없이 품질 분야에도 적용될 것이지만, 그렇다고 그 내용이 단지 기술에만 국한되는 것은 아니고 그보다 더 중요한 것은 경영진의 리더십이나 직원의 참여와 몰입 그리고 기업의 문화 등이 될 것이다.

DX 시대의 품질은 품질 4.0으로 진화하고 있다. 품질은 어떻게 품질 4.0으로 변화하고 있는가? 연결되고 통합되며 자동화되는 디지털 시대를 맞이하여, 품질은 어떻게 달라지고 있는가? 디지털 시대에 품질도 전환할 필요가 있음에 이미 공감이 형성되어 있으며, 품질 4.0(Quality 4.0)은 4차 산업혁명 시대의 품질의 새로운 상황을 설명하는 대표적인 개념으로 자리잡고 있다.

품질 4.0은 처음에 제대로 잘 하라는 기본 원칙의 적용은 물론 주어진 예산으로 매번 제시간에 수행하라는 거의 불가능한 미션을 동시에 달성하는 길을 열고 있다. 품질 전환은 여러 제약조건의 극복과 성공요인의 적용을 통해 실현될 것으로 기대되지만, 결국 생산성의 향상, 불량의 절감, 원가의 최적화 그리고 보다 나은 고객경험의 제공이라는 기업의 운영 성과 달성으로 연결될 수 있다는 점에서 점차 관심의 초점이 되고 있다.

Quality 1.0	Quality 2.0	Quality 3.0	Quality 4.0
QC	TQC	TQM	DQM
품질관리 Quality as Inspection	종합적 품질관리 Quality as Design	종합적 품질경영 Quality as Empowerment	디지털 품질경영 Quality as Discovery

[그림 1-5] 품질경영의 진화

기업 경영의 많은 분야가 변화하고 혁신하고 있는 가운데, 품질 분야도 어김없이 새로운 트렌드를 반영하는 혁신을 이루고 있다. 그 근간이 되는 활동 중에 품질 혁신을 고려할 수 있으며, 4차 산업혁명 시대의 디지털 전환을 반영하는 품질 4.0이 그 중심에 서 있다. 4차 산업혁명의 맥락에서 품질은 가치 창출, 조직 학습, 조직 혁신, 지속가능성 및 새로운 통찰력을 가져오는 데이터의 발견과 더 큰 관련성을 갖는 중요한 요인이 되고 있다.

품질 4.0은 디지털 전환의 시대에 품질경영의 디지털화를 지원하는 것으로 탁월한 품질을 달성하기 위해 디지털을 접목하는 것이 관건이고, 코로나 상황을 계기로 그 확산과 실천의 경향은 더욱 가속화되고 있다.

품질 4.0의 3대 핵심 내용은 예방관리, 대응관리 그리고 품질 문화의 정착이다.

첫째, 예방관리는 제품의 설계에서부터 품질에 대한 이슈를 고려, 생산라인 투입 이전에 사전적으로 예방하는 전향적인 품질관리, 빅데이터 분석과 이를 통한 사전적 대응을 의미한다.

둘째, 대응관리는 제품이 사용자의 손에 들어간 이후의 품질 문제까지 고려하며, 사후 품질관리에 해당된다. 품질 문제의 발생 시에 기민한 대처와 지속적인 문제 해결 능력, 문제를 측정하고 근본적인 원인을 찾기 위한 지표 설정과 관리, 혁신 기술 도입을 통한 개선, 고객에게 정보전달(교육) 및 소통 등을 하는 능동적인 품질관리를 포함한다.

셋째, 품질 문화의 정착은 제품의 설계에서 사용자에 이르기까지 기업의 전반적인 활동 기반을 마련하고, 기업 내 품질 전담부서의 역할을 강화하며, 이를 중심으로 주도적인 문제 해결을 추진하는 거버넌스의 마련과 운영을 의미한다.

품질경영의 진화 단계에서 품질 4.0은 발견으로서의 품질(Quality as Discovery)

의 단계에 해당된다. 이제는 품질이 새로운 시장 기회나 고객의 니즈를 찾아내는 새로운 의미의 도구가 될 수 있다는 점이 품질 4.0의 또 다른 의의이다. 고객의 소리나 불만과 불평에서 새로운 기회를 발견하는 과정이 기대된다.

1.2 품질 차원의 재조명

1.2.1 상품의 품질 차원

상품의 품질은 여덟 가지 차원을 가지며, 기업은 이 차원에 근거하여 경쟁을 한다는 1987년 가빈(Garvin)의 HBR(Harvard Business Review) 논문에서 상품의 품질 차원은 정립되었다. 가빈은 1984년 SMR(Sloan Management Review) 논문에서 처음 이 분석 틀을 제시하였고, 이를 발전시켜 품질의 차원과 경쟁의 방식에 대해 설명하였다. 어떤 상품이든 여기서 제시한 차원에 근거하여 경쟁을 하며, 어떤 경우엔 몇몇 차원에서는 다른 경쟁자보다 앞서지만 또 다른 차원에서는 경쟁자보다 뒤질 수도 있다. 그래서 기업은 이러한 상품의 품질 차원 중에 어떤 차원에 근거하여 경쟁을 할 것인지를 전략적으로 선택해야 한다.

- 성능(performance)
- 특징(feature)
- 신뢰성(reliability)
- 일치성(conformance)
- 내구성(durability)
- 서비스의 편의성(seviceability)
- 심미성(aesthetics)
- 지각된 품질(perceived quality)

출처: Garvin, D.(1987), "Competing on the eight dimensions of quality," Harvard Business Review, November, Vol.65, No.6.
(https://hbr.org/1987/11/competing-on-the-eight-dimensions-of-quality)

[그림 1-6] 가빈(Garvin)의 여덟 가지 상품품질 차원

여덟 가지 품질 차원의 각각의 내용은 다음과 같다. 사실 가빈은 이 차원들이 제품이나 서비스에 모두 적용된다고 설명하였으므로, 서비스품질과 대비되는 개념으

로 인식하기보다는 제품과 서비스에 모두 적용되는 것으로 보아야 할 것이다.

- 성능(performance): 상품의 주요 운영상의 특성으로 자동차라고 하면 가속능력, 속도, 안전성 등이 여기에 해당된다.
- 특징(feature): 상품의 2차적인 특성으로 자동차라고 하면 추가로 장착이 되는 옵션이나 내비게이션 서비스 등이 여기에 포함된다.
- 신뢰성(reliability): 상품이 제시된 사용환경에서 일정기간 동안 고장이 나지 않을 확률 등으로 측정되는 차원으로, 첫 번째 고장이 날 때까지의 기간이나 단위시간당 고장률 같은 지표로 관리된다. 자동차라고 하면 판매된 이후 처음 3개월 동안 고장을 조사하여 발표하는 J.D. Power 신차품질조사(initial quality study: IQS)가 이를 반영하는 것이다.
- 일치성(conformance): 상품의 설계와 운영 특성이 사전에 설정된 표준에 충족되는 정도를 의미하며, 자동차라고 하면 공장에서 자체적으로 조사한 불량률과 판매된 이후에 고객이 신고하는 불량 건수 등이 여기에 해당된다.
- 내구성(durability): 상품의 수명으로 기술적이며 경제적인 차원을 포함하는 개념으로, 자동차의 경우 예상되는 사용연한이다. 기술적으로 수리가 가능하다고 하더라도 비용이 너무 많이 들어간다면 실제로는 수명이 다한 것으로 보아야 할 것이다.
- 서비스의 편의성(serviceability): 서비스가능성, 속도, 친절, 역량, 수리의 편리성을 모두 포함하는 차원으로 신속하고 용이하게 상품을 수리할 수 있는 능력이며, 자동차의 경우 수리 요청을 할 때 몇 시간 내에 서비스를 받을 수 있는가와 수리 과정에서 얼마나 친절하게 응대하는가 등이 포함된다.
- 심미성(aesthetics): 시각, 촉각, 청각, 미각, 후각 등 오감과 관련된 상품의 품질 차원으로 주관적이며 개인의 판단과 선호를 반영하는 것으로, 자동차의 경우 조용한 자동차 엔진 소리나 신차 냄새 등이 여기에 해당된다.
- 지각된 품질(perceived quality): 고객은 제품이나 서비스의 특성에 대한 완벽한 정보를 갖고 있지 않기 때문에 간접적인 지표에 의존하여 판단하고 선택을 하게 된다는 점을 반영하는 주관적인 차원으로, 회사의 광고, 이미지, 브랜드 인지도 등을 통한 주관적인 평가를 의미한다. 자동차의 경우 이런 의미에서

고급 승용차 브랜드에 대해서는 막연히 품질이 좋다고 생각하는 것 등이 여기에 해당된다.

가빈은 이러한 여덟 차원 중에서 어떤 차원으로 경쟁을 전략적으로 할 것인지 결정하라고 제언하면서 동시에 전략적 오류를 조심하라고도 경고했다. 경영자들이 품질은 단지 생산 프로세스에서 관리가 될 수 있는 것이라고 편협하게 생각하지 말아야 하며, 고객의 니즈와 선호를 보다 적극적이며 강력하게 반영하여야 한다는 점을 잊지 말아야 한다고 강조했다. 품질은 풀어야 할 단순한 문제가 아니라 경쟁에서 승리하는 데 도움이 되는 기회이기 때문이다.

1.2.2 서비스의 품질 차원[1)]

산업과 경제의 성장과 발전에 따라 경제에서 차지하는 서비스의 비중이 점차 증가하고 서비스의 중요성이 증대함에 따라 서비스에 대한 연구도 활발하게 되었다. 품질 분야 역시 서비스에 대한 연구가 진행되었고 가장 대표적인 서비스품질 연구는

〈표 1-1〉 PZB의 다섯 가지 서비스품질(SERVQUAL)의 차원

구분	차원	구성 내역(예시)
서비스산출	신뢰성(Reliability)	서비스 약속시간의 준수 고객 문제해결을 위한 자세
서비스프로세스	확신성(Assurance)	직원의 친절도 직원의 업무지식
	유형성(Tangibles)	건물, 시설 등의 외관 직원의 복장
	공감성(Empathy)	고객 개개인에 대한 관심 고객의 욕구 이해
	대응성(Responsiveness)	신속한 서비스 서비스에 대한 자발성

출처: Parasurman, A., Zeithaml, V.A. and Berry, L.(1985), "A Conceptual Model of Service Quality and Its Implications for Future Research", Journal of Marketing, Vol.49, No.4, pp. 41–50.
Parasurman, A., Zeithaml, V.A. and Berry, L.(1988), "SERVQUAL: A Multiple-Item Scale for Measuring Customer Perceptions of Service Quality," Journal of Retailing, Spring, pp.12–40.

1) 이에 대해서는 본서의 11장에서 상세히 살펴 볼 예정이다.

SERVQUAL

Parasuraman, Zeithaml, Berry(이하 PZB, 1985, 1988)에 의해 개발된 다항목 척도 SERVQUAL 모형이다. PZB는 이 모형에서 서비스품질의 차원을 다섯 가지로 제시하였고, 각 차원의 영문 앞 글자를 모아 RATER로 부른다.

고객이 서비스품질을 판단할 때의 다섯 가지 차원(RATER)은 다음과 같다.

- 신뢰성(reliability): 약속한 서비스를 믿음직스럽고, 정확하게 수행할 수 있는 능력
- 확신성(assurance): 믿음과 확신을 주는 직원 능력 및 지식과 호의
- 유형성(tangibles): 물적 시설, 장비, 인력, 통신의 확보
- 공감성(empathy): 고객에 대한 배려와 개별적인 관심을 보일 준비
- 대응성(responsiveness): 고객을 돕고 신속한 서비스를 제공하겠다는 의지

PZB는 무형의 서비스를 대상으로 서비스품질을 측정할 수 있는 SERVQUAL 모형을 제시하면서, 서비스품질의 차원을 이처럼 다섯 가지로 제시하였으나, 산업이나 기업의 특성을 반영하여 특화된 차원들이 추가되거나 변경되는 등의 후속 연구도 진행되었다. 예를 들면, 항공 산업에서는 안전(safety)이 강조되기도 하고 외식산업에서는 청결(cleanness)을 고려하기도 하며, 병원산업에서는 의료서비스의 개선정도(degree of improvements of care service) 등이 서비스품질 차원에 포함되기도 한다. 또한 인터넷 산업을 대상으로 한 E-SERVQUAL 모형에서는 사용편리성(ease of use) 등이 서비스품질 차원에 포함되며 확신성이나 신뢰성은 오히려 제외되기도 한다는 연구가 있다. 일반적인 서비스 산업에서는 기존의 SERVQUAL 모형의 다섯 가지 차원이 적용되겠지만, 새로운 서비스 산업에서는 새로운 차원으로 구성되는 서비스품질 모형이 적용될 수 있겠다. 새 술은 새 부대에 담아야 하듯, 이 분야의 발전이 기대된다.

1.2.3 새로운 품질 차원

그동안 상품과 서비스에 대한 품질의 차원에 대한 연구와 논의는 앞에서 살펴 보았듯이 가빈의 8가지 상품의 품질 차원과 PZB의 5가지 서비스품질 차원으로 정리될 수 있다. 그런데 새로운 상품의 등장과 고객의 니즈 변화 등에 따라 새로운 품질의

차원에 대한 검토와 연구가 필요하다는 연구가 등장하고 있으며, 그 가운데 대표적인 내용으로는 다음과 같이 10가지 차원을 제시한 본(Bohn, 2013)의 연구와 이를 보다 발전시킨 김연성(2020)의 연구가 있다.

〈표 1-2〉 새로운 품질의 10가지 차원

핵심 성능 Core Performance	리드타임 또는 대기시간 Lead Time or Waiting Time
특징 Features	심미성 Aesthetics
편의성 Convenience	개인적 이미지 Personal Image
신뢰성과 내구성 Reliability and Durability	고객화 Customization
서비스가능성 Serviceability	면대면 상호작용 Face-to-Face Interaction

출처: Bohn, Roger E.(2013), "Managing Quality", Harvard Business Publishing

이 가운데 핵심 성능, 특징, 신뢰성과 내구성, 서비스의 편의성(이를 새로운 차원에서는 서비스가능성으로 번역함), 심미성 등 5가지 차원은 가빈의 8가지 차원에 포함되었던 차원이며, 편의성, 리드타임 또는 대기시간, 개인적 이미지, 고객화, 면대면 상호작용 등 5가지 차원은 새롭게 제시된 차원이다.

- 편의성(convenience): 제품이나 서비스를 사용하는데 소요되는 시간의 양이나 관심의 정도이며, 편의성이 있는 제품은 한번에 제공되는 식품 패키지, 자체 검증하는 기계 등이다.
- 리드타임 또는 대기시간(lead time or waiting time): 주문과 실행 사이의 기간 또는 대기 시간 등이다. 레스토랑, 응급실 또는 온라인 쇼핑몰에서의 서비스 스피드 등이며, 또한 기다리는 동안 그 상황이 고객에게 얼마나 잘 공지되는가도 여기에 포함된다.
- 개인적 이미지(personal image): 사용자들이 어떻게 인지하는가에 따른 것으로, 시계나 핸드백에 붙은 디자이너의 라벨이 바로 이러한 차원에 해당된다.
- 고객화(customization): 제품이나 서비스가 개인적인 특별한 요구사항을 충족시켜 주는 정도이다.
- 면대면 상호작용(face-to-face interaction): 고객과의 커뮤니케이션, 서비스 제공자에 대해 고객이 느끼는 확신성, 서비스 환경에 대한 안정감 등을 포함

하는 차원으로, 코로나19 이후 비대면, 온택트 서비스 등의 등장으로 더욱 다양화되고 있다.

이처럼 품질 차원에 새로운 내용이 포함되고 있으며, 제품이나 서비스는 이러한 새로운 차원을 중심으로 경쟁한다. 모든 고객들은 특정한 제품이나 서비스에 대한 품질 차원에 대한 스스로의 선호도를 갖고 있다. 몇 가지는 매우 핵심적인 차원이 되고, 또 몇몇은 있으면 좋은 차원이며 나머지는 별로 신경도 쓰지 않는 차원일 수 있다. 고객의 만족과 지불의사에 영향을 미치는 특정한 품질 차원을 파악하여 이를 충족시켜주는 것이 경영자의 역할이며 능력이다.

〈표 1-3〉 품질 차원 비교

구분	상품의 품질 차원	서비스품질 차원	새로운 품질 차원	비고
연구자	가빈(Garvin)	PZB	본(Bohn)	
차원의 수	8	5	10	
차원의 구성	성능		핵심 성능	
	특징		특징	
	신뢰성	신뢰성	신뢰성과 내구성	공통
	일치성			
	내구성		신뢰성과 내구성	
	서비스의 편의성		서비스가능성	
	심미성		심미성	
	지각된 품질			
		확신성		
		유형성		
		공감성		
		대응성		
			편의성	신규
			리드타임, 대기시간	신규
			개인적 이미지	신규
			고객화	신규
			면대면 상호작용	신규
대상	상품	서비스	상품	

기존의 경쟁자들이 미처 충족시키지 못하던 차원을 발견하여 이를 충족시켜 주면서 시장에 새롭게 등장하는 기업들을 주목할 필요가 있겠다. 예를 들면, 아마존은 전혀 새로운 차원으로 경쟁하고 있다. 그 몇 가지 차원의 예는 다음과 같다.

- 핵심 성능: 아마존에서 책을 사는데 불과 몇 분밖에 안 걸린다. 전통적인 서점에 가서 책을 사는 데 대략 30분 이상 걸린다고 하면 이는 대단한 차이라고 하겠다.
- 편의성: 아마존에서는 매우 상세한 토픽에 대한 책도 무척 쉽게 찾아낼 수 있다.
- 고객화: 아마존은 대략 1백만 권 이상의 책을 구비하고 있어서 고객의 개인적 요구에 쉽게 대응할 수 있다.

반편에 아마존에서는 책의 실물을 바로 볼 수 없다는 점에서 면대면 상호작용은 다소 약하고 전통적인 서점에서처럼 마음에 드는 책을 바로 볼 수는 없고 며칠은 기다려야 한다는 점에서 신뢰성이나 심미성은 다소 부족하다. 이처럼 고객이 어떤 차원에 관심과 우선순위를 두느냐에 따라 품질의 차원 중에서 경쟁의 요소는 달라질 수 있다. 따라서 기업은 제품이나 서비스의 어떤 품질 차원을 경쟁의 주요 요소로 삼을 것인지 고객의 니즈 변화와 시장의 구조 변화를 주목하며 결정하고 대비하여야 할 것이다.

1.3 품질경영의 핵심: ABC

품질경영에서 등장한 중요한 변화를 ABC로 요약할 수 있다. A는 시상제도(award)이다. 가장 널리 알려진 시상제도는 말콤 볼드리지 국가품질상으로 대표되는 경영품질 모델이다. B는 세계적인 초우량기업의 성공 요인을 정리한 베스트 프랙티스(best practice)이며, C는 ISO9000 시리즈를 비롯한 인증제도(certification)라고 정리할 수 있겠다.

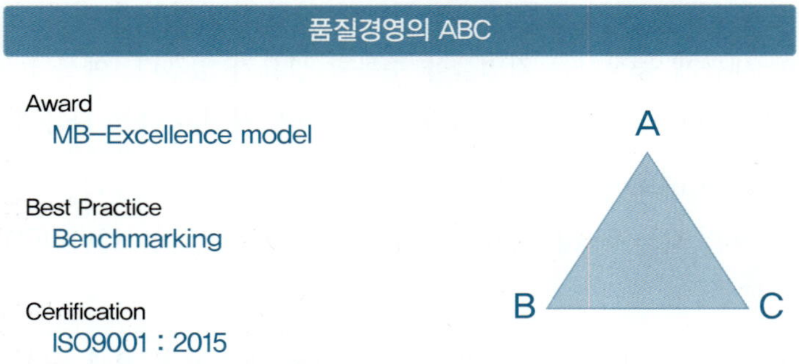

[그림 1–7] 품질경영의 3가지 핵심(시상모형, 모범사례, 인증제도): ABC

1.3.1 시상모형: 말콤 볼드리지 국가품질상 모델(MBNQA)[2]

말콤 볼드리지 국가품질상

경영의 품질을 측정하고 평가하기 위한 글로벌 기준 중에 대표적인 모델은 미국에서 개발된 **말콤 볼드리지 국가품질상**(Malcolm Baldrige National Quality Award, 이하 MBNQA, MB모델)의 기준이다. 유럽품질상, 일본경영품질상에 이르기까지 전 세계에서 경영품질 모델(Management Quality Model)이 확산되었고, 우리 나라에서도 MB모델의 기준을 국가품질상의 기준에 반영하여 왔다.

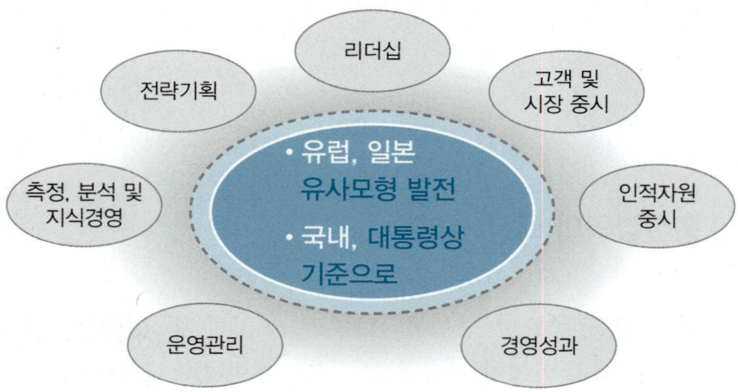

[그림 1–8] 말콤 볼드리지 경영품질 모델의 7가지 범주

MB모델 기준은 경영품질의 공인된 세계기준이자 많은 기업들에게 있어 가장 신뢰할 수 있는 자기평가기준이며, 또한 시스템경영의 교과서 역할을 하고 있는 것

2) 본서의 3~8장 참조

으로 알려져 있다. 이는 지금까지 어떤 경영평가시스템보다 경영의 다양하고도 상호 유기적인 매커니즘을 조화롭게 평가할 수 있게 설계되어 있기 때문이며, 경영성과를 높이기 위한 공인되고 검증된 모델이라는 점에서 의의가 있다. 우리나라 국가품질상의 구조도 MB상의 기준을 반영하여 7가지 범주로 구성된다.

상품과 서비스에 이어 경영에 적용되는 품질의 평가 기준은 리더십, 전략기획, 고객 및 시장중시, 측정, 분석 및 지식경영, 인적자원 중시, 운영관리 그리고 경영성과의 7가지 범주로 구성된다. MB 기준은 기업경영의 핵심을 제1범주(리더십)로부터 제7범주(경영성과)에 이르기까지 모두 일곱 가지 범주로 나누어 평가하는 시스템적 평가모델이다.

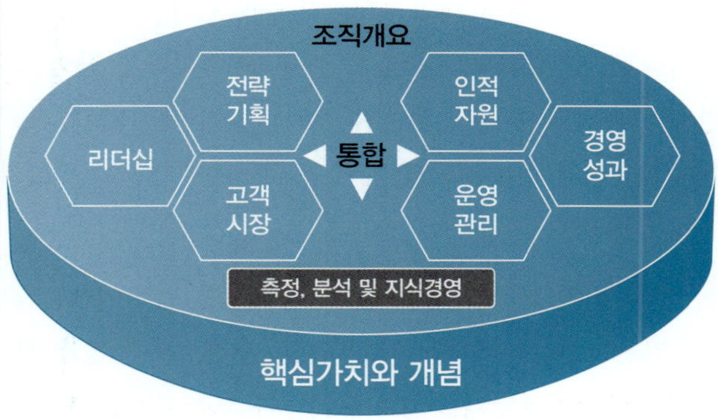

출처: http://knqa.ksa.or.kr/sites/knqa/files/국가품질상%20가이드북.pdf

[그림 1-9] 국가품질상의 구조 – 국가품질상 가이드북

우리나라 국가품질상은 미국의 MB상과 마찬가지로 7가지 범주로 구성된다.

- 리더십: 리더십 범주에서는 경영진이 조직을 어떻게 이끌고 지속가능하게 하는지를 평가한다. 또한 조직의 지배구조를 평가하고, 조직이 어떻게 윤리적이고 합법적인 활동을 수행하며 사회공동체를 지원하고 있는지를 평가한다.
  리더십 범주는 경영진의 리더십과 지배구조와 사회적 책임으로 구성된다. 경영진의 리더십에서는 비전과 가치, 커뮤니케이션과 조직성과를 평가하며, 지배구조와 사회적 책임에서는 조직의 지배구조와 합법적 및 윤리적 사업수행, 그리고 사회공헌을 평가한다.

- 전략기획: 전략기획 범주에서는 조직의 경쟁우위를 제고하기 위하여 전략목표를 어떻게 설정하는가를 평가한다. 또한 전략목표와 실행계획이 어떻게 전개되는지를 평가한다.
  전략기획 범주는 전략의 개발과 전략의 전개로 구성된다. 전략의 개발은 전략개발 프로세스와 전략목표를 평가하며, 전략의 전개에서는 실행계획의 개발과 전개 그리고 성과 추정 방안을 평가한다.
- 고객과 시장 중시: 고객과 시장 중시 범주에서는 고객과 시장의 요구사항, 니즈, 기대 및 선호를 어떻게 분석하고 활용하는가를 평가한다. 또한 고객관계를 어떻게 구축하며 고객확보, 고객만족, 고객충성도 및 고객유지, 그리고 사업 확장 및 유지를 위한 주요 요인을 어떻게 결정하는지를 평가한다.
  고객과 시장 중시 범주는 고객과 시장 지식과 고객관계와 고객만족으로 구성된다. 고객과 시장 지식에서는 조직이 어떻게 고객과 시장의 요구사항, 니즈, 기대 및 선호를 파악하여 현재 제품과 서비스에 연계시키고, 새로운 사업 기회를 창출하는가를 평가하며, 고객관계와 고객만족에서는 고객관계 구축과 고객만족 관리에 대해 평가한다.
- 측정, 분석 및 지식경영: 측정, 분석 및 지식경영 범주에서는 각 조직이 데이터, 정보 및 지식자산을 어떻게 선정, 수집, 분석, 관리 및 향상시키는지와 조직의 정보기술을 관리하는지를 평가한다. 이 부분에서는 조직이 이것을 어떻게 검토하고 조직의 성과를 향상 시킬 수 있도록 이용하는가를 평가한다.
  측정, 분석 및 지식경영 범주에서는 측정, 분석 및 조직성과의 개선과 정보, 정보기술 및 지식의 관리를 평가한다. 측정, 분석 및 조직성과의 개선에서는 성과의 측정과 성과의 분석, 검토 및 개선을 평가하며, 정보, 정보기술 및 지식의 관리에서는 정보자원의 관리와 데이터, 정보 및 지식의 관리에 대해 평가한다.
- 인적자원 중시: 인적자원 중시 범주에서는 인적자원의 잠재력을 활용하여 조직의 전사적 미션, 전략, 실행계획을 구현할 수 있도록 인적자원을 어떻게 관리하고 개발하는지를 평가한다. 이 범주는 인적자원의 잠재력과 수용능력을 평가하고, 높은 성과 달성에 도움이 되는 근무환경을 만드는 조직의 능력을 평가한다.
  인적자원 중시는 인적자원 관리 체계와 인적자원 복지와 근무환경으로 구성된다. 인적자원 관리 체계에서는 인적자원 충실화, 인적자원 개발 그리고 인적자원 헌신의 평가에 대해서 평가하며, 인적자원 복지와 근무환경에서는 인적자원 잠재력과 수용능력, 근무환경을 평가한다.

- 운영관리 중시: 운영관리 중시 범주에서는 조직이 핵심역량과 업무시스템 운영 효과를 어떻게 결정하고, 고객가치의 전달 및 조직의 성공과 지속성을 달성하기 위한 운영 효과와 주요프로세스를 어떻게 설계, 관리, 개선하는지를 평가한다. 또한 긴급사태에 대한 조직의 준비성도 평가한다.
  운영관리 중시 범주는 업무시스템의 설계와 업무프로세스 관리와 개선으로 구성된다. 업무시스템의 설계에서는 핵심역량, 업무프로세스 설계 그리고 긴급사태 대비를 평가하며, 업무프로세스 관리와 개선에서는 조직에 고객의 가치를 전달하고 조직의 성공과 지속성을 달성하기 위해 주요 업무프로세스의 관리와 개선에 대해 평가한다.

- 경영성과: 경영성과 범주에서는 조직의 업무수행과 주요사업영역(제품 및 서비스 성과, 고객중시 성과, 재무 및 마케팅 성과, 인적자원 중시 성과, 프로세스 성과, 리더십 성과)에 대한 조직의 성과와 개선에 대하여 평가한다. 또한 경쟁사와 대비한 상대적인 성과도 평가한다.

〈표 1-4〉 국가품질대상, 국가품질경영상(제조, 공공, 서비스 부문) 공통 심사기준

<table>
<tr><th colspan="2">심 사 항 목</th><th>배점</th><th>소 항 목</th></tr>
<tr><td rowspan="2">Ⅰ. 리더십
120</td><td>1. 경영진의 리더십</td><td>70</td><td>1) 비전과 가치
2) 커뮤니케이션과 조직성과</td></tr>
<tr><td>2. 지배구조와 사회적 책임</td><td>50</td><td>1) 조직의 지배구조
2) 합법적 및 윤리적 사업수행
3) 사회공헌</td></tr>
<tr><td rowspan="2">Ⅱ. 전략기획
85</td><td>1. 전략의 개발</td><td>40</td><td>1) 전략개발 프로세스
2) 전략목표</td></tr>
<tr><td>2. 전략의 전개</td><td>45</td><td>1) 실행계획 개발과 전개
2) 성과 추정</td></tr>
<tr><td rowspan="2">Ⅲ. 고객과
시장 중시
85</td><td>1. 고객과 시장 지식</td><td>40</td><td>1) 고객과 시장 지식</td></tr>
<tr><td>2. 고객관계와 고객만족</td><td>45</td><td>1) 고객관계 구축
2) 고객만족 관리</td></tr>
</table>

Ⅳ. 측정, 분석 및 지식경영 90	1. 측정, 분석 및 조직 성과의 개선	45	1) 성과의 측정 2) 성과의 분석, 검토 및 개선
	2. 정보, 정보기술 및 지식의 관리	45	1) 정보자원의 관리 2) 데이터, 정보 및 지식의 관리
Ⅴ. 인적자원 중시 85	1. 인적자원관리 체계	45	1) 인적자원 충실화 2) 인적자원 개발 3) 인적자원 헌신의 평가
	2. 인적자원 복지와 근무환경	40	1) 인적자원 잠재력과 수용능력 2) 근무환경
Ⅵ. 운영관리 중시 85	1. 업무시스템 설계	40	1) 핵심역량 2) 업무프로세스 설계 3) 긴급사태 대비
	2. 업무프로세스 관리와 개선	45	1) 업무프로세스 관리 2) 업무프로세스 개선
Ⅶ. 경영성과 450	1. 제품과 서비스 성과	100	1) 제품과 서비스 성과의 수준과 경향
	2. 고객 중시 성과	70	1) 고객 중시 성과의 수준과 경향
	3. 재무와 마케팅 성과	70	1) 재무와 마케팅 성과의 수준과 경향
	4. 인적자원 중시 성과	70	1) 인적자원 중시 성과의 수준과 경향
	5. 프로세스 성과	70	1) 프로세스 효과성 성과의 수준과 경향
	6. 리더십 성과	70	1) 리더십과 사회적 책임 성과의 수준과 경향

출처: http://knqa.ksa.or.kr/sites/knqa/files/국가품질상%20가이드북.pdf

MB상 2025년의 변화

MB상은 9개 섹션으로 구성된다. 첫 번째 섹션인 조직 개요(Organization Description)에는 나머지 8개 기준 섹션(범주)의 평가와 관련된 중요한 정보를 찾는 맥락 질문이 포함된다. 조직 개요의 질문은 평가 대상은 아니다.

다음 8개 섹션(범주)에는 3가지 유형의 질문이 포함된다. 즉, 문맥 질문, 결과 질문 그리고 과정(프로세스) 질문이 있다. 지침 및 기준 질문을 주의 깊게 읽고 완전한 답변을 제공하여야 한다. 과정 질문에 대한 답변 설명은 프로세스 평가 기준에 부응해야 하며, 프로세스가 정기적이고 반복적이며 평가에 따라 개선되었음을 보여야 한다. 결과 질문에 대한 답변은 결과 평가 기준에 부응해야 하며 최소 5년간의 추세 데이터를 보여야 하며, 관련 비교에 대한 성과를 포함해야 한다. 국가 차원의 롤 모델을 파악하려고 하기 때문에 관련 비교는 동급 최고 또는 상위 10%/상위 4분위 및 가능한 경우 경쟁자로 설정해야 한다. 조직은 MB상 수상자가 되기 위해 모든 영역에서 롤 모델 성과를 입증할 필요는 없다. 결과 또는 프로세스 질문에 완전히 응답할 수 없는 경우에는 이에 대해 그 이유를 설명해야 한다. 설명되지 않은 누락된 정보는 평가에 영향을 미칠 가능성이 높다.

9가지 수상 기준 범주는 조직 개요, 리더십과 거버넌스, 운영, 인력, 고객과 시장, 재무, 전략, 조직학습, 커뮤니티 관계로 구성된다. 5가지 결과 중심 기준 범주(리더십 및 거버넌스, 운영, 인력, 고객 및 시장, 재무)의 프로세스 질문에 대한 응답은 MB상 수상 최종 대상자에 대해서만 현장 방문 중에 평가된다.

출처: https://www.nist.gov/baldrige/baldrige-award/award-criteria

1.3.2 모범사례(Best practice benchmarking)[3]

정말 잘 나가는 기업이 어떻게 그렇게 잘 되었는지를 다른 기업들이 배우려 하는데, 그 중 최근에 널리 알려지고 활용되고 있는 것은 6시그마가 대표적일 것이다. 6시그마는 모토로라에서 처음 개발되었지만, 잭 웰치에 의해 GE에서 꽃을 피웠고 제조업은 물론 서비스업과 공공부문에 이르기까지 고르게 확산되어 왔다. 우리 나라 대기업들도 6시그마에 관한 한 세계적인 베스트 프랙티스를 많이 보여주고 있다고 하겠다. 품질경영 분야의 베스트 프랙티스가 알려지고 공유되며 확산되는 모습이 또 하나의 최근의 품질경영에서 주목할 사항이라고 하겠다. 6시그마

6시그마는 새로운 경영 방식으로 자리 잡았으며, 그 근간에는 전형화된 방법론의 정립도 한몫을 하였다. 6시그마의 방법론으로 가장 널리 알려진 DMAIC(Define, Measure, Analysis, Improve, Control)는 문제를 정의하고 측정하고 분석하여 개선하며 통제하는 절차를 따른다. 6시그마 프로젝트의 DMAIC 수행단계는 다음과 같다.

- 정의(define): 핵심품질특성(CTQ)을 파악하고 개선 프로젝트를 선정한다.
- 측정(measure): 측정방법을 확인하고, 현재의 CTQ 충족 정도를 측정한다.

3) 본서의 15장 참조

- 분석(analysis): CTQ와 그에 영향을 미치는 요인의 인과관계를 파악한다.
- 개선(improve): CTQ의 충족정도를 높이기 위한 방법과 조건을 찾는다.
- 통제(control): 개선된 상태가 유지될 수 있도록 관리한다.

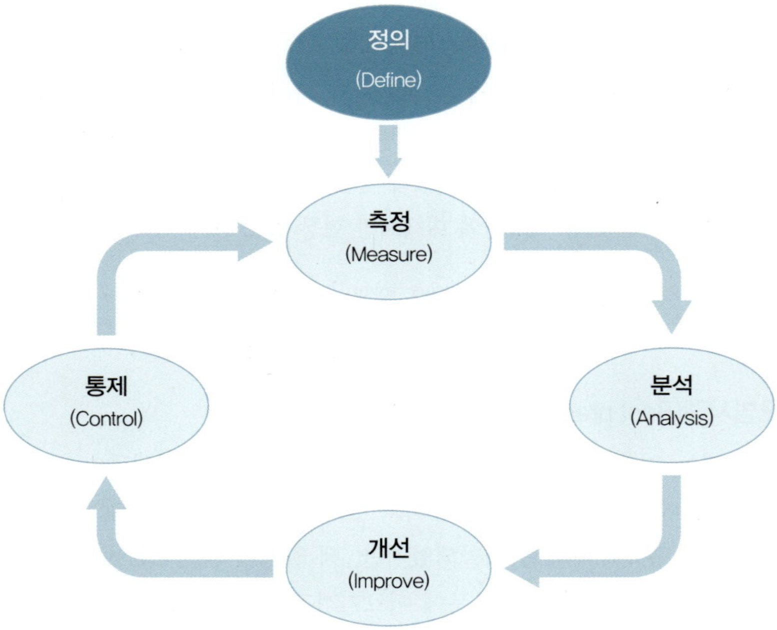

[그림 1-10] 6시그마 방법론: DMAIC

1.3.3 인증제도(Certification)

국제표준화기구가 제정한 경영시스템 중에서 가장 많이 알려진 것은 바로 품질경영시스템이다. 품질경영시스템이란 생산되는 제품과 서비스를 포함하여 업무 관행의 일관성과 그 향상을 도와주는 시스템이다. 이는 효율적인 품질경영을 성취하기 위한 절차를 명시한 규격서에 기초를 두고 있다. 품질경영시스템(Quality management system: QMS)은 기업이 소비자에게 제공하는 제품이나 서비스에 대해 높은 품질을 지속적으로 유지하고 이를 통해서 고객만족도를 극대화하기 위해 이용하는 것으로 대표적인 국제 표준은 ISO 9001이다. QMS는 기업의 품질관리 활동 중 기본적인 것 중 하나이며, 권위 있는 국제 표준으로 평가되고 있기 때문에 ISO 인증을 취득한 기업은 차별화된 경쟁력을 갖출 수 있다. ISO 9001로 대표되는 품질경영시스템은 고객에게 조직이 제공하는 제품 또는 서비스가 소비자의 요구사항을 만족시켰다는 사실의 입증을 목적으로 한다.

지금까지 ISO 9001은 1987년 최초 제정된 이후 여러 번 개정되었다. 가장 최근(2015년)에 개정된 ISO 9001:2015 규격의 특징은 ISO 경영시스템이 공통으로 가져야 할 기본 골격으로 '바람직한 구조'를 강조하였다. 기본 골격은 경영시스템의 기본 구조를 의미하며, 경영시스템 표준을 위한 것으로 ISO 기반의 여러 경영시스템 표준들이 조항의 구성과 본문의 표현방식이 달라 발생하는 혼란을 해소하기 위해 만든 기준이라 볼 수 있다. 바람직한 구조는 각 규격 간의 일관성을 유지하고 상위 레벨에서부터 하위 레벨에 이르는 공통의 항목을 나열함으로써 규격을 이해하는 데 도움이 된다. 이러한 새로운 표준으로 인해 조직은 수월하게 품질경영시스템(QMS)을 핵심 비즈니스에 투입하고 경영진의 참여를 이끌어 낼 수 있게 된다.

1987년 품질시스템에 관한 최초의 국제규격으로 제정된 ISO 9000 시리즈는 1994년에 1차 개정판, 2000년에 2차 개정판, 2008년에 3차 개정판, 2015년에 4차 개정판이 발행되어 현재에 이르고 있다. 일반적으로 개정판이 나온 연도를 ISO 시리즈 뒤에 붙여 개정판을 구분한다. 1994년에 개정 작업 후 나온 1차 개정판(ISO 9000:1994)에서는 관리대상을 생산품의 품질로 한정하였다. 기존의 '제품'의 개념이 제조업자가 만드는 생산품이라고 생각되었기 때문에 제조업 중심의 규격이라는 특징이 강했다. 2000년에 작업이 이루어진 2차 개정판(ISO 9000:2000)에서는 서비스업 등에도 적합할 수 있도록 넓은 의미가 포함되었다. 3차 개정판(ISO 9000:2008)에서는 품질시스템이라는 명칭이 품질경영시스템으로 확대되어 경영시스템이라는 용어가 사용되기 시작했다. 또한 제조업으로 국한되던 대상이 서비스업을 포함한 전 업종으로 확대되었고 품질경영시스템의 4대 요소로서 경영책임, 자원관리, 제품실현 및 측정, 분석 및 개선을 선정하고 고객만족이라는 목표를 달성하기 위해 PDCA 사이클 요소를 도입하였다.

ISO9000 시리즈로 대표되는 품질경영시스템은 품질 표준(standards)의 설정이라는 점에서 매우 의의가 있는 변화가 이루어졌다. 이러한 표준은 그 자체로도 중요한 의미를 지니지만, 가장 탁월한 성과를 추구하는 문화 구축의 첫 단계가 바로 품질표준에 있다고 인식하는 기업도 있고, 또 고객, 정부 또는 산업계의 규제 등의 제도적 압력에 의해 품질표준을 실행해야 하는 상황으로 인식하는 경우도 있다. 결국 표준의 도입과 실행은 다양한 이해관계자의 관점을 통해서 평가받고 그 장점이 강조되게 된다.

ISO 9001:2015

ISO 9001:2015가 과거 개정판과 달라진 점은 리스크에 기반한 사고와 성과 중심를 강조하였고 조직 및 조직의 상황 이해, 이해관계자 니즈 및 기대 이해, 리스크와 기회를 위한 활동, 조직의 요구사항 등이 추가되었다는 것이다.

다음 그림에서 보듯이 2015년 개정 단계에서는 리스크에 기반한 사고와 성과 중심을 강조하고 있고, 리스크 관리 프로세스를 신규 제정하는 등의 변화가 있다.

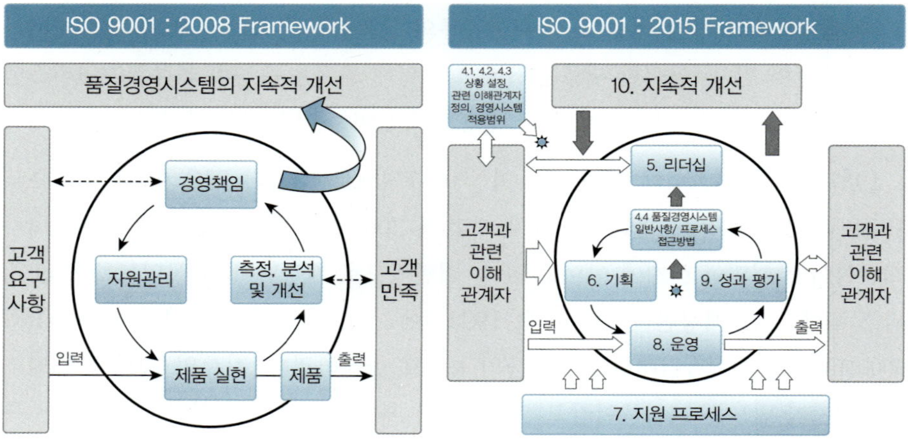

[그림 1-11] ISO 9001:2015 프레임워크과 개정 내역

과거 개정판에서도 조직관리에 대한 프로세스는 있었으나 조직의 상황에 대한 분석을 별도로 진행하지는 않았다. ISO 9001:2015에는 시스템에서 요구하는 프로세스를 구축하기 위해 리스크 관리 프로세스를 신규 제정하고 조직의 내부 또는 외부 상황을 분석할 대상에 대해 프로세스 관리기준을 정립하였다. 내부 상황으로는 자원의 충족성, 목표달성을 위한 전략, 업무 프로세스를 들 수 있고 외부 상황으로는 시장의 변화, 법적 및 규제적 요구사항, 기술의 변화 등의 내용을 포함시켰다. 또한 리스크 및 기회를 다루기 위한 조치가 추가되었다. 변경된 규격의 주요 내용 중 한 가지는 리스크 기반 사고에 관한 사항이다. 이전 규격의 예방조치 프로세스와 유사한 성격의 내용인데 예방조치 프로세스는 문제가 발생한 후 시정하고 예방하는 사후관리 측면으로 볼 수 있으나, 변경된 규격에서는 문제가 발생하기 전에

상황을 예측하여 예방조치 활동을 한다는 차이점이 있다. 조직의 상황분석 결과를 바탕으로 리스크 평가를 실시하여 리스크에 대한 예방활동을 실행하는 프로세스로 진행한다.

또한, 조직이 프로세스 운영과 서비스의 적합성을 달성하기 위해 필요한 지식을 정하고 지속적으로 유지되어야 한다는 내용이며, 지식은 경험 또는 개선에 의한 내부적인 지식과 표준, 컨퍼런스 등에서 수집된 외부적인 지식을 모두 포함한다. 결과적으로 조직의 지식은 조직의 역량을 파악하고 관리하는 프로세스로 생각하면 이해하기 쉽다.

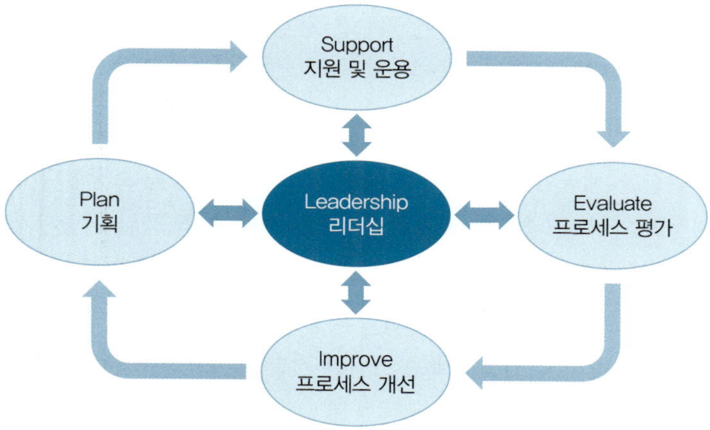

[그림 1-12] ISO 9001:2015 품질경영시스템의 구조

이전 규격에서도 여러 요건의 항목에서 언급되곤 했던 의사소통 항목이 변경된 규격에서는 하나의 프로세스로 정립되었다. 내/외부 의사소통을 위한 필요성을 결정하고 그 내용에는 의사소통의 대상, 시점, 공유대상을 구체화하여 관리한다.

1.4 품질경영의 트렌드

1.4.1 글로벌 품질 트렌드

스타트어스 인사이트는 2,515개의 글로벌 스타트업 및 스케일업 분석 자료를 통해서 도출된 품질경영 10대 트렌드와 20대 유망 스타트업을 발표하였다. 2024년 품질경영 10대 트렌드의 영향력 순위를 보면, 품질경영을 간단하고도 편리하게 하거나, 분석을 통한 통찰력을 제공하는 기술이 주목을 받고 있음을 알 수 있다. 대화형 경험, 더 나은 시각화, 분석, 교육 및 커뮤니케이션을 가능하게 하는 IoT 및 몰입형 기술이 품질관리 프로세스의 복잡성을 줄이는 기술이다. 아울러 컴퓨터 비전, 디지털 트윈, 빅데이터, 분석과 같은 기술은 품질관리 개선을 위한 데이터 중심 통찰력을 제공하는 유형이다.

그리고 블록체인 기반 기술은 제품 품질 및 공급망 정보를 기록하고 추적하기 위한 불변의 원장을 제공함으로써 품질 관련 정보의 무결성을 보장한다. RPA(로봇 프로세스 자동화)와 기술 중심의 지속적인 개선을 사용하면 품질 담당자가 일상적인 작업에서 벗어나 시정 및 예방 조치 구현에 집중할 수 있다. 클라우드 기반 품질경영 시스템(QMS)은 품질 데이터를 수집하고 분석하여 특정 품질 관리 요구 사항 및 목표에 부합한다. 그리고 제조업체는 이러한 기술을 사용하여 운영 전반에 걸쳐 폐기물 제로 전략을 통합한다.

4차 산업혁명 기술로 주목받고 있고 이미 활용이 되고 있는 AI, 분석, IoT의 발전은 품질경영 기술의 미래와 매우 밀접한 관련이 있다. 이러한 기술을 통해 실시간 모니터링, 예측 분석, 사전적 품질관리 조치가 가능해지기 때문이다. 예방관리와 대응관리 가능성 제고는 품질 4.0의 주요한 혜택이자 목적인데, 이러한 기술은 품질 전환의 핵심이다. 아울러 기술의 융합적 활용은 품질경영의 성과를 높여 생산성과 수익성 제고에 기여함은 물론 품질을 통한 경쟁력 강화와 확보의 중요성을 전사적으로 인식하게 되어 지속적인 개선과 품질 중시 문화의 조성에도 기여할 것으로 보인다. 이미 현장에서는 다양한 관련 기술이 적용되기 시작하고 있으며, 이를 통한 경쟁력 강화를 실현해 나가기 위한 방안을 강구하고 있다.

〈표 1-5〉 10대 품질경영 트렌드와 주목되는 스타트업

구분(영향력, %)	주목되는 스타트업
1. 몰입형 기술(16)	- Spiral Technology, 나선형 기술로 운영자 교육 단순화 - Toads, 온라인 사전 검사를 제공
2. 컴퓨터 비전(13)	- EasyODM.tech, 자동 육안 검사 가능 - Datature, 비전 기반 품질 관리 지원
3. IoT 품질관리(13)	- phinc, IoT 기반 프로세스 모니터링 솔루션 - InfyU LABS, 과일 및 야채 품질 보증 지원
4. 블록체인 추적성(12)	- Decapolis, 식품 안전 및 품질 추적 솔루션 개발 - Coronet Blockchain, 구매 품질 보장 소프트웨어 제공
5. 로봇 프로세스 자동화(11)	- Auxiliobits, 인간 품질 보증(QA) 테스트 에뮬레이트 - Omind Technologies, 직원 품질 분석 제공
6. 기술 중심의 지속적 개선(9)	- Juno, 실시간 생산 해상도 제공 - Kenda, AI 기반의 지속적인 개선 플랫폼 개발
7. 빅데이터 및 분석(9)	- Big Data in Manufacturing, 제조 공정의 가상 품질 관리를 위한 빅데이터 전문 관리 - Agmatix, 농업 모델링 발전
8. 클라우드 기반 QMS(8)	- BizReNow Solutions, 디지털 품질 관리 시스템 제공 - Visual QMS, 품질 문서 컴파일
9. 디지털 트윈 및 시뮬레이션(5)	- gemineers, 디지털 트윈의 적합성 평가 - Duality Robotics, 디지털 트윈 통합 플랫폼 제공
10. 제로 폐기물 전략 (4)	- Infera AI, 폐기물 제로 제조 목표를 지원 - TVARIT, 폐기물 최소화한 생산 공정 모델링

출처: StartUs Insights, "Top 10 Trends in Quality Management(2024)", 2023.09, 필자 정리

링크: https://www.startus-insights.com/innovators-guide/trends-in-quality-management/

1.4.2 미래 품질의 특징

새로운 디지털 기능, 운영 혁신 및 공공 가치 변화로 인해 기업이 품질을 관리하는 방식이 변화할 것이다. 가트너(Gartner)의 분석에 따르면, 리더는 품질을 혁신하기 위해 4가지 주요 특성을 채택할 필요가 있다고 한다. 우리가 살아가는 세상은 전에 없던 새로운 방식으로 재구성되고 있기 때문에, 리더에게 중요한 것은 더 이상 점진적인 혁신이 아니라 파괴적인 혁신이며, 이에 따라 새로운 미래 모습을 정의하고 대응하는 것이 필요하다. 이런 점을 감안하여 미래의 품질의 특성은 다음과 같이

전망된다.

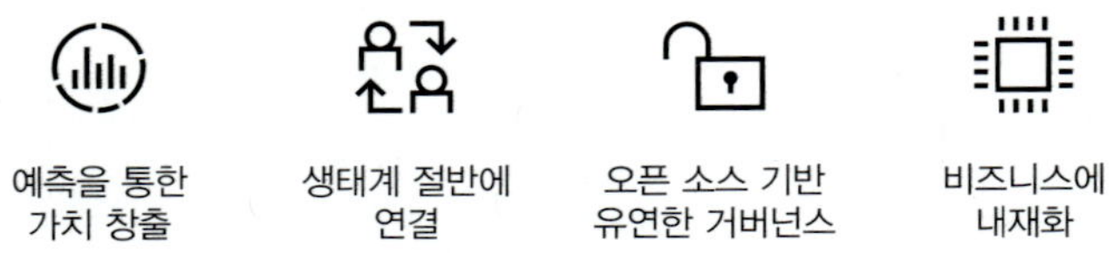

[그림 1-13] 미래 품질의 특징

출처: https://www.gartner.com/en/newsroom/press-releases/2021-10-27-gartner-reveals-four-key-characteristics-needed-to-future-proof-quality-management

첫째, 가치 전제 – 예측을 통해서 가치를 창출한다. 지금까지 품질경영의 가치 제안은 주로 알려진 고객 문제를 해결하고 완화하는 능력에 중점을 두었다. 이제는 DX 기술을 통해 문제가 발생하기 전에 그 문제를 예측하고 발견할 수 있게 되기에 이 가치 제안은 변경될 필요가 있다. 예측 기술은 점점 더 널리 사용할 수 있게 된다. 품질경영은 알려진 문제를 해결하는 것이 아니라, 알려지지 않은 문제를 예측하고 예방하기 위해 이러한 기술을 사용할 것으로 기대된다. 품질 4.0의 진가가 이런 측면에서 발휘될 수 있겠다.

둘째, 적용 범위 – 생태계 전반에 걸쳐 연결된다. 품질 리더는 생태계 전반에 걸쳐 품질 문화를 형성하고 제어가 아닌 조정을 통해 품질이 달성되도록 노력해야 한다. 그러나 생태계는 품질에 더 많은 위험을 수반한다. 그래서 리더는 혁신의 가치와 더 많은 파트너에게 발생하는 위험 사이의 균형을 유지해야 한다.

셋째, 거버넌스 모델 – 오픈 소스를 기반으로 유연하게 작동한다. 품질경영이 정착된 이후 경영환경은 더욱 복잡해지고 혼란도 잦아지고 있다. 그러니 기존의 중앙집중식 위험 관리에서 보다 유연하고 지역화된 접근 방식으로의 전환을 통해 더 많은 통제권과 소유권을 가질 필요가 있다.

넷째, 실행 전략 – 비즈니스에 장착되어 내재화한다. 전통적인 품질 관리의 견제와 새로운 균형 접근 방식은 종종 충돌할 수 있다. 새로운 작업 방식을 지원하기 위해 품질경영 내에서 모든 품질 지식을 중앙집중화하는 것은 더 이상 불가능하다. 그 대신 우수한 성과를 달성한 기술을 조직 전체에 공유하고 확산해야 한다. 미래에 품질경영 부서의 역할은 직원들이 민첩한 작업 스타일에 품질 절차를 원활하게 구현하도록 지원하는 코치 또는 컨설턴트의 역할을 하여야 한다.

4차 산업혁명과 코로나19 그리고 ESG 경영 등의 환경 변화로 우리는 기존에 익숙했던 경쟁구조와 방식이 해체되고 새로운 균형이 등장하는 지점이라고 지칭되는 전략적 변곡점을 맞고 있다. 이러한 글로벌 환경 변화에 대응하는 여러 방안 중 공통적인 대안으로 기업이 선택하는 혁신이 이 시기에 더욱 주목된다. 혁신을 통해 기존의 품질은 품질 4.0으로 변신하여 미래의 품질경영의 모습을 만들어 가야 할 것으로 기대된다.

1.5 이 책의 구성

이 책은 품질경영의 핵심을 품질과 경쟁력, 전사적 품질경영, 품질의 개선과 혁신 그리고 통계적 품질관리의 4부로 구성하였다. 1부에서는 품질과 품질경영의 개념과 품질경영의 트렌드를 분석하였고 품질비용과 기업경쟁력의 관계를 다루었다. 2부에서는 말콤 볼드리지 국가품질상 및 우리나라 국가품질상의 범주별 내용을 중심으로 전사적 품질경영을 다루었다. 3부에서는 품질의 개선과 혁신을 집중 조명하였다. 품질기능전개, 품질개선도구 그리고 서비스 품질의 측정과 설계 등을 중심으로 설명하였다. 그리고 4부에서는 통계적 품질관리의 기본 이론을 다루어 품질분석을 위한 지식을 제공하였다. 관리도, 프로세스 능력 분석, 샘플링 그리고 품질분임조와 6시그마 등을 설명하였다. 또한, 통계적 사고의 기초와 신뢰성 등을 부록에 소개하여 품질경영에서 기본적으로 다루어야 할 부분을 간략히 설명하였다.

각각의 장에서는 학습목표와 도입사례, 이론적인 설명과 더불어 해당되는 우수사례와 읽을거리를 제시하여 실제적인 학습에 도움이 되는 내용을 중심으로 설명하였으며 연습문제를 두어 각 장에서 공부한 주요 내용을 점검할 수 있도록 하였다.

〈표 1-6〉 이 책의 구성

구분	장	제목	내용
1부 품질과 경쟁력	01장	품질 정의와 품질경영	품질의 정의, 품질의 차원, 품질경영의 트렌드 등
	02장	품질비용과 기업경쟁력	예방비용, 검사비용, 실패비용 등
2부 전사적 품질경영	03장	리더십	경영진의 리더십, 지배구조와 사회적 책임
	04장	전략기획	전략의 개발, 전략의 전개
	05장	고객 중시	고객과 시장 지식, 고객관계와 고객만족
	06장	인적자원 중시	인적자원관리 체계, 인적자원 복지와 근무환경
	07장	측정, 분석 및 지식경영	측정, 분석 및 조직 성과의 개선, 정보와 정보기술 및 지식의 관리
	08장	운영관리 중시	업무시스템의 설계, 업무프로세스 관리와 개선
3부 품질의 개선과 혁신	09장	품질기능전개	QFD, 제품 및 서비스 설계
	10장	품질개선도구	파레토도, 친화도 등
	11장	서비스품질 측정과 설계	SERVQUAL
4부 통계적 품질관리	12장	관리도	다양한 관리도
	13장	프로세스 능력 분석	C_{pk} 지수 등
	14장	샘플링 검사	표준화, 안전품질, ISO
	15장	품질분임조와 6시그마	품질분임조, 6시그마
부록		A. 통계적 사고의 기초 B. 엑셀을 활용한 관리도 C. 품질과 신뢰성 D. 부표	

읽을거리

부여 송국리 유적의 집터는 유물을 토대로 기원전 7~6세기 전에 농경과 수렵에 기반을 둔 사람들에 의해 만들어진 것으로 추측되며, 청동기시대 사람들의 생활상을 보여주는 중요한 자료로 평가된다. 유적에서는 청동기는 물론 돌칼, 돌화살촉, 방추차, 돌도끼를 비롯하여 다양한 석기들도 출토되었다. 흥미로운 점은 제작 과정이 담긴 미완성 석기가 다수 출토되었다는 점이다. 석기의 제작 과정은 크게 4단계를 거치는데 4차 마무리 단계에서 실패하거나 사용 중 깨진 것으로 보이는 석기 조각도 다량으로 출토되었기에 석기의 제작 과정을 잘 보여주고 있으며, 불량품을 완성품과 구분할 수 있다는 점에서 지금으로부터 약 3천 년 전에도 작업장에서는 일종의 품질검사와 관리가 이루어졌음을 알 수 있다. 이처럼 품질에 대한 관심과 관리는 이미 우리 일상생활에서 오랫동안 적용되었던 것으로 보인다.

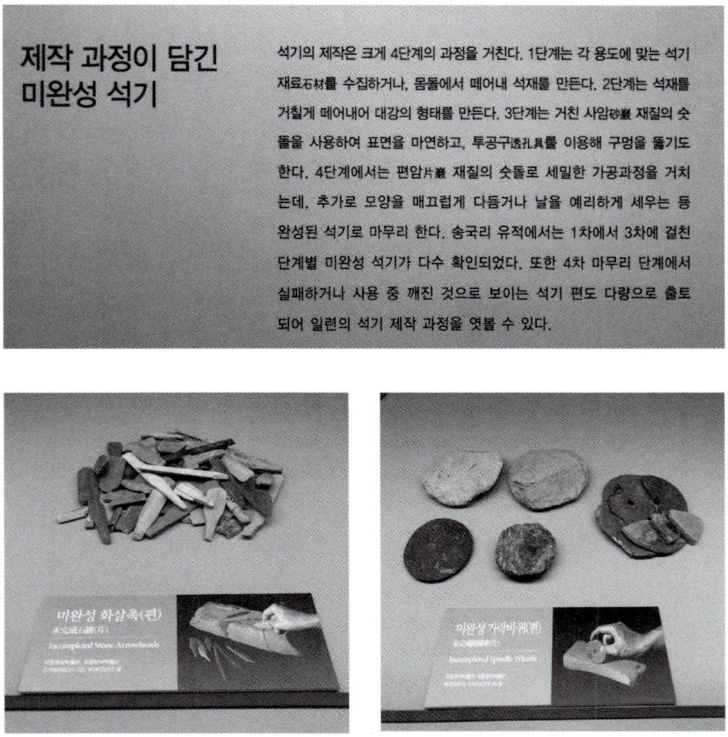

출처: 부여 송국리 유적 전시장에서, 김연성 촬영

[그림 1-14] 제작 과정이 담긴 미완성 석기와 품질관리의 흔적

연·습·문·제

1. 다양한 품질의 정의 가운데, 여러분이 관심이 있는 회사(예, LG전자)의 제품(예, LG 트롬 스타일러)의 품질은 어떻게 정의할 수 있을지 논의해 보자.

2. 새로운 시대를 맞이하여 여러분이 관심이 있는 회사의 제품 또는 서비스의 품질은 어떤 차원에서 정의하고 설계를 해야 적합한가? 품질의 10가지 차원(핵심 성능, 특징, 편의성, 신뢰성과 내구성, 서비스가능성, 리드타임 또는 대기시간, 심미성, 개인적 이미지, 고객화, 면대면 상호작용)을 참고하여, 관심 있는 회사의 특정 제품이나 서비스를 선정하여 분석해 보자.

3. 관심 있는 기업이나 공공기관에서 최근에 발생한 품질경영 관련 뉴스를 검색해 보고 그 내용을 설명해 보자.

4. 품질경쟁력이 있는 기업은 그렇지 않은 기업과 여러 가지 측면에서 차이점이 있다. 품질경쟁력에서 앞서 가는 기업이나 조직의 특징은 무엇인지 논의해 보자.

5. 최근 3년 내에 미국의 말콤 볼드리지 국가품질상 수상 조직 또는 우리 나라의 국가품질상 수상 조직 중에서 하나를 선택하여 그 기업의 경영성과를 파악해 보고 그 특징을 분석해 보자.

2 CHAPTER

품질비용과 기업경쟁력

학습 목표

- 기업의 경쟁력 향상에 영향을 미치는 품질비용의 개념, 기능, 분류에 대해서 설명할 수 있다.
- 최적품질비용 모델이 무엇이고 어떻게 해석하는지에 대해 설명할 수 있다.
- 품질비용의 측정과 분석에 대한 절차를 설명할 수 있다.
- 품질비용 모델 적용상의 난점과 해결책에 대해 이해한다.

사례

다시 살펴보는 '삼성 신경영 30주년' … '질 위주 경영, 진정한 품질 전환'

삼성전자가 품질 명가로 자리 잡기까지 전쟁하듯 치열하게 신경영을 선포하고 질 위주 경영을 실천해 왔다. 그런데, 품질경영이란 용어 대신에 질경영을 선택한 이유가 있을까?

품질(品質)이라고 하면 은연중에 제품의 질이 연상되는데, 이를 높이기 위해서는 조직 내 모든 구성원들의 생각과 행동이 바뀌어야 한다. 단순히 만들어지고 나서의 결과물에 대한 합격과 불합격을 따지기 전에, 설계와 구매 그리고 조립과 사용 등 전 과정에서 조금이라도 불량이 발생할 여지를 남기지 말아야 하기에, 품질에서 품을 떼어 낸 듯하다.

이런 철학은 "리더십부터 경영성과까지 모두 다 체계적으로 수행하고 개선해 나갈 때 경영의 품질 수준이 제고된다."는 미국의 말콤 볼드리지 국가품질상(MBNQA) 제정 정신과도 일맥상통한다.

그래서 신경영은 질경영이 되었다. 불량을 줄이고 품질을 높이는 일은 어쩌면 너무나 당연한 것이라 자칫하면 간과하기 쉽다. 수요가 증가하고 매출이 늘어나는 시점에서는 품질을 타협하고 싶어지기도 한다. 제조업의 핵심은 품질이고, 품질은 타협하지 않는다는 원칙이 잠시라도 조금이나마 흔들린 듯하면, 금방 위기가 찾아온다.

삼성전자에서도 이런 흑역사가 발생했다. 2016년 8월 3일에 공개한 스마트폰 갤럭시노트7 발화사고가 그것이다. 8월 초 출시된 갤럭시노트7은 당시 최신 기술의 집약체로 전 세계인의 주목을 받았다. 그러나 발화사고가 잇따르면서 삼성전자는 10월 단종을 발표하기에 이른다. 이 사건 이후 삼성전자의 스마트폰 설계 능력은 훨씬 안정성이 커진 것으로 평가된다. 단종으로 인한 기회 손실을 포함하여 7조 원 이상의 손실이 난 것으로 추산된다.

삼성전자 관계자는 "갤럭시노트7 발화사고는 삼성전자에게 있어 너무 가슴 아프고 소비자에게 죄송한 흑역사이긴 하지만, 이후 제품 설계부터 안정성을 최우선에 두고 있다는 점에서 삼성 스마트폰의 경쟁력을 한 차원 높여준 사건이기도 하다"라고 평가했다.

화와 복이 같은 문으로 들어온다는 뜻의 화복동문(禍福同門)을 생각나게 하는 대목이다. 리콜 사태를 품질 개선으로 극복하여 세계 1위로 발전시킨 사례이기 때문이다.

이를 위해 삼성전자는 2017년 3월에 CEO 직속의 글로벌 품질혁신실을 신설하였고, 배터리 공급을 하는 삼성SDI에도 2018년 7월에 CEO 직속의 품질보증실을 신설했다. 거기서 그치지 않고 R&D부터 완제품에 이르기까지 품질 제일주의 실천을 위한 특단의 조치로 위기를 극복해 냈다.

품질제일 실천의 길

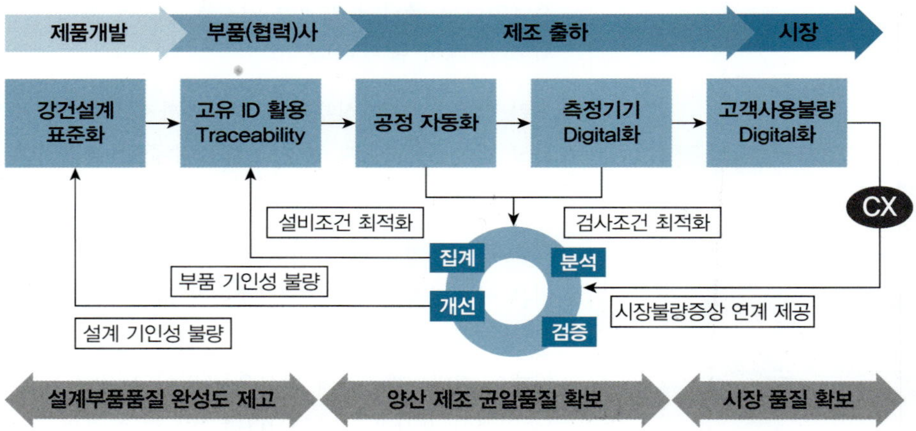

출처: 다시 살펴보는 '삼성 신경영 30주년' … '질 위주 경영, 진정한 품질 전환'
https://www.ksam.co.kr/p_base.php?action=story_base_view&s_category=_2_&no=1618

2.1 품질비용의 이론

2.1.1 품질비용의 개념과 기능

품질비용(quality cost)

'품질비용(quality cost)' 개념은 1951년에 출간된 "품질관리 핸드북(Quality Control Handbook)"에서 주란(J.M. Juran)이 회피가능 품질비용을 '금광에 묻힌 황금(gold in the mine)'으로 묘사한 데에서 비롯된다. 1953년 미국 필라델피아에서 열렸던 ASQC(American Society for Quality Control) 대회에서 GE에 근무하던 레써(W.H. Lesser)는 '품질비용(Cost of Quality)'이라는 논문을 발표하였다. 품질시스템의 유효성(effectiveness)을 높이기 위해서 최소의 품질비용을 추구하는 종합적 품질관리(TQC)를 파이겐바움(A.V. Feigenbaum)이 제창한 것은 1950년대 후반이다. 그는 TQC에 의해서 원가절감과 품질향상을 기할 수 있음은 품질비용의 분석을 토대로 하기 때문이라고 주장하였다.

전통적인 품질관리에서 추구하던 불량률, 결점수 등의 물량적 평가척도로는 경제적 품질관리를 이루는 데 한계가 있다. 품질을 화폐척도로 나타내고 이에 따라 품질개선활동을 측정, 평가하고 관리하는 능력을 갖춘 객관적인 평가척도는 품질경영에서 필수적 요소이다. 품질의 경제성 향상과 품질경영에서 전제되어야 하는 것은 경제성 평가이며, 이에 긴요한 평가척도는 품질비용이라 할 수 있다.

일치비용(cost of conformance)

불일치비용(cost of non-conformance)

품질비용(quality cost or cost of quality)이란 제품이나 서비스의 품질과 관련해서 발생되는 비용으로 기회비용을 포괄하는 개념이다. 즉, 품질비용에는 품질을 이룩하고 이를 관리하는 데 소요되는 일치비용(cost of conformance)과 품질불량 즉 품질이 일정수준(시방, 요구, 고객만족 등)에 미달되어 발생하는 손실, 즉 불일치비용(cost of non-conformance)이 포함된다.

품질비용은 품질이나 품질문제의 중요도를 화폐가치로 나타내고 불합리한 품질개선활동을 객관적으로 나타낼 수 있어 품질경영의 목적을 구체적으로 제시하고 품질개선활동을 객관적(화폐가치)으로 측정 및 평가할 수 있다. 또한 품질을 품질비용으로 제시함으로써 최고경영층이나 구성원들의 품질에 대한 관심을 불러일으키고, 불량을 손실이나 비용의 값으로 나타냄으로써 품질개선활동의 성과를 정확히 평가하고, 조치를 시급히 취해야 할 품질활동의 우선순위와 중점을 명확히 규명할 수 있다.

품질비용의 주요 기능을 이용주체별로 열거하면 다음과 같다.

- 경영자로 하여금 품질경영이나 품질문제의 중요성을 이해시키고 독려하는 데 필요한 정보와 지표를 제공하여 경영자원의 효과적 배분을 도모한다.
- 현장의 경영자나 관리자로 하여금 품질비용의 절감목표를 설정하고 이들 계획을 수립하는 데 필요한 정보와 지표를 제시한다.
- 품질의 문제가 어디에 있는지, 어느 정도 심각한지를 제시하여 현장관리자로 하여금 효과적인 해결방안을 모색하도록 한다.
- 경영자가 현장의 관리자나 구성원들로 하여금 야심적인 목표를 설정하도록 동기를 부여하고 아울러 목표를 달성하도록 한다.

2.1.2 품질비용의 분류

일치비용(cost of conformance)과 불일치비용(cost of non-conformance)은 다음과 같이 보다 세분화된다.

일치비용

예방비용(prevention cost: P-Cost)

- **예방비용(prevention cost: P-Cost)**: 결함발생을 방지하는 데 소요되는 비용으로서 교육훈련, 설계심사(design review), 예방정비, 협력업체 평가 등에 소요되는 비용이 포함된다.

평가비용(appraisal cost: A-Cost)

- **평가비용(appraisal cost: A-Cost)**: 제품이나 서비스가 규격이나 기준을 충족시키는지 확인하는 데 소요되는 비용으로서 시험, 검사, 계측기 관리 등에 소요되는 비용이 포함된다.

불일치비용

내부 실패비용(internal failure cost: IF-Cost)

- **내부 실패비용(internal failure cost: IF-Cost)**: 고객에게 상품이 전달되기 이전에 결함이 발견될 경우에 초래되는 비용으로서 폐기나 재작업 비용, 가동중단으로 인한 손실 등이 포함된다.

외부 실패비용(external failure cost: EF-Cost)

- **외부 실패비용(external failure cost: EF-Cost)**: 고객에게 상품이 전달된 이후에 결함이 발견될 경우에 초래되는 비용으로서 보증수리, 환불, 고객불만 처리, 리콜 등에 소요되는 비용이 포함된다.

〈표 2-1〉 품질비용의 예

일치비용(Cost of conformance)		불일치비용(Cost of non-conformance)	
예방비용 (P-Cost)	평가비용 (A-Cost)	내부 실패비용 (IF-Cost)	외부 실패비용 (EF-Cost)
품질교육 설계심사 공정관리 결함원인 제거 품질감사 예방정비 협력업체 평가	시험 측정 평가 수입검사 공정검사 출하검사 계측기 관리	폐기 재작업 수리 수율저하 가동중단 비계획 정비 제품등급 저하	반품 현장 출동수리 보증수리 및 교환 리콜 제품책임(PL) 고객불만 처리 불량보충 여유분

품질비용을 적게 들이고도 품질수준을 높일 수 있는 방법은 무엇일까? 이에 대한 답을 얻기 위해 가장 흔히 원용되는 것이 [그림 2-1]에 나타낸 '**1:10:100의 법칙**'이다. 최초에 올바르게 하기 위해 투입하는 예방비용의 크기를 1로 둔다면 처음에 제대로 하지 못해 발생한 결함을 찾는 데 투입하는 평가비용은 10배가 된다. 또한 검사를 통해서도 결함을 걸러내지 못해 잘못된 것이 고객에게 전달된다면 이를 사후 조처하는 데에는 100배의 비용이 들어간다는 것이다. 따라서 품질을 높이고도 비용을 줄이는 방법은 원류관리에 최선을 다하는 것, 즉 '**최초에 올바르게 하는 것(Do It Right The First Time: DIRTFT)**'이다.

1:10:100의 법칙

최초에 올바르게 하는 것 (Do It Right The First Time: DIRTFT)

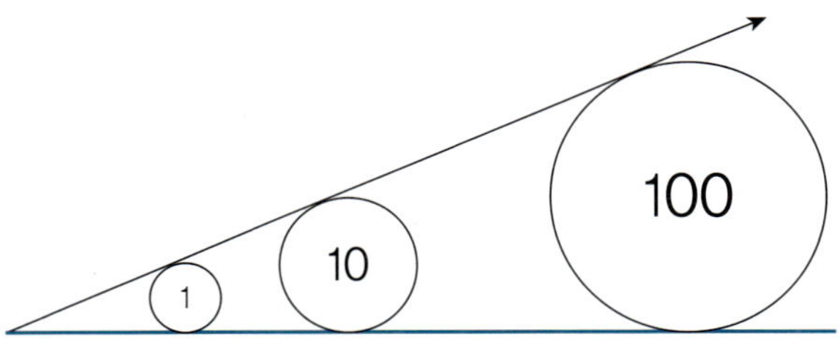

[그림 2-1] 1:10:100의 법칙

2.1.3 예방, 평가, 실패비용 간의 관계

품질비용에 대한 전반적 개념은 1951년에 발간된 주란의 역작인 "품질관리 핸드북(Quality Control Handbook)" 초판에 처음으로 소개되었지만 이를 널리 알린 것은 파이겐바움이었다. 그는 1956년 "하버드 비즈니스 리뷰"에 기고한 논문에서 전사적 품질관리가 경제적으로 큰 성과가 있는 이유를 설명하기 위해 '예방비용(prevention costs)'과 '평가비용(appraisal costs)' 및 '실패비용(failure costs)'이란 용어를 사용하였다 이후 이러한 용어의 사용이 보편화되었으며 품질비용을 이와 같이 분류하는 방식을 통상 'PAF 모델'이라고 한다.

파이겐바움은 결함이 발생하는 것을 원천적으로 방지하기 위해 예방비용을 조금만 늘리면 평가비용과 실패비용이 대폭 줄어든다고 주장하였다. 따라서 전사적 품질관리를 지속적으로 추진하면 시간의 경과에 따라 품질비용은 [그림 2-2]와 같이 변하므로 총품질비용이 줄어든다는 것이다.

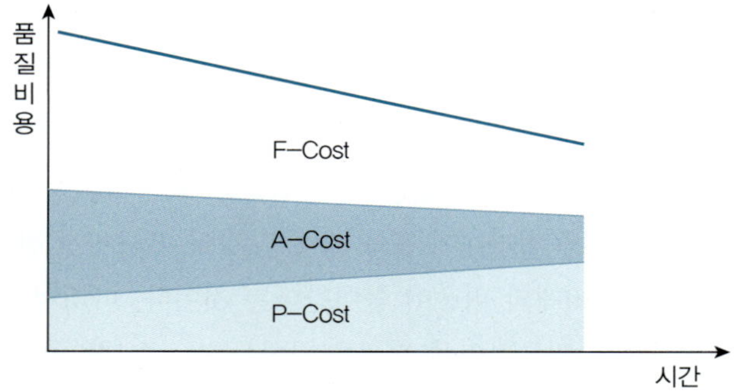

[그림 2-2] 예방, 평가, 실패비용 간의 관계

2.1.4 최적품질비용 모델

최적품질비용(optimal quality cost)

P, A, F 비용의 상관성을 이용하여 전체 품질비용의 합이 최소가 되는 최적품질수준을 모색할 수 있다. 즉, 예방비용과 평가비용을 독립변수로 하고, 실패비용을 종속변수로 하여 전체 품질비용이 최저가 되는 최적품질수준을 추구한다. **최적품질비용(optimal quality cost)**의 개념은 주란(J.M. Juran) 등이 품질비용의 최적화 모델로서 제시된 바 있는데 슈나이더만(A. M. Schneiderman)은 1986년에 이의 수정모델을 제안하였다.

[그림 2-3]에 제시된 주란의 전통적 최적품질비용 모델은 품질비용의 상쇄관계를 이용하여 전체 품질비용이 최소에 이르는 최적비용배분 상태를 그래프로 나타낸 것이다. 그는 이 최적품질수준의 개념을 이용하여 품질의 경제적 관리를 도모할 수 있는 '품질비용의 최적배분모델(optimum segment of quality cost model)'을 제

시하였다. 실패비용이 70% 이상이고 예방비용이 미미한 품질개선영역에서는 실패비용의 불량발생 원인을 중점적으로 제거하여 실패비용을 줄일 수 있다. 평가비용이 실패비용을 훨씬 초과하는 완전영역에서는 검사규격을 완화하거나 보다 효율적이고 경제적인 평가방법을 모색하여 평가비용을 줄인다. 이 이상의 유리한 대책이 없는 중립영역에 이르면 전체 품질비용은 최적수준에 이르렀다고 본다.

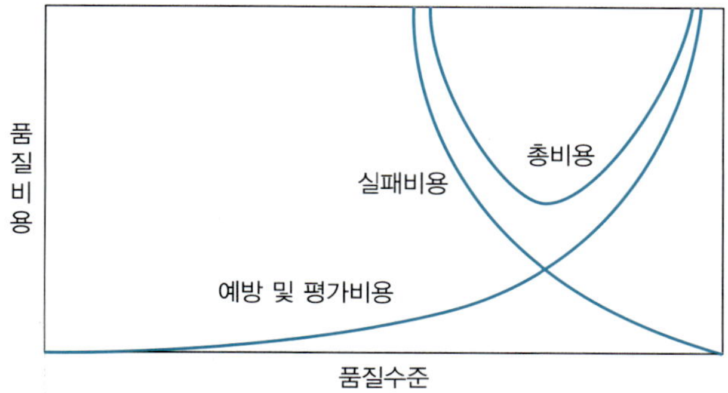

[그림 2-3] 주란의 최적품질비용 모델

주란의 전통적 최적품질비용 모델에서는 100% 양품 내지 완전무결에 가까운 품질수준은 경제적으로 기대하기 어렵다는 문제에 봉착하게 된다. 이에 슈나이더만은 "최적품질비용과 무결함(zero defects)은 양립할 수 없는가?"라는 명제 아래 "무결함에 이르는 최적품질수준(optimum quality level equals zero defects)" 모델을 [그림 2-4]와 같이 제시하였다. 슈나이더만은 지속적인 품질개선활동으로 5ppm(parts for million) 이하의 불량을 추구하는 일본기업(Yokogawa Hewlett-Packard)의 사례를 들어 완전무결에 가까운 품질수준을 최소의 품질비용으로 이룰 수 있음을 주장하였다. 즉, 불량제로에 이르는 증분비용이 증분이익보다 작다면 품질수준은 경제적으로 무결함의 품질수준에 이를 수 있어 이것이 곧 최적품질수준이고 이 수준에 이르는 품질비용이 '최적품질비용(optimum quality cost)'이라는 것이다.

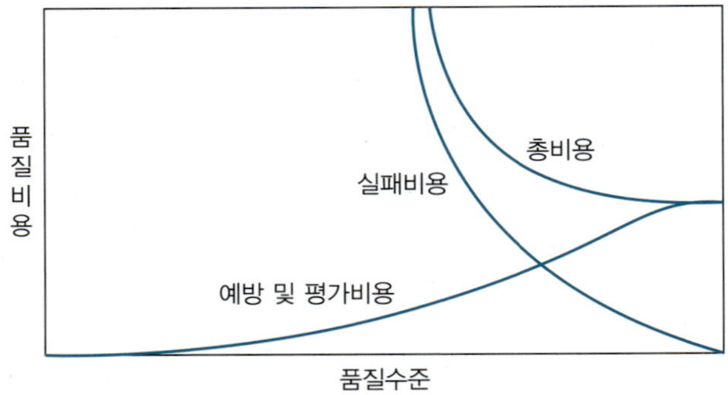

[그림 2-4] 슈나이더만의 최적품질비용 모델

슈나이더만의 수정모델은 경제적 품질개선능력을 갖춘 시스템에서 장기적으로 지속적인 품질개선을 추진하여 품질수준이 무결함수준에 이를 때에 성립될 수 있다. 현실적으로 일부 일본기업과 TQM(total quality management) 실시기업에서는 불량수준이 10ppm 미만에 이르고 있어 수정모델의 적용이 가능하다. 그러나 품질수준이 무결함수준에 이르지 못할 경우에는 주란의 '최적품질비용모델'이 적용될 수밖에 없다.

2.2 품질비용의 측정과 분석

2.2.1 품질비용의 측정

품질비용의 측정은 본질적으로 회계부서의 기능이지만 비용자료의 수집을 위해서는 품질관리부서와의 긴밀한 협조가 요구된다. 비용자료는 부서의 비용규정(cost code)에 따라 상당부분 수집할 수 있다.

품질비용의 측정은 품질관리시스템에 의하여 감시해야 하고 이에 따르는 회계절차가 설정되어 비용추산을 현실적으로 하도록 해야 한다.

수집하는 데 가장 어려움을 겪는 품질비용은 두 부서와 관련된 비용이다. 예를 들면 품질관리 책임자가 폐기와 재작업의 필요성을 제시하고 선반공이 이 품목을 재가공하기 위하여 추가로 작업하게 되면 품질비용은 두 부서와 관련되어 있다. 이럴 경우 폐기물 및 재작업비용은 품질관리기사가 분석함으로써 불량원인과 책임부서를 가리도록 해야 한다.

실무 직원이 공문을 다시 작성하는 것과 같은 하찮은 비용은 결정하기도 어려워 간과하기 쉽다. 그러나 중요한 비용도 종종 묻혀버리는 수가 있는데, 이는 회계시스템이 이들 비용을 취급하도록 설계되어 있지 않기 때문이다. 그러나 중요한 모든 활동은 누락되어서는 안 된다.

품질비용은 대개 제품라인별, 프로젝트별, 부서별, 작업자별, 작업장별로 수집하는데, 불량원인, 불량의 유형과 특성 등에 관한 자료도 수집해야 한다.

제조기업에서 사용되는 기존문서 가운데 품질비용의 주요 자료원이 되는 것으로는 다음의 것이 있다.

- 급여명세서
- 제조경비 장표
- 폐기손실보고서
- 재작업보고서
- 여비, 출장비 명세서
- 제조원가보고서
- 수리일보
- 클레임 접수보고서
- 검사, 시험 기록
- 생산작업 분석 기록
- A/S 및 제품보증비용 명세서
- 부서별 임금률 및 경비율 자료

이상과 같은 자료들이 없을 때는 비용을 추정하거나 간접비를 배부하는 방법이 이용될 수 있다. 가령 설계 담당자가 고객의 품질요구를 시방서로 작성하는 데 소요된 비용을 산정할 때에는 설계에 소요된 시간과 그의 임금률을 곱하여 품질비용으로 산정한다.

품질개선노력을 함에 있어서 가장 우선순위를 두어야 할 분야를 골라내기 위하여 주요 제품라인별로, 프로세스별로 총품질비용을 네 개의 비용으로 분류하는 작업이 필요하다.

[그림 2-5]는 세 개의 제품라인 A, B, C에 대한 각 품질비용의 비율을 나타내고 있다. 제품라인 A의 경우 예방비용과 평가비용은 너무 적고 실패비용은 이에 비해 터무니 없이 큰 비율을 보이고 있다. 제품라인 B는 평가비용이 비교적 높은 비율을 나타내고 있으며 제품라인 C는 예방비용이 조금 높지만 내적 실패비용이 아직도 높은 상태이다. 이는 예방비용을 더욱 증가하여 내적 실패비용을 절감시킬 필요가 있음을 의미한다.

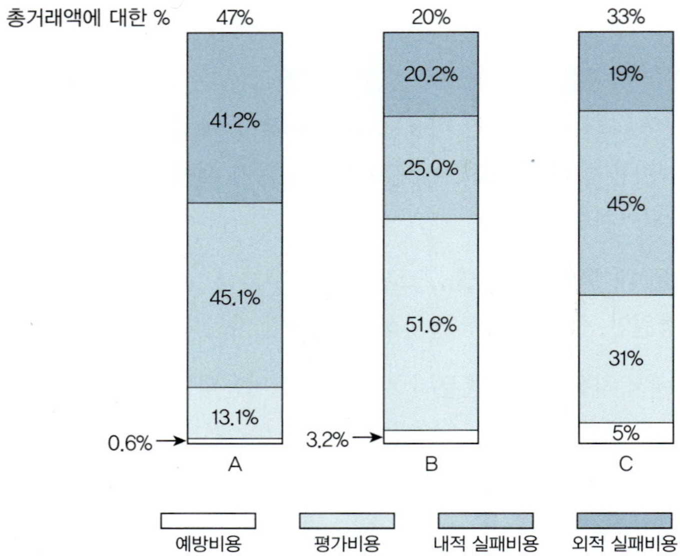

[그림 2-5] 제품라인별 품질비용의 분류

2.2.2 품질비용의 분석

품질비용의 분석기법에는 여러 가지가 있지만 가장 널리 이용되는 기법은 품질지수(quality index), 추세분석 또는 경향분석(trend analysis)과 파레토분석(Pareto analysis)이다. 이러한 기법의 목적은 품질비용 보고서에 나타난 정보를 이용해서 품질개선의 기회를 포착하기 위한 것이다.

품질비용 그 자체는 분석을 위한 충분한 자료를 공급하지 않는다. 따라서 각 비용항목을 다른 항목과 비교한다든지 또는 총비용과 비교해야 한다. 이를 위해서는 기간별 비교가 좋은데, 예컨대 어느 달의 비용을 지난 수개월의 비용과 비교하는 것이다. 이러한 비교는 한 기간의 품질비용과 전형적인 근거로서의 노동시간, 제조원가, 매출액, 생산단위 등을 관련시킬 때 의미가 있는 것이다. 이러한 근거들과 품질비용을 비교할 때 가치있는 품질지수를 얻는다.

(1) 노동시간과의 비교 – 노동지수

노동지수(labor index)

직접노동의 시간당 품질비용은 흔히 사용하는 노동지수(labor index)이다. 직접노동시간은 회계부로부터 입수가 가능하므로 이러한 지수를 계산하기는 아주 용이하다. 그러나 이 지수는 단기적 목적으로 사용되어야 하는 한계를 가지고 있다. 왜냐하면 장기적으로 볼 때 자동화가 직접노동에 큰 영향을 미치기 때문이다.

직접노동시간 대신에 직접노무비를 사용하는 지수를 사용하기도 하는데, 이런 지수는 시간의 경과에 따른 인플레이션의 영향을 제거하는 장점을 갖고 있다. 따라서 중간 및 하위경영층에게는 이 지수가 많이 이용된다.

(2) 제조원가와의 비교 – 비용지수

제조원가에 대한 품질비용의 비교로 널리 이용되는 **비용지수(cost index)**이다. 제조원가는 직접노무비, 직접재료비, 그리고 경상비로 구성된다. 제조원가에 대한 자료도 회계부로부터 쉽게 입수할 수 있다. 이 지수는 앞에서 설명한 노동지수보다 안정적인데, 이는 세 가지 비용이 포함되므로 재료비의 변동이나 자동화의 진전에 별로 영향을 받지 않기 때문이다. 따라서 중간경영층이 선호하는 지수이다. 제조원가 대신에 설계비, 마케팅비, 구매비 등이 사용되는 경우도 있다.

비용지수(cost index)

(3) 매출액과의 비교 – 매출액지수

순매출액에 대한 품질비용의 지수는 최고경영층의 장기적 전략결정에 많이 이용된다. 이 **매출액지수(sales index)**는 단기적 분석용으로는 적합하지 않은데, 왜냐하면 판매가 생산과 시차가 있고 계절에 따라 변동이 있기 때문이다. 또한 판매가격의 변동도 이 지수에 영향을 미친다.

매출액지수(sales index)

(4) 생산단위와의 비교 – 생산지수

생산단위당 품질비용은 한 기업의 제품라인이 비슷한 경우에 널리 이용되는데, 이것이 **생산지수(production index)**이다. 단위란 예컨대 상자의 경우 개수, 알루미늄의 경우 kg, 옷감의 경우 m 등이다. 그러나 제품라인이 비슷하지 않은 경우에는 비교가 어려운 결점이 있다. 예컨대 냉장고, 세탁기, 건조기, 가스오븐 등을 생산하는 기업의 경우에는 이 지수를 계산하기가 아주 곤란하다.

생산지수(production index)

2.3 품질비용의 개선

품질경영 수준이 성숙되어 가면서 품질비용은 점차로 낮아진다. 크로스비(P.B. Crosby)에 의하면, 품질경영이 제대로 이루어지지 않는 '불확실 단계'에서는 품질비용이 매출액의 30% 정도 되지만 '정착 단계'에 이르면 2.5%까지 내려간다. 품질비용은 품질경영의 수준에 따라 크기와 내용면에서 많은 차이가 있다. 따라서 품질비용시스템을 도입하여 품질의 경제적 관리를 추진하려면 우선 당해 기업의 품질경영 수준을 판단한 다음에 적합한 접근방법이 선택적으로 모색되어야 한다.

품질경영의 성숙과정(quality management maturity grid)

품질경영의 성숙과정(quality management maturity grid)을 5단계로 나누어 품질비용의 개선단계를 기술하면 아래와 같다.

- 제 1단계인 수동적 관리에서는 품질관리가 전혀 실시되지 않고 있는 수준이므로, 일차적으로 품질개선에 대한 이해의 증진과 더불어 품질향상의 필요성을 인식할 수 있도록 품질비용을 파악하여 제시할 필요가 있다. 이 경우 외부 실패비용이 그 대부분을 점하는데, 외부 실패비용을 줄이기 위해서는 우선 출하검사를 강화할 필요가 있다.
- 제2단계인 검사관리에서는 품질개선의 필요성을 인식하고 품질향상에 대한 동기부여를 단기적으로 시도하는 단계이다. 제품출하검사에 치중하면 외부 실패비용은 줄어드는 대신에 평가비용의 비중이 증대되고 내부 실패비용이 증대된다. 내부 실패비용을 줄이기 위해서는 출하검사보다는 손질검사 및 중간검사에 힘쓰고 공정관리에 주력해야 한다.
- 제3단계인 공정관리에서는 공정품질의 개선을 통해서 품질이 안정되어 품질경영이 점차 제도화되는 단계이다. 품질개선을 위해서 공정관리에 치중하면 관리비용은 증대되지만 대신 내부실패비용이 상당히 줄고 아울러 평가비용과 외부실패비용도 다소 개선된다. 그러나 경제적인 품질개선은 초기에 근원적으로 불량이 예방되어야 하는 것으로, 설계 및 외부품의 관리를 비롯한 예방책이 강구되어야 한다.
- 제4단계인 예방적 관리에서는 전사적인 품질경영의 필요성이 인식되고 품질경영에서 최고경영자 및 구성원의 역할이 강조되는 단계이다. 이 단계에서는

예방비용이 증대되고 실패비용은 상당히 안정된다. 품질비용 프로그램의 성과를 올리고 경제적인 품질관리가 전개되려면 보다 체계적인 불량예방대책이 모색되고 궁극적으로 품질비용의 최적화가 모색되어야 한다.

- 마지막 제5단계는 품질경영의 정착단계로서, 품질경영이 기업시스템의 필수 기능이 되는 단계이다. 특수한 경우를 제외하고 품질문제가 예방, 조치되어 품질비용이 최소에 이르는 최적수준에 이르게 된다. 예방, 평가, 실패비용이 최적배분을 이루게 되면 품질비용은 적정수준에 이르게 된다. 이 단계에서는 품질비용의 지속적 관리가 필요하며 회계자료를 이용할 수 있도록 품질비용시스템이 제도화 되어야 한다.

2.4 품질비용의 적용

2.4.1 품질비용의 적용실태

일반적으로 품질비용은 기업 매출액(또는 조직 총운영비)의 15~25% 정도로서 통상적인 기업 이익의 3~5배가 된다. 따라서 품질비용을 줄이는 것은 어느 조직이든지 중요한 관심사가 아닐 수 없다. 품질비용을 줄이기 위한 기본적인 접근방법은 '최초에 올바르게' 하는 원류관리(源流管理)를 강화하여 평가비용과 실패비용을 줄이는 것이다.

잠재 품질비용(Hidden Quality Cost; H-Cost)

품질비용이 기업 매출액의 15~25%가 된다고 하면 많은 사람들은 이것이 지나치게 과장된 것이 아닌가 의문을 품는다. 이러한 의문이 생기는 이유는 집계하기 힘든 숨어 있는 '**잠재 품질비용**(Hidden Quality Cost; H-Cost)'이 재무적으로 산출할 수 있는 품질비용보다 훨씬 더 크기 때문이다. 미국 웨스팅하우스의 조사에 의하면 드러나지 않는 H-Cost가 집계된 품질비용보다 최소한 3~4배 큰 것으로 추산되었다고 한다. 일반적으로 H-Cost가 전체 품질비용의 약 80% 정도를 차지한다고 추정한다. 따라서 우리가 집계할 수 있는 품질비용은 [그림 2-6]에서와 같이 '빙산의 일각'에 불과한 것이다.

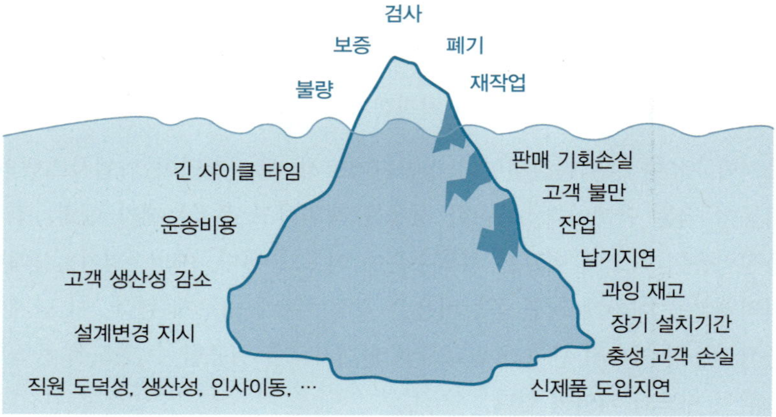

[그림 2-6] 잠재 품질비용

2.4.2 품질비용 적용의 난점

품질비용의 범주대로 품질비용이 제대로 집계된다고 하여도 집계된 데이터의 효과적 사용 내지 품질비용의 절감은 많은 난관에 부딪치게 되는데, 그 이유는 다음과 같다.

- 불량/결함의 발생시점과 실패비용의 파악시점이 달라서 불량원인을 규명하고 조치하기 어렵다.
- 실패비용에 대한 예방 및 평가비용의 영향력을 구분하기가 쉽지 않다.
- 예방비용의 개념은 무형적이고 애매한 부분이 있어 성과판단이 쉽지 않다.
- 품질비용과 재무회계비용과의 개념 차이로 인해 기존 회계시스템을 충분히 이용할 수 없다. 그리고 재무회계시스템에서는 기회비용을 고려하지 않는다.
- 회계시스템에서 단일기준으로 공통 배부하는 제조간접비는 실제 발생비용과는 차이가 커서 품질의 인과관계를 규명하기 어렵다.

활동기준원가방식(Activity-based Costing: ABC)

미국의 ASQC와 미국회계사협회(National Association of Accountants: NAA)의 후원을 받아 행해진 연구에 따르면 '전통적 품질비용'은 지속적인 품질개선 활동에 별로 이용되지 못하고 있으며 이를 지원하는 원가관리 방법으로도 부적합하다는 것이다. 지속적인 개선 활동에서는 프로세스 및 지원 활동에 관한 원가자료가 필요한데, 여기서는 **활동기준원가방식**(Activity-based Costing: ABC)이 적합하다.

2.4.3 활동기준 품질비용시스템(ABC)

활동기준원가방식(ABC)으로 제품개발 및 생산 활동의 주요 비용들이 명확히 식별되어 제조 및 공정활동을 이해할 수 있으며, 품질개선을 지속적으로 전개하는 현실에 맞게 그때그때 필요한 비용자료를 활용할 수 있다.

전통적인 원가회계시스템에서는 제조간접비를 원가기준이나 시간기준에 따라 인위적으로 배부하므로 시간과 노력이 상당히 투입되면서도 정확도가 떨어진다. ABC의 경우 현장이나 사무실에서 발생되는 직접활동과 간접활동의 비용들을 활동별 원가동인(cost driver)을 이용하여 비교적 정확히 측정할 수 있다. 전통적인 원가회계시스템이 "제품은 자원을 소비한다."는 개념에 입각하고 있는데 반하여, ABC에서는 "제품은 활동을 소비하고 활동은 자원을 소비한다."는 개념에 기초를 두고 있기 때문이다.

ABC시스템의 두 가지 주요 구성요소인 프로세스 가치분석과 원가동인분석은 현대 품질비용시스템의 기초가 된다. 프로세스 가치분석(process value analysis: PVA)은 프로세스 출력(process output)에 가치를 부가시키는 활동과 비부가가치 활동을 식별하는 하나의 방법이다. PVA는 가치, 비용, 사이클 타임을 분석하여 최적의 개선활동과 비용을 제시해 준다.

프로세스 가치분석(PVA)의 네 가지 활동을 제시하면 다음과 같다.

- 프로세스의 파악에서는 조직의 중요한 사업시스템과 기능별 프로세스를 파악하여 설명한다. 프로세스란 한정적인 성과를 산출하기 위해 경영자원들을 사용하는 논리적으로 관련된 활동들의 집합으로서 이들 프로세스의 흐름을 체계적으로 이해하는 단계이다.
- 활동분석에서는 프로세스의 이해를 추구한다. 즉, 각 단계의 존재와 존재이유를 확인한다. 여기서는 단계별 사이클 타임과 원가를 측정하고 부가가치 활동과 비부가가치 활동을 구분하는데, 흐름도(flow diagram), 공정분석도(process map), 특성요인도(cause & effect diagram), 파레토도(Pareto chart) 등이 분석에 사용된다. 이 분석에서 사용되는 원가동인과 활동은 〈표 2-2〉와 같다. 가

령 기계를 생산하는 공장에서 출하검사를 하는데, 전통적인 회계에서는 검사인원의 인건비를 일정비율로 배부하였으나 ABC에서는 출하검사활동의 원가동인인 출하검사시간이나 검사횟수로서 여기에 검사자의 시간당 임률이나 검사당 임률을 곱하여 산출한다.

- 원가동인분석으로 비용들을 부가가치 활동과 비부가가치 활동으로 나눈다. 원가동인분석은 ABC의 핵심이 되는 과정이다. 현행 회계제도상 적절한 자료의 수집에 상당한 장애가 있어 ABC의 성공여부가 여기에 달려있다. 활동기준으로 품질비용을 분석하는 목적은 비부가가치 품질비용과 부가가치 품질비용을 구분하기 위함이다.

〈표 2-2〉 활동별 원가동인의 예

활동(activity)	원가동인(cost driver)	제조간접비
기계작업	기계작업시간	전기료
부품세척	갤런, 톤	수도료
조립작업	직접작업시간	임금
구매업무	구매물품수, 주문횟수	구매비
수입검사	검사횟수	검사비
기계가동	기계가동시간	감가상각비

- 개선성과를 파악한다. 이는 프로세스 내 고객의 만족도를 높이고 부가가치 활동을 최적화하고 비부가가치 활동은 제거 내지 최소화하며, 아울러 조달기간, 사이클 타임, 낭비를 줄이기 위한 것이다.

ABC의 도입으로 기대되는 효과는 다음과 같다.

- 품질개선에 이용될 보다 정확한 정보의 입수가 가능하다.
- ABC와 통합함으로서 품질비용정보의 체계화도 촉진되고 이제까지 다른 경영활동에 묻혔던 품질관련활동을 식별하여 품질개선에 대한 여러 활동의 비용대비 효과를 평가할 수 있다.

연·습·문·제

1. 품질비용을 정의하고 이의 감축노력의 중요성을 설명하세요.

2. 품질비용은 일정수준의 품질을 이룩하고 이를 관리하는 데 소요되는 예방비용과 평가비용의 일치비용(cost of conformance)과 품질수준에 미달되어 발생하는 실패비용, 즉 불일치비용(cost of nonconformance)으로 구분된다. 일치비용과 불일치비용의 각각의 관계에 대하여 설명하세요.

3. 전통적인 최적품질비용모델과 수정된 최적품질비용모델을 비교하여 그 차이점과 두 모델의 유용성에 대해 설명하세요.

4. 품질비용 통제의 효과를 측정하는 데 있어 가장 많이 원용되고 있는 것이 1:10:100의 원칙이다. 이 원칙의 정의와 내용은 무엇인지 설명하세요.

5. 품질비용으로 기업 활동을 측정하는 데 있어 발생할 수 있는 문제점은 무엇이며 해결방안은 어떠한 것이 있는지 서술하세요.

6. 대부분의 기업들은 기존의 일반적 회계시스템으로 품질의 비용이나 프로세스의 활동을 제대로 반영하지 못한다. 이러한 문제점을 개선하기 위해 등장한 활동기준원가계산(ABC)의 정의와 활용범위에 대해 기술하세요.

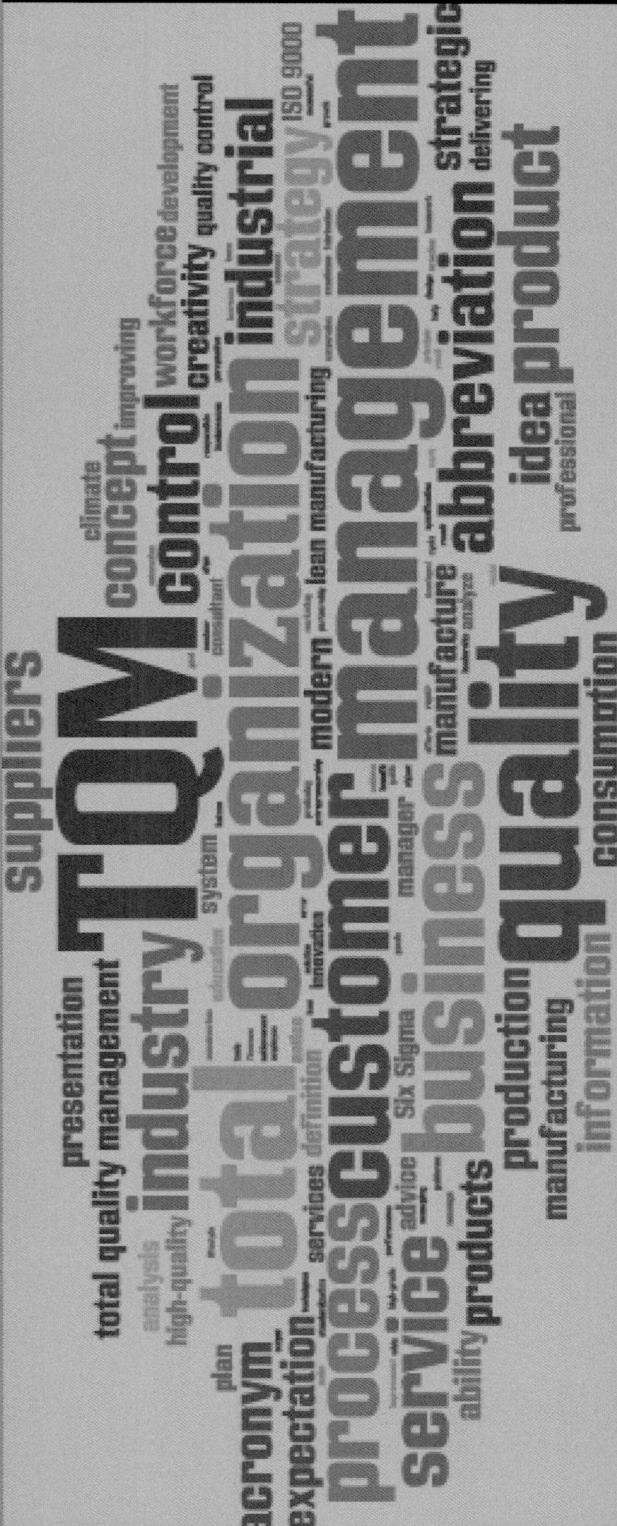

품질경영

PART II

전사적 품질경영

3

CHAPTER

리더십

학습 목표

- 리더십의 개념과 중요성을 이해한다.
- 비전과 가치를 설정하는 방법을 이해한다.
- 조직의 지배구조가 리더십에서 왜 중요한지, 어떠한 지배구조의 형태가 바람직한지를 알게 된다.
- 윤리경영의 개념과 동반성장의 의미를 이해한다.
- 기업의 사회적 책임을 이해하고 공유가치창출(CSV)이 기업의 사회적 책임을 실천하는 데 왜 필요한지를 설명할 수 있다.

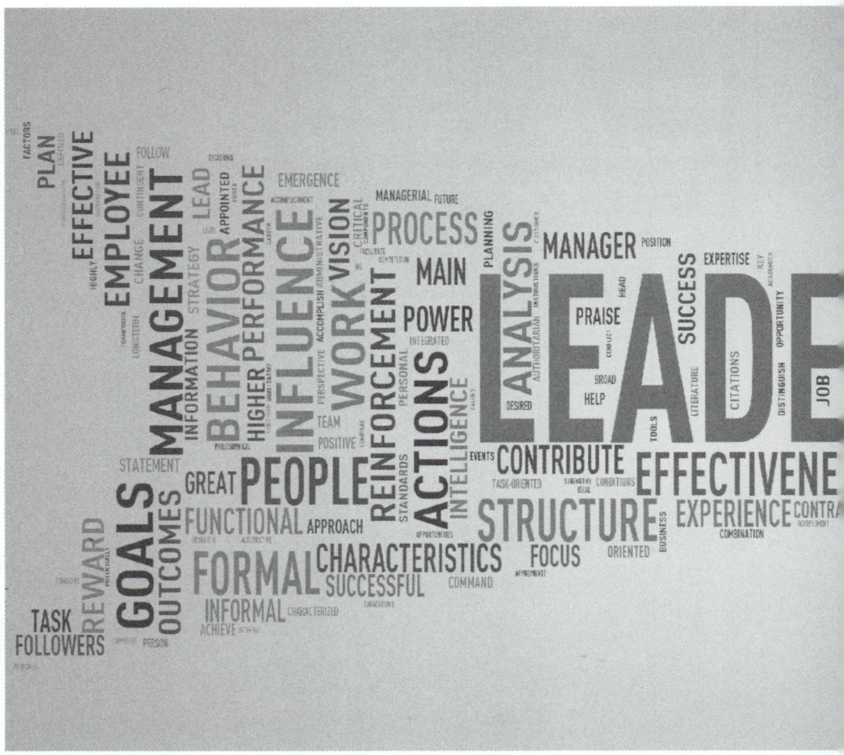

사례

1. 경영의 신, 이나모리 가즈오(稲盛和夫)의 리더십

일을 할 때 부하나 주위 사람의 협력을 얻으려면 솔선수범해야 한다. 다른 사람들이 모두 싫어하는 일에도 먼저 달려드는 자세가 필요하다. 아무리 좋은 말을 많이 해도 행동이 따르지 않으면 다른 사람의 마음을 움직일 수 없다. 다른 사람들이 자신에게 해주었으면 하는 행동을 자신이 먼저 해주면 주위 사람들도 따르기 마련이다. 솔선수범하기 위해서는 용기와 신념이 필요하다. 항상 솔선수범을 염두에 두고 실행해 나가다 보면 자신의 인격도 향상된다. 윗사람은 물론이고 아랫사람까지 전 직원이 솔선수범하는 직장 풍토를 만들어가야 한다.

이나모리 가즈오

출처: 이나모리 가즈오, 「바위를 들어올려라」, 유운한 역, 서울: 서울문화사, 2015

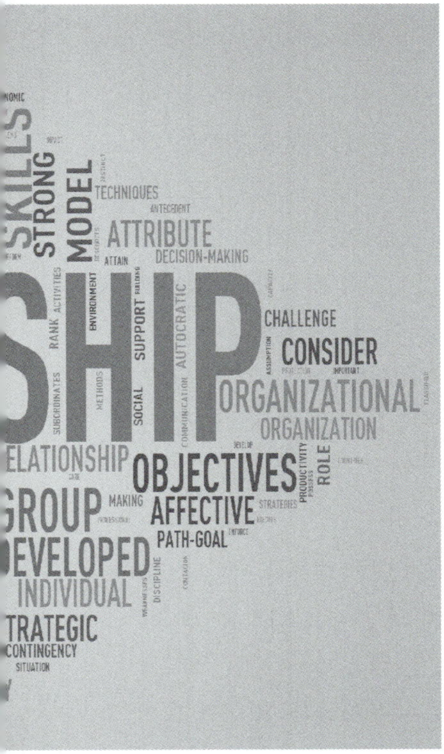

2. "월드클래스 · 솔선수범"…데이비스, 400경기 출전 손흥민에 축사

손흥민과 2015년부터 토트넘 홋스퍼(잉글랜드)에서 우정을 이어온 웨일스 수비수 벤 데이비스가 뜻 깊은 기록을 쓴 친구를 향해 특별한 축사를 남겼다. 데이비스는 토트넘 홈페이지에 "우리는 거의 9년간 알고 지냈다. 손흥민은 월드클래스 선수이고, 무엇보다 월드클래스 인물"이라며 "경기장 안에서도, 밖에서도

손흥민을 알게 된 건 대단히 기쁜 일이었다."고 돌아봤다. 데이비스는 "쏘니(손흥민의 애칭)가 처음 토트넘에 왔을 때를 기억한다. 축구에 대한 순수한 열정으로 팀에 에너지를 불어넣었다."며, "우리에게 믿을 수 없는 기술, 오른발 · 왼발 마무리를 보여줬다."고 돌아봤다. 그는 "한국의 주장으로서, 이제는 올 시즌 토트넘의 주장으로서 손흥민은 항상 솔선수범한다. 손흥민이 하는 모든 행동이 팀에 도움이 된다."며, "발전하고자 하는 자세, 마음가짐, 결단력, 책임감을 갖고 그라운드에 발을 들인다."고 치켜세웠다. 이어 "우리가 아이를 집에 데려왔을 때 처음으로 방문해준 사람들이 쏘니와 조 로든(현 리즈 유나이티드)이었다. 그게 바로 전형적인 쏘니의 모습"이라고 덧붙였다.

출처: 연합뉴스(2024 .4. 4)

3.1 리더십 이론

3.1.1 리더십의 정의

리더십

옥스퍼드 사전에 의하면 '리더는 사람이나 동물들이 올바른 길로 갈 수 있도록 이끄는 사람'이다. 리더는 방향을 제시할 뿐만 아니라, 사람들이 자신이 원하는 길로 갈 수 있도록 이끄는 능력, 즉 통솔력을 또한 갖추고 있어야 한다. 스토그딜(Stogdill)은 리더십을 '집단의 구성원들로 하여금 특정목표를 지향하게 하고 그 목표달성을 위해 실제 행동을 하도록 영향력을 행사하는 것'이라고 정의하였다. 이러한 정의를 종합해보면 **리더십**은 '조직의 목표달성을 위하여 조직구성원들이 자의적(自意的)으로 열성과 확신을 가지고 일하도록 취해지는 영향력'이라고 할 수 있으며, 지시(directing)보다는 동기부여(motivating)가 더 중시된다고 할 수 있다.

3.1.2 리더십의 본질

리더십은 크게 정렬성(alignment)과 적응성(adaptability)에 대한 내용을 다룬다. 정렬성에 대한 리더십 평가는 ① 주요 리더십 요소 – 가치 및 기대요소 창출, ② 방향 설정, ③ 고객중시 철학, ④ 조직의 가치, 발전방향, 기대 및 고객중시 의식에 대한 효과적인 공유 및 전개 등과 같은 정보를 중심으로 이루어진다. 리더십 요소는 일관된 목표를 유지하고 자원을 배분하는 데 중요하며 발전방향 설정은 조직과 관련 이해관계자를 위해서 미래의 기회를 창출하는 것을 포함한다.

적응성은 리더십 효과를 높이기 위해서 변화하는 경영환경에 대응하고 혁신 분위기를 조성하는 데 초점을 맞추고 있다. 조직의 전반적인 성과를 검토하고 조직원의 피드백을 활용하는 등과 같은 경영진의 선도적 역할을 강조한다. 이러한 선도적 역할을 효과적으로 감당하기 위해 필요한 요소는 솔선수범이라 할 수 있다. 즉, 리더가 힘든 일을 앞장서서 감내해 나가는 정신과 행동이 있어야 리더십의 효과가 극대화 될 수 있는 것이다.

3.2 국가품질상 심사기준

미국의 볼드리지상을 기반으로 한 우리나라의 국가품질상 심사기준에서는 리더십 범주를 다음과 같이 제시하고 있다.

> 「리더십」에서는 경영진이 조직을 어떻게 이끌고 지속가능하게 하는지를 평가한다. 또한 조직의 지배구조를 평가하고, 조직이 어떻게 윤리적이고 합법적인 활동을 수행하며 사회공동체를 지원하고 있는지를 평가한다.

리더십 범주의 세부평가항목은 다음과 같다. 리더십은 경영진이 어떻게 조직을 이끌어 지속가능하게 하며 비전, 가치 및 예상성과를 설정하는가를 다룬다. 어떻게 경영진이 조직구성원과 커뮤니케이션하며, 차세대 리더를 육성하고, 조직성과를 측정하고, 윤리적 사업수행과 높은 성과를 위한 환경을 조성하는가에 주목한다.

> 3.2.1 경영진의 리더십
> (1) 비전과 가치
> (2) 커뮤니케이션과 조직성과
> 3.2.2 지배구조와 사회적 공헌

(1) 조직의 지배구조
(2) 합법적 및 윤리적 사업수행
(3) 사회공헌

세부평가항목에 대한 설명은 다음과 같다.

3.2.1 경영진의 리더십

경영진이 어떻게 조직을 이끌고 지속가능하게 하는지를 기술하라. 경영진이 종업원과 어떻게 커뮤니케이션하며 높은 성과를 장려하는지를 기술하라. 여기에는 다음과 같은 세부항목에 대한 응답을 포함해야 한다.

경영진은 조직을 어떻게 이끌고 있는가? 이는 경영진의 책무이다. 여기서는 경영진이 조직의 비전과 가치를 어떻게 설정하고, 커뮤니케이션하는가를 평가한다. 사업과 고객 중시로 지속가능하고 높은 성과의 조직을 창출하려는 경영진의 활동에 초점을 맞춘다.

(1) 비전과 가치

비전과 가치

① 경영진은 조직의 비전과 가치를 어떻게 설정하는가? 경영진은 조직의 비전과 가치를 리더십 시스템을 통해 종업원, 주요 구매/협력업체, 고객과 이해관계자들에게 어떻게 전달하는가? 경영진 개개인의 활동이 조직의 가치에 어떻게 부합하는가?

모든 조직은 미션(mission), 가치(value), 비전을 설정해야 한다. 조직의 미션은 조직의 '존재 이유' 또는 '임무나 사명'을 의미한다. 미션은 사회의 한 구성원으로서 조직이 고객, 국가, 사회, 인류에 기여하고 봉사하는 관점(예를 들어 사업보국, 인류봉사, 고객만족)에 대한 사회적 기능을 의미한다. 조직이 무슨 일을 하는 것인지, 보다 구체적으로는 조직의 업(業)이나 사업영역을 의미하기도 한다.

가치

조직 가치란 어떠한 활동이나 사물에 부여하는 가치체계를 의미한다. 조직의 가치는 경영이념, 사시/사훈, 경영방침(policy), 경영원칙은 물론이고 조직이 추구하는 조직문화(가치, 신념, 행동)까지를 포함한다. 여기서 의미하는 가치란 경제적 가치(예를 들어 고객을 위한 가치창조)만을 의미하는 것이 아니라 비경제적 가치도 포함하는 개념이다.

우수성과를 내는 조직들이 추구하는 공통적인 가치들을 보면 '비전 있는 리더십, 고객의 중시, 지속적 개선/혁신, 조직과 개인의 학습, 종업원과 파트너 존중, 미래의 중시, 사실에 의한 관리, 환경변화에 대한 유연한 대응, 시스템적 관점, 결과와 가치창조 중시, 사회적 책임과 시민정신의 준수' 등이다.

비전이란 기업이 전략적으로 지향하고자 하는 미래상을 의미한다. 막연한 꿈이나 희망과는 다른 개념으로서, 장기적 안목에서 현실과 미래목표를 연결시키는 전략구상이다. 따라서 비전을 통하여 미래의 이상과 목표가 명확하게 제시되어야 하며 조직구성원들이 그것에 스스로 몰두할 수 있어야 한다. 비전 아래에서 인적 혹은 물적 자원의 배분도 일관성 있게 이루어져야 한다. 고객, 경쟁자, 정부, 지역사회 등 기업 외부의 의견을 반영함으로써 보다 바람직한 형태의 비전을 형성할 수 있다.

경영진의 가장 중요한 임무가 조직이 추구하는 방향을 설정하는 것이라면, 비전은 장기적 방향의 설정에서 가장 먼저 행해져야 할 부분이다. 비전 설정 과정에서는 경영진이 주도적 역할을 해야 하지만 종업원 등 내부 이해관계자들의 판단과 열망 등을 고려하는 것도 바람직하다. 비전은 장기적인 것이므로 그 생명은 경영진의 임기보다 길 수가 있다. 경영진이 바뀔 때마다 비전이 바뀌는 것은 바람직하지 않다.

비전을 실천하기 위해서는 비전을 측정 가능한 장기목표로 변환시키고 그것에 합당한 전략을 수립해서 실행해 나가야 한다. 그러나 비전 전개에서는 단순한 목표, 전략 전개 이외의 요소도 포함해야 한다. 비전은 목표와 전략을 도출하기 위한 단순한 상위의 개념이라기보다는 기본적으로 구성원 사이의 비전 공유에 더 강조점을 두는 것이다.

비전의 성공조건은 [그림 3-1]과 같다.

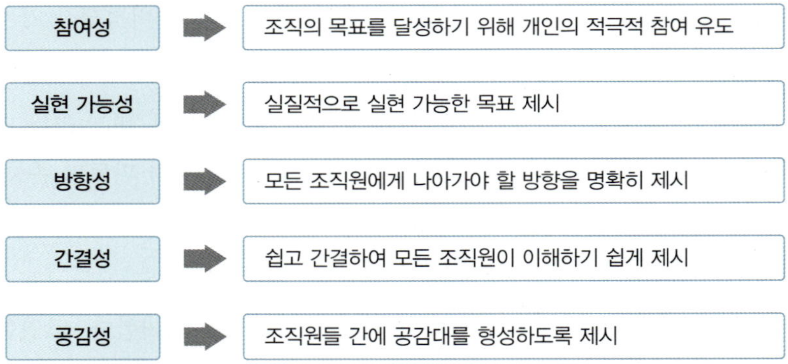

[그림 3-1] 비전 수립 성공조건

- 참여성: 개인의 노력이 조직의 목표와 연결되고 목표달성을 위해 적극적인 참여와 의욕을 고취할 수 있어야 한다.
- 실현 가능성: 막연한 꿈이나 희망이 아니라 도전적이면서 실현 가능성이 있는 목표가 제시되어야 한다.
- 방향성: 기업의 모든 이해관계자들에게 조직이 나아가야 할 방향을 명확히 제시할 수 있어야 한다.
- 간결성: 모든 조직원들이 공감하고 따라갈 수 있도록 간결하고 쉽게 이해할 수 있어야 한다.
- 공감성: 경영진과 조직원들 간에 비전에 대한 공감대가 형성될 수 있는 내용이어야 한다.

② 경영진은 합법적이고 윤리적인 사업수행을 위한 조직의 환경을 어떻게 조성하는가?

윤리적 사업수행

윤리적 사업수행(ethical behavior)이란 조직이 의사결정, 활동 및 이해관계자 상호작용을 그 조직의 도덕적이고 전문적 원칙들에 어떻게 일치시키는가에 관한 것이다. 이 원칙들은 임시직 직원부터 이사회 멤버에 이르기까지 모든 조직구성원에게 적용하고, 정기적으로 커뮤니케이션하여 강화할 필요가 있다. 윤리적 사업수행의 보편적 모델은 존재하지 않지만 경영진은 조직의 미션과 가치를 윤리적 원칙들에 정렬시켜야 한다. 직원, 주주, 고객, 협력업체, 공급업체 및 지역사회를 포함한 모든 이해관계자들은 윤리적 사업수행을 실행해야 한다.

사례

Y사의 윤리경영

Y사의 윤리경영은 사회공헌, ESG(환경 · 사회 · 지배구조), 품질인증, 노사문화 등 다양한 형태로 기업 경영에 녹아들어 있다. 1970년 설립된 Y사는 투명성과 공정성을 기반으로 사회적 책임을 다하는 윤리경영 문화를 지속적으로 이어가며 100년 장수기업으로 거듭난다는 방침이다. 이 일환으로 CEO 직속 윤리경영 실천 전담조직인 윤리법무본부를 두고 윤리규범의 확립과 지속적인 교육, 표준업무 절차의 구축, 투명한 회계 시스템 확립, 내부적인 윤리경영 모니터링 제도 등을 운영하고 있다. 윤리경영과 관련된 모든 활동이 통제나 사후관리가 아닌 표준화와 사전 예방, 윤리적 기업문화로 이어질 수 있도록 노력 중이다. 또한, 윤리경영의 실천을 고도화하기 위해 매년 진행되는 ESG 자체진단과 함께 윤리경영, 거버넌스에 대한 진단 평가와 개선을 지속하면서 진행 경과와 결과, 향후 개선과제 등을 이사회에 상세히 보고하고 있다. 이사회는 윤리/컴플라이언스 교육활동 결과 및 계획, 회계감사 및 내부회계관리 검토 결과, 포용/다양성 역량 강화 및 내재화 활동까지 주요 안건으로 폭넓게 다룬다.

윤리적 가치 체계 구축을 위해 최고경영자를 포함한 경영층도 솔선수범하며 기업의 사회적 책임 실천의 활성화를 위한 자발적 국제협약인 UN 글로벌콤팩트에도 가입해 인권, 노동, 환경, 반부패 등 10대 원칙을 모범적으로 준수해 오고 있다. 이 같은 Y사의 원칙은 외부 파트너에게도 동일하게 적용돼 신규 계약 업체 및 1차 협력회사 평가 시에는 사업 역량뿐만 아니라 윤리경영, 노동, 인권, 사회책임 등도 함께 평가한다.

Y사는 "사회적인 공익활동과 기업에게 좋은 일 두 가지가 상반되지 않는다고 믿고 달려왔다. 그리고 이 신념은 현실이 됐다."고 밝혔다.

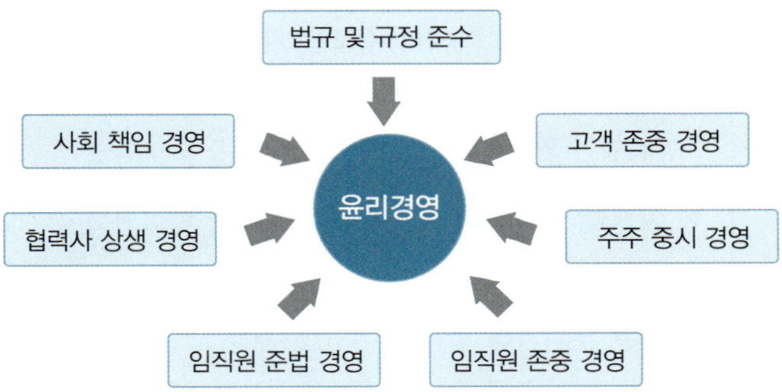

[그림 3-2] Y사 윤리경영 체계

③ 경영진은 조직의 지속가능성을 어떻게 창출하는가? 경영진은 조직의 성과향상, 전략 목표의 달성 및 혁신을 위한 환경을 어떻게 조성하는가? 조직과 종업원의 학습을 위한 환경을 어떻게 조성하는가? 경영진은 미래 조직 리더의 양성과 개발에 어떻게 참여하는가?

지속가능성

지속가능성(sustainability)이란 현재의 비즈니스 니즈를 소화할 조직의 능력과 미래의 비즈니스와 시장 환경에 성공적으로 대처하기 위한 민첩성과 전략적 경영 능력을 말한다. 산업 및 조직의 특수한 구성요소들을 포함한 내 · 외적 요소들이 고려되어야 한다. 지속가능성 항목은 직원 역량과 수용량, 자원 가용도, 기술, 지식, 핵심역량, 업무시스템, 시설과 장비 등을 포함한다. 또한 지속가능성은 비상사태에 대한 실시간 혹은 단기적인 대응력과도 관련된다.

지속가능성을 제고하기 위해서는 조직의 혁신이 반드시 필요하다. 혁신은 점진적인 변화가 아닌 이전과는 질적으로 다른 상태를 창조하는 변화로서 경영환경 변화가 극심한 최근에는 혁신은 기업의 선택사항이 아닌 최우선 조건이 되고 있다. 조직에 혁신을 추진하기 위해서는 다음과 같은 사항들이 필요하다.

1. 혁신에 가장 중요한 자산은 직원이므로 혁신에 열정적인 직원을 채용하는 데 최선을 다해야 한다.
2. 통제의 범위(span of control)를 7명 이내로 하여 민첩한 조직이 되도록 하여야 한다(아마존의 창업자인 제프 베조스(Jeffrey Preston Bezos)는 '피자 두 판 팀' 규정을 만든 바 있는데 피자 두 판을 배불리 먹을 수 있을 정도의 작은 팀으로 구성해야 한다는 뜻이다).
3. 조직 내 주요 회의의 주도는 재무, 영업 부문 담당자가 아니라 제품, 서비스 담당자가 맡도록 함으로써 우수한 제품, 서비스에 회의의 초점이 맞추어지도록 해야 한다.
4. 실패를 하더라도 격려하고 인정하는 긍정적인 조직문화를 만들어야 한다.
5. 재미가 있는 회의, 재미가 있는 회식, 재미가 있는 보고 등 어떻게 하면 재미있는 분위기를 창출할 수 있을까를 고민해야 한다.

(2) 커뮤니케이션과 조직성과

① 경영진은 전 종업원과 어떻게 커뮤니케이션하고 있는가? 전 조직에서 솔직한 쌍방향 커뮤니케이션을 하도록 어떻게 독려하는가? 주요 의사결정을 어떻게 커뮤니케이션하고 있는가? 높은 성과를 달성하고 고객과 비즈니스 중시를 강화하기 위하여 경영진은 종업원의 보상과 포상에서 적극적인 역할을 어떻게 수행하는가?

커뮤니케이션

우수한 경영자는 커뮤니케이션 능력이 뛰어나다. 여기서 말하는 커뮤니케이션 능력이란 언변이 좋다는 의미가 아니라 리더가 추구하는 바를 구성원에게 공감시키는 능력으로 해석되어야 한다. 성실과 열정이 경영자의 필수조건이라면, 커뮤니케이션과 도덕성은 탁월한 리더의 충분조건에 해당된다고 볼 수 있다. 그만큼 효과적인 커뮤니케이션 능력은 리더십에서 중요한 역할을 하고 있다.

커뮤니케이션은 톱다운(하향식)이나 보텀업(상향식)이 병행되는 쌍방향 접근방식으로 이루어져야 한다. 즉, 구성원들의 의견을 들을 수 있는 공식적, 비공식적인 다양한 커뮤니케이션 채널을 구축해야 한다. 원활한 커뮤니케이션은 종업원의 잠재능력을 활용하고 종업원 참여를 이끌어내는 중요한 조건이 된다.

종업원들의 의견을 청취하는 제도가 있다면, 이것을 반영하는 장치도 아울러 마련되어야 한다. 예를 들어 종업원의 소리(voice of employee: VOE)에 대한 개념이 통용되고 있다면 제도적 틀에 의해서 VOE가 반영되어야 한다. 건설적이고 수용가능한 의견은 가능한 한 조직의 업무와 의사결정에 적극적으로 반영하고, 반영이 어려운 것들도 최대한 미반영 사유를 설명해주는 노력이 필요하다. 종업원들은 그들의 의견이나 아이디어가 중시되고 있다고 느껴야 활발한 표현을 하기 때문이다.

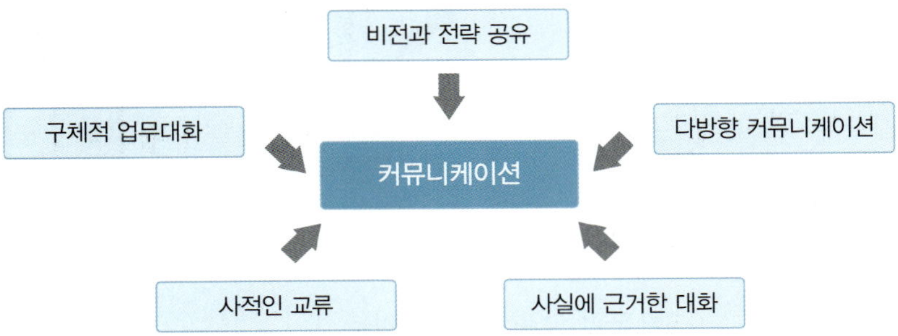

[그림 3-3] 효율적 커뮤니케이션의 요소

비록 커뮤니케이션 채널이 있다고 하더라도 의견이 무시당한다고 느끼면 입을 다물어 버리게 된다.

[그림 3-3]은 효율적인 커뮤니케이션의 요소를 보여주고 있다.

성과척도

② 경영진은 조직의 목표와 성과향상을 성취하고 비전을 달성하기 위한 중요한 활동들을 어떻게 실행하는가? 경영진이 주기적으로 검토하는 주요 성과척도

사례

S사의 커뮤니케이션

S사는 경영진이 종업원과 기타 이해관계자들과의 쌍방향 커뮤니케이션을 위한 다양한 채널을 활용하고 있다. [그림 3-4]는 다양한 커뮤니케이션을 보여주고 있다. 모니터 발표회는 월 1회 진행하며 VOM(voice of monitor)시스템을 통한 중간 피드백으로 긴급 조치 필요사항에 대해서는 실시간 피드백을 제공한다.

주니어보드는 대리 이하 사원으로 구성된 회의체로 젊은 사원들의 다양한 의견을 여과 없이 경영진에 전달하는 대화의 장으로 활용되고 있다. 월 2회 정기회의를 진행하며 생생한 현장의 소리 및 창의적인 아이디어 반영의 계기가 되고 있다. S사는 비노조 사업장으로 노사협의회에서 노조에 준하는 사원대의기구역할을 수행하고 있다. 정기협의회뿐 아니라 상시적인 임시협의회와 간담회 운영 및 합의 · 협의사항 이행을 체크하며 상생의 조직문화를 만들고 있다.

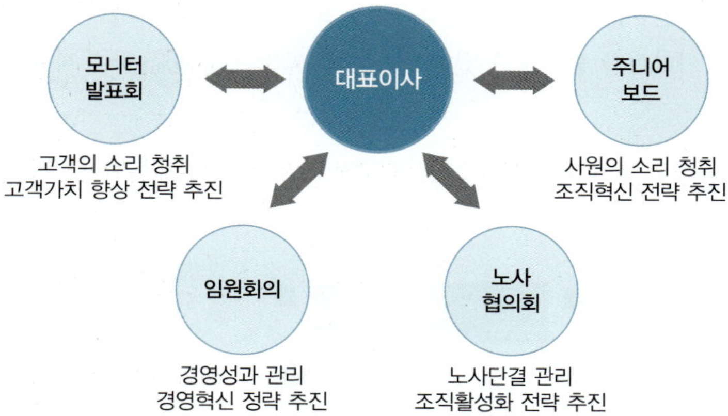

[그림 3-4] 다양한 커뮤니케이션

는 무엇인가? 조직의 성과 기대치에서 고객과 이해관계자를 위한 가치를 어떻게 창출하고 균형을 맞추는가?

비전과 목표를 전파하는 대표적인 접근방식은 설명회를 갖는 것이다. 연초에 확대간부회의나 경영전략회의에서 수립된 경영방침을 설명하고 현업 조직을 순방하면서 구체적인 설명회를 갖는 것이 대표적인 사례이다. 물론 지역적인 특성으로 인해서 직접적인 방문 설명이 어려운 경우에는 사내방송 매체, 책자, 혹은 이메일 등을 통해서 전파할 수도 있다. 컴퓨터 기능을 적극적으로 활용하는 기업에서는 경영방침을 시작화면에 팝업으로 띄워놓아 항상 구성원이 볼 수 있도록 하는 가시적인 전파를 선호한다.

경영진은 전략수립 단계에서 설정된 중장기 성과목표와 전략, 전략을 구체화한 활동계획의 달성도, 전략의 궁극적인 목적인 조직의 성공과 경쟁성과를 주기적으로 점검해야 한다.

예를 들면, 경영진은 기업의 방향과 계획을 정하고, BBP(Balanced Business Plan)와 같은 성과측정항목에 대해 목표치를 작성하고 정기적으로 점검한다. 〈표 3-1〉은 BBP의 한 예를 보여주고 있다.

〈표 3-1〉 BBP(Balanced Business Plan)의 예

	Balanced Business Plan Goal	Measures
조직원과 팀 개발	• 조직원과 팀을 개발하고 교육시키며 동기부여를 함	• 이직률 • 교육 및 훈련률
파트너와 고객가치	• 고정고객에 의한 매출액 증가 • 파트너십 개발에 따른 기업 성장 • 파트너십 유지	• 고객만족도 • 매출액 • 고객충성도 • 파트너십 유지율
프로세스와 협력회사 관리	• 폐기물 절감 • 핵심 협력업체의 성과 향상 • 생산성 향상 • 재고율 절감 • 품질 향상	• 협력업체와 공동 신제품/신서비스 개발 • 생산성 향상률 • 재고율 • 불량률
주주와 공공 가치	• 재정성과 향상 • 사회공헌기업으로 인정 받음 • 투명한 기업으로 인정 받음	• 주가 • 사회공헌을 위한 재정적 및 참여 정도

3.2.2 지배구조와 사회적 공헌

> 조직의 지배구조 시스템을 기술하라. 조직이 어떻게 사회적 공헌을 인식하고, 윤리적 사업수행을 보장하는가를 기술하라. 여기에는 다음과 같은 세부항목에 대한 응답을 포함해야 한다.

(1) 조직의 지배구조

지배구조

① 조직은 지배구조 시스템의 다음의 주요 사항을 어떻게 검토하고 완수하는가?

- 경영활동과 재무에 대한 책무
- 이사회 멤버에 대한 운영, 선발 및 공개방침의 투명성
- 내부와 외부 감사의 독립성
- 이해관계자와 주주의 권익 보호

기업은 더 이상 단순한 존재가 아니며 개인의 소유물이 아니다. 현대사회는 다양한 이해관계자를 가진 사람들로 구성되어 있고 이들은 기업에 대해 다양한 요구를 하고 있다. 과거에는 이러한 요구를 하는 사람들도 많지 않았고 설사 이러한 요구가 있었다고 하더라도 무시하면 되었다. 그러나 이제 이들의 요구를 무시했다가는 기업의 존립 자체가 어렵게 되었다. 그만큼 이해관계자들이나 이해관계자집단의 목소리가 커진 것이다.

이해관계자

원래 영어로 **이해관계자**(stakeholder)란 말은 주식소유자(stockholder)라는 개념에서 나왔다. 원래 주식소유란 그 회사 주식의 일부를 가지고 있는 것이므로 주식소유자라는 말이 이해관계자라는 말과 같은 의미로 사용되었다.

그러나 이제 이해관계자란 말은 [그림 3-5]와 같이 기업에 다양한 내용에 대해 이해관계를 가진 사람이나 단체를 의미하게 되었다. 즉, 기업의 활동, 의사결정, 정책 등에 의해 영향을 받는 이해관계자들은 반대로 기업의 활동, 의사결정, 정책 등에 영향을 미칠 수 있게 된 것이다. 다시 말하면 이해관계자란 '기업의 활동, 의사결정, 정책, 목표 등에 의해 영향을 받거나 또는 영향을 줄 수 있는 사람이나 단체'를 말한다.

그렇다면 누가 기업의 이해관계자인가? 우선은 일차적 이해관계자와 이차적 이해관계자로 나눌 수 있다. 일차적 이해관계자에는 기업의 주주, 종업원, 고객 및 원

재료공급자를 포함시킬 수 있다. 이차적 이해관계자로는 지역사회, 언론, 환경단체, 소비자단체 등을 들 수 있다. 그러나 이차적 이해관계자들은 상황에 따라 얼마든지 일차적 이해관계자로 바뀔 수 있다.

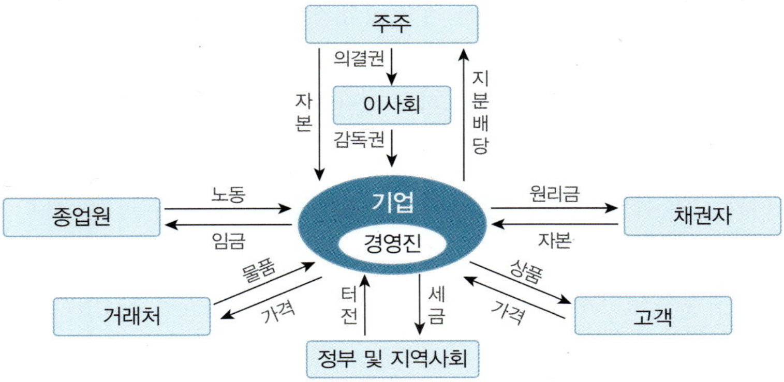

[그림 3-5] 기업의 이해관계자

기업의 지배구조(corporate governance)는 이러한 이해관계자들 간의 기업 내에서의 견제와 균형시스템을 의미한다. 우리나라의 기업지배구조는 1997년의 외환위기 이후에 주총의 활성화, 사외이사제도와 감사위원회의 도입, 임원책임보상제도와 집단소송제의 도입 등의 중요한 제도개혁을 마무리한 단계에 있다. 그러나 우리나라 기업의 지배구조는 위와 같은 차원의 제도개혁만으로는 성과를 거둘 수 없는 특수성이 있다. 그것은 대주주의 지배라는 한국적 특수 환경이다. 소위 오너라고 불리는 총수가 아직도 많은 계열사를 거느리고 전권을 행사하는 구태를 벗어나지 못하고 있다.

우수한 기업은 소유와 경영이 분리되어 있어서 전문 경영의 가능성이 확보되어 있고, 경영의 견제 역할을 수행하는 사외이사, 소액주주 보호제도가 활성화되어 있다. 기업지배구조와 함께 경영의 견제 역할을 수행하는 사외이사, 소액주주 보호제도의 수준을 측정한다.

사례 H사의 지배구조

H사는 경영활동과 관련된 중요한 의사결정이 있을 시에는 경영진이 처 · 실장이 참석하는 주간회의 및 팀장 이상이 참석하는 경영성과 진단회의를 통해 사전검토를 시행하고 있다. 특히 대규모 투자계획 수립 및 시행에 관련된 의사 결정 시에는 회의체를 통한 사전검토뿐 아니라, 투자심의위원회, 부채관리 특별위원회를 통해 철저한 사전검토를 하고 있으며 이 과정에서 외부인의 참여를 통해 투명성을 확보하고 있다. 주요 경영활동과 관련된 최종 결정은 이사회에 의해 수행되어 합리적이고 투명하게 추진되고 있다.

H사는 [그림 3-6]과 같이 독립적인 의사결정을 통한 기업경영의 투명성을 확보하기 위해 이사의 과반수를 사외이사로 운영하고 있다. 이사회는 사장을 포함한 사내이사(상임) 7명과 사외이사(비상임) 8명으로 구성되어 있으며, 의장은 경영전반의 공정한 의견수렴을 위해 사외이사 중에서 임명하고 있다.

이사회의장	비상임위원 중 선임
상임이사 (7명)	대표이사 사장 상임감사위원 부사장 2명 본부장 3명
비상임이사 (8명)	재무전문가 노동환경전문가 동반성장전문가 에너지전문가 법률전문가

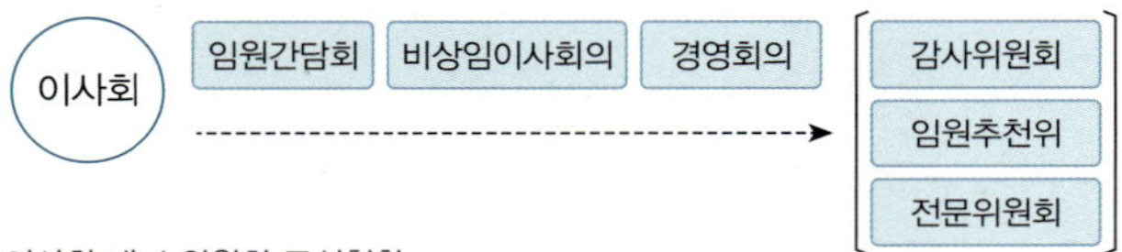

이사회 내 소위원회 구성현황

명칭		구성	역할	202*년 실적
감사위원회		비상임2 상임1	감사조사	총7회 개최, 참석률 81%, 의결 15건, 보고 12건
임원추천위원회		비상임 과반 이상	임원추천	총1회 개최, 참석률 100%, 비상임이사후보자 추천
전문위원회	경영	비상임3	사전심의	총12회 개최, 참석률 100%, 34건 심의
	해외	비상임2		총4회 개최, 참석률 100%, 4건 심의

[그림 3-6] H사의 이사회 구성 및 조직

H사의 사외이사는 재무, 노동, 동반성장, 에너지 등의 분야별 전문가로 선임하고 있으며, 이를 통해 경영제언 및 자문 등의 역할을 수행함으로서 지속가능경영 수준 향상에 기여하고 있다. 이사의 선임은 '공공기관의 운영에 관한 법률'과 'H사 정관'에 명시하여 운영하고 있다. 사장은 공개모집 등으로 후보자를 모집하고, 사외이사와 민간위원으로 구성된 임원추천위원회의를 거쳐, 산업통상자원부 장관의 제청으로 대통령이 임명하며, 임기는 3년이다.

② 최고경영자를 포함한 경영진의 성과를 어떻게 평가하는가? 이사회의 성과를 어떻게 평가하는가? 경영진과 이사회는 이 성과검토 사항을 리더십의 효과성과 리더십 시스템을 개선하는 데 어떻게 활용하는가?

지속적인 성과개선 시스템은 주기적으로 실시되는 체계적 진단에서 출발한다. 진단은 계획 달성과 성과 중심으로 보다 짧은(예: 월 단위) 주기로 행해지는 성과검토 회의와는 차이가 있다. 진단은 성과는 물론 전반적인 조직의 능력과 그 강점과 약점을 대상으로 한다.

경영진의 리더십 유효성에 대한 평가 및 개선은 급변하는 경쟁 환경에서 매우 중요한 부분이다. 리더십의 결과는 조직 성과로 나타난다고 볼 수 있다. 경영진은 리더십 유효성의 평가를 통하여 새로운 요구와 기회에 적응하여 쉽게 변할 수 있는 유연하고 반응이 빠른 조직을 구축하여야 한다.

(2) 합법적 및 윤리적 사업수행

① 조직의 제품, 서비스 및 운영이 사회에 미치는 부정적 영향을 어떻게 인식하고 대처하는가? 규제 및 법적 요구사항에 충분히 대응하기 위한 주요 프로세스, 척도 및 세부목표는 무엇인가? 제품, 서비스, 운영에 관련된 위험 및 제조물 책임에 대한 조직의 주요 대응 프로세스, 척도 및 세부목표를 포함하라.

지금까지 기업이 추구해 온 '이윤극대화'만으로는 안정적 성장이 보장되지 않을 것이므로 '경제적 수익성'과 '환경적 지속가능성'의 조화를 새로운 기업경영의 목표로 삼아야 한다. 따라서 우수한 기업은 환경 관리, 기술개발 및 투자활동 등의 경영 전략을 새로운 환경경영 패러다임에 입각해서 수립해야 한다. 이러한 환경경영은 경영성과상에서의 수익이 될 뿐만 아니라 지역사회에 대한 공익성 수준으로 발전하고 있어서 기업 이미지 제고에 간접적인 촉진 역할을 맡게 되었으며 기업의 사회적 책임이라는 측면에서도 그 중요성이 커지고 있다.

② 조직은 모든 이해관계자와의 상호활동에서 윤리적인 사업수행을 어떻게 촉진하고 보장하는가? 조직의 윤리적 사업수행을 모니터링 할 수 있는 주요 프로세스, 척도/지표는 무엇인가? 윤리적 사업수행의 위반에 어떻게 대응하는가?

윤리경영

윤리경영

인간에게 일정 수준의 도덕적 가치관이 요구되듯이 기업에도 그 기업의 업력과 규모에 걸맞는 가치관이 요구된다. 이를 **윤리경영**이라고 한다. 개개인의 가치관이 다를 수 있듯이 기업의 윤리경영의 수준과 내용도 다를 수 있다. 기업의 경영자가 명심해야 할 중요한 사실은 기업에 요구되는 윤리경영의 수준이 과거보다는 최근에 점점 높아지고 있다는 점과 그 수준을 지키지 못했을 경우 기업이 감당해야 할 충격이 예전보다 훨씬 커졌다는 점이다. 윤리경영이라는 품격은 이제 선택의 문제가 아니라 생존의 문제가 된 것이다.

윤리경영의 올바른 정착을 위해 필요한 절차는 윤리경영 운영체계의 구축이다. 이 운영체계에는 윤리교육에 의한 윤리문화의 정립, 윤리위원회에 의한 윤리감사의 활성화, 윤리심판관 운영 등이 있을 수 있다.

윤리위원회

윤리위원회를 공식 조직화하는 데 어려움이 있는 경우에는 임시위원회 형식으로 설치하는 것도 한 가지 방법이 될 수 있다. 또는 비정기적으로 윤리실천팀을 운영하여 기업 내의 윤리실천사항을 모니터링할 필요가 있다. 미국의 대표적인 방산업체인 '노드롭 그루만(Northrop Grumman)'에서는 법무나 감사부서가 윤리경영을 담당해서는 효과를 기대하기 힘들다고 판단하여 기업윤리사무국을 설치하여 운영하였다. 또한, 윤리경영 담당임원 외에 근속년수 10년 이상의 구성원 중에서 선발된 70~80명의 윤리 담당 직원(business conduct officer)을 사업부별로 지정하여 윤리경영을 담당하였다.

윤리경영지수

윤리적 경영활동은 조직의 자발적 의도에서 출발하여 수행되어야 할 덕목임이 분명하지만 윤리강령에서 규정하는 윤리적 사항들이 제대로 수행되고 있는지를 평가하는 제도적 장치가 필요하다. 윤리경영에 대한 평가와 통제를 통해서 실천의 완성도를 제고할 수 있기 때문이다. 윤리경영의 평가와 통제를 위해서는 내부평가 시스템을 가동시킬 필요가 있다. 이를 위해서는 **윤리경영지수**를 개발하여 운영하는 것도 좋은 방안이다. 우리나라의 몇몇 공기업들은 최근에 자사의 업종과 특성에 맞는 윤리경영지수를 개발하여 운영함으로써 윤리경영 수준을 평가하는 내부 시스템으로 활용하고 있다.

'노드롭 그루만'을 비롯한 미국 '군수산업 윤리경영 실천협회'의 윤리경영 6원칙은 다음과 같다.

1. 윤리강령 제정
2. 윤리강령에 입각한 교육
3. 보복 없는 내부고발제도 운영
4. 구매과정 감독 및 자발적 공시
5. 매년 모범사례 발표회 개최
6. 고객, 언론, 정부에 정보 공개

내부고발제도

사례

내부고발제도의 활성화: 인터내셔널 페이퍼(International Paper)

세계 최대의 펄프 · 제지업체인 '인터내셔널 페이퍼(International Paper)'는 백년이 넘는 역사에 걸맞는 윤리경영 활동으로 알려져 있다. 이 회사는 펄프 · 제지업종처럼 경기변동에 민감한 사업일수록 고객에게 어필할 수 있는 경영철학이 중요하다는 판단하에 윤리경영의 실천에 많은 노력을 기울여왔다.

이 회사는 제조용으로 벌목한 나무보다 더 많은 나무를 심는 활동을 추진한다는 자원관리 책임서약(Resource Stewardship)을 공표하고 이를 준수해 왔으며 항상 신중하게 사업을 함으로써 경쟁업체와 달리 반독점 시비나 소비자의 저항에 휘말리지 않았다. 예를 들어, 경쟁사인 테트라팩(Tetra Pak)이 자사 포장용지만을 사용할 수 있는 포장기계를 개발하여 식음료포장지 시장의 약 90%를 장악하였지만 인터내셔널 페이퍼는 이러한 사업방식을 채택하지 않았고, 경쟁업체인 킴벌리 클라크(Kimberly-Clark)가 가격담합을 하여 5,600만 달러의 과징금을 물게 되는 사건에도 연루되지 않았다.

이러한 윤리경영의 성과를 가져온 비결은 많은 기업에서 형식적으로 운영되는 내부고발제도를 윤리경영 실천의 핵심수단으로 운영하고 있다는 점이다. 즉, 인터내셔널 페이퍼의 제보전화인 Help Line은 전 세계 어디에서든 1분 내에 본사의 콜센터와 연결되며 동시통역이 지원되도록 운영되고 있다. 또한, 전화나 메일로 접수된 제보가 법무팀 또는 인사팀의 적정성 평가와 윤리사무국의 판단을 거쳐 통보되는 시간은 통상 20일밖에 걸리지 않는다. 일반적으로 내부고발제도는 악용될 소지가 많지만 인터내셔널 페이퍼의 내부고발제도는 〈표 3-2〉와 같이 1998년에 52%를 차지하던 익명의 전화제보가 2001년에는 34%로 감소하여 윤리경영을 위한 새로운 수단으로 정착되어 가고 있음을 알 수 있다.

〈표 3-2〉 내부고발제도 운영실적

구분	전체 전화(건수)	익명의 전화(%)	실명의 전화(%)
1998	948	52	48
1999	1,162	52	48
2000	1,272	44	56
2001	1,432	34	66

이는 제보자가 인사상의 불이익을 받지 않도록 철저한 보안을 보장해 주었을 뿐만 아니라 비리 적발이 아닌 예방을 위한 상담 프로그램으로 운영되어 왔기 때문에 가능하였다. 또한, Help Line을 통해 제보된 사례들은 임직원의 교육프로그램으로 구체화시킴으로써 많은 직원들이 공유하도록 하였으며 윤리 및 비즈니스 관행을 전담하는 임원과 조직을 구축한 점과 모든 직원이 출장을 갈 때 Luggage card를 의무적으로 소지하게 하여 사전적인 윤리경영 활동을 강조한 점 등을 성공요인으로 꼽을 수 있다. 참고로 Luggage card의 내용은 다음과 같다.

윤리경영에 저촉되는지 잘 모르겠으면 이렇게 자문하라.

- 내 행동이 합법적인가?
- 내가 과연 공명정대하고 정직한 행동을 하고 있는가?
- 내 행동이 시간이 지나도 과연 옳다고 여겨질 것인가?
- 나중에 스스로 어떻게 느낄 것인가?
- 신문에 보도되면 어떻게 보일까?
- 오늘 밤 편히 잘 수 있을까?
- 아이에게 무엇이라고 말할 수 있을까?

그래도 확신이 서지 않으면 옳다는 확신이 설 때까지 계속 자문하라.

동반성장

공정경쟁 및 협력업체 관계를 위한 동반성장도 고려해야 할 주요 사항이다. 동반성장은 상생(相生)을 의미한다. 혼자만 살지 말고 함께 살자는 것이다. 동반성장위원회에서 2011년부터 운영하고 있는 중소기업 적합업종제도는 자금력, 기술력, 인력이 상대적으로 유리한 대기업과 그렇지 못한 중소기업의 사업영역을 구분하여 중소기업의 사업영역을 보호함으로써 대기업과 중소기업의 상생을 도모하기 위한 것이다. 대기업만 살아남고 중소기업이 도태되면 국가경제가 절름발이가 되어 온갖 부작용이 생기기 때문이다. 공급사슬관리(supply chain management)에서도 발주기업과 공급업체 간의 상생이 궁극적으로 발주기업의 경쟁력을 제고하고 두 파트너 간의 신뢰구축과 정보공유가 상생에 중요한 과제임을 설명하고 있다. 결국 동반성장, 즉 상생을 강조하는 것은 단순히 약자를 도와준다는 시혜적(施惠的) 이유가 결코 아니다. 크게는 국가경제의 생태계를 튼튼히 하고 작게는 '갑(甲)'의 위치에 있는 기업의 지속적인 성장을 위한 것이다. 동반성장은 나와 우리를 위한 것이며 국가경제의 공동체를 위한 품격이다.

사례

협력업체의 경쟁력이 모기업의 경쟁력: LD사

협력업체와의 동반성장을 모범적으로 추진하고 있는 LD사의 사례를 살펴보자. LD사는 '협력업체의 경쟁력이 LD사의 경쟁력'이라는 상생 철학을 바탕으로 협력업체의 근본적인 경쟁력 강화를 위해 기술과 정보를 공유하는 동반성장 활동에 노력해 왔다. 이 회사의 '상생' 철학은 LCD 시장이 공급과잉으로 힘든 시기를 겪던 2006년에 태동하게 되었다. 어려움 속에서 길을 찾은 것이 '상생'이었던 것이다. LD사는 다양한 성공체험을 협력회사와 적극적으로 공유함으로써 협력회사들의 체질과 역량을 키우는 데 도움이 되도록 노력하였고 이러한 상생 활동은 협력회사를 글로벌 수준의 공급업체로 육성하고, 이를 통해 다 함께 시장 선도 업체로 성장할 수 있게 된 것이다. LD사는 동반성장을 실천하는 데 있어 협력업체와의 '소통'이 중요하다고 판단하여 매년 협력업체와 정기적으로 동반성장 공유회를 갖는다. 여기에서 동반성장의 추진 방향을 설정하고 VOC를 청취하여 구체적이고 실질적인 동반성장 정책 및 프로그램을 수립해 나가고 있다. LD사는 중소협력업체의 재정 부담을 줄이기 위해 자금 지원을 위한 'You Dream' 프로그램을 가동하고 있다. 이 프로그램은 설비 투자를 위한 상생협력자금 및 신기술 개발과 R&D 역량 강화를 위한 기술협력자금 등으로 나뉘어 운영되는데, 상생협력자금이나 기술협력자금을 필요로 하는 협력업체에는 자금 지원 심의를 거쳐 업체당 최대 10억 원까지 무이자로 빌려준다. 이 밖에도 LD사는 협력업체와 함께 오픈 이노베이션에도 적극적이며, 협력업체와의 소통 강화를 위한 '동반성장포털'을 운영하여 협력업체들이 시간낭비 없이 필요할 때 즉시 실질적인 도움을 받을 수 있도록 지원하고 있다.

(3) 사회공헌

① 조직은 지역사회와 사회공동체를 어떻게 파악하며 참여와 지원을 위한 중점대상을 어떻게 결정하는가? 조직의 경영진과 종업원들이 주요 지역사회 및 사회공동체를 어떻게 지원하고 활동하는가? 조직의 경영진과 종업원들이 지역사회와 사회공동체를 향상시키기 위한 공헌활동을 포함하라.

기업의 사회적 책임(CSR)

기업의 지역사회와 사회공동체 지원은 실질적인 사회와의 관계 형성을 위한 기업

사례

H사의 사회공헌 지원사업

H사는 '세상에 빛을, 이웃에 사랑을'이라는 슬로건과 함께 '국민과 함께하는 행복동행, 사회책임 경영 선도'를 목표로 설정하였으며, 특화형 사회공헌과 맞춤형 CSR, 지역사회 동반성장, 글로벌 기여, 그리고 친환경 보존의 5大 핵심가치를 선정하였다.

H사는 사회적 경제조직, 취약계층에 태양광 발전설비 무상지원 및 수익 공유형 학교 태양광 발전사업 추진 등 에너지 복지를 확대하고 있다. 햇빛 새싹발전소(주)를 설립하여 2천 개 교(4,000억 원)에 200MW 태양광 발전사업을 추진하기도 하였다.

또한 맞춤형 CSR 활동을 통한 복지 사각지대 해소를 위하여 청소년 및 아동, 노인 및 장애인, 서민생활 자립, 총 3가지로 나누어 실시하고 있다. 제주 스마트그리드 홍보관 체험, 취약계층 사회안전망 서비스, 희망무지개 프로젝트 등을 실시하고 있다. 이 중 희망 무지개 프로젝트는 전 임직원이 매월 천 원 미만의 급여 끝전을 모아 조성한 기금을 바탕으로 저소득 자영업자와 사회적 기업의 경영자금을 지원하는 사업이다.

H사는 국내에 국한하지 않고, 해외 사회공헌 확대로 Global 기업으로서의 국제사회 책임을 실천하고 있다. 글로벌 대학생 봉사단 및 임직원 봉사단을 통하여 부탄, 인도네시아 및 베트남 지역에 총 3회에 걸쳐서 마을 시설보수, 태양광 가로등 설치 등의 활동을 시행하기도 하였다.

출처: 국가품질상 공적서(비공개자료), 2017.

의 노력이 기업의 사회에 대한 역할수행이라는 측면에서 **사회적 책임**(corporate social responsibility: CSR)의 중요 요소로 여겨지고 있다. 우수한 기업은 기업에게 요구되는 법적, 경제적 역할 수행의 범위를 넘어서 사회의 한 구성원(시민)으로서 사회와의 바람직한 관계를 형성하기 위해 다양한 분야에서 지역사회와 사회공동체의 발전을 위한 활동에 참여하고 기여한다.

사회적 책임

공유가치창출(CSV)

공유가치창출(creating shared value: CSV)은 2011년에 마이클 포터가 제안한 개념으로 기업이 수익 창출 이후에 CSR을 하는 것이 아니라 기업 활동 자체가 사회적 가치를 창출하면서 동시에 경제적 수익을 추구할 수 있는 방향으로 이루어지는 행위를 의미한다. 즉, 자선활동이 아니라 자기이익적 행동으로 사회적 가치를 창출함으로써 경제적 가치를 창출하는 것을 말한다. 동반성장의 취지가 상대방의 몫을 내가 빼앗아가는 형태가 아니므로 공유가치창출은 동반성장을 위해서도 매우 바람직한 방법론이 될 수 있다.

공유가치창출

사례

LG의 공유가치창출 활동

LG는 각 계열사의 업의 특성과 밀접한 관계에 놓여있거나, 해당 특성을 바탕으로 해결할 수 있는 사회/환경 관련 문제에 적극적으로 개입할 수 있는 방법이 무엇인지 등에 대해서 그룹 내·외부적으로 다양한 고민을 하여 공유가치창출 활동을 하고 있다. 즉, LG전자의 아프리카 사업 기반 확대를 위해서는 아프리카 지역의 사회/환경적인 이슈가 무엇이고, LG전자가 해당 문제에 적극적으로 동참할 수 있는 방법에 대해 고민하여 만약 아프리카가 처한 여러 문제들 중 LG전자의 비즈니스 역량을 통해 해결할 수 있는 문제가 있다면, 해당 사회문제 해결에 기여를 함으로써 사회적 임팩트를 창출함과 동시에 경제적 성과를 이룰 수 있는 기반을 마련하게 되는 것이다. 모기가 싫어하는 30~100KHz 주파수대의 초음파를 활용하여 말라리아의 매개체인 암컷 학질 모기를 쫓아내거나, 현저하게 활동을 저하시키는 말라리아 방지 에어컨이라든지, 태양광 에너지 공급 시스템을 활용하여 전기 없이 작동함으로써 아프리카/남미 지역의 어린이들을 위한 의약품 및 식품을 보관할 수 있는 태양광 냉장고 등이 대표적인 사례라 할 수 있다.

Green 2020

LG는 2020년 'No. 1 Greenovation Company'로 도약하기 위하여 3대 경영목표와 5대 실천과제를 선언하였습니다.
이러한 전략과제의 단계적인 실행을 바탕으로 기후변화 문제에 대하여 보다 전략적으로 접근하여 그룹의 지속가능한 성장에 기여하고 있습니다.

비욘드(LG생활건강) 바로가기

LG생활건강은 2005년 4월 친환경 자연주의 토털 뷰티 브랜드 '비욘드'를 런칭하여 친환경, 공정거래, 화학방부제 무첨가, 동물실험 반대, 폐기물 최소화 등 10대 제품철학인 비욘드 에코 밸류 10을 선언하여 실천하고 있습니다. 이를 통해 환경적 impact를 최소화하며, 지속가능한 아름다움을 추가하는 선도적인 화장품 브랜드로 거듭나고 있습니다.

스마트크린(LG유플러스) 바로가기

LG유플러스는 2010년부터 RFID 기반의 음식물쓰레기 수거사물통신(M2M) 서비스인 '스마트크린'을 중소 장비업체와 공동으로 개발, 제공하고 있습니다. 음식물쓰레기를 버린 만큼 정확히 계량해 비용을 청구함으로써, 서비스를 도입한 지자체의 음식물 쓰레기 배출량이 20~30% 감소하고 주민 생활 편의가 제고되는 등의 사회적 가치를 창출하고 있습니다.

[그림 3-7] LG의 CSV 활동

이와 같은 사회/환경 이슈는 현지 조사 및 이해관계자 자문회의를 통해 결정되며, 반기당 1회 정도 개최되는 이해관계자 자문회의를 통해 고객/전문가집단/전문기관/NGO 단체와 마케팅/상품기획/CSR팀의 구성원들이 모두 함께 모여 'Open Innovation' 형식의 회의를 통해 서로의 아이디어를 공유하고 협력함으로써 각 계열사에서 실행할만한 사업 및 그 방법들을 구상한다.

[그림 3-8] CSR과 CSV

최근 우리나라에서 CSV가 일종의 '유행'이 되고 있으나 유행을 쫓기 위해서 맹목적으로 기존의 사회공헌 활동을 CSV 활동으로 대체하거나 CSR 부서의 이름을 CSV 부서로 바꾸는 것 등과 같은 변화는 조금 더 신중하게 고려해 볼 필요가 있다. 기업이 기존의 CSR 영역에서의 활동을 충실히 이행하되 이를 바탕으로 사업의 새로운 기회를 모색하고 신성장 동력을 창출하기 위한 돌파구로서 CSV를 전략적인 측면에서 고려해야 할 것이다.

참고 — MB상 수상 기준 질문: 리더십과 거버넌스

* 미국 말콤 볼드리지 국가품질상의 기준이 2025년에 전면 개편되어 시행된다.

이 범주에서는 고위 리더십 커뮤니케이션, 거버넌스 및 책임, 불만 및 불만과 관련된 성과 및 프로세스에 대해 묻습니다. 또한 승계 계획 및 사회적 기여에 대해서도 묻습니다.

문맥 질문

귀하의 리더십과 거버넌스 구조를 간략하게 설명해 주세요.

결과 질문

모든 응답에는 5년간의 데이터와 관련 비교가 포함되어야 합니다. 5년간의 데이터와 관련 비교를 제공할 수 없는 경우 자세한 설명을 제공해야 합니다.

- 고위 리더들이 주요 인력 세그먼트와 양방향 소통을 한 결과는 어떻습니까?(예: 지역별, 근로자 유형 등에 따른 리더의 인력 평가)
- 주요 고객 세그먼트와 고위 리더의 양방향 소통에 대한 결과는 무엇입니까?(예: 리더에 대한 고객 평가)
- 공급업체, 파트너, 협력업체 등 주요 이해 관계자와 고위 리더 간 양방향 소통에 대한 결과는 무엇입니까?(예: 이해 관계자의 리더십 평가)
- 귀하의 조직은 리더십과 책임성(인증 및 공인 포함)과 관련된 외부 감사에서 어떤 성과를 거두었나요?
- 다음의 모든 불만 및 불만에 대한 결과는 무엇입니까?
  ✓ 안전
  ✓ 평등고용기회위원회(EEOC)

✓ 윤리학

• 사회적 기여에 대한 귀하의 결과는 무엇입니까?

* 참고: 사회적 기여의 예(비교는 선택 사항)는 다음과 같습니다. 에너지 소비 감소, 재생 에너지 자원 및 재활용수 사용, 탄소 발자국 감소, 폐기물 감소 및 활용, 자원 보존을 위한 대체적 접근 방식(예: 가상 회의 증가), 계몽된 노동 관행의 글로벌 사용, 주택, 지역 사회 건강 및 식량 안보를 증진하기 위한 상품 또는 서비스 기부

과정 질문

위의 결과와 관련된 다음 질문에 대한 응답은 MB상 수상 최종 후보자에게만 현장 방문 중에 평가됩니다.

• 리더십 승계 계획에 있어서 핵심 프로세스를 간략하게 설명해 주세요.
• 고위 리더가 직원과 양방향 소통을 하는 주요 프로세스를 간략하게 설명해 주세요.
• 고위 리더가 고객과 양방향 소통하는 주요 프로세스를 간략하게 설명해 주세요.
• 고위 리더가 이해관계자와 양방향으로 소통하는 주요 프로세스를 간략하게 설명해 주세요.
• 고위 임원의 행동에 대한 책임, 재정적 책임성, 투명성과 관련된 책임 있는 거버넌스를 보장하기 위한 주요 프로세스를 간략하게 설명해 주세요.
• 위에서 공유한 프로세스 중에서 다른 조직이 배울 수 있는 모범 사례는 무엇이라고 생각하십니까?

출처: https://www.nist.gov/baldrige/baldrige-award/award-criteria

연·습·문·제

1. 현대 경영에서 리더에게 요구되는 요건에는 무엇이 있는가?

2. 비전의 요건을 충족하고 있는 비전의 사례를 설명하라.

3. 일반적인 커뮤니케이션과 리더십 커뮤니케이션은 무엇이 다른가?

4. 국내 기업의 지배구조에 대하여 설명하라.

5. 동반성장의 개념은 무엇이며 지속가능과 어떠한 관계가 있는가?

6. 윤리경영의 성공사례와 실패사례를 설명하라.

7. 윤리적 사업수행을 모니터링할 수 있는 주요 지표를 제시하라.

8. 내부고발제도를 활성화하기 위해서 필요한 사항은 무엇인가?

9. 사회공헌활동이 기업의 가치 증진에 기여할 것으로 생각하는가?

10. CSR과 CSV의 차이점은 무엇인가?

4

CHAPTER

전략기획

학습 목표

- 전략의 유형과 전략을 개발하는 절차를 알게 된다.
- 전략개발에 활용할 수 있는 도구를 이해한다.
- 전략목표를 어떻게 설정하고 어떠한 전략목표가 있는지를 파악한다.
- 전략전개의 개념과 중요성을 이해한다.
- 전략을 전개할 때 고려해야 할 사항을 제시할 수 있다.
- 조직의 성과를 추정하는 방법과 조직의 성과를 추정해야 하는 이유를 이해한다.

사례

숄다이스(Shouldice) 병원의 집중화 전략

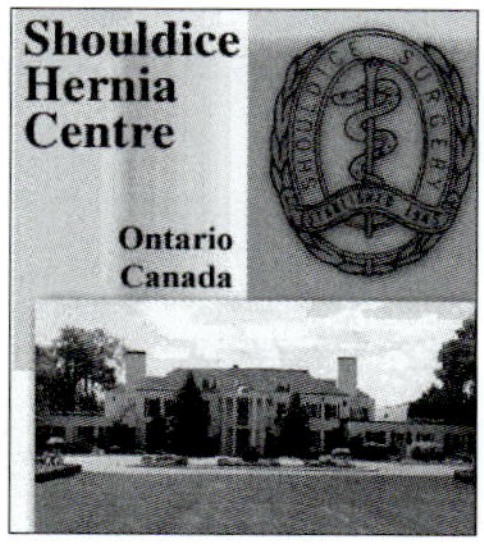

전략수립의 성공 사례로 캐나다 온타리오 주에 있는 숄다이스 병원을 들 수 있다. 숄다이스 병원은 세계적인 탈장 전문병원이다. 탈장이란 선천적이거나 후천적인 원인으로 신체의 장기가 제자리에서 벗어나 복부를 통해 돌출되거나 빠져나오는 것을 말한다. '가족 친화적인 탈장 전문병원'이라는 콘셉트로 운영하는 숄다이스 병원은 외부 탈장(inguinal)만 다룬다. 즉, 다른 병과 복합 증상이 나타나는 환자는 좀 더 큰 종합병원으로 보내진다.

환자들은 예약 신청을 할 때 단 한 번 신상에 대한 모든 의학적 정보를 제공한다. 신청자들은 위험요소인 비만 검사를 받게 되며, 필요한 경우 재검사를 받기 전에 체중을 줄여야 한다. 여기서 숄다이스 병원의 시장 집중화와 운영 집중화라는 두 마리의 토끼를 잘 활용했다는 것을 알 수 있다.

탈장 분야의 의사 전문성을 세계 최고의 수준으로 유지하기 위하여 한 명의 의사가 수술을 주도하기 위해서는 다른 의사의 보조의로 100회 수술에 참여하여야 하며, 그 이후 100회의 수술을 베테랑 의사가 보는 앞에서 진행해야 한다. 12명의 전문의사가 연간 7,500건의 수술을 진행하니 이 요건을 단기간에 채울 수 있다. 이렇게 관리한 결과 치료 성과는 매우 탁월하다. 재발의 경우 0.8%로 일반병원의 10~15%의 재발률과 비교하면 채 10%도 되지 않는다.

수술이 끝난 환자와 보호자는 의사, 간호사와 함께 식사를 할 수 있어 수술 후의 궁금증을 이 시간을 통해 해소할 수 있도록 하고 있다. 수술 전이건 수술 후이건 담당의사와 만날 수 있는 시간이 제한적인 우리나라 의료시스템과 대비되는 서비스라고 할 수 있다. 또한, 수술 후 환자들은 휴게실에 모여 함께 회복 운동을 하게 되며, 하루 두 번의 집단 체조와 계단 이용을 권장한다. 또한 환자 간 정보를 공유할 수 있게 하고 심지어는 퇴원 후에도 커뮤니티를 구성하여 수술 경험과 질병 정보를 다른 예비 환자들과 공유하도록 하고 있다. 이러한 숄다이스 병원의 모든 노력은 최고의 탈장 전문병원으로서 명성을 얻게 되는 전략적 콘셉트이다.

출처: 유한주, 「엑설런트 서비스」, KSAM, 2020.에서 발췌

4.1 전략 이론

4.1.1 전략의 정의

전략

'**전략**'이란 경영목표를 달성하기 위한 수단이라는 의미가 있으며 광범위하게 해석되어야 한다. 즉, 신제품 · 서비스 · 신시장, 인수 · 양도 및 기증을 포함한 다양한 방법에 의한 매출 증대, 매각, 새로운 파트너십과 제휴, 신규 종업원이나 자원봉사자와의 관계 등이 모두 관련된다. 전략은 우량 공급업체, 최저가격 생산업체, 시장선도업체, 고급형 또는 맞춤형 제품/서비스 공급업체 등이 되기 위한 방향으로 설정될 수 있다. 또한, 지역사회나 일반 대중의 니즈를 충족시키는 내용일 수도 있다.

4.1.2 전략의 유형

전략의 유형

일반적으로 전략은 의사결정이 이루어지는 기업 내부의 수준에 따라 [그림 4-1]에서 볼 수 있듯이 전사적 수준의 기업전략(corporate strategy), 사업부(strategic business unit: SBU) 수준의 사업전략(business strategy) 및 기능별 전략(functional strategy)의 3가지로 나누어진다. 단, 기업에 따라서는 하나의 사업이 전사적 수준과 일치할 수도 있다. 이러한 전략의 위계관계에서 중요한 점은 상위전략과 하위전략 간에 일관성이 유지되어야 한다는 점이다.

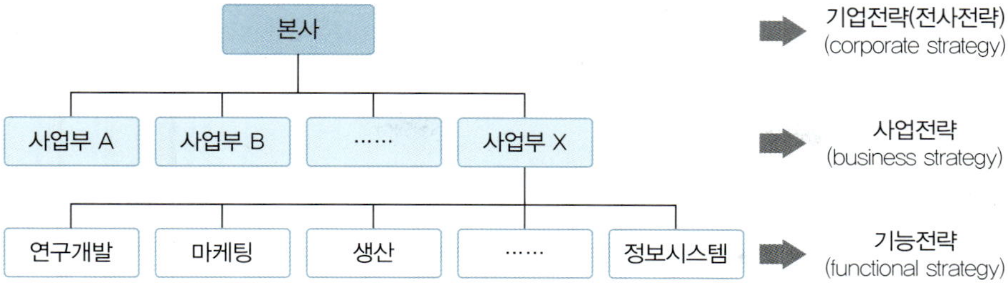

[그림 4-1] 전략의 유형

4.2 국가품질상 심사기준

미국의 볼드리지상을 기반으로 한 우리나라의 국가품질상 심사기준에서는 전략기획 범주를 다음과 같이 제시하고 있다.

> 「전략기획」에서는 조직의 경쟁우위를 제고하기 위하여 전략목표를 어떻게 설정하는가를 평가한다. 또한 전략목표와 실행계획이 어떻게 전개되는지를 평가한다.

전략기획 범주의 세부평가항목은 조직의 장·단기 경영계획이 어떻게 합리적으로 수립되는지에 관한 것이다. 이 범주에서는 조직의 강점, 약점, 기회, 위협 요소를 어떻게 파악하여 전략적 목표를 설정하고, 이를 바탕으로 어떻게 주요 실행계획을 결정하는가를 검토한다. 또한 자원의 활용을 어떻게 최적화하며, 계획을 어떻게 조직의 상위 계층, 업무 프로세스 계층, 개별직원 계층으로 전개하여 전략의 일관성을 유지하는가를 검토한다.

전략기획

> 4.2.1 전략의 개발
> (1) 전략개발 프로세스
> (2) 전략목표
> 4.2.2 전략의 전개
> (1) 실행계획 개발과 전개
> (2) 성과 추정

세부평가항목에 대한 설명은 다음과 같다.

4.2.1 전략의 개발

> 조직의 위상과 성과를 제고하기 위한 전략목표 수립방법을 기술하라. 여기에는 다음과 같은 세부항목에 대한 응답을 포함해야 한다.

전략의 개발에서는 조직의 전략적 도전과 경쟁우위를 어떻게 결정하고 이들을 위해 어떻게 전략적 목표를 설정하는지를 검토한다. 전략개발의 목적은 전반적인 성과와 경쟁우위, 그리고 미래의 성공을 확고하게 하는 것이다.

(1) 전략개발 프로세스

전략개발 프로세스

① 조직의 전반적인 전략수립 프로세스는 무엇인가? 전략적 맹점의 보완대책, 전략적 도전과 경쟁우위, 전략수립의 주요 단계, 핵심 참여자 및 장단기 계획기간 범위를 포함하라.

기업전략의 핵심은 어떠한 사업에 진출하느냐의 문제이다. 즉, 기업전략은 기업 전체가 직면하는 기회와 위협을 파악하여 경영목표를 설정하고 사업활동의 범위를 결정한다. 사업전략은 특정 산업이나 제품 및 세분시장에서 어떻게 경쟁할 것인가에 초점을 두게 된다. 따라서 사업전략은 사업의 경쟁전략이라는 관점에서 논의되며, 전략적인 측면이 중시된다는 점에서 전략적 사업단위 전략이라는 이름으로 불리기도 한다. 따라서 경쟁전략에서 가장 중요한 전략요소는 사업 부문의 자원 전개를 통해서 사업 부문만의 차별화된 능력과 경쟁우위를 확보하는 데 있다. 기능별 전략은 연구개발, 생산, 마케팅, 재무 및 인사 등의 하위기능에 관한 부문별 운영전략을 말하며, 각 부문별로 자원생산성의 극대화를 달성하는 것에 그 초점이 있다.

전략기획 수립 체계와 관련해서는 그 프로세스에 대한 규정이나 매뉴얼이 작성되어있다면, 그리고 그에 따라 전략이 수립되고 있다면 전략기획 수립 프로세스가 조직에 정착되어 있다는 증거가 될 수 있다. 또한 수립 프로세스에 대한 업무흐름도가 작성되어 있다면 그 프로세스가 전체적으로 체계화 되어 있다는 증거가 될 수 있다. 업무흐름도의 작성은 현재 업무 프로세스를 정비하는 데 도움이 될 뿐만 아니라 프로세스 개선을 위한 기초를 제공한다.

[그림 4-2]는 전략기획 수립 프로세스의 주요 단계를 보여주고 있다.

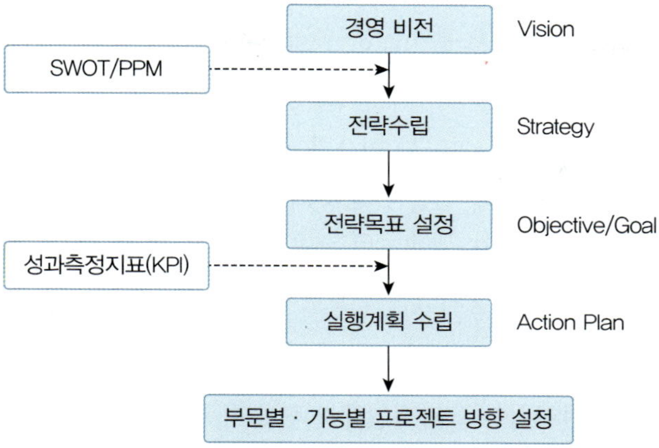

[그림 4-2] 전략기획 수립 프로세스

② 전략기획 수립에 있어서 다음 주요 사항들을 어떻게 반영하고 있는가? 또한 그와 관련된 자료와 정보의 수집과 분석방법은 무엇인가?

- 조직의 강점, 약점, 기회, 위협 요인
- 기술, 시장, 고객선호도, 경쟁 및 규제환경의 미래 주요 변화
- 중장기적 관점에서의 조직의 지속가능성
- 전략수행을 가능하게 하는 조직의 역량

'조직의 강점, 약점, 기회, 위협 요인'은 조직의 장래에 중요한 모든 요인을 포함해야 한다. 즉, 고객과 시장의 니즈 · 기대 및 기회, 혁신 및 역할모델의 기회, 핵심역량, 경쟁환경 및 경쟁업체와 비교대상 업체에 대한 상대적 성과, 제품수명주기, 제품과 서비스에 영향을 미칠 수 있는 기술적 변화나 혁신, 인적자원과 기타 자원에 대한 필요성, 다양성을 활용하는 능력, 보다 높은 우선순위의 제품, 서비스 및 분야에 자원을 재집중하는 기회 포착, 재무적, 사회적, 윤리적, 기술적 및 규제상의 안전과 기타 잠재적인 위험 요소, 자연재해를 포함한 긴급사태에 대처하는 능력, 국내 및 세계 경제의 변화, 협력업체와 공급체인의 니즈, 강점 및 약점, 모기업의 변화, 그리고 조직 특유의 기타 요인 등을 말한다.

전략개발 프로세스의 주요 관점

전략개발 프로세스에서의 주요 관점은 다음과 같이 세 가지로 요약할 수 있다.

첫째, 현재의 고객 요구사항과 미래의 고객 요구사항에 관한 정보가 어떻게 계획수립 과정에 반영되는가를 살펴보아야 한다. 여기에서는 고객의 요구사항이 무엇인지에 관해서는 구체적으로 언급할 필요가 없다. 단지 고객 요구사항에 관한 데이터가 전략을 수립하는 과정에 어떻게 활용되었는지를 밝혀야 한다. 예를 들면, 고객이 표준화된 제품보다 더욱 고객화된 제품을 소량으로 주문할 것으로 예상된다면 이를 고려하여 전략이 개발되었음을 보여주어야 하는 것이다.

둘째, 현재의 경쟁업체와 미래의 경쟁업체에 관한 데이터가 어떻게 활용되고 있는가도 살펴보아야 한다. 이는 경쟁업체를 단순히 따라가는 것보다 경쟁업체보다 얼마나 앞서 나가는가 하는 것이 중요하기 때문이다. 예를 들어, 유나이티드 에어라인(United Airline)은 경쟁업체인 사우스웨스트 에어라인(Southwest Airline)의 항로를 분석하여 보다 저렴하고 예약좌석제와 같은 질 높은 서비스를 제공하는 전략을 개발하였다.

셋째, 목표를 설정하고 전략을 개발하는 과정에서 위험요소에 대한 고려가 반드시 이루어져야 한다. 위험요소로는 재무적인 위험요소, 시장의 위험요소, 기술적인 위험요소, 사회적인 위험요소 등을 들 수 있다. 즉, 이에 관한 데이터가 어떻게 수집되어 계획수립 과정에 활용되는지를 설명해야 한다. 그 외에 공급업체의 강점과 약점에 대한 평가결과가 계획수립 과정에 어떻게 반영되는지를 보여주어야 한다.

전략개발 도구

전략개발에서 활용될 수 있는 도구는 다음과 같다.

환경 분석(environmental analysis)은 일반적인 경기지표와 거시경제정보를 활용하여 산업전반을 분석하는 거시 분석과 업계의 매력도를 결정하는 요인을 구조적으로 분석하는 산업구조 분석으로 이루어진다.

산업구조분석

[그림 4-3]은 환경 분석을 위한 대표적인 도구인 **산업구조분석**의 모형으로 산업내 경쟁, 구매자의 협상력, 공급자의 협상력, 잠재적 진입 위험, 대체재 가능성 등을 분석하여 업계 내에서의 매력정도를 보여준다.

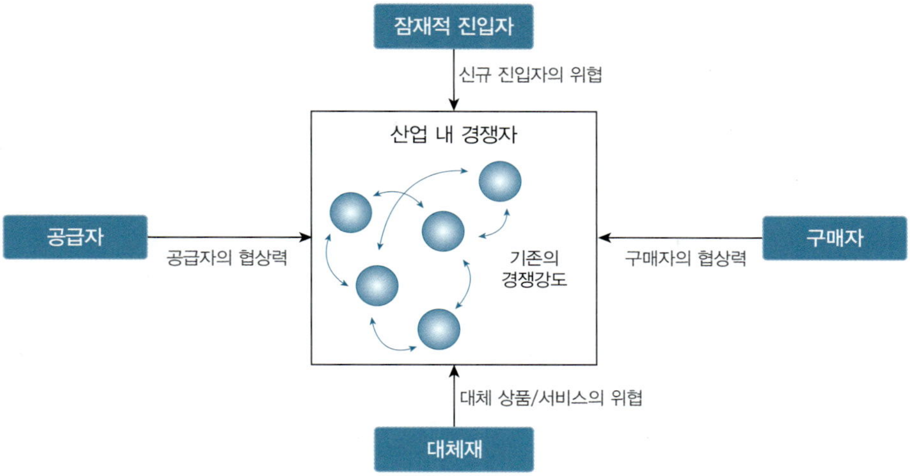

[그림 4-3] 산업구조 분석(M. E. Porter's Five-Forces Model)

제품포트폴리오 분석(product portfolio analysis)은 자사제품과 경쟁제품의 우위성을 파악하는 활동이다. 제품포트폴리오 분석

[그림 4-4]는 사업의 포트폴리오를 구성하는 방법 중 대표적인 제품포트폴리오 분석(product portfolio analysis)을 보여준다.

[그림 4-4] 제품포트폴리오 분석

제품포트폴리오 분석은 보스턴컨설팅그룹(Boston Consulting Group)에 의해 1970년대 초반 개발된 것으로, 기업의 경영전략 수립에 기본적인 분석도구로 활용되는 사업포트폴리오 분석기법이다. 이는 '성장-점유율 매트릭스(growth-share matrix)'라고도 불리며, X축을 '상대적 시장점유율'로 하고, Y축을 '시장성장률'로 하여 다음과 같은 네 가지의 사업으로 구분하고 각 사업에 대응하는 전략을 제시한다.

- Star(성장사업): 고성장 · 고점유율 사업으로 현금의 유입이 크기는 하나 경쟁자들의 방어를 위해 많은 현금유출이 수반된다. 이 사업에 대해서는 시장점유율을 높이기 위한 전략이 필요하다.
- Cash Cow(수익주종사업): 저성장 · 고점유율 사업으로 현금유입이 큰 반면 낮은 성장률로 현금유출이 적어 순현금유입이 크게 증가된다. 따라서 유지 혹은 수확 전략을 사용하여 안정적인 현금회수를 노린다.
- Question Mark(개발사업): 고성장 · 저점유율 사업으로 성장가능성이 있으며 사업초기에는 대부분 이 영역에 속한다. 고성장에 따르는 투자로 자금유출이 크며, 상황에 따라 성장 혹은 사양산업으로 분류될 수 있는 영역이다. 따라서 구축, 수확 혹은 철수 전략이 적용될 수 있다.
- Dog(사양산업): 저성장 · 저점유율 사업으로 투자비용이 크고 적음에 관계없이 수익성이 낮거나 경우에 따라 손실이 발생하는 경우도 있다. 이 경우 수확 혹은 철수 전략이 적합하다. 결국 BCG 매트릭스를 통해 각 사업을 철수할 것인지, 현금창출을 최대화 할 것인지, 현상 유지할 것인지, 성장할 수 있도록 투자를 늘릴 것인지 등으로 구분해 전략적으로 사업을 운영하게 도와준다.

SWOT 분석

- **SWOT 분석**: 내부역량 및 외부환경을 분석하여 S(strength: 강점), W(weakness: 약점), O(opportunity: 기회), T(threat: 위협) 요인을 도출함으로써 전사전략을 수립하는 체계적인 방법이다.

〈표 4-1〉은 전사전략을 도출하기 위하여 내부역량 및 외부환경을 분석하는 SWOT 분석의 예를 보여주고 있다.

〈표 4-1〉 SWOT 분석의 예시

외부환경 \ 내부역량		강점(S)	약점(W)
		• 동북아 최고 수준 항공네트워크 • ASQ 12연패 등 높은 브랜드이미지 • 선진 물류인프라 보유	• 특정 지역 여객/항공 운송품목 편중 • 환승객/환적물동량 감소 지속 • 물류단지 포화/입주경쟁률 상승
기회(O)	• 정부주도 인천 경쟁력 강화 기조 • 아시아 항공수요 지속 확대 • 항공 운송품목 다변화	(SO) 역량확대 • 국제선 화물량 유치 강화 • 신성장 화물 허브 구축 기반 마련	(WO) 기회포착 • 네트워크 확대/신규시장 개발 • 물류 인프라 확충/프로세스 혁신
위협(T)	• 경쟁공항의 허브화 위협 • 항공사/물류기업 수익성 악화 • 사드/북핵 등 외부악재로 수송축소	(ST) 선택집중 • 인천공항 허브 경쟁력 지속 강화 • 외부환경 변화에 따른 위기극복	(WT) 약점보완 • 환승여객 성장 전환 도로 • 중소기업의 성장환경 구축

사례

H사의 전략개발 프로세스

H사의 전략수립 프로세스는 방향설정, 과제작성, 전략초안 마련 및 확정 · 공표 단계로 이루어진다. 전략수립 T/F를 구성하고 전 직원 설문조사와 조직의 환경 · 역량 분석을 통해 전략방향을 설정한 후, 기획처 주관하에 관련 조직과 직원이 참여하는 워크숍을 개최하여 전략과제를 작성하게 된다. 작성된 전략초안은 외부전문가 자문, 경영진 의견수렴 등을 통해 최종안을 수립하고 전 직원에게 확정 · 공표한다.

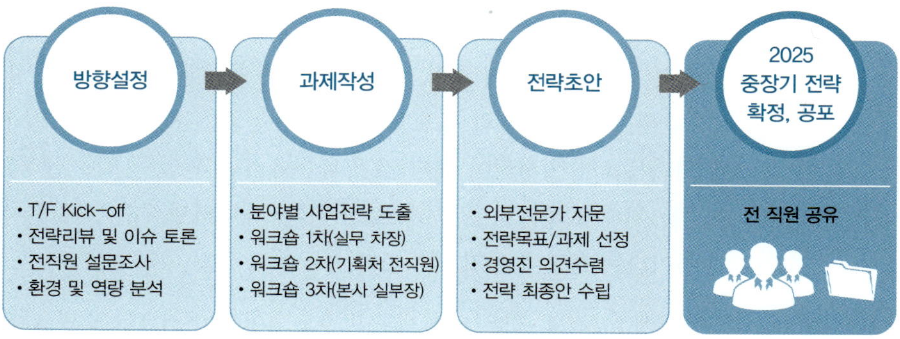

[그림 4-5] H사의 전략개발 프로세스

(2) 전략목표

전략목표

① **주요 전략목표는 무엇이며 이를 달성하기 위한 세부일정계획은 무엇인가? 전략목표를 위한 주요 세부목표들은 무엇인가?**

전략목표의 제시

비전을 실천하기 위한 주요 전략목표를 제시하여야 한다. 주요 전략목표란 무엇인가? 조직이 초점을 두고 추진하는 요소를 말하며, 이것이 경영의 성패를 결정하게 된다. 전략적 도전과 경쟁우위와 관련된 전략목표로는 신속한 대응, 고객화, 주요 고객이나 협력업체와의 공동입지, 인적자원의 역량과 수급능력, 합작투자, 유연(또는 가상) 생산, 신속한 혁신, ISO 9000이나 ISO 14000 등록, 웹 기반의 협력업체 및 고객관계관리 그리고 제품/서비스 품질 향상 등이 포함될 수 있다. 예를 들어, 노드롭 그루먼(Northrop Grumman)사에서 설정한 향후 수년간의 전략목표는 고객에 대한 비용을 줄이는 것이다. 이것은 이 회사의 주요 고객인 미 공군이 노드롭 그루먼의 제품품질이 좋지 않으며 가격이 높다고 지적해 왔기 때문이다. IBM의 전략목표는 하드웨어 판매에 대한 의존도를 낮추고 서비스 매출에 대한 의존도를 높이는 것이다. 통신회사의 주요 전략목표로는 현재의 품질수준을 유지하면서 국내 전화 요금에 대하여 할인율을 적용하는 것을 들 수 있다.

전략목표를 제시할 때는 목표달성에 관한 일정계획이 제시되어야 한다. 일정계획은 계획 대비 달성정도를 측정할 수 있게 해주며 상황에 따른 수정조치를 취할 수 있는 근거를 마련해 준다. [그림 4-6]은 목표달성에 관한 일정계획의 중요성을 보여준다. 즉, 4년 후의 목표를 100으로 설정한 후 1년 후의 실적이 40이 되었을 때 연간목표가 설정되어 있지 않기 때문에 4년 후의 목표를 달성하기 위해 어떠한 조치를 취해야 하는지를 알 수 없게 된다. 왜냐하면, 향후 3년간 점선과 같이 진행될 것이라는 보장이 없기 때문이다.

반면에 [그림 4-7]은 일정계획이 수립되어 있어서 1년 후의 실적이 목표 대비 미달성임을 보여준다. 또한 [그림 4-8]은 1년 후의 실적이 목표 대비 초과달성임을 보여준다. 즉, 1년 후에 동일한 수준의 성과를 올리더라도 일정계획에 따라 미달성할 수도 있고 초과달성할 수도 있어 그에 따른 수정조치가 달라질 수 있으므로 연간 일정계획을 수립할 필요가 있는 것이다.

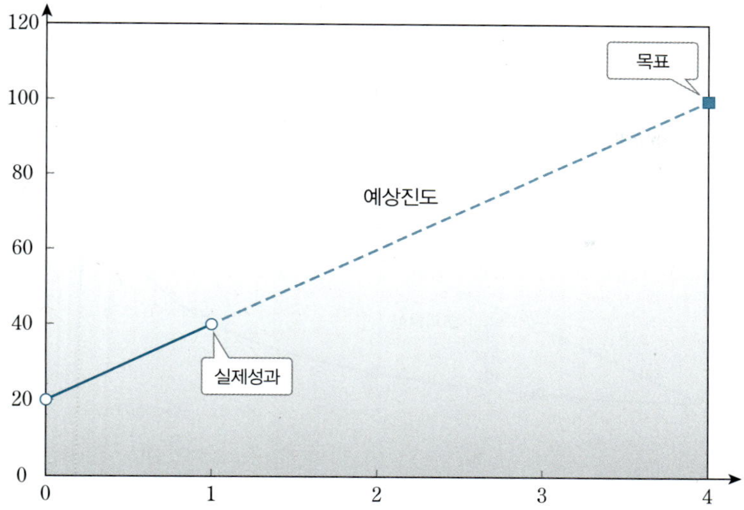

[그림 4-6] 목표달성에 관한 일정계획이 없는 경우

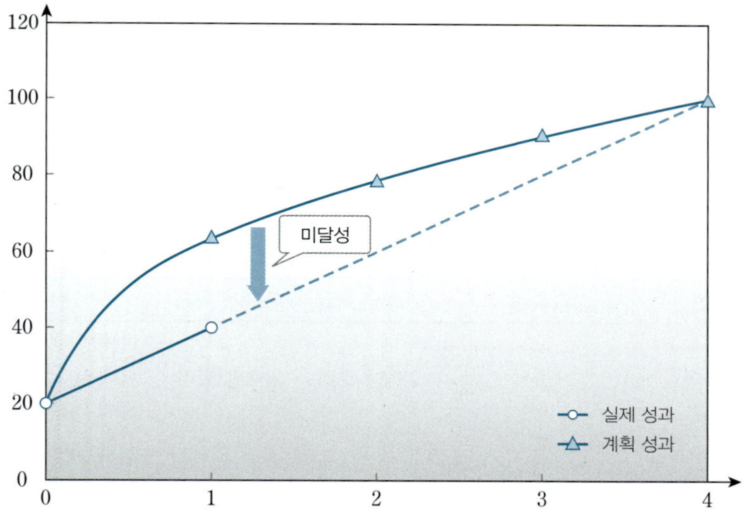

[그림 4-7] 목표 대비 미달성인 경우

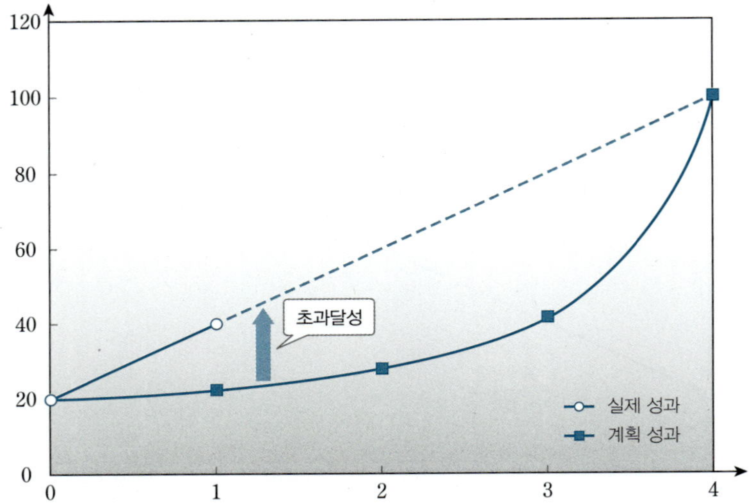

[그림 4-8] 목표 대비 초과달성인 경우

전략에 관한 정보를 설명하고 이들 전략이 어떻게 구체화되는가를 나타내는 방법으로는 주요 전략목표와 성과측정치, 연간 목표, 장기 목표 그리고 개선전략 등의 관계를 그림으로 나타내는 것을 들 수 있다. 예를 들면 〈표 4-2〉와 같이 정리하여 볼 수 있다.

〈표 4-2〉 주요 전략목표와 세부활동과의 관계

전략목표	성과측정치	2025년 목표	2028년 목표	개선전략
태평양 지역에서의 매출 증대	매출액	2백만 달러	6백만 달러	마케팅 캠페인 판매원 고용 특별 인센티브 제공
신제품 개발 증대	신제품 판매비율	12%	22%	연구개발비 증대 연구개발인력 증원 연구개발 사이클 개발기간 단축
기술진 이직 감축	종업원 만족도지수 이직률	85 20%	95 8%	훈련기회의 증대 성과급 지급 기술계층의 구축

사례 H사의 전략목표

H사의 2025 중장기 전략 목표는 최근 기준년도 대비 'Double Growth 달성: 매출액, 해외진출, 기업가치 2배 달성'이다. 총매출액 100조 원을 달성하고 해외진출은 60개 국에서 100개 프로젝트를 확산 수행하며, 기업의 시장가치인 주가는 10만 원 이상을 목표로 설정하였다.

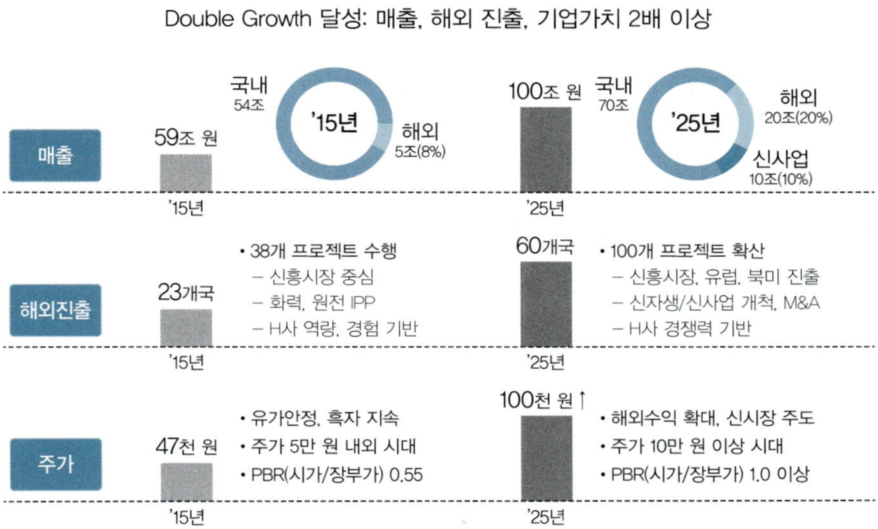

[그림 4-9] H사의 전략목표

② 전략목표는 전략적 도전과 경쟁우위를 어떻게 반영하는가? 전략목표는 제품과 서비스, 생산, 비즈니스 모델의 혁신 기회를 어떻게 반영하는가? 전략목표는 단기적인 도전과 기회 및 장기적인 도전과 기회의 균형을 어떻게 보장하는가? 전략목표는 모든 주요 이해관계자의 요구를 어떻게 균형되게 반영하는가?

장단기 목표의 조화

조직은 단기뿐만 아니라 물론 장기적으로도 우수한 성과를 내야 한다. 그러나 실제로는 하나의 전략이나 활동이 단기이익과 장기이익 간에 상충관계를 초래하는 경우가 많다. R&D 투자, 교육/훈련과 같은 인적자원 투자, 시설 투자 등은 장기적 성공을 위해서 필요한 것이지만 단기적 이익에는 부정적 영향을 미치게 된다. 반대로 종업원 통제나 노동 강도의 강화, 무리한 다운사이징, 밀어내기식 판매, 협상력이 약한 파트너 몫의 삭감, 공해처리 비용의 사회적 전가와 같은 활동들은 단기적으로는 도움이 되지만 부작용을 낳아서 장기적 이익을 해치는 경우도 있다. 따라서 조직의 목표는 장단기 이익 간의 조화를 고려해야 한다. 그러나 보다 본질적인 조직의 목표는 조직의 장기적 성공이므로 조직의 자원에 여유가 있고 단기성과에 대한 주주의 압력이 크지 않다면 장기적 요구를 중시하는 것이 바람직하다.

이해관계자의 요구 반영

조직의 목표 설정에 있어 핵심은 주주, 고객, 종업원, 지역사회, 공급자 및 파트너 등 여러 이해관계자들의 기대와 요구를 충족시키는 것이다. 그러나 개선/혁신과 같이 가치의 증대를 통하여 모두의 이익을 높이는 방안이 있는가 하면, 가격정책이나 임금정책과 같이 서로 간의 이익이 상충되는 경우도 있다. 따라서 중요한 부분은 이러한 이해관계자들의 이해를 균형 있게 조정하는 것이다. 여기서 전략대안들이 이해관계자들의 이해에 균형 있게 작용하는지를 검토하는 것이 전략선정 기준의 하나가 된다. 물론 어떠한 수준이 균형인지는 기업과 경영자의 가치관, 비전, 미션 등에 따라서 달라진다.

4.2.2 전략의 실행

조직의 전략목표를 실행계획으로 전환시키는 방법을 기술하라. 조직의 실행계획과 이와 관련한 주요 성과 척도/지표를 요약하라. 그리고 이러한 성과 척도/지표에 입각한 미래의 예상성과를 추정하라. 여기에는 다음과 같은 세부항목에 대한 응답을 포함해야 한다.

전략의 실행

전략기획 범주의 두 번째 심사항목인 **전략의 실행**에서는 조직이 전략목표를 실행계획으로 어떻게 전환시키는가를 검토하며, 실행계획의 진척도를 조직이 어떻게 평가하는가를 검토한다. 조직의 전략이 목표달성을 위하여 성공적으로 추진되도록 하는 것이 이 심사항목의 목적이다.

전략의 개념에 PDCA의 개념을 추가하면 전략실행의 의미를 쉽게 이해할 수 있다. 즉, 전략실행은 기업경영의 목표 · 시책(계획)을 통해서 말단 사원에 이르기까지 전달 · 전개해서(plan), 각 계층이 계획을 토대로 활동하고(do), 실시결과를 평가 · 검토한(check) 것을 피드백(act)시키는 PDCA 사이클을 계속함으로써 계획적인 경영개선을 지속적으로 도모하는 것이다. 따라서 전략실행을 추진할 때 ① 전략의 책정, ② 실행(계획화), ③ 실시결과의 검토, ④ 검토결과를 차기전략에 피드백하는 추진과정을 적절히 수행해야만 효과를 높일 수 있다.

전략실행의 특징은 조직의 목표설정보다는 계획과정 자체에 초점이 주어지고 있다는 점이다. 이는 결과보다는 그 결과를 창출하는 과정에 초점을 맞추어야 한다는 품질경영의 철학과 일맥상통한다. 이를 위한 과정은 최고경영자가 기업의 주요 목표를 제시하는 데에서 비롯되어 차츰 하부층으로 목적과 수단의 고리(end-means chain)를 이어서 전개되어 결국 실행계획이 작업현장에 내려지게 된다.

기업전략을 사장전략으로, 그리고 사장전략을 사업부장 및 담당부장전략으로 전개함으로써 중점 문제를 이해함과 더불어 서로의 의사소통을 원활히 하여 상하계층과 부문 간에 유기적인 유대관계를 보다 긴밀히 할 수 있다. 따라서 품질경영활동을 전사적으로 전개하고 종합화하는 데 전략실행은 주요 방편이 된다.

(1) 실행계획 개발과 실행

① 전략목표를 달성하기 위하여 조직 전반에 걸친 실행계획을 어떻게 개발하고 실행하는가? 실행계획을 어떻게 지속시키는가?

실행계획의 개발과 실행에서는 앞 단계에서 수립된 계획이 어떠한 매커니즘에 의해서 실행되는지를 설명하는 것이다. 따라서 여러 계층의 조직 구성원들이 어떻게 계획을 검토하고 개별계획으로 변환되는지를 밝혀야 한다. 모든 계층의 목표는 조직 전체의 계획에 기초하고 있어야 한다. 가능한 한 구체적으로 설명해야 하며 실제로 계획이 일상적인 활동으로 변환되는 예를 2~3개 제시하는 것이 바람직하다. [그림 4-10]은 상위 단계에서 수립된 계획이 어떻게 하부조직으로 전개되는지를 PDCA 과정으로 보여준다.

실행계획

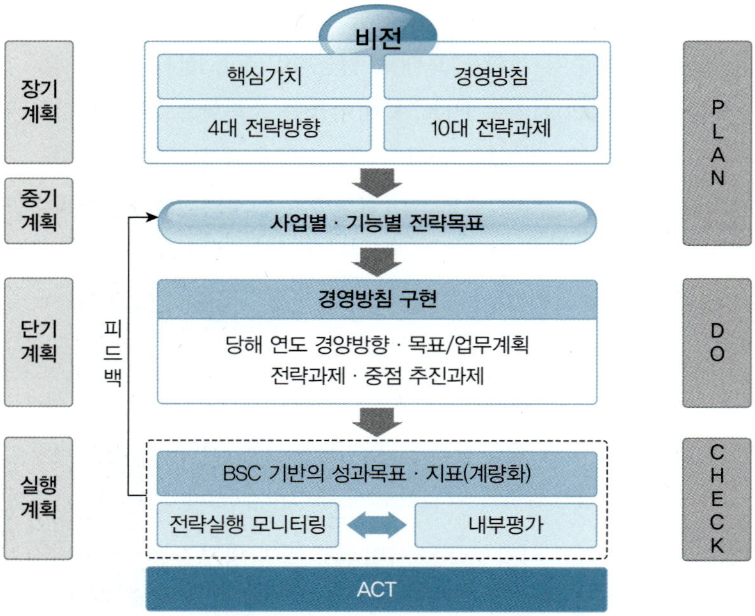

[그림 4-10] 전략실행 프로세스

사례 H사의 전략실행 프로세스

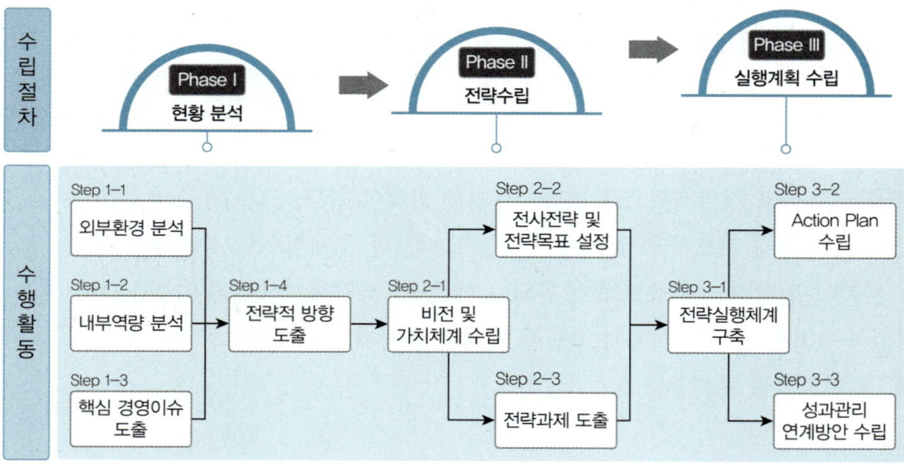

[그림 4-11] H사의 전략실행 프로세스

전기 공급 및 관리 회사인 H사는 회사의 비전과 미션을 바탕으로 전사전략을 수립한 후 [그림 4-11]과 같이 전략실행을 하고 있다. 내외부 환경을 분석하여 전략적 방향을 도출하고 회사 비전 및 가치체계에 따른 전략목표 설정과 전략과제를 도출하였다. 그런 다음, 전략 실행체계 구축을 위한 Action Plan 개발과 이에 대한 성과관리 연계방안을 수립하고 있다.

② 실행계획을 달성하기 위해 필요한 재정적인 자원과 기타 자원을 어떻게 확보하여 배분하는가? 실행계획과 연관된 재정적인 위험과 기타 위험을 어떻게 평가하는가?

자원의 확보 및 배분

실행계획이 개발되면 이를 달성하기 위해 필요한 자원을 배분하는 문제도 중요하다. 즉, 제한된 자원을 효율적으로 사용해야 하므로 [그림 4-12]와 같이 실행계획의 난이도와 중요도에 의하여 우선순위를 정하여 자원을 효율적으로 배분해야 한다. 자원이 배분되지 않는 계획은 실행을 할 수 없는 계획이므로 자원배분계획이 실행계획의 성공을 가늠할 수 있는 척도가 된다.

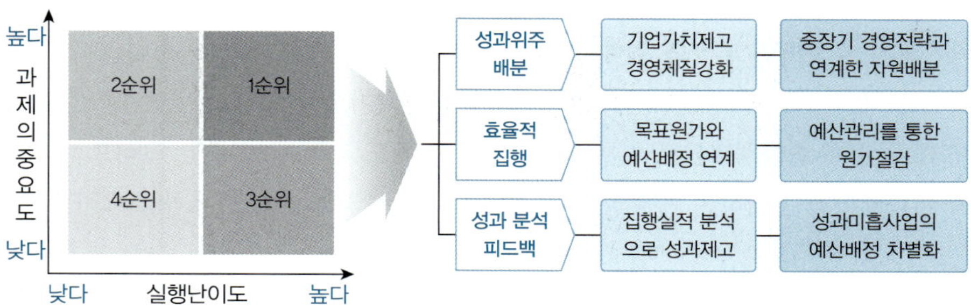

[그림 4-12] 중요도 및 난이도에 따른 자원배분의 예

실행계획의 재정적 위험과 기타 위험의 평가

실행계획의 위험평가를 통해서 실행계획의 실현가능성이 평가되어야 한다. 위험은 재정적 위험과 기타위험으로 분류되나 가장 중요한 위험은 재정적 위험이다. 실행계획에 대한 재무자원의 투입은 항상 재정적 위험을 초래한다. 실행계획의 경우 위

험이 높다고 꼭 수익이 높은 것이 아니므로 위험과 수익의 조합을 조심스럽게 검토하여야 한다. 기타 위험의 대표적인 위험으로는 인적자원의 과중한 투입으로 인한 여타 계획의 지연 혹은 폐기를 들 수 있다.

③ 경영환경의 변화나 신규계획의 신속한 추진으로 계획의 변경이 필요할 경우 실행계획을 어떻게 수정하고 실행하는가?

전략실행에 의하여 조직의 여러 계층에서 수립된 실행계획은 정기적으로 검토되고, 목표달성도를 확인하며 계획의 변경과 최신화(update)를 하기 위한 모임이 이루어져야 한다. 즉, 전개된 실행계획이 예정대로 진행되고 있는지를 검토하고 목표달성에 차질은 없는지 그리고 변경해야 할 사항은 없는지 등을 정기적으로 검토하는 모임이 있어야 한다. 이들 모임이 언제 어디에서 이루어졌으며 누가 참석하였는지 그리고 어떠한 사항이 논의되어 조직의 계획이 어떻게 변경되었는지를 구체적으로 밝혀야 한다. 또한 그 계획의 실행에서 경영자의 리더십이 결정적인 영향을 미친다.

④ 조직의 주요 장단기 실행계획은 무엇인가? 제품/서비스, 고객/시장의 주요 변화계획은 무엇이며, 이를 어떻게 반영할 것인가?

전략기획은 최종적으로는 일련의 실행계획들의 집합이며 실행계획의 기간에 따라서 장단기 계획들로 이루어져 있다. 장단기 실행계획에서 나타난 실행시점들은 전략기획의 효과적인 달성을 위해 최적화 되어야 한다. 특히 제품과 서비스, 고객과 시장에 대한 목표를 달성하기 위한 것이 전략기획이므로 장단기 실행계획은 이들에 대한 주요 변화계획들로 이루어지고 있다고 해도 과언이 아니다. 그러므로 이들의 변화계획을 수립하는 체계와 이를 전략기획에 반영하는 체계가 꼭 필요하다.

⑤ 장단기 전략목표와 실행계획을 달성하기 위한 주요 인적자원계획은 무엇인가? 이 계획과 관련된 인적자원의 잠재력과 수용능력 변화를 포함하라.

장단기 전략목표와 실행계획을 달성하기 위한 주요 인적자원계획도 수립해야 한다. 그 이유는 실행계획의 물적자원 소요활동을 관할하는 인적자원을 추정하여 이를 충원하기 위한 것이다. [그림 4-13]의 예와 같이 인적자원계획에서는 인적자원의 잠재력을 고려하여 핵심인력지수를 측정지표로 활용하는 것도 좋은 방법이다.

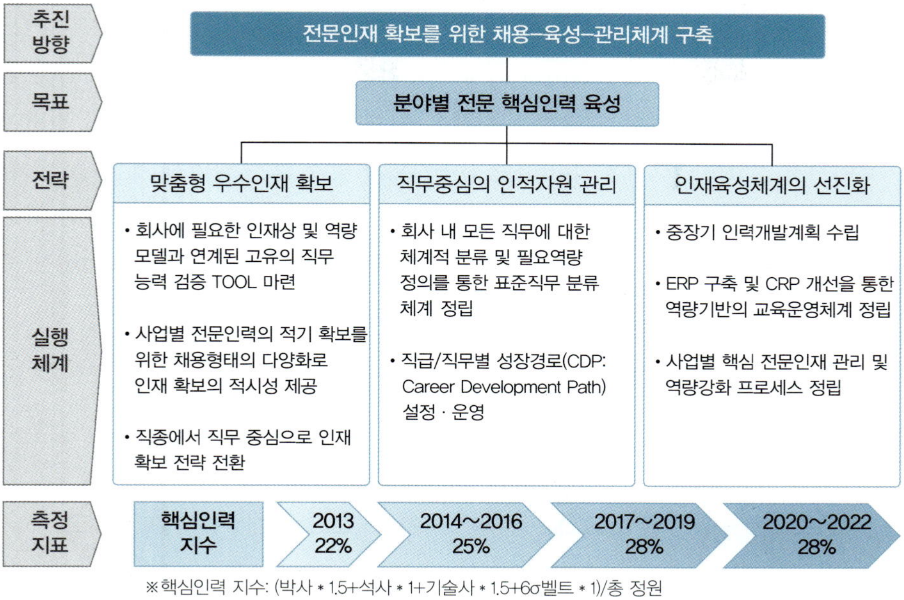

[그림 4-13] 전략목표 달성을 위한 인적자원계획과 진도관리를 위한 성과척도의 예

⑥ 실행계획의 진도관리를 위한 주요 성과척도/지표는 무엇이며, 이 측정시스템이 조직의 정렬성을 어떻게 강화하는가? 이 측정시스템이 모든 영역과 이해관계자를 어떻게 포함하는가?

실행계획의 진도관리

실행계획의 진도관리

전략목표에 대한 진도관리는 진척도와 달성도의 문제로 나누어진다. 이를 파악하기 위해서 무엇보다 실행계획에 대한 핵심 성과지표를 개발하고 관리하여야 한다. 진척도는 주로 실행계획의 일정과 관련된 것이고 달성도는 실행계획이 추구하는 목표와 관련된다. 전략과 목표의 성과지표는 보다 종합적이고 결과지향적인 거시적 지표가 되는 경우가 많다. 반면에 전략을 세분화 한 실행계획의 달성지표는 상대적으로 실행과 직접적으로 연계되면서 과정지향적인 미시적 지표가 되는 경우가 많다. 따라서 실행계획의 성과지표는 전략 및 목표의 세부지표가 되거나 목표달성 여부를 점검하기 위한 체크포인트가 되기도 한다.

조직의 정렬성

전략적 정렬성

다음 네 가지 그림은 전략전개에서 가장 강조하는 **전략적 정렬성**(alignment)을 보여준다. [그림 4-14(a)]는 전략적 방향성은 있으나 개별 업무 프로세스의 정렬이 이루어지지 않았고, [그림 4-14(b)]는 전략기획과 맞지 않는 임의적 개선이 낭비를 초래할 수 있음을 보여준다. [그림 4-14(c)]는 전략기획과 어느 정도 정렬된 프로세스에 의하여 업무를 체계적으로 수행하고 있음을 보여주고, [그림 4-14(d)]는 조직의 모든 프로세스가 전략기획과 정렬되어 있음을 보여주고 있다.

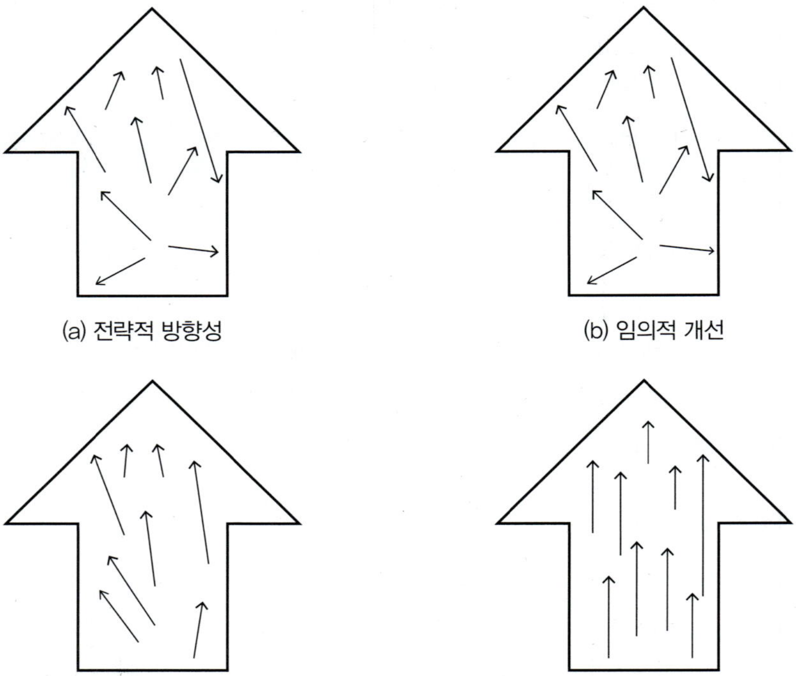

(a) 전략적 방향성　　(b) 임의적 개선

(c) 분적 정렬　　(d) 체계적 정렬

[그림 4-14] 전략적 정렬성의 유형

(2) 성과추정

① **주요 성과척도/지표에 대하여 장단기 계획기간별로 추정된 성과척도/지표는 무엇이며, 이들을 어떻게 추정하는가? 주요 경쟁사, 비교대상 조직, 주요 벤치마크 및 과거 성과와 비교하시오. 성과추정치를 어떻게 달성하는가? 경쟁업**

체나 비교대상 조직에 비하여 현재 혹은 장래에 성과 차이가 있다면 어떻게 할 것인가?

성과척도/지표의 추정

성과추정은 조직이 장래에 어떤 위치에 있을 것인지를 파악하기 위한 것이다. 성과추정에 사용되는 성과척도/지표로는 전사적 전략목표와 관련된 성과척도/지표와 신규 사업으로 인한 변화, 사업인수 · 합병, 새로운 가치의 창조, 시장진입과 이동, 법적 요건이나 산업 표준 및 제품/서비스와 기술에서의 혁신 등이 포함할 수 있다. 이러한 성과척도/지표는 가급적 계량화하는 것이 바람직하며, 간혹 '세계 일류'라는 표현이 사용되기도 하는데 이러한 표현은 애매하므로 사용하지 않는 것이 바람직하다. 보다 구체적인 표현의 예를 들면 다음과 같다.

- 2028년까지 포춘지 500대 기업 중 최소한 300개 기업을 고객으로 확보한다.
- 2030년까지 동종 산업에서 시장점유율 1위의 공급업체가 된다.

또 어떤 신용카드사는 2030년까지 아메리칸 익스프레스(American Express)를 추월하겠다는 계획을 세우기도 하는데 이러한 표현은 보다 구체적인 것으로 후에 달성정도를 용이하게 측정할 수 있다.

성과추정방법의 제시

성과추정치를 제시할 때에는 추정을 어떻게 하였는지를 제시해야 한다. 즉, 전년도 대비 몇 % 상승과 같이 단순한 방식보다는 보다 과학적인 근거에 의한 추정방법에 의한 것임을 제시해야 한다. 또한, 성과추정치를 제시할 때 주요 성과 척도/지표에 대하여 과거실적과 비교한 장단기 계획기간의 추정실적뿐만 아니라 경쟁사와 벤치마크와 비교한 추정치도 제시해야 한다. 이러한 추정치에 의하여 조직의 리더들은 자사의 상대적 경쟁수준을 추적할 수 있게 되며 변화에 대처하는 근거자료를 확보하게 된다. [그림 4-15]는 경쟁업체에 대한 성과지표 분석이 왜 중요한지를 보여준다. 즉, 2025년에는 자사가 경쟁사에 비하여 높은 경상이익을 실현하였고 자사가 매년 10% 정도의 성장을 하더라도, 경쟁사가 20%의 성장을 하게 되면 8~9년 후에는 결국 경쟁사에 비해 뒤처지는 결과가 되고 만다는 것이다.

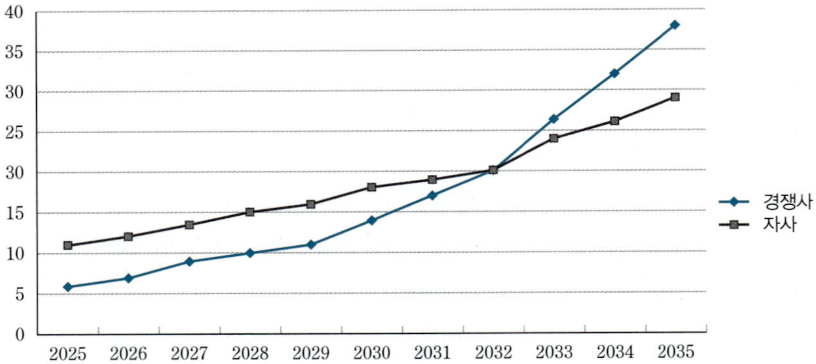

[그림 4-15] 경쟁업체의 성과지표(추정)

마지막으로 성과추정에서 고려해야 할 사항은 경쟁업체나 비교대상 조직에 비하여 현재 혹은 장래에 성과차이가 있을 경우 이에 대한 대책을 적절하게 수립해야 한다는 점이다. 이것은 지속가능한 조직이 되기 위한 필수 점검사항으로 이러한 대책이 수립되지 않는다면 미래의 경쟁우위를 결코 보장할 수 없을 것이다.

연·습·문·제

1. 전략의 유형을 설명하고 예를 들어라.

2. 조직의 전략개발 프로세스를 설명하고 이 과정에서 전략목표를 어떻게 설정해야 하는지 설명하라.

3. 산업구조 분석의 특징을 설명하라.

4. 제품포트폴리오 분석의 의의를 설명하고 사업군이 어떻게 분포되는 것이 바람직한지 제시하라.

5. 전략목표를 제시할 때 목표달성에 관한 일정계획이 수립되어야 하는 이유를 설명하라.

6. 전략전개의 개념과 중요성을 설명하라.

7. 전략전개의 우수 사례를 제시하라.

8. 실행계획을 개발한 후 이를 달성하기 위해 필요한 자원을 어떻게 효율적으로 배분할 것인지를 설명하라.

9. 전략의 정렬성이란 무엇인가?

10. 경쟁업체에 대한 성과를 추정하는 방법을 제시하라.

5

CHAPTER

고객 중시

학습 목표

- 고객 중시의 개념과 중요성에 대해 이해한다.
- 고객의 정의와 분류 방안을 살펴 본다.
- 고객관계 관리의 의의와 내용을 공부한다.
- 고객의 소리 분석 방법을 알아본다.
- 고객만족경영과 고객만족도 조사의 방법을 이해한다.

사례

CX를 위한 KPI 제안: BMI

디지털 전환(DX)과 지속가능성 전환(SX)이 동시에 진행되고 있는 상황에서 기업은 고객만족을 위해 CX를 혁신하고자 경쟁적 노력을 하고 있다. 전문 연구기관과 선진 기업들의 목소리를 청취해 보면, 앞으로도 한동안 이러한 추세는 지속될 것이란 전망이 지배적인 듯하다. 이러한 시점에서 CX를 보다 잘 수행하기 위한 3가지를 선별해 보면, B(Blueprint, 청사진), M(Maturity, 성숙도), I(innovation, 혁신성)로 요약할 수 있겠다. 이를 BMI라고 한다면, 이는 일반적으로 널리 쓰이는 체질량지수(BMI)와 같이 완벽하지는 않지만, 우선 널리 적용 가능한 지표라고 하겠다. 보다 종

구분	주요 내용
CX 관리 성숙도 모델	1단계: 고객이 사용 가능한 정보를 제공하는 단계 2단계: 고객이 요청을 하면 문제를 해결하는 단계 3단계: 고객이 요청할 때 그 필요를 해결하는 단계 4단계: 고객이 요청하지 않아도 고객이 필요한 것을 제공하는 단계 5단계: 고객을 보다 더 좋게, 더 안전하며, 더 강력하게 만들어 주는 단계
CX 성숙도의 수준 진단	1. 초기 수준: CX 개선에 대한 전략과 비전이 없이 파편적인 관심을 기울이는 수준 2. 개발 수준: CXO는 보임되었지만, 아직 부분 차원으로 CX가 진행되는 수준 3. 정의 수준: 최고경영진이 CX 비전을 설명하고, 전략을 개발하는 수준 4. 관리 수준: 최고경영진이 CX의 중요성을 인식하고 동의하며, 전사적으로 직원들의 CX 제공을 위한 실행을 통해 CX 개선이 체질화되는 수준 5. 문화변화 수준: 탁월한 CX에 대한 약속은 기업 문화의 DNA로 내재화되고 고객을 먼저 생각하고 전사적으로 CX에 몰입하는 단계

출처: Gartner's Customer Experience Management Maturity Model Explained 관련 자료 참조하여 재정리

합적이며 맞춤화된 지표는 기업의 사정에 따라 좀 더 심화해 나가야 할 것이다.

구분	주요 내용	진단 수준		
	• CX 성숙도 모델 추진을 위한 • 실행 영역별 점검 포인트	탁월하게 잘 하고 있음	실행 중이나 개선 여지 있음	즉각 실천이 필요한 수준임
CX 성숙도 모델 점검	• 데이터가 있는가? • 실제 환경에서 CX 성숙도 모델을 위한 데이터 수집 정도			
	• 디자인(설계)은 되고 있는가? • 고객이 만족할 만한 CX 디자인 정도			
	• 전달은 제대로 되는가? • CX 프로그램의 실행, 운영 방식 선택			
	• 측정하고 개선하는가? • 새로운 CX 전략이 고객만족도와 충성도에 미치는 영향 측정			
	• 문화로 자리 잡고 있는가? • CX가 기업 문화로 정착되는 단계			

출처: Zoom, Creating a customer experience maturity model: measuring CX progress 참조하여 재정리

출처: "고객 경험(CX)에서 주목되는 세 가지 트렌드(BMI)", https://www.chiefexe.com/news/ArticleView.asp?listId=3939

5.1 고객만족 이론

5.1.1 고객만족의 정의

고객만족

CS란 customer satisfaction의 머리글자를 딴 용어로 '**고객만족**'으로 번역한다. 고객의 만족도를 정량적으로 파악하고 객관적으로 판단하여 이것을 제고시키기 위한 경영노력 그 자체가 CS이다. CS활동은 상품, 서비스 및 기업이미지 등을 기업의 입장에서뿐만 아니라 고객의 관점에서 파악하여 경영활동에 반영시키는 경영기

법이다.

고객만족은 이미 오랜 전부터 유행하고 있는 말이지만, 현장 수준까지 파급되어 실천되는 진정한 사례를 찾기는 쉽지 않다. 고객 중시는 품질경영의 근간이라는 점에서도 의의가 크다.

고객만족도를 조사, 분석하는 것은 고객만족 경영의 출발점이다. 고객만족도를 측정하는 이유는 고객의 소리와 프로세스의 소리 사이에 존재하는 갭(gap)을 파악하여 개선의 기회를 확인하는 데 있다. 고객이 원하는 것을 기업이 제공할 수 있는지 여부를 평가하는 계기가 된다.

고객만족도는 고객이 거래한 상품·서비스에 대해서 거래 및 이용 시의 체험을 근거로 하여 어느 정도 만족하는가를 측정하고, 만족하는 각 요소에 대해서 고객의 평가를 측정하는 것이다.

현재의 고객만족도 수준을 알아내고 어떠한 개선활동을 추진할 것인가를 검토하기 위해서는 고객의 가치기준에 기반을 둔 조사에 의해 도출된 고객만족도지수(customer satisfaction index: CSI)를 측정할 필요가 있다. CSI를 측정하기 위해 핵심이 되는 질문항목이 무엇인지를 파악해야 하며, 설문의 대상자를 선정함에 있어서도 유의해야 한다.

CS측정의 목적은 고객만족도를 제고하기 위한 개선활동에 있다. 실제 CSI를 산출하는 과정에서 종합적인 만족감을 상승시키는 데 크게 기여하는 요인이 무엇인지를 알아야 하며, 측정결과를 기본으로 하여 직원들이 어떻게 해야 할지를 스스로 생각해 보도록 해야 한다. 이를 위해 소집단 활동 등이 효과적으로 활용될 수 있다.

CS경영에서 고객의 만족도란 기업으로부터 구입한 상품이나 서비스에 만족하고 그 만족감에 의해서 앞으로도 구입하거나 이용을 기대할 수 있는 정도를 나타내므로 고객의 만족도를 측정하고 그것을 개선해 가는 대상은 '제품'과 '서비스' 두 가지가 주요 요소이다.

제품과 서비스를 구입하거나 이용하려는 사람은 반드시 일종의 기대, 즉 이 정도의 기능은 갖추고 있을 것이며 이 정도는 해 줄 것이라는 기대를 가지고 있다. 결국, 만족도란 고객의 사전기대와 사후적인 실적평가 사이에 존재하는 관계를 의미한다.

5.1.2 고객만족에 대한 접근방식

고객을 향한 의지를 구체적인 행동으로 옮기는 것, 이것이 바로 진정한 고객지향이다. 고객지향 경영은 가장 기본적인 기업의 경영목표임은 물론, 기업 구성원 모두가 참여해서 고객의 입장에서 고객이 바라는 욕구를 충족케 할 수 있는 편익을 창출하고 이를 고객에게 아낌 없이 제공할 수 있는 경영 체계를 확립하는 것이 현대 기업의 시대적 과제이다.

미국은 1987년부터 품질경영에서 탁월한 기업에게 수여하는 '말콤 볼드리지 국가 품질상(Malcolm Baldrige National Quality Award: MBNQA)'을 제정하여 전 산업적으로 품질경영에 총력을 기울인 결과 많은 가시적인 성과를 달성한 것으로 알려져 있다. 특히 MB상 평가기준을 제조업 · 중소기업 · 서비스업 등은 물론 공공부문에 이르기까지 조직의 경영혁신에 적용을 하고 있으며, 질적인 면에서 우수한 제품이나 서비스를 시장에 제공한 기업들은 물론 병원이나 지자체 등 공공부문에서도 우수한 성과를 달성한 기관들을 선정하고 있다.

고객 기쁨을 만들어 가는 경영 방식을 잘 보여 주는 기업의 사례에서 CS의 나아갈 방향을 가늠해 볼 수 있겠다. 이런 점에서 다음의 두 가지 포인트는 벤치마크가 될 만하다.

- 모든 계층의 고객만족을 실현시키기 위해서는 현 시점의 고객요구를 따라 간다면 불충분하다고 인식하여, 고객의 장래 기대가 현재화 하기 전에 예측 · 파악하여 미리 손을 쓰는 것이 같은 수준의 고객만족을 달성하는 수단이라고 생각하고 있다.
- 이러한 '질적인 뛰어넘기'와 '시간적 앞지름'의 실현을 향한 프로세스의 조성을 일상적으로 실천하고, 항상 주의하여 실천하고 있다.

고객만족은 당연히 고객에게 기쁨(customer delight)과 감동을 주어, 더욱 고객과의 동요하지 않는 신뢰관계(customer trust)를 확보한다고 하는 고객관계상 가장 진보된 모습으로 향하는 단계이다.

오늘날 고객은 과거에 비하여 훨씬 다양한 제품과 서비스를 선택할 수 있는 위치에 있다. 고객의 교육수준은 과거에 비하여 훨씬 높은 데다 그 요구조건이 까다롭고 다양하다. 그리고 세계적 초일류기업들로부터 양질의 제품과 서비스를 제공받고 있기 때문에 제품과 서비스의 품질에 대한 고객의 기대수준은 상당히 상승되어 있는 실정이다. 한층 높아진 고객욕구에 대응하기 위하여 오늘날 우리 기업은 '고객만족경영', '고객가치창조', '고객제일주의', '무한책임주의,' '고객에게 감동을' 등과 같은 다양한 슬로건을 내걸고 고객만족을 위한 경영혁신에 혼신의 노력을 기울이고 있다.

5.2 국가품질상 심사기준

미국의 볼드리지상을 기반으로 한 우리나라의 국가품질상 심사기준에서는 고객과 시장 중시 범주를 다음과 같이 제시하고 있다.

> 「고객과 시장 중시」에서는 고객과 시장의 요구사항, 니즈, 기대 및 선호를 어떻게 분석하고 활용하는가를 평가한다. 또한 고객관계를 어떻게 구축하며 고객확보, 고객만족, 고객충성도 및 고객유지, 그리고 사업 확장 및 유지를 위한 주요 요인을 어떻게 결정하는지를 평가한다.

고객과 시장 중시 범주는 조직이 고객과 시장의 요구와 기대를 어떻게 체계적으로 이해하여 대응하는지를 점검하고 분석하는 데 초점을 둔다. 제품과 서비스의 특징을 포함한 핵심고객의 요구사항과 제품과 서비스의 기획, 마케팅 등의 활동의 근간이 되는 고객과 시장의 소리를 청취하여 반영하는 활동을 전반적으로 살펴보는 것이 필요하다. 고객과 시장을 알고 이해하고 분석하여 지식으로 구축하며 이를 기반으로 고객관계를 구축하고 고객만족 관리를 수행하는 것이 우수한 성과를 내는 조직의 공통적인 특징이라는 점에 주목할 필요가 있다. 이러한 점에서 우수한 조직은 크게 세 가지 특징이 있다.

첫째, 고객을 세분화하고, 고객과의 관계를 긴밀하고도 긍정적으로 만들어 간다.

둘째, 고객이 불만이 있을 때 쉽게 이야기 할 수 있도록 만든다. 그래야 빨리 고객불만을 파악하여 개선할 기회를 잡을 수 있다.

셋째, 조직의 리더들에게 고객충성도와 고객만족조사 모형에 대한 기본 교육을 제공하여 리더들이 고객만족에 대해 충분히 이해할 수 있는 기회를 제공한다.

이를 한마디로 요약하면 고객 중시를 추구하는 조직은 우수한 성과를 달성할 수 있는 기본 조건을 갖춘 것이다. 고객지식, 고객만족, 고객충성, 고객관계, 고객가치가 일련의 흐름으로 조직 내에 정착되어 있을 때 그 조직의 성과는 우수함을 달성할 수 있을 것이다.

고객과 시장 중시 범주의 세부평가항목은 다음과 같이 두 항목으로 구성된다.

5.2.1. 고객과 시장 지식
(1) 고객과 시장 지식

5.2.2. 고객관계와 고객만족
(1) 고객관계 구축
(2) 고객만족 관리

이에 따른 세부평가항목에 대한 설명은 다음과 같다.

5.2.1 고객과 시장 지식

조직이 어떻게 고객과 시장의 요구사항, 니즈, 기대 및 선호를 파악하여 현재 제품과 서비스에 연계시키고, 새로운 사업 기회를 창출하는가를 기술하시오.

고객과 시장 지식

고객과 시장 지식은 다음과 같이 두 가지 관점으로 살펴볼 수 있다.

첫째, 회사의 현재 및 잠재고객에 대해서 조직이 얼마나 알고 있는가이다. 조직의 모든 고객들과 긍정적인 관계를 유지하기 위해서는 고객들의 변화하는 요구, 욕구, 그리고 기대에 늘 관심을 기울일 필요가 있다. 가장 먼저 설명해야 할 내용은 고객을 상이한 세분시장으로 구분하여 각각의 세분시장에 대해서 별도로 연구하고 있다는 점이다. 동시에 고객을 세분화하는 나름대로의 이유와 방법에 대해서도 설명해야 한다. 예를 들면, 어떤 조직의 사업영역의 과반수 이상이 자율주행과 관련된 것이며 나머지 사업영역은 기타 사업에서 비롯된 것이라면, 고객을 자율주행과 비자율주행의 두 그룹으로 세분화하는 것이 타당할 것이다.

둘째, 모든 고객에게 공통적인 요구사항에 대한 설명과 이 조직이 담당하고 있는 상이한 세분시장 내에서의 고객들의 요구사항을 규명하는 것이다. 이 분야에서 가장 일반적인 대답은 "우리 조직은 우리가 담당하고 있는 상이한 세분시장 각각에 독특한 요구사항과 기대에 대한 모든 사항을 이미 파악하고 있다."일 것이다. 그러나 이러한 광범위한 설명보다는 각각의 고객그룹의 기대와 요구수준을 청취하는 방법을 구체적으로 설명하는 것이 바람직하다.

(1) 고객과 시장 지식

① 고객, 고객집단 및 세분시장을 어떻게 정의하고 파악하는가? 현재와 미래의 제품과 서비스를 가지고 어떤 고객, 고객집단 및 세분시장에 접근하여야 하는지를 어떻게 결정하는가? 이러한 결정 과정에서 경쟁사의 고객, 잠재적인 고객과 시장을 어떻게 고려하는가?

첫 번째로 살펴볼 세부항목은 체계적인 고객 정의를 하고 있는가이다. 그 내용은 다음과 같이 세 가지로 구분된다.

고객 정의 및 분류

고객이 누구인지 정의하고 분류하는 노력이 필요하다. 고객의 정의는 다양하겠지만, 조직의 특성에 적합하게 정의하는 방법을 정립하여 활용할 필요가 있다. 또한 고객을 구분하는 기준도 매우 다양하지만, 고객 특성, 행동, 수익성, 가치 등의 관점을 활용할 수 있겠다. 다양한 관점에서 고객을 정의할 수 있지만 포괄적이고 일반적인 정의를 내린다면 다음과 같다. 고객은 '비즈니스의 본질(생산, 판매, 금융)을 수행하는 단계(가치생산, 전달, 소비하는 모든 과정)에서 관계를 형성하였거나(과거/현재), 하게 되어(미래) 관리가 요구되는 모든 개인과 단체'이다.

고객의 정의

사례

E사의 고객의 정의

테마파크를 운영하는 당사의 고객은 크게 가치를 전달하는 내부 고객과 가치를 최종 공급받는 외부 고객으로 나눈다. 내부 고객은 임직원과 캐스트로 구분되며, 외부 고객은 지역과 티켓권종, 연령에 따라 세분화될 수 있다. 당사는 각 고객군에 대한 니즈를 분석하며 이를 경영자원화한다. 특히 핵심 고객층인 영유아를 동반한 가족 방문 유형객(전체 입장객 중 60% 차지, 전체 매출액에 70% 기여)을 목표고객으로 한 키디존 및 고객참여 행사 등 타겟 상품을 지속적으로 개발한다.

출처: 한국표준협회, 국가품질상 우수사례, https://knqa.ksa.or.kr

사례

L사의 고객을 구분하는 기준 찾기 사례

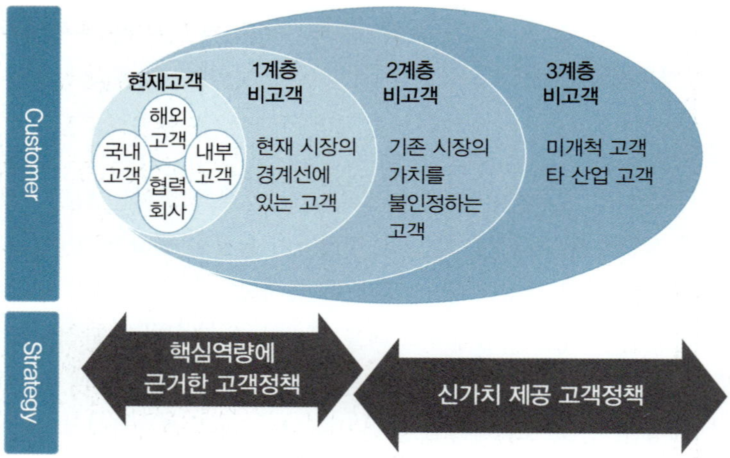

[그림 5-1] L사의 고객을 구분하는 기준 찾기

스마트에너지 제어 관련 제품과 솔루션을 제공하는 L사에서는 기업의 전략에 근거하여 고객을 구분하는 기준을 제시하고 있다. 핵심역량에 근거한 고객정책과 새로운 신규 사업을 준비하면서 새로운 가치를 제공하는 고객정책으로 구분하여 현재의 고객과 비고객으로 크게 구분하고 비고객은 1~3계층으로 다시 구분하여 조사 및 분석을 하고 있다.

출처: 한국표준협회, 국가품질상 우수사례, https://knqa.ksa.or.kr

시장 정의 및 세분화

시장에 대한 이해와 분석은 비즈니스의 가장 중요한 요인이다. 이를 정기적이며 체계적으로 수행하는 것이 바람직하다. 시장세분화는 이질적인 욕구를 가진 다양한 고객의 집합인 하나의 시장을 특정 제품군에 대한 태도, 의견, 구매행동 등에서 비슷한 성향을 가진 고객들을 하나의 소집단으로 묶어내는 과정이라고 하겠다. 이러한 분할을 하면 고객과의 거래외 효과성과 효율성을 향상시키는 데 도움이 된다.

사례

S사의 고객 및 시장 세분화 사례

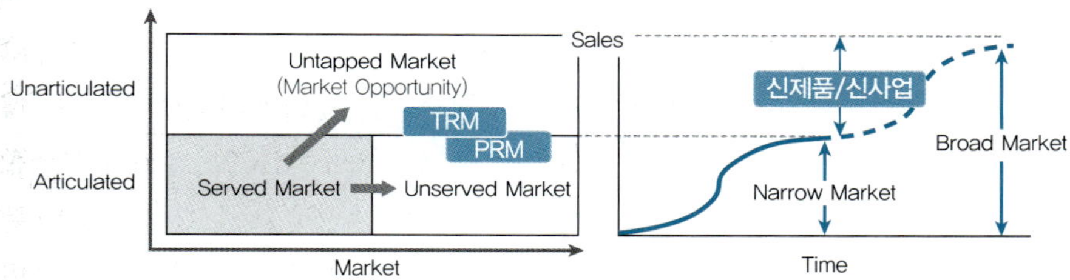

[그림 5-2] 현재/미래 시장의 진화

용도(부서)	유통 경로 및 제품군	세분 시장	지역	CRM
LCD용 광학필름	패널, 세트, Sheeting 업체	• Served Market: 광확산, 반사판, Complex 필름 • Unserved Market: 위상차 필름	국내	사파이어 고객
고 기능성 필름	Mobile 소재, 산업용 소재	• Served Market: 실리콘 이형필름, 하드코팅 • Unserved Market: POF 필름		에메랄드 고객
Color Filter 밀베이스	Photo Resist 업체	• Served Market: Green, Yellow, Red • Unserved Market: Blue, Black	해외	루비 고객
광학필터	DID(Digital Information Display)	• Served Market: LCD Filter • Unserved Market: 3D Filter		크리스탈 고객

[그림 5-3] 고객 및 시장 세분화 체계도

IT 및 디스플레이 소재 전문회사인 S사는 시장을 현재 시장뿐만 아니라 미래의 잠재 시장까지 포괄하여 Served, Unserved, Untapped Market으로 구분하여 관리하고 있다.

Served Market은 현재 S사가 공급하고 있는 시장으로 주요 제품은 LCD용 공학필름, 고기능성 필름, 컬러 필터용 밀베이스, 광학필더 등이다. Unserved Market은 현재 S사가 제품을 공급하지는 않고 있으나 경쟁자는 공급하고 있는 시장으로 S사의 기술력과 원가경쟁력이 일정 수준으로 확보된다면 확대가능한 시장으로서 경쟁사가 공급하고 있는 주요 제품은 위상차 필름, POF필름, Blue/Black 밀베이스 등이 있다. Untapped Marekt은 현재 S사와 경쟁사 모두 공급하고 있지 않은 시장으로 이 영역의 고객은 타 산업에 속해 있으나 향후 고객사의 요구사항을 반영한 제품을 개발하게 되면 미래 수요가 창출될 수 있을 시장이며, 주요 제품으로는 2차 전지용 분리막, OLED용 필름류, 도료/화장품용 밀베이스 등이다. S사는 이를 기준으로 유통경로와 제품군, 세분시장, 지역 그리고 고객등급(CRM상의 구분)을 정리하여 관리하고 있음을 알 수 있다.

출처: 한국표준협회, 국가품질상 우수사례, https://knqa.ksa.or.kr

목표시장의 선정

세분화된 시장 중에서 전사 전략 방향에 따라 목표 시장 또는 시장 그리고 고객우선순위를 선정하여 당해 연도 사업 목표 및 핵심성과지표에 반영하여 고객만족 및 성과 극대화를 위해 노력한다.

사례

L백화점의 우수고객 세분화 관리 사례

구분	주요내용		
명칭	AVENUEL	MVG	점 VIP
인원	3천 명	49천 명	22천 명
기준	해외명품 구매금액 기준	전점 구매금액 기준	
등급/커트라인	• A.LVVIP : 100백만 이상 • A.VVIP : 60백만 이상 • A.VIP : 30백만 이상 ※ 본점/잠실점/부산본점/센텀시티점/광복점/대구점 운영	• Lenith : 100백만 이상 • Prestige : 60백만 이상 • Crown : 35백만 이상 • Ace : 점별 상이 ※ 15/18/20백만 이상	• 33개 점 운영 • 점별 기준 상이 ※ 10~15백만 이상

[그림 5-4] L백화점의 우수고객 세분화 관리

우수고객 세분화는 관련 계열 카드, 멤버스 카드 회원을 대상으로 전국 점포 구매금액을 취합하여 매년 12월에 선정하여 연간 혜택을 제공하는 방식으로 운영하며, 고객의 구매특성에 따라 3개 제도, 8개 등급으로 별도 운영한다. 이러한 우수고객에 대한 주요 혜택은 차별화 서비스, 할인혜택, 문화혜택 등 다양하다.

출처: 한국표준협회, 한국서비스대상 현황설명서

② **고객의 주요 요구사항, 니즈 및 변화하는 기대(제품과 서비스의 특징 포함)와 고객의 구매의사결정에 대한 이들의 상대적 중요성을 결정하기 위하여 고객의 소리를 어떻게 활용하는가? 고객, 고객집단 및 세분시장에 따라 고객의 소리를 듣는 방법이 어떻게 다른가? 시장과 매출 정보, 고객충성도와 고객 유지 자료, 고객권유 자료, 고객획득/이탈분석, 불만자료가 포함된, 현재 및 과거의 고객관련 지식과 피드백을 제품과 서비스 계획, 마케팅, 업무 시스템과 프로세스의 개선 및 신규 사업 개발에 어떻게 활용하는가?**

고객의 소리

두 번째로 살펴볼 세부항목은 **고객의 소리**(voice of customer: VOC) 청취 및 활용이다. 시장의 요구사항을 파악하고 개선하기 위한 노력, 고객과 시장 중시 기업 문화의 구축 그리고 혁신의 기회를 규명하기 위해서 제품과 서비스 및 이의 전달 과정에 대한 고객의 의견을 청취하는 것이 VOC의 주요 목적이다. VOC의 수집, 정리 및 우선순위 평가는 대개 4단계로 수행된다.

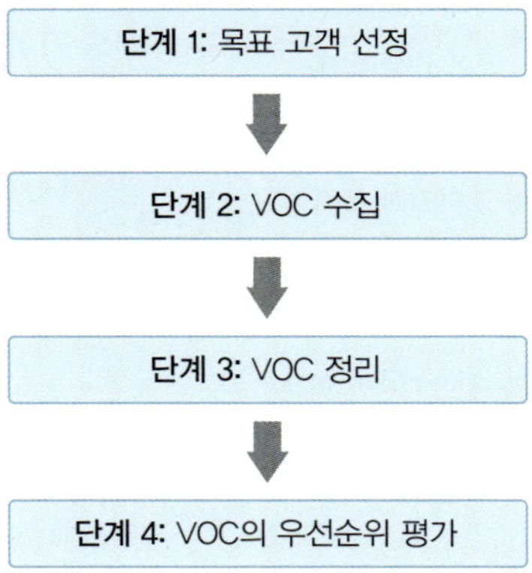

[그림 5-5] VOC 수집, 정리 및 우선순위 평가의 4단계

<table>
<tr><th colspan="2">고객 정의</th><th>소통채널</th><th>요구반영</th><th>VOG 활용</th></tr>
<tr><td rowspan="4">내부</td><td>임직원</td><td>• 경영진 간담회 : 대표이사 · 부문장 회의
• CEO : CEO메시지, 주니어 보드(CEO 핫라인)
• 임직원 만족도 : 부문 · 팀 · 부서간 만족도 조사
• 제안제도 : 아이디어게임, 라이브폴 등
• 대표이사-직원 간담회 : 왔수다, 로티홈 미팅
• 고충처리 채널 : 대나무숲, 신문고 등</td><td rowspan="3">• 상호존중 노사관계 정착
• 근무환경 개선
• 직원 만족도 향상
• 경영진 간담회
• 근무환경 개선
• 상호존중 노사관계 정착</td><td rowspan="6">고객별 VOG 수집
(고객접점 · 전담부서)
↓
고객별 VOG 분석
(전담부서)
↓
의견 · 요구사항 정리
(전담부서)
↓
요구사항 우선순위화
(전담부서)
↓
경영진 보고 · 승인
(전사 회의체)
↓
개선활동 · 피드백
(고객접점 · 전담부서)

*VOG: voice of guest</td></tr>
<tr><td>캐스트</td><td>• 캐스트 간담회, 캐스트 만족도 조사
• 홈페이지, 게시판, 대나무숲</td></tr>
<tr><td>노동조합</td><td>• 임금 및 단체 협약, 노사 협의체
• 조합 리더 간담회, 리더 대의원 연석회의, 대자보</td></tr>
<tr><td>협력업체</td><td>• 파트너사 소통 간담회, 클린센터 운영
• 현장 설명회, 초청행사 등</td><td>• 친환경 파트너사 발굴
• 중소기업 기술 혁신 지원
• 동반성장 기여</td></tr>
<tr><td rowspan="2">외부</td><td>개인
연간
단체</td><td>• 홈페이지(VOG 시스템, 이용문의), 챗봇 상담
• 콜센터, 손님상담실
• SNS(인스타그램, 페이스북, 틱톡, 트위터)
• 유튜브(로티프렌즈 영유아 영상채널)
• 내외부 고객 만족도 조사, 고객 민원, 제안</td><td>• 차별화된 서비스 발굴
• 서비스 품질 제고
• 서비스 등 개선대책 마련
• 고객 니즈 반영
• 신규 도입 프로그램 개선</td></tr>
<tr><td>잠재</td><td>• 국내외 산업박람회, 라이선싱페어, 협회 활동
• SNS, 유튜브, 홈페이지, 메타버스 등
• 기자 초청, 외부 리서치 조사결과 등</td><td>• 신규 트렌드 사업정보 획득
• 우호 언론 보도 증가
• 기존 사업확장, 신규 시장진출</td></tr>
</table>

[그림 5-6] E사의 고객군별 고객의 소리 청취 채널

출처: 한국표준협회, 국가품질상 우수사례, https://knqa.ksa.or.kr

1단계는 앞에서 살펴 보았듯 목표 고객을 선정하는 것이다. 관련 고객집단을 파악하여 세분화 기준을 마련하여 고객세분화를 하고 각 세분시장별 특성과 가치를

평가하여 가장 가치가 높은 고객 세분시장을 목표고객으로 선정한다.

2단계는 VOC 수집 방법을 선정하는 것이다. 설문조사, 인터뷰조사, 포커스그룹 조사 등과 같은 직접조사 방법과 고객 스코어카드, 데이터 분석 활용, 협력업체 의견 이용 등 간접적인 방법이 있다.

3단계는 VOC를 정리하는 것이다. 상향식인 친화도나 하향식인 계통도를 이용하여 VOC를 정리하고 분석하면 이를 활용하는 데 유용하다.

4단계는 VOC의 우선순위를 평가하여 주요한 VOC를 먼저 개선해 나가도록 가이드하는 데 도움을 주는 것이다. 우선순위를 선정하기 위해서는 대개 몇 가지 평가 항목을 선정하고 각 항목별 중요도를 5점 척도로 평가하여 취합하는 방법을 사

사례

S사의 고객등급별 VOC 수집 프로세스 사례

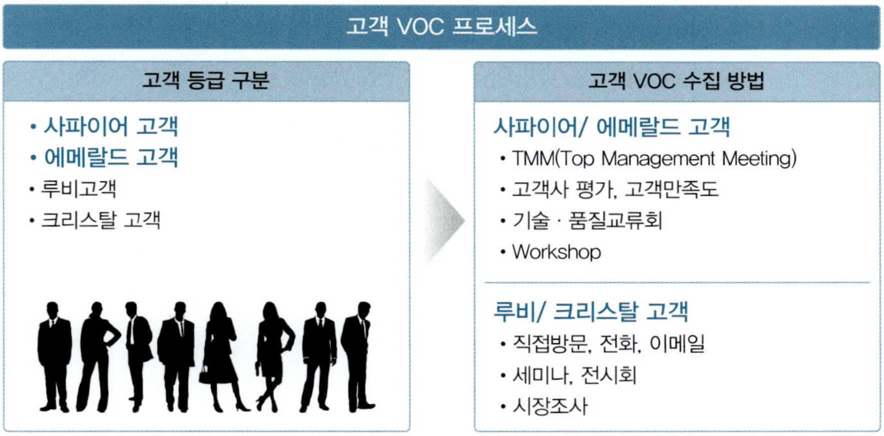

[그림 5-7] S사의 고객등급별 VOC 수집 프로세스

S사는 고객 및 고객집단 분류에 따라 세분화 된 각 시장에서 다양한 방법으로 고객의 소리를 청취하고, 이를 고객만족을 위한 중요한 정보로 활용하고 있다. 고객을 사파이어, 에메랄드, 루비, 크리스탈 등 4등급으로 분류하여, 등급별로 차별화된 방법으로 VOC를 수집하고 대응하려 노력하고 있다.

자료: 한국표준협회, 국가품질상 우수사례, https://knqa.ksa.or.kr

사례

L백화점의 VOC 공유와 개선활동 사례

〈표 5-1〉 L백화점의 VOC 공유와 개선활동

(단위: 건)

구분		주기	내용	채널	전년	당해년
온라인	VOC 헤드라인	상시	• 전 VOC 실시간 공유 • 불만족 전년대비 증감 표시	그룹웨어	8,375건	7,256건
	VOC 리포트	매월	• 주요 만족 · 불만족 사례 공유 • 유형 · 내용별 · 추이 분석 공유	-	12회	12회
	VOC 답변속도	매주	• VOC 시스템 메인화면 개시 - 접수 3H 내 답변 원칙	그룹웨어	실시간 개시	
	VOC 모니터링	일별	• VOC 전수 모니터링 및 피드백 강화	-	일별	
오프라인	일일 VOC 보고	매일	• 전일 접수 VOC 점장 보고 • VOC 피드백 강화 (영업점 : 점장, 본사 : 서비스 전략팀장)	-	-	-
	서비스 조회	매주	• PC 별 컴플레인 사례 현장 공유	조회 및 워크샵	-	-

(단위: 건)

주관부서	기간	주요내용	전년	당해년
본사 (서비스전략팀)	월	• VOC 월별 리포트 → 증감 현황, 유형별 사례, 헤드라인 게시율, 답변속도 현황	12	12
	분기	• VOC 분기 리포트 → 증감 현황, 유형별 사례, 헤드라인 게시율, 답변속도 현황 → 컴플레인 유형 분석, 개선 대책 수립	4	4
		•「Pro-Service」서비스 전문교육 ※본사 서비스전문강사 진행 → 동료사원 응대역량 향상 및 판매력 제고 → 전점 샵매니저 (4천명) 대상 진행/분기별	-	4
		• VOC 서비스 평가 ※ 영업점 · Floor장 서비스 평가 반영(10%)	-	1
	반기	• 상품군별 VOC 유형분석 → 파트너사 MD 평가 시 VOC 결과 반영(5%)	2	2
	연	• 연간 종합결과 보고 → 증감 현황, 유형별 사례, 헤드라인 게시율, 답변속도 현황 → 컴플레인 유형 분석, 발생 비용 분석 및 개선 대책 수립 → 연간 운영계획 수립	1	1
	시기별	• 사안별 이슈에 따라 사례 전파(하절기 위행 등)	1	1
영업본부 (고객지원실)	주	• 컴플레인 예방 동료사원 교육 → 매주 1회 서비스 조회 실시(주요 VOC 사례 전파 교육) → 장 · 단기 교육(고객불만 사례 전파 및 응대교육 실시)	60	62
	월	• CCM 종합결과 보고 서비스전략팀 피드백 → VOC 현황, 컴플레인 처리 비용, 개선계획 등	12	12

L백화점에서는 사내 시스템을 통한 VOC 공유 및 개선활동을 수행한다. 그룹웨어 메인화면의 VOC 헤드라인을 통해 VOC를 실시간으로 공유하며, VOC리프트 등을 통해 주요사례를 전파하고, 개선대책을 수립하고 있다. 또한 시스템 메인 화면에 VOC 답변속도를 게시하여 답변 신속도 관리를 가시적으로 하고 있다는 점도 주목된다.

한편, VOC 시스템 개선과제, 서비스 경진대회 등을 통해서 도출된 포인트를 분석하고 구체적인 세부 계획을 수립하여 전사적인 서비스 개선활동으로 연계하고 있다는 점도 우수하다.

출처: 한국표준협회, 한국서비스대상 현황설명서

용하기도 하고, AHP(계층적 의사결정구조법)와 같은 의사결정기법을 이용하기도 한다. 이러한 방법을 통해서 VOC를 긴급 VOC와 일반 VOC로 구분하여 활용하는 경우도 있다.

다양한 채널과 전달 매체를 통한 고객의 소리를 수집하여 대응하고 있으나, 최근에 점차 그 중요성이 강조되는 SNS 등 새로운 채널의 도입과 보완이 필요할 것으로 보인다.

③ 고객 중심적이고 고객의 니즈와 욕구를 더욱 충족시키며, 혁신을 위한 기회를 규명하기 위해서 고객의 소리와 피드백을 어떻게 활용하는가?

세 번째로 살펴볼 세부항목은 고객의 소리와 피드백의 활용이다.

고객의 요구사항을 제품 및 서비스 설계에 반영하는 품질기능전개(quality function deployment: QFD)를 활용하는 것도 고객의 소리를 피드백하는 좋은 방법이 되겠다. 고객의 요구사항을 조사하여 이를 제품이나 서비스의 설계과정에 적용하는 체계적인 방법을 간략한 흐름도나 프로세스로 설명하는 것이 도움이 된다. 이러한 설명의 신뢰도를 높이기 위해서는 무엇보다도 고객의 요구사항을 반영하여 제품이나 서비스가 개선된 몇 가지 사례를 제시하는 것이 좋다. 고객의 요구사항 중에 우선순위가 높은 내용을 연구하는 프로세스와 고객들이 원하는 새로운 특성 또는 신제품 및 신 서비스를 개발하기 위한 연구방법 등도 함께 설명할 필요가 있다.

사례

M사의 고객의 소리 제안 건수 및 채택률 분석

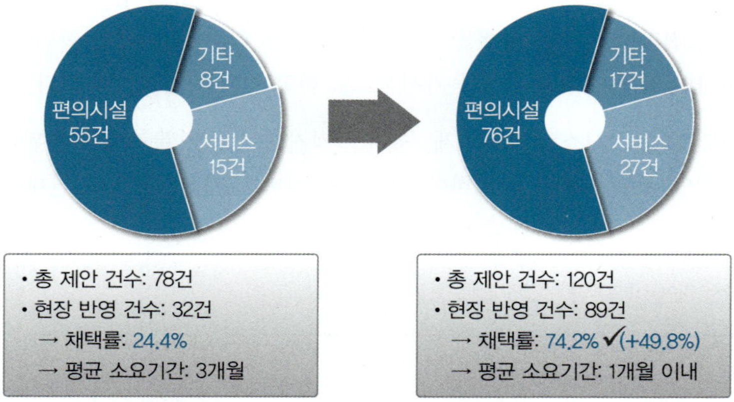

[그림 5-8] M사의 고객의 소리 제안 건수 및 채택률 분석

출처: 한국표준협회, 국가품질상 우수사례, https://knqa.ksa.or.kr

고객의 소리를 통해 접수된 제안 건수와 채택율을 분석한 사례에서 보면 총 제안 건수도 증가하였고 현장 업무에 반영하는 채택율도 크게 증가하였고 현장반영 소요기간도 대폭 단축되는 등의 성과가 있음을 보여 준다. 이렇듯 고객의 소리를 잘 활용하면 현장 업무 개선에 크게 도움이 될 수 있다.

고객의 소리를 청취하여 경영정보화로 연계하고 이를 통해 개선활동으로 전개하는 프로세스가 체계적으로 구성되어 있으나 수집된 정보의 손실 없는 관리를 위한 방안도 함께 검토할 필요가 있다.

사례 L사의 고객의 소리 청취 시스템 프로세스

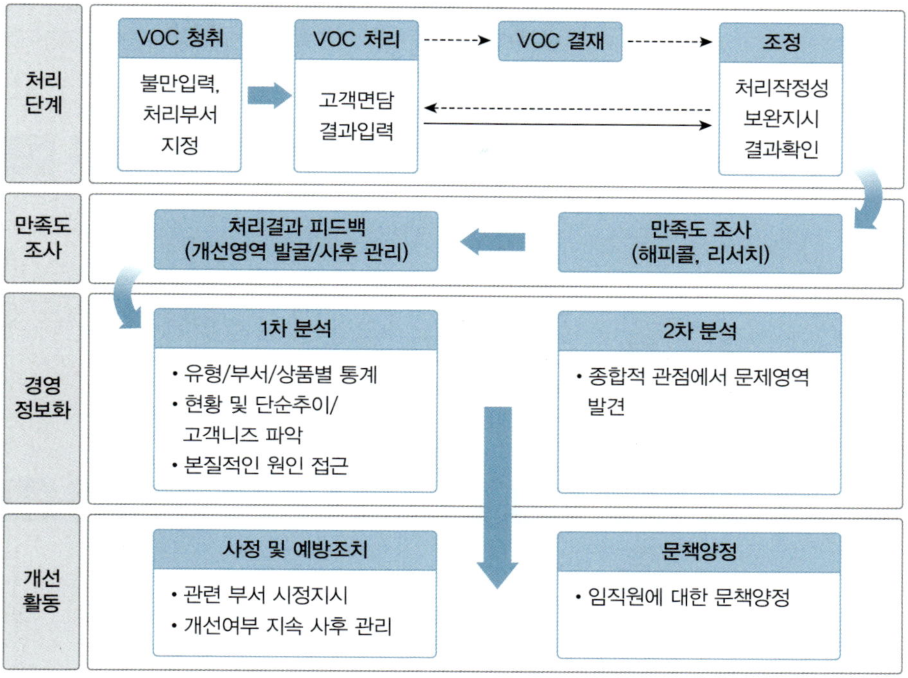

[그림 5-9] L사의 고객의 소리 청취 시스템 프로세스

출처: 한국표준협회, 국가품질상 우수사례, https://knqa.ksa.or.kr

④ 시장의 변화와 같은 사업의 요구 및 방향에 맞추어 고객의 소리를 청취하고 학습하는 방법을 어떻게 개선하고 유지하는가?

네 번째로 살펴볼 세부항목은 고객의 소리 청취와 학습방법의 개선 유지이다.

여기에서는 해당 프로세스를 체계적으로 평가하고 개선하고 있다는 증거를 제시하여야 한다. 미래 고객요구사항 결정에 이용한 다양한 유형의 조사방법과 각각의 조사를 수행한 기관, 사용한 척도에 대한 설명, 조사방법론, 평가자료의 축적 방법 및 결론 도출 과정 등을 설명하여야 한다.

사용한 연구방법에 의해 도출된 결과를 평가하는 방법과 시간구간 등을 설명하면 된다. 예측의 정확도를 높이고 예측기간을 늘리는 것에 대한 설명을 하여야 하는데, 이를 위해 적용한 방법이나 그 방법에 의해 수집한 자료의 사례를 제시하는 것이 바람직하다.

사례

S사의 VOC 프로세스 개선 사례

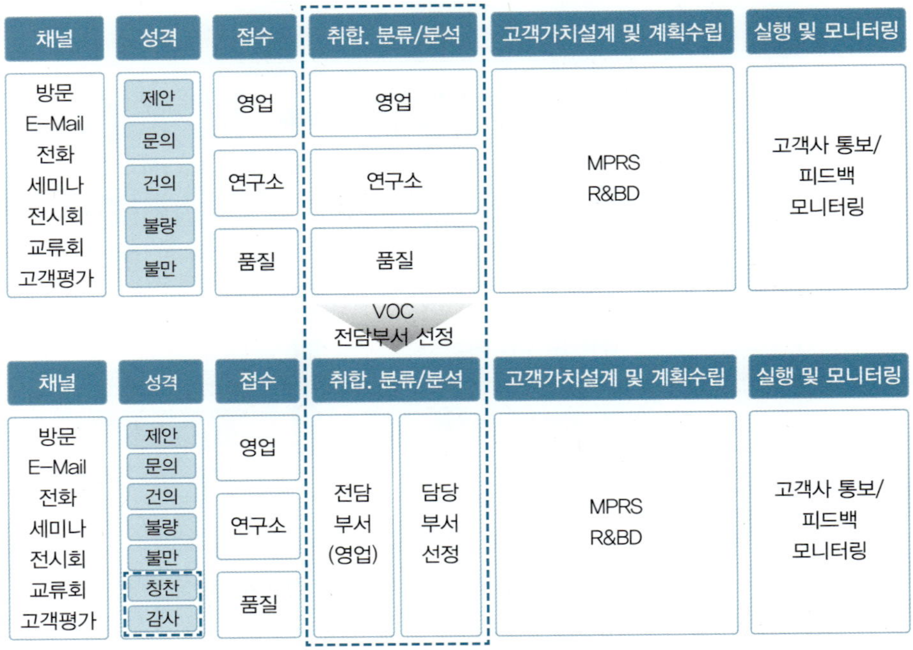

[그림 5-10] 디스플레이 소재 전문회사 S사의 VOC 프로세스 개선

S사는 다양한 채널을 통해 VOC를 수집하고 있으며 이를 정리하고 분석하여 각 부서별 또는 전사적으로 대응을 하고 있다. 과거에는 기존의 VOC를 접수한 부서가 주관이 되어 각각의 부서가 고객의 요구에 대응하였으나 최근에는 전사적이고 체계적인 대응을 하기 위해서 영업팀에서 전체 VOC를 주관하여 대응하는 방식으로 개선하여 좋은 성과를 내고 있다. 영업팀에서는 VOC의 분류와 분석을 하여 VOC의 성격과 중요도를 구분하고 담당 부서를 선정하여 고객가치 설계 및 계획을 수립한다. VOC 수집과정에서 고객사 평가 결과를 상시적으로 수집, 분석하여 신제품 개발 및 제품개선, 불만사항에 대한 개선 활동에 적극 활용한다. 또한 칭찬이나 감사 인사와 같은 고객의 긍정적인 VOC도 수집 및 공유하여 고객에게 만족과 감동을 줄 수 있는 사례를 공유하고 확산하려는 노력도 병행하고 있다.

출처: 한국표준협회, 국가품질상 우수사례, https://knqa.ksa.or.kr

5.2.2 고객관계와 고객만족

조직이 고객을 확보, 만족, 유지하고, 고객충성도를 향상시키기 위하여 고객관계를 어떻게 구축하는지를 기술하시오. 또한 고객만족과 불만족을 어떻게 관리하는지를 기술하시오. 여기에는 다음과 같은 세부항목에 대한 응답을 포함해야 한다.

(1) 고객관계 구축

① 고객의 확보, 고객 기대의 충족, 고객충성도와 반복구매의 증대, 그리고 고객의 적극적 권유를 증진시키기 위하여 고객관계를 어떻게 구축하고 있는가?

첫 번째로 살펴볼 세부항목은 고객관계 구축이다. 이는 주로 고객관계 관리 프로세스를 활용한 고객관계 구축에 대한 내용을 포함한다.

고객관계는 품질향상을 지향하는 다수의 기업들이 곤란함을 겪는 평가영역이다. 고객관계 관리(customer relationship management: CRM)에 대해 관련 업체나 연구기관에서 내린 정의는 다음과 같다.

고객관계 관리

'신규고객 획득, 기존고객 유지 및 고객 수익성을 증대시키기 위하여, 지속적인 커뮤니케이션을 통해 고객 행동을 이해하고, 영향을 주기 위한 광범위한 접근'이라고 가트너 그룹은 정의하고 있다.

'고객에 관한 지식을 지속적으로 듣고, 추출하고, 대응하는 일련의 프로세스들로서, CRM은 기업이 고객의 니즈, 기대치 및 행동을 더 잘 이해하게 하고, 이를 통해 능동적으로 사업기회나 변화에 대처할 수 있게 하는 것'이라고 메타 그룹(Meta Group)은 정의하고 있으며, '기업이 고객을 발굴하고, 선정하고, 획득하고, 개발하고, 유지하는 모든 비즈니스 프로세스'라고 IBM은 정의하고 있다.

위의 정의에서 알 수 있는 바와 같이, CRM은 기존의 데이터베이스 관리(database management: DBM)이나 1:1 마케팅에서 이야기되던 것보다 폭넓은 차원에서 논의되고 있다. 솔루션 측면에서는 CRM은 데이터웨어하우징, 데이터마트, 데이터마이닝 등을 포괄한다는 점에서 DBM보다 진보된 기술을 포함하고 있다. 또한 마케팅 정보시스템과 SFA(sales force automation), 콜 센터를 망라하고 있다는 점에서 영업, 마케팅, 서비스의 고객관리 프로세스를 포괄하고 있다고 볼 수 있다. 기술적 측면이나 프로세스 외에도 1:1 마케팅이나 관계(relationship) 마

관계(relationship) 마케팅

케팅의 개념을 포함하고 있다.

CRM의 개념을 이해하는데 가장 중요한 요소이자 업계에서 가장 간과하고 있는 요소 중의 하나는 CRM은 기업 전략의 차원에서 다루어야 한다는 것이다. 즉, 다음의 D사 사례에서 보듯이 기업전략이 고객 지향으로 변화하는 시기에 기업의 이익을 실현하기 위한 전사적 차원의 고객전략이라는 것이다. 따라서 DBM이 주로 정보기술(IT)부서 차원에서 이루어지고 관계 마케팅이 마케팅부서 차원에서 이루

사례

금융기관 D사의 고객관계관리 시스템 예시

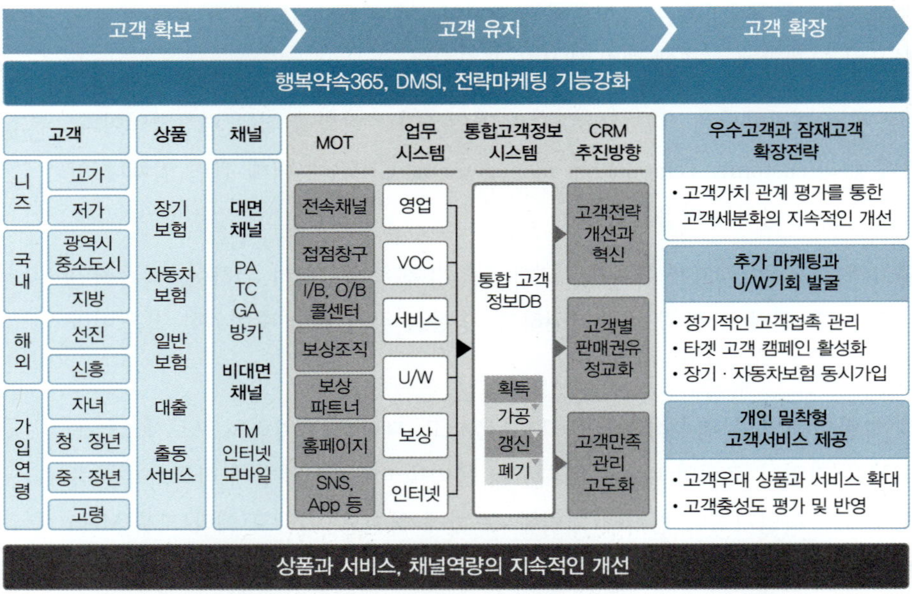

[그림 5-11] 금융기관 D사의 고객관계관리 시스템

고객의 확보와 유지 그리고 확장의 전 과정을 고객관계관리 시스템을 통해 체계적으로 수행하고 있음을 개념적으로 제시한 사례이다. 고객별 상품과 채널을 매칭하고, 고객유지를 위해서 고객접점별로 업무시스템을 설계하고 고객관계관리를 수행하는 전체 과정을 잘 보여주는 사례이다. 이를 통하여 신규 고객의 확보와 새로운 시장의 개척을 위해서도 노력하는 모습을 엿볼 수 있다.

출처: 한국표준협회, 국가품질상 우수사례, https://knqa.ksa.or.kr

어지던 것과 달리, CRM은 CEO 혹은 CCO(Chief Customer Office)의 주도하에 이루어져야 한다. 최고 의사결정자의 주도하에, 전 사원이 고객 지향의 마인드로 무장하고, 전사적 프로세스가 고객 지향으로 개선되고, 모든 시스템이 이를 뒷받침할 수 있도록 구축된 전제하에서 이루어지는 것이다.

만약 제대로 고객관계 관리를 할 수 있다면, 반복구매를 하며 관련된 상품도 구매(related sales)하고 다른 이에게 권유(referrals)를 서슴지 않고 하며 스스로 단골이 되어 다시 찾는(retention) 충성고객을 만들 수 있다. 이것이 중요한 이유는 고객감동(만족)과 수익 사이에 하나의 징검다리 역할을 하는 것이 바로 고객충성이기 때문이다.

사례 **L백화점의 고객만족도 조사를 통한 개선 프로세스 사례**

고객만족도 조사 피드백	• 점별, 조사 항목별 세부점수 산출 • 고객의견 카테고리별 분류(인적서비스, 시설, 환경, 상품, 이벤트 등)
항목별 문제점 진단	• 고객지원실 주관 요소별 부진 원인 도출 • 부진 원인 자체 점검 시행
개선계획 수립	• 본사 및 단위 고객만족도 개선 TFT 구성 • 개선 세부계획 수립 및 업무분장(서비스전략팀 개선계획서 회신)
개선활동 진행	• 해당 부서간 유기적 협력을 통한 개선 실시(캠페인 및 개선 교육) • 개선 완료 후 고객 반응 피드백(자체 만족도조사 및 모니터링 등)

[그림 5-12] L백화점의 고객만족도 조사를 통한 개선 프로세스

L백화점에서는 고객만족도 조사를 점별로 실시하고 고객의견을 인적서비스, 시설, 환경, 상품, 이벤트 등 다양한 카테고리별로 분류하여 분석하고, 각 요소별 부진 요인을 도출하고 각 요인별 자체 점검을 수행하여 문제점을 진단한다. 이를 바탕으로 본사 및 점별로 고객만족도 개선팀을 구성하여 개선 세부계획을 수립하고 업무 분장에 반영하는 등의 노력을 실천한다. 그 결과 해당 부서 간 유기적인 협력을 통하여 개선을 실시하고 개선 완료 후에는 고객의 반응 피드백도 점검하는 등 전반적으로 고객만족도 조사를 통한 개선 활동을 체계적으로 수행하고 있다.

출처: 한국표준협회, 한국서비스대상 현황설명서

② 조직은 고객이 조직의 정보를 탐색하고, 거래를 수행하고, 그리고 클레임을 제기할 수 있게 하기 위한 매커니즘을 어떻게 운영하고 있는가? 고객 접근 유형별 고객 접촉의 주요 요구조건을 어떻게 파악하는가? 이러한 접촉의 요구조건이 일련에 고객 반응 단계에 관련된 모든 조직원과 프로세스에 어떻게 전개되는가?

두 번째로 살펴볼 세부항목은 고객접촉 매커니즘이다.

대다수 조직들은 수신자부담 전화 서비스나 핫라인을 이용한다. 비록 그 아이디어는 근사한 것이지만, 대다수의 기업들이 전화 응답원을 확보하지 않아서 통화 중이거나 다음 서비스 안내원에게 연결하겠다는 메시지를 계속 듣게 만든다. 따라서 고객의 불평이나 질문을 듣기 위해 개설한 수신자부담 전화 서비스나 핫라인이 있다면, 회사에서는 직원이 신속하고도 효율적으로 걸려오는 전화를 처리하고 있다는 자료를 제시하여야 한다.

고객의견카드는 고객의 소리를 청취하는 데 사용되는 일반적인 기법이다. 이 기법은 호텔, 레스토랑, 자동차 판매점 등에서 주로 사용한다. 만약 회사에서 이와 유사한 카드나 도구를 사용한다면, 고객들이 이 카드를 받아서 소지하는 방법, 카드 작성 시 소요시간, 고객이 이 카드를 반송하는 목적 등을 소상히 밝혀야 한다. 만약 회사의 사업장에 이 카드를 놓아 고객들이 이를 선택해서 표시하도록 한다면, 대개는 회사의 서비스에 매우 불만족한 고객만이 이 카드를 작성하여 반송할 것이다. 게다가 카드에 우표를 붙여야 우송할 수 있는 경우라면, 그 중에서도 극소수만이 반송되어 올 것이다. 대다수 소비재의 사용자 설명서에 포함되어 있는 고객의견카드의 경우도 이와 유사하다. 이 카드에 응답하는 경우는 고객 중 일부이기 때문에 모든 고객을 대표하는 것은 아니다. 이러한 불편한 방법은 고객입장에서보다 편리하게 개선되어야 한다.

사례 S사의 고객접촉 매커니즘 사례

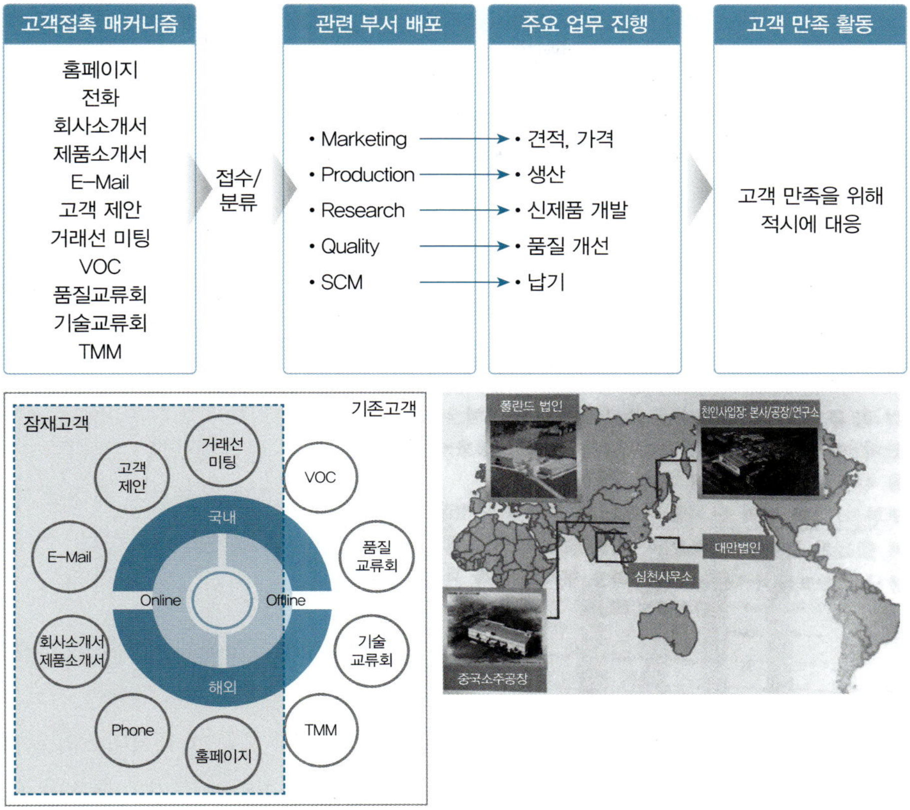

[그림 5-13] S사의 고객접촉 매커니즘

S사는 다양한 채널을 통한 고객접촉 매커니즘을 구축하여 고객의 의견을 온오프라인을 통해서 접수하고 분류하여 이를 관련 부서에 배포하여 주요 업무의 투입 요소로 활용한다는 점에서 고객만족활동을 체계적으로 수행하는 동시에 고객의 요구사항에 적시에 대응하기 위한 노력을 하고 있다고 판단된다. 이러한 매커니즘을 활용하여 S사는 기존 고객을 유지함은 물론 신규 고객을 유치하는 데에도 도움을 받고 있다.

출처: 한국표준협회, 국가품질상 우수사례, https://knqa.ksa.or.kr

③ 조직은 고객의 불만을 어떻게 관리하는가? 불만이 효과적이며 신속하게 해결되고 있는가? 고객의 불만족 및 반복구매와 권유의 감소를 어떻게 최소화하는가? 전체 조직 및 협력업체의 개선활동에 사용하기 위해 클레임을 어떻게 종합하고 분석하는가?

세 번째로 살펴볼 세부항목은 고객관계 유지를 위한 불만사항의 효과적인 처리이다. 이는 고객불만 처리 프로세스, 고객불만 최소화 방안, 고객클레임의 종합과 분석 등으로 구분된다.

제품이나 서비스에 대해 고객들의 구두 또는 서류상의 모든 의견을 서류화 하는 체계적이며 포괄적인 시스템을 구비되어 있는가를 살펴보아야 한다. 고객에서 받은 공식적 및 비공식적 의견과 불평을 모두 보고하고 요약하는 시스템에 대해서도 언급을 하여야 할 것이다. 여기서는 고객 불평처리 과정 및 그 결과에 대한 설명도 함께 있어야 한다. 흐름도, 알고리즘 또는 단계별 업무 등에는 고객불평처리 및 수정을 위해 거치는 절차를 포함해야 한다. 고객의 불평이 제대로 해결되지 않았다고 고객이 느끼는 경우에 취할 수 있는 절차도 포함되어야 한다. 회사의 프로세스에는 사업영역과 회사의 규모에 적합한 논리와 완결성이 있어야 한다.

회사가 적시에 고객의 불만을 찾아내어 고객에게는 최소한의 불편함만을 주면서 불만을 완벽하게 처리하고 있음을 보여 줄 수 있는 다양한 자료를 제시하여야 한다. 회사에 접수된 불평 건수는 그 회사의 제품이나 서비스의 품질을 반영하는 척도가 된다. 여기서는 접수된 불평에 대한 처리에 평가의 초점을 둔다. 물론 불평을 예방하기 위한 노력을 하고 있는가는 기본적으로 중요하다.

기업들이 모든 고객불평 및 고객의견에 대한 자료를 요약할 수 있는 자료추적 시스템의 구비도 중요하다. 그 이유는 고객에 대해서 더 많이 알고 과거의 니즈를 가능한 한 잘 파악하여 고객과의 관계 개선을 위한 의사결정에서 실수를 줄이라는 것이다. 세부평가 영역에 대한 응답에 제시되어야 할 내용 중에는 제품, 서비스, 공정의 개선을 위해 고객불만의 원인 분석방법에 대한 설명도 포함된다.

사례 금융기관 S사의 고객불만 처리 프로세스 사례

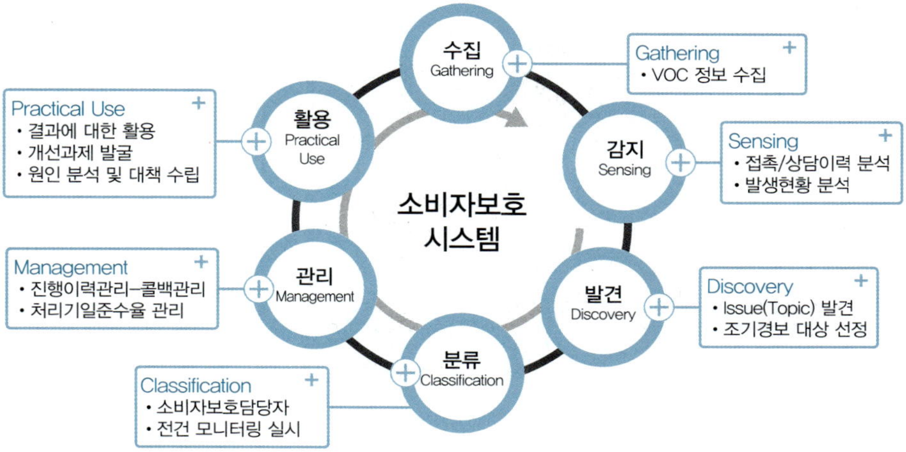

[그림 5-14] 금융기관 S사의 고객불만 처리 프로세스

S사는 고객불만 내용의 수집, 감지, 발견, 분류, 관리 및 활용의 일련의 과정을 체계적으로 관리하여 고객불만을 줄이고 유사한 문제의 재발 방지 및 조기 대응 방안을 강구하고 있다. 특히 유사한 문제의 발생 소지를 사전에 감지하여 제거하는 등의 활동은 상당히 효과적인 것으로 분석된다.

출처: 한국표준협회, 국가품질상 우수사례, https://knqa.ksa.or.kr

사례

S사의 품질 불량 대응 프로세스 사례

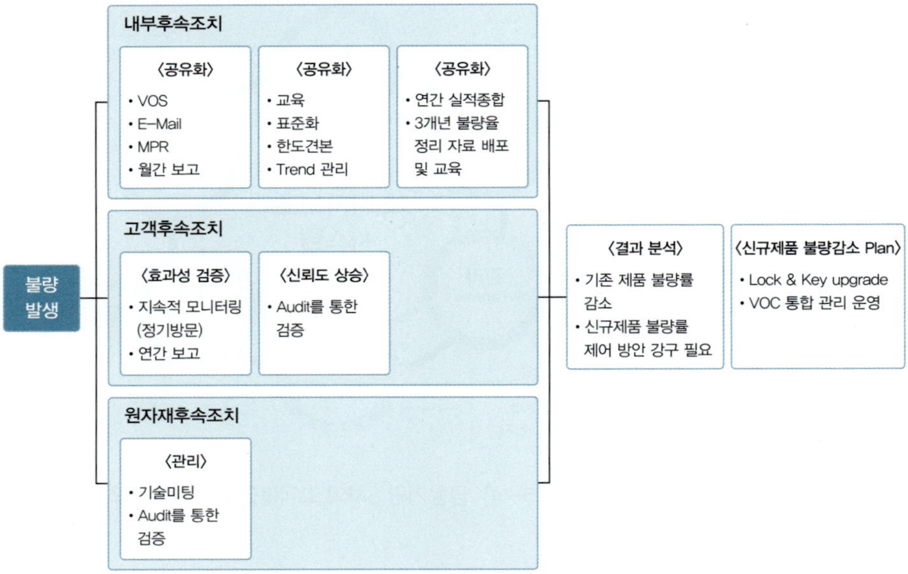

[그림 5-15] S사의 품질 불량 대응 프로세스

S사는 불량이 발생하면 내부와 고객 그리고 공급업체의 원자재 등 주요 요소별로 불량에 따른 후속 조치를 강구하여 불량의 근본 원인 제거 및 재발 방지를 위해 노력한다.

출처: 한국표준협회, 국가품질상 우수사례, https://knqa.ksa.or.kr

④ 고객관계 구축 및 고객 접근방법을 사업의 요구와 방향에 맞게 어떻게 유지하는가?

네 번째로 살펴볼 세부항목은 고객관계 구축 및 접근방법의 유지이다. 특히 기업의 사업 방향과 정렬성을 유지하는 것이 매우 중요하다. 기업에서 사회적 책임을 강조하거나 동반성장을 추구한다고 하면 이에 부합되는 방향으로 고객관계 구축을 위해 조치를 취해야 할 것이다. 방향은 사회적 가치이나 실행은 원가에 초점을 둔다면 고객관계 구축에 혼선을 가져올 가능성이 높다고 하겠다.

사례

S사의 고객관계 유지 및 개선 메커니즘 사례

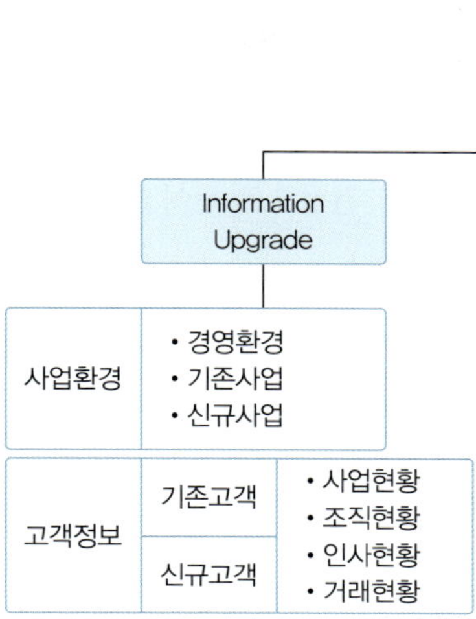

[그림 5-16] S사의 고객관계 유지 및 개선 메커니즘

S사는 고객만족 추구에 정보와 시스템 그리고 교육 및 인적자원 능력의 업그레이드 정렬하는 방식으로 사업을 수행하고 있다는 점에서 정렬성이 확보되는 경영활동을 수행하고 있다고 하겠다.

출처: 한국표준협회, 국가품질상 우수사례, https://knqa.ksa.or.kr

(2) 고객만족 관리

① 고객만족, 불만족 및 충성도를 어떻게 파악하는가? 고객만족, 불만족 및 충성도의 파악방법은 고객그룹별로 어떻게 다른가? 측정방법이 고객을 기대 이상으로 만족시키는데 사용되는 유용한 정보를 어떻게 획득하는가? 측정 방법이 고객의 미래 사업과 적극적인 권유를 담보하는데 사용되는 유용한 정보를 어떻게 획득하는가? 개선을 위해 고객의 만족과 불만족 정보를 어떻게 활용하는가?

첫 번째로 살펴볼 세부항목은 **고객만족도** 조사이다. 그 주요 내용은 고객만족, 불만족, 충성도 등 고객만족도 파악 방법과 고객만족 정보의 획득 및 활용으로 구분된다.

고객만족도

고객만족도를 측정하는 방법은 다양하지만, 대부분의 기업들은 두 가지 방법에 주로 의존한다. 하나는 고객의견카드(의견/피드백카드)이고 또 다른 한 가지는 전체 또는 일부 표본고객을 선정하여 조사하는 설문조사이다. 비록 두 가지 방법이 효과적이긴 해도 이것만으로 고객만족도를 명확히 파악할 수 있는 것은 아니다. 고객의견카드나 설문조사의 문제점은 고객들이 응답하는 데 시간을 내는 것을 성가시게 생각한다는 점에 있다. 응답을 하더라도 건성으로 하여 모두 평균점수를 주는 경우도 있다.

수많은 제품과 서비스를 동시에 사용하는 고객들은 특정한 제품이나 서비스의 고객만족도 조사에 대개 별다른 반응을 보이지 않는다. 즉, 제품이나 서비스에 대한 매우 불유쾌한 경험을 가진 경우가 아니면, 대부분은 몇 가지 요청에만 응답을 하고 나머지는 무시하는 경향이 있다. 매우 불쾌한 경험이 있는 고객은 카드 작성이나 우편설문조사를 기다리기 보다는 직접 항의 메일을 보내거나 전화를 건다.

또 다른 고객만족도 측정을 위한 가장 객관적인 방법은 고객의 의견이 아닌 고객의 행동을 조사하는 것이다. 어떤 고객이 2012년형 현대 그랜저를 2019년형으로 바꾸었다는 사실은 이 고객의 만족도를 가장 잘 나타내 주는 자료가 된다. 그러나 그 고객에게 그랜저에 대한 만족도를 조사해 보면 조사 항목에 따라서는 불만족한 것도 있을 수 있지만, 그 고객은 새 차를 구입할 때 같은 모형으로 반복구매를 하였다는 점이 중요하다. 이러한 반복구매고객의 수는 고객만족도를 가장 잘 표현해 주는 지수이다.

시장점유율도 고객만족도의 지표가 될 수 있으나, 경쟁, 광고, 가격 등 수 많은 외생변수들의 영향을 받을 수 있기 때문에 그리 정확한 것은 아니다. 이 세부평가영역에서 심사원은 다양한 자료수집원을 고려한 고객만족 측정을 하고 있는가에 관심을 둔다. 의견에 관한 자료는 여러 가지 방법을 이용하여 모든 고객을 대표할 만한 대규모 표본을 이용하여 수집되어야 한다. 반복구매율과 같은 척도는 보충자료로 이용할 수 있다. 여기서 이용하는 특정한 척도는 제품 및 서비스의 성질에 따라 다르다. 단일 척도는 오류를 가져올 수 있으므로 복수의 척도를 혼용하여 객관성과 신뢰성을 높여야 한다.

고객세분화를 논리적으로 하여 각 세분시장에 맞는 고객만족도를 조사하고 고객만족도를 제고하려는 회사의 노력을 살펴보아야 한다. 세분시장을 명확하게 정의하는 것이 중요하다.

사례 금융기관 D사의 고객만족 활동 체계의 예시

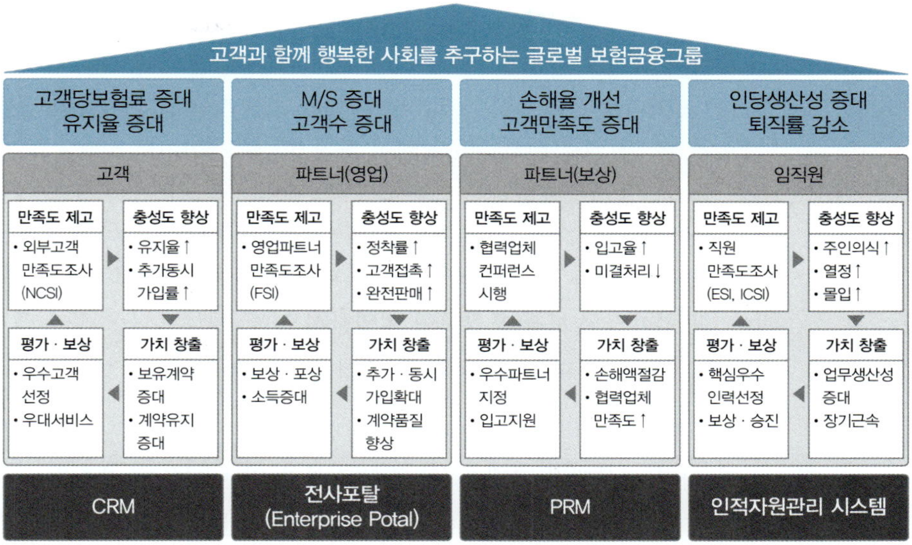

[그림 5-17] 금융기관 D사의 고객만족 활동 체계

금융기관 D사에서 고객, 파트너, 임직원 차원에서 만족도 제고와 충성도 제고를 위해 추진한 고객만족 활동을 개념적으로 제시한 사례이다.

출처: 한국표준협회, 국가품질상 우수사례, https://knqa.ksa.or.kr

② 신속하고 활용 가능한 피드백을 얻기 위하여 조직은 제품, 서비스 및 거래의 품질에 대한 고객의 반응을 어떻게 추적하는가?

두 번째로 살펴볼 세부항목은 고객의 반응 추적이다.

여기서는 회사 제품 및 서비스에 대한 만족도를 조사한 자료의 빈도, 완벽성, 객관성 등을 주로 평가한다. “우리 회사는 제품과 서비스에 관한 고객만족도 수준을 결정하기 위하여 연간 1회 고객만족도 조사를 실시한다.”는 것이 가장 대표적인 사례가 될 수 있다.

그렇지만 이러한 회사의 문제점은 무엇일까? 1년에 1회의 고객만족도 조사는 사실상 미흡한 것이다. 고객의 만족도를 알아내기 위해 얼마나 자주 고객들을 만나는

가에 보다 더 관심을 둘 필요가 있다. 또한 어떤 방법을 이용하고 있으며, 고객들이 만족도에 대한 조사에 응하는 데 걸리는 시간도 중요한 평가 항목이다. 너무 다양한 조사를 자주하는 것은 고객들에게 불편함을 줄 수 있다. 이러한 조사를 하는 의의와 고객들의 응답결과가 처리되는 프로세스에 대해서도 고객들에게 알려야 한다. 고객만족도 자료의 수집뿐만 아니라 고객과의 관계를 보다 긍정적으로 이끌기 위해서도 고객에 대한 비공식적인 추적시스템을 적절히 이용하는 것도 필요하다.

③ 자사와 경쟁사의 고객 만족도를 비교한 정보를 어떻게 얻고 활용하는가? 유사한 제품이나 서비스를 제공하는 다른 조직에 대한 고객만족 수준 또는 산업의 벤치마크 정보를 포함하여 설명하시오.

세 번째로 살펴볼 세부항목은 고객만족 비교정보 수집 및 활용이다.

경쟁사에 대비한 고객만족도를 측정하여 결정하는 것은 쉽지 않다. 자료 그 자체가 아니라 상대적 고객만족도를 결정하기 위해 이용한 기준을 중점적으로 살펴볼 필요가 있다. 경쟁자에 비해서 고객에게 조사한 자료 가운데 특징적인 것은 무엇인가를 설명하는 것이 객관적인 방법이 아니지만 그래도 가장 일반적인 예이다. 비록 고객들이 경쟁자의 제품이나 서비스에 대해서 다른 의견이 있더라도 그들은 그 제품을 구매하고 있지 않다면, 별다른 의미는 없는 것이다.

보다 나은 방법이 있다면, 다른 기업들과 함께 고객만족도의 측정을 외부기관에 의뢰하는 것이다. 자동차업계에서 주로 이용되는 조사기관인 J.D. Power사는 모든 자동차회사 고객에게 공통적인 고객만족도 측정도구를 이용한다. 이런 방법을 이용하면, 자료는 객관성을 갖게 되고 비교 · 분석이 용이하다. 이와 같은 포괄적인 방법을 이용할 수 없다면, 경쟁자 대비 고객만족도 측정을 위한 자료를 자체적으로 입수할 필요가 있다.

우선 고객만족도 측정을 위해 사용하는 척도를 설명할 필요가 있다. 또한 고객만족도 측정을 위해 각각의 척도가 최선의 방법이기에 선택하였다는 이유를 설명하여야 한다. 다음은 평가 단계별 설명과 산출물에 대한 설명이 있어야 한다. 평가자료의 요약 및 보고에 대한 설명과 보고서 제출 대상에 대한 설명도 필요하다. 마지막으로 필요한 설명은 평가결과 검토에 사용된 절차 및 고객만족도 측정 방법의 개선을 위한 실행계획의 개발이다. 고객만족도 측정시스템에서 지난 수년간 이루어진 변화의 내역과 그 내용이 지속적으로 개선이 되고 있음을 제시할 수 있으면 설명에 도움이 된다.

④ 고객만족 관리를 사업의 요구사항과 방향에 맞게 어떻게 유지하는가?

네 번째로 살펴볼 세부항목은 고객만족 관리의 유지이다. 여기서는 사업방향과의 연계성을 고려하여야 한다. 여기에서는 다음과 같은 몇 가지 사항을 유념하여야 한다.

회사의 제품이나 서비스에 대한 고객의견을 얻기에 적절하게 간단하면서도 잘 설계된 시스템이 있어야 하며, 고객들이 이 카드에 의견을 제시하고 불평에 대해 기재를 하여 응답하는 것이 매우 손쉬운 일이라고 알리는 자료나 인터뷰 결과를 제시하여야 한다. 예컨대 98%의 고객이 회사의 고객서비스 부서는 전화벨이 세 번 울리기 전에 응답을 받으며 거의 매번 문제를 해결해 주거나 적절한 응답을 한다는 자료를 제시할 수 있으면, 여기에서 높은 점수를 얻을 수 있다.

고객과 접촉을 할 때마다 종업원은 고객 요구사항이나 니즈가 무엇인지 파악하여야 한다. 그 다음에 이 요구사항을 충족시켜 줄 수 있는지 여부를 측정하고 추적하는 방법을 제시하여야 한다. 고객과 접촉에서 어떤 성과를 내는가를 측정하는 척도도 제시하여야 한다. 즉, 고객의 요구 수준이 충족되었는지 여부를 결정하는 척도를 도표를 이용하여 제시하는 것이 좋다.

목표나 표준이 없는 평가척도는 무용지물이므로 고객서비스 표준을 설정하여야 한다. 고객서비스 표준은 종업원이 수행해야 하는 행위 또는 행동과 그 행동이 수행되는 정도를 비교 판단할 수 있는 기준 또는 조견표로 구성된다.

표준은 반드시 신뢰할 수 있으면 객관적으로 측정이 가능한 방식으로 기술되어야 한다. 다수의 기업들은 예컨대, '상냥한 태도로', '고객이 처한 상황에 공감을 갖고', '즉시', '효율적 방법으로' 등과 같은 어구를 포함하는 기준을 제시한다. 이러한 형용사는 서비스를 표현하기에는 좋을지 몰라도, 정확하지 않고 객관적으로 측정하기 어려운 것이다. '즉시'라는 용어만 해도 사람에 따라 다르게 정의될 수 있다. 표준은 가능하면 매우 구체적이며 수치화할 필요가 있다.

또한 회사의 고객서비스 표준의 목록을 일람한 후에 이 분야에서 다음에 수행할 일은 이 기준들이 고객요구사항에 기초를 둔 것이라는 점을 설명하는 것이다. 다수의 조직은 기준을 과거의 성과 또는 산업의 표준에 기초를 둔다. 예컨대, 보험회사가 고객의 청구를 처리하는 기간을 30일로 하겠다는 기준을 정했다면, 여기서의 30일은 산업의 표준에 해당하는 것이다. 그와 반대로 회사에서 고객에게 그 기간이 어느 정도 걸려야 할 것인가를 묻는다면, 고객들은 아마 1주일 남짓이라는 답을 할 수도 있다. 따라서 고객의 요구사항이나 기대에 기초해서 고객서비스 표준이 설정되어 있다면 이 분야에 대한 점수를 높게 받을 수 있다.

참고 — **MB상 수상 기준 질문: 고객과 시장**

* 미국 말콤볼드리지 국가품질상의 기준이 2025년에 전면 개편되어 시행된다.

고객과 시장

이 범주에서는 고객 및 시장과 관련된 주요 과정에 대한 성과에 대해 묻습니다. 먼저 주요 제품 및 서비스에 대한 시장 점유율에 대해 묻습니다. 그런 다음 고객 만족도와 불만족도에 대해 묻습니다. 마지막으로 고객 충성도에 대한 질문이 있습니다.

문맥 질문

지난 5년간 주요 제품과 서비스에 대한 시장 규모를 알려주세요.

주요 고객 세그먼트에 대해 간략하게 설명해 주세요(각 세그먼트의 규모도 포함).

결과 질문

모든 응답에는 5년간의 데이터와 관련 비교가 포함되어야 합니다. 5년간의 데이터와 관련 비교를 제공할 수 없는 경우 자세한 설명을 제공해야 합니다.

* 참고: 아래에 제시된 결과에는 주요 인력 부문에 대한 데이터가 포함되어야 합니다.

- 주요 제품과 서비스의 시장 점유율은 어떤가요?
- 주요 고객 세그먼트별 고객 만족도 결과는 어떻습니까?
- 주요 고객 세그먼트별 불만을 포함한 고객 불만족에 대한 결과는 무엇입니까?
- 주요 고객 세그먼트별 고객 충성도(예: 추천 가능성, 재구매 고객, 추천)에 대한 결과는 어떻습니까?

과정 질문

위의 결과와 관련된 다음 질문에 대한 응답은 MB상 수상 최종 후보자에게만 현장 방문 중에 평가됩니다.

- 주요 고객 청취 프로세스를 간략하게 설명해 주세요.
- 주요 고객 참여 프로세스를 간략하게 설명해 주세요.
- 주요 고객 지원 프로세스를 간략하게 설명해 주세요.
- 위에서 공유한 프로세스 중에서 다른 조직이 배울 수 있는 모범 사례는 무엇이라고 생각하십니까?

출처: https://www.nist.gov/baldrige/baldrige-award/award-criteria

연·습·문·제

1. 관심 기업이나 조직을 선정하여 고객을 정의해 보시오. 그리고 다른 사람이 정의한 고객의 정의와 차이점을 분석해 보자.

2. 시장을 이해하는 데 도움이 되는 도구는 무엇이 있는지 살펴보자.

3. 고객관계 관리를 잘 수행하기 위한 조건은 무엇인가?

4. 고객의 소리를 청취하고 분석하는 방법에 대해 사례를 들어 설명해 보자.

5. 고객불만 관리 프로세스의 구성 요소에 대해 설명해 보자.

6

CHAPTER

인적자원 중시

학습 목표

- 인적자원을 중심으로 경영하는 것의 중요성을 이해한다.
- 인적자원 충실화의 의미와 실천 방안을 알아본다.
- 인적자원 개발의 방향과 방법을 공부한다.
- 인적자원 헌신에 대한 평가 방안을 이해한다.
- 인적자원 복지와 근무환경의 개선 방안과 중요성에 대해 살펴본다.

사례

사장님이 미(美)쳤어요

여기저기에 좋은 기업들이 많이 있겠지만, 대전에 가면 특별히 그런 기업을 만날 수 있다. 성심당이다. 고객들이 줄을 서고, 직원들이 사랑으로 일하며, 만약 상장기업이라면 투자하겠다고 나설 것이고, 지역사회에서는 물론 많은 분들이 존경하고 싶은 동네 빵집으로 자리잡고 있기 때문이다.

성심당은 "**사장님이 미(美)쳤어요**"라는 KBS TV 프로그램에서 소개되기도 했다.[1] 특히 직원복지가 특별한 회사를 소개하는 프로그램이었는데, 정말 깜짝 놀랄만한 사례를 접하며, 이런 회사가 다 있는가 하는 감탄을 하였다.

매출액의 15%를 무조건 성과급으로 지급하고, 사랑과 배려에 기초한 평가 및 보상 시스템을 설계하여 운영하고 있다는 것은 정말 보고 듣고도 의심이 가는 놀라운 제도였다. 이런 회사가 있을까 싶을 정도이지만, 생각하면 생각할수록 아주 기분 좋은 모범 사례였다.

창립 60주년을 맞아 책(『우리가 사랑한 빵집 성심당』, 김태훈 저)으로도 소개되었지만, 성심당은 빵을 만드는 베이커리이며, 동시에

1) "사장님이 미쳤어요", http://news.donga.com/3/all/20170205/82720993/2

행복 비즈니스를 하는 기업이라 하겠다.

특히, 직원들이 정말 행복한 기업이라는 점이 이 프로그램에서는 강조되었다. 그 당시 창립 60주년을 맞아 15년 장기근속 표창을 받은 성심당 식당에서 일하는 직원(박선희 씨)은 성심당의 강점으로 몇 가지를 이야기하였다. 그 중의 두 가지만 꼽는다면 다음과 같다.

– 직원들이 요구하기 전에 회사에서 다 알아서 해준다.
– 직원들에게 제공하는 식사 재료를 아끼지 말라고 한다.

이처럼 훌륭한 성심당의 임영진 대표를 방송을 통해서 알게 된 것은 참으로 귀한 인연이었다. 앞에서 제시한 직원들의 마인드점유율이 높은 기업이라는 점은 이미 검증이 된 듯했다. 그래서 방송에서 “성심당”으로 3행시를 지어, 성심당의 특징을 정리해 보았다.[2][3]

그 후로도 오랫동안 변함없이 같은 방식으로 사업을 하고 있고, 오히려 더욱 동행과 진정성 그리고 행복은 깊어가고 있다.

이와 관련하여, 방송에서 “성심당” 3행시가 소개되었다.

__성__공보다는 동행에 가치를 두며
__심__금을 울리는 진정성 있는 경영으로
__당__신의 행복이 나의 행복이라고 외치는 기업

출처: ‘사장님이 미쳤어요’에 게스트로 출연한 김연성 교수의 멘트 중

성심당 삼행시

성 공보다는 동행에 가치를 두며	

2) “사장님이 미쳤어요”에 게스트로 출연한 김연성 교수의 멘트 중
3) https://vod.kbs.co.kr/index.html?source=episode&sname=vod&stype=vod&program_code=T2016-0639&program_id=PS-2017000391-01-000&section_code=05&broadcast_complete_yn=N&local_station_code=00

<table>
<tr><td>심 금을 울리는 진정성 있는 경영으로</td><td>
</td></tr>
<tr><td>당 신의 행복이 나의 행복입니다를 외치는
성심당</td><td>
</td></tr>
</table>

게다가 성심당은 대형 베이커리 프랜차이즈보다 더 많은 이익을 창출하고 있어서 그 실적이 발표될 때마다 세간의 주목을 받는다. 이름하여 '돈쭐난' 빵집 성심당으로 불리는데, 파리바게뜨와 뚜레쥬르보다 더 많은 이익을 내고 있고, 원가 상승에도 불구하고 두 자릿수 이익률을 달성하고 있다.[5] 2023년 결산 결과 영업이익은 315억 원으로 파리크라상의 199억 원을 넘어섰고, 매출액은 1,243억 원으로 전년대비 52.1%나 증가하였기에 더욱 관심의 초점이 되고 있다. 그 비결은 지역 기반의 입소문으로 고객들이 줄지어 찾고 있기 때문이며, 아울러 핵심인재 양성이라고 주요 언론에서는 분석하고 있다.[6]

직원과 고객은 물론 주요 이해관계자의 관점에서 좋아하는 기업으로 건강하게 성장을 하고 있다. 또한 새로 내놓은 가성비 좋은 신제품은 맛은 물론 착한 가격으로 인기를 끌며 긴 줄서기의 새로운 이유를 만들고 있다. 그런데 긴 줄서기에서 열외도 있다. 임산부는 프리패스라는 새로운 관행을 만들어 냈다. 아무런 안내도 없었지만, 직원이 임산부를 알아보고 다른 손님들의 양해를 구해서 바로 안으로 안내를 하면서 이 사실이 알려지고 확산되어 제도로 정착된 것이라고 한다. 혁신이 있고 정성이 있고 또 그 안에 사랑이 있는 셈이다.[7]

---

5) https://www.ytn.co.kr/_ln/0102_202404200527408946

6) https://www.donga.com/news/Economy/article/all/20240723/126076668/2

7) 김연성, "건강한 성장, 성심당", 한국경영학회 추계학술대회(2024년 10월 29일)

6.1 인적자원 관리 이론

6.1.1 인적자원 중시의 개요

인적자원

인적자원이란 조직의 업무를 수행하는 모든 사람을 의미한다. 여기에는 정규직뿐만 아니라 계약직, 임시직, 파견직 등이 모두 포함된다. 모든 계층의 관리자와 일선 감독자, 팀장 등도 이에 속한다. 계약직도 조직의 업무시스템의 일부분으로 포함하여야 한다. 비영리조직에서 근무하는 자원봉사자들도 인적자원에 포함된다. 따라서 조직 내의 모든 구성원이 **인적자원**에 포함된다.

인적자원 중시는 경영전략의 실행과 밀접히 관련되어 있다. '전략 따로, 인사 따로'가 아니라 전략을 실행하는 것이 바로 인사관리의 주요 내용이며 성과평가와 보상시스템은 경영전략 실천과 전략적으로 연계된다. 전략실행계획에 따라 인적자원 관리의 목표와 계획을 수립하고 모집과 채용, 업무시스템 구축, 성과관리시스템 구축을 통해서 구성원을 지원하기 위한 시스템을 구축하고 직원 만족도를 제고하는 일련의 과정이 인적자원 중시 범주의 주요 내용이다.

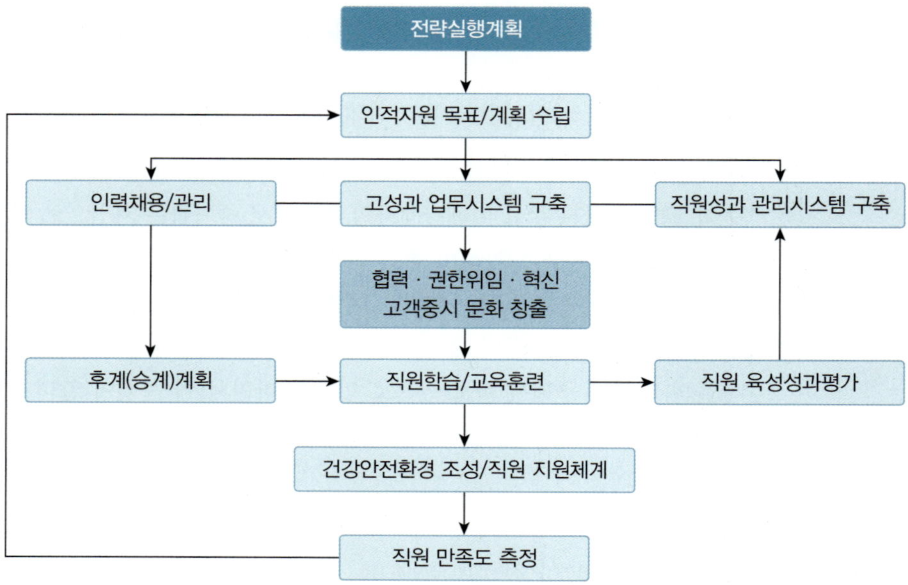

[그림 6-1] 인적자원 중시 범주의 전반적인 흐름

조직은 비전과 전략에 적합하게 인적자원 관리시스템을 정비하여 조직이 추구하는 방향에 적합하게 인적자원이 역량을 제대로 발휘하도록 하면서 구성원들의 만족과 헌신을 이끌어 내도록 노력한다. 기업문화, 조직과 업무의 설계, 채용 · 배치 · 수급, 교육훈련 · 개발, 평가, 인정과 보상으로 이루어지는 일련의 인적자원 관리시스템은 조직의 비전과 전략에 부합되도록 정렬되고 정비되어 조직의 비전달성에 최적화 될 수 있도록 변화되어야 한다.

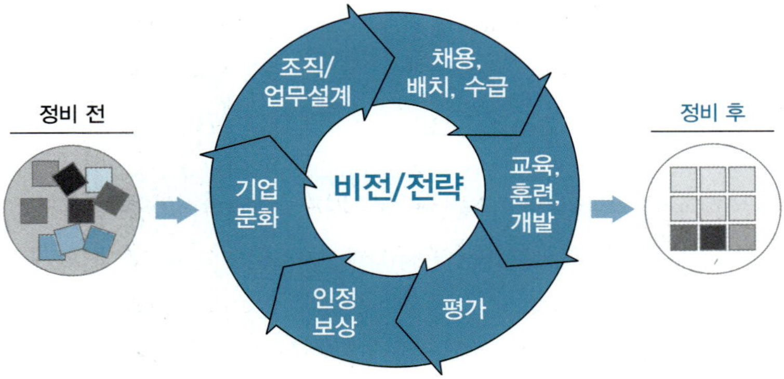

[그림 6-2] 인적자원 관리시스템의 정비

6.1.2 인적자원 관리 시스템의 구축

조직에서 성과관리시스템을 구축하여 성과평가 및 보상을 체계적으로 수행하는 활동은 조직의 전략을 실행하여 성과를 달성하게 하는 주요한 원동력이다. 성과관리시스템과 역량평가시스템을 통해서 평가와 보상 그리고 직원의 역량 개발 및 관리를 수행하도록 하는 일련의 과정이 인적자원 관리시스템의 주요한 과제이다. 조직에서는 직무분석에서부터 출발하여 성과평가 및 보상에 이르는 일련의 과정을 체계적으로 관리하여야 한다.

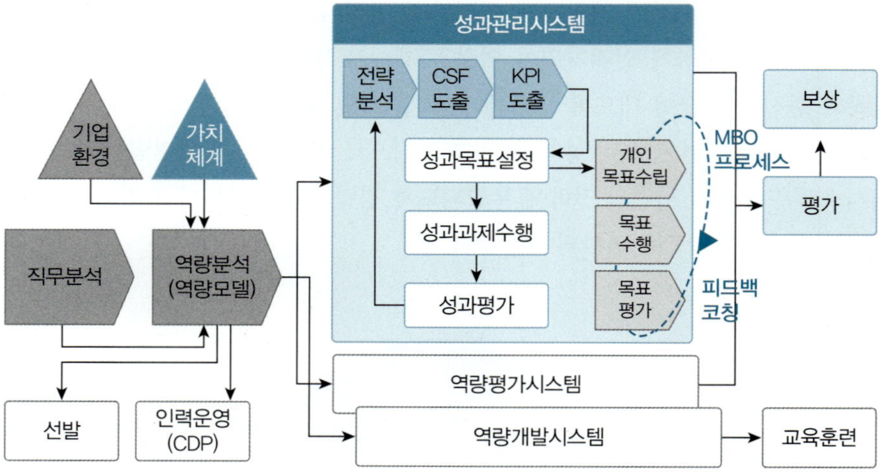

* CDP(Career Development Path): 경력개발경로, CSF(Critical Success Factors): 핵심성공요인, KPI(Key Performance Indicators): 핵심성과지표, MBO(Management by Objective): 목표에 의한 관리

[그림 6-3] 성과와 역량 중심의 인적자원 관리시스템의 구축과 점검 방안

인적자원 관리시스템의 출발점에는 조직의 비전과 전략이 있으며, 직무분석과 역량분석에 기초하여 성과평가 및 보상시스템의 구축과 실행 그리고 역량관리시스템의 구축과 실행을 체계적으로 수행하는 것이 바람직하다. 인적자원 관리시스템에는 성과관리시스템과 역량관리시스템으로 구분하여 살펴볼 수 있다. 일반적으로 조직의 목표를 달성하기 위해서 구성원 개개인의 행동을 평가하고 조종하는 것을 성과평가 또는 업적평가라고 하고 이러한 구성원의 성과평가 결과를 인적자원관리의 체계와 일치시키는 것을 성과관리라고 한다. 성과평가는 대개 인사고과라는 명칭으로 진행된다, 성과관리는 성과평가의 결과를 인적자원관리의 체계와 연계되며 구성원의 동기부여를 위해서도 중요하다. L전자 회사의 경우에도 ① 목표설정 → ② 목표수행 → ③ 평가 → ④ 보상의 네 단계로 구성되어 있어서 성과평가는 구성원의 동기부여와 생산성 향상에도 중요한 역할을 하는 것으로 볼 수 있다.

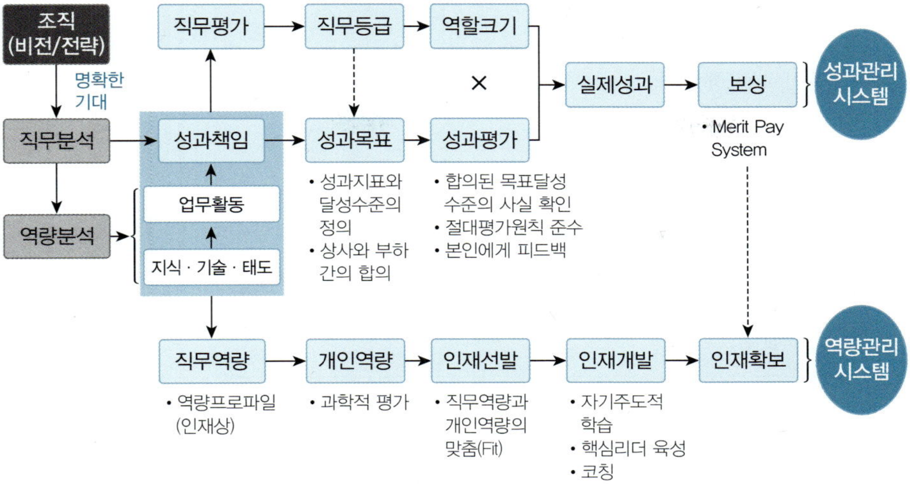

[그림 6-4] 인적자원 관리시스템의 구축 사례

6.2 국가품질상 심사기준

미국의 볼드리지상을 기반으로 한 우리나라의 국가품질상 심사기준에서는 인적자원 중시 범주를 다음과 같이 제시하고 있다.

> 「인적자원 중시」에서는 인적자원의 잠재력을 활용하여 조직의 전사적 미션, 전략, 실행계획을 구현할 수 있도록 인적자원을 어떻게 관리하고 개발하는 지를 평가한다. 본 범주는 인적자원의 잠재력과 수용능력을 평가하고, 높은 성과 달성에 도움이 되는 근무환경을 만드는 조직의 능력을 평가한다.

인적자원 중시 범주의 세부평가항목은 다음과 같다.

6.2.1 인적자원관리 체계
(1) 인적자원 충실화
(2) 인적자원 개발
(3) 인적자원 헌신의 평가

6.2.2 인적자원 복지와 근무환경
(1) 인적자원 잠재력과 수용능력
(2) 근무환경

세부평가항목에 대한 설명은 다음과 같다.

6.2.1 인적자원관리 체계

조직이 높은 성과를 달성하도록 인적자원의 헌신을 어떻게 유도하며, 보상하는가를 기술하시오. 리더를 포함한 인적자원을 고성과 인력으로 만들기 위해 어떻게 개발하고 있는지 기술하시오. 인적자원 헌신을 어떻게 평가하고, 높은 성과를 달성하기 위해 평가의 결과를 어떻게 활용하고 있는지 기술하시오.

(1) 인적자원 충실화

인적자원

① 인적자원 헌신에 영향을 미치는 주요 요인을 어떻게 파악하고 있는가? 인적자원 만족도에 영향을 미치는 주요 요인을 어떻게 파악하고 있는가? 계층별, 부문별로 다양한 인적자원 그룹에 대하여 이들 주요 요인들을 어떻게 파악하고 있는가?

첫 번째로 살펴볼 세부항목은 인적자원 헌신과 만족도에 영향을 미치는 주요 요인의 파악이다. 이는 다음의 두 가지로 구분할 수 있다.

인적자원 헌신과 만족도 파악

헌신

'헌신(engagement)'은 조직의 비전과 미션, 담당업무를 수행하기 위해 감정적 · 지적 몰입을 하는 정도를 말한다. 인적자원 헌신이 높은 조직에서는 직원들이 스스로 고객의 이익과 조직의 성공을 위하여 자신의 에너지를 모두 쏟아 붓는다.

조직이 체계적으로 인적자원의 헌신을 이끌어낼 주요 요인을 결정하는 방법에서부터 인적자원 헌신의 논리 흐름은 시작된다. 인적자원의 충성도가 높아지면 결근율이나 이직률이 낮아질 것으로 예상된다. 따라서 인적자원의 헌신과 만족도를 파악하고 이를 제고하기 위한 노력은 중요하다. 구성원의 만족도를 측정하기 위하여 객관적인 방법을 사용하고 적절한 빈도로 측정할 필요가 있다. 또 만족도조사 결과는 피드백이 되어 실질적인 개선으로 이어져야 의미가 있다.

다양한 인적자원 그룹의 요구사항 파악

조직 내 다양한 구성원들의 요구사항을 인적자원 그룹별로 파악하여 정리하고 공유하며 반영하기 위한 방안을 마련하여 인적자원의 헌신과 만족도를 제고하는 노력에 대해 평가하는 것이다. 많은 조직에서 인적자원에 대한 설문조사를 실시하며, 설문조사의 의미를 파악하기 위해서 포커스 그룹 인터뷰 등도 실시한다. 다만, 포커스 그룹 인터뷰에 참여하는 개인들이 조직 전체를 대변할 수 있고 설문조사에서 답변한 내용을 잘 기억하고 있으며 설문조사의 주요 내용을 잘 파악하고 있으며 포커스 그룹 인터뷰에 성실히 참여할 수 있어야 효과적인 조사 및 분석을 기대할 수 있다. 조사된 결과의 통계적 분석과 해석도 필요할 것이다.

인적자원 헌신에 대한 평가는 공식적인 방법과 비공식적인 방법을 함께 적용할 수 있다. 공식적이든 비공식적이든 상관없이 가능한 객관적이고 계량화가 가능한 방법을 개발하여 적용하는 것이 좋다. 만약 조사 및 분석 방법이 인적자원 그룹별로 다르다면, 그 차이를 명확하게 설명하여 통합적으로 이해할 수 있도록 할 필요가 있다.

인적자원의 근속률, 결근율, 고충처리 정도, 안전, 생산성 등의 지표들은 인적자원 헌신과 만족도를 가늠하게 하는 참고 지표가 될 수 있으며, 이러한 지표에 대한 자료를 수집하여 함께 분석할 필요가 있다.

사례

S사의 인적자원 헌신과 만족에 영향을 미치는 요인의 파악 방법과 절차

- 인적자원 헌신 및 만족도 파악 프로세스: S사는 인적자원의 헌신과 만족도에 영향을 미치는 주요 요인을 파악하기 위하여 구성원 만족도 평가/개선 프로세스를 운영하고 있다. 구성원의 헌신을 위한 인사정책은 구성원의 의견이 반영되어야 효과적이라고 할 수 있다. 따라서 인력팀 단위업무별 KPI 수립 또는 인사이슈의 발생에 따른 대응계획 검토 시 구성원 의견을 파악하고 반영하는 절차를 운영하고 있다. 구성원 만족도 평가/개선 프로세스를 통하여 구성원 의견이 반영된 인사정책을 수립/실행하고 그 결과를 분석하여 평가하고 있다.

  그 평가결과를 반영하여 구성원 의견파악 프로세스를 개선함으로써 지속적으로 구성원의 헌신과 만족도를 향상시킬 수 있는 인사정책을 수립할 수 있도록 하고 있다. 따라서, 구성원 의견조사는 확보, 개발, 활용, 평가보상 등 인적자원 관리 전체의 향후 추진방향을 결정하는 주요한 활동이라고 할 수 있다. 특히, 경영환경 변화에 따른 회사전략 변경 시에도 구성원 의견조사는 전략변화에 대한 구성원의 인식수준, 의견 등을 파악하여 인사전략 방향을 결정하는 주요 요인으로 활용하고 있다.

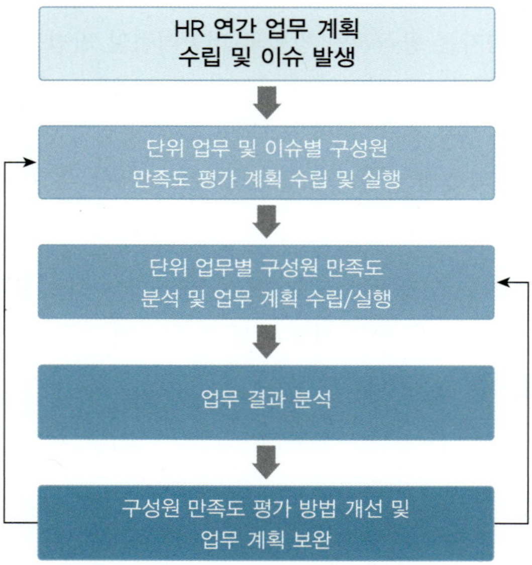

[그림 6-5] S사의 구성원 의견 파악 프로세스

출처: 한국표준협회, 국가품질상 우수사례, https://knqa.ksa.or.kr

- 다양한 인적자원 그룹의 요구사항 파악: S사는 확보, 개발, 활용, 평가보상 등 인적자원 관리 프로세스별로 다양한 구성원 의견조사를 시행하고 있다. 즉, 인사정책과 관련된 다양한 구성원을 대상으로 의견을 파악하고 인사정책에 반영함으로써 구성원의 헌신과 만족도를 향상시키고자 한다. 다음은 S사에서 시행한 인적자원 프로세스별 의견조사 사례이다.

〈표 6-1〉 S사의 구성원 의견조사 현황

인사프로세스		구성원 의견 조사	시행목적	비고
확보		① 조직별 충원요청 의견	Work Force Planning 검토	헌신
		② 개인별 이동관리 의견	개인별 경력개발 Needs 파악	헌신
개발		① 개인별 인력개발 의견	개인별 교육훈련 Needs 파악	헌신
		② 직속상사의 능력개발 계획	조직별 인력개발 Needs 파악	헌신
		③ 직책 승계계획 의견	핵심인재후보 파악 및 육성 연계	헌신
활용	조직개발	① 직책자 조직개발 인터뷰	전략연계 조직개발 종합 검토	헌신
	노사관계	① 현장직군 근로조건 설문	현장 의견수렴 및 고충처리	만족도
		② 노동조합 노사협의 안건	통합적 노사관계 운영	헌신
	조직문화	① 관리직군 GWP 설문	관리직군 동적요인 관리	만족도
		② 현장직군 HR/리더십 설문	현장직군 동적요인 관리	만족도
		③ 윤리경영 평가 설문	Code of Conducts 의식 제고	헌신
	퇴직	① 직속상사/인력팀장 면담	퇴직원인 파악 및 문제 해결	헌신
		② 퇴직자 의견조사	업무/리더 등 퇴직원인 의견수렴	만족도
평가보상		① 평가보상 개선의견 설문	성과관리 신뢰성, 수용성 제고	헌신
		② 직책자 주변 평가	직책자 리더십 개발	만족도
		③ 부하직원 상사평가	육성목적 수시성과관리	만족도

출처: 한국표준협회, 국가품질상 우수사례, https://knqa.ksa.or.kr

② 높은 성과의 조직문화의 형성과 동기부여 된 인적자원 육성을 위해 아래 사항들에 대하여 어떠한 노력을 기울이고 있는가?

- 부서 내/부서 간 협동, 효과적인 커뮤니케이션, 기술 공유
- 조직의 핵심경쟁력 활용
- 상사 및 관리자와 정보공유, 쌍방향 커뮤니케이션
- 개인목표 수립, 임파워먼트, 자발적 업무수행

- 업무환경 개선
- 직원들의 다양한 아이디어 제안

권한위임

두 번째로 살펴볼 세부항목은 높은 성과를 달성하는 조직문화의 형성과 동기 부여된 인적자원의 육성에 관한 사항이다. 커뮤니케이션의 활용과 핵심경쟁력의 파악과 공유 그리고 업무수행에 따른 개인별 목표 부여와 **권한위임**(임파워먼트)과 자발적인 업무수행 분위기 조성 등이 여기에서 점검할 사항이다. 조직의 문화와 분위기에 따라 조직의 구성원들은 다양한 아이디어를 제안하고 이를 발휘하여 성과향상에 기여하게 된다.

조직의 설계와 운영 측면에서 권한위임(임파워먼트)과 자발성의 독려는 혁신과 개선활동의 근간이 된다는 점에서 중요하다. 예를 들면, 권한위임 규정을 만들어 실행하기, 업무와 관련된 의사결정은 해당 업무를 담당하는 팀에서 책임지고 수행하게 하기, 자신의 직무와 관련된 의사결정에 직원을 참여시키기 등이 권한위임을 하기 위한 조치라고 하겠다.

또한 안전하고 쾌적한 업무환경을 조성하는 것은 구성원에 대한 인간적인 배려의 출발점이다. 구성원의 건강과 안전문제를 일으키는 문제에 대해서는 근본적인 원인부터 확인하고 점검하여 제거하여야 한다.

사례

S사의 커뮤니케이션 체계

- 구성원에 대한 커뮤니케이션 체계 : S사는 구성원의 커뮤니케이션을 통하여 성과중심의 조직문화를 구축하려 노력하여 왔다. 경영진은 회사의 비전과 미션 그리고 전략에 대하여 구성원과의 공감대를 형성하도록 하며, 구성원은 기업이 전략을 이해하고 이에 적합하게 업무를 수행하게 된다면 경영성과 달성을 위해 함께 한 방향으로 업무를 수행할 수 있게 된다는 점에 착안한 것이라고 하겠다. 이를 뒷받침하기 위한 S사의 공식적인 커뮤니케이션 체계는 경영진 하향식(top-down) 커뮤니케이션, 구성원 상향식(bottom-up) 커뮤니케이션 그리고 수평적(horizontal) 커뮤니케이션으로 구성되어 있다.

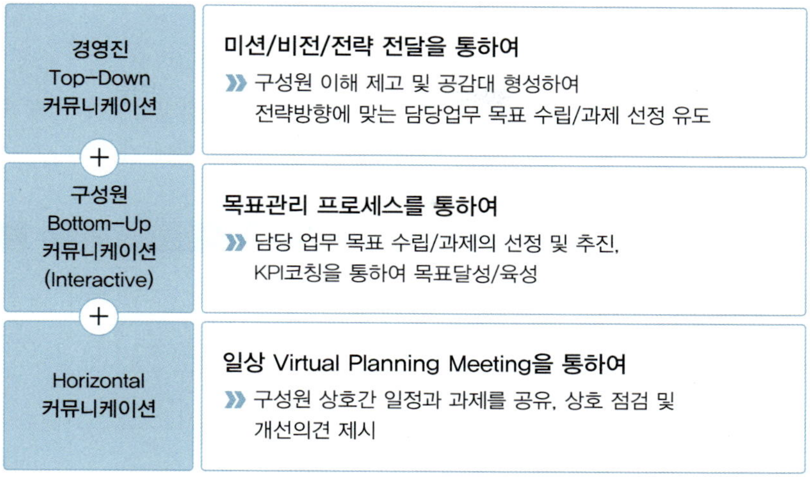

[그림 6-6] S사의 커뮤니케이션 체계

출처: 한국표준협회, 국가품질상 우수사례, https://knqa.ksa.or.kr

③ 성과관리시스템이 높은 업무성과와 인적자원 헌신을 어떻게 지원하고 있는가? 성과관리시스템이 인적자원에 대한 보수, 인정, 보상 및 인센티브에 어떻게 연계되고 있는가? 성과관리시스템이 조직의 고객 및 비즈니스 관점을 어떻게 강화하고, 조직의 실행계획 달성을 어떻게 촉진하고 있는가?

세 번째로 살펴볼 세부항목은 인적자원 성과관리시스템이다. 이는 세 가지 측면에서 검토되어야 한다.

- 성과관리시스템의 역할
- 성과관리시스템의 보수, 인정, 보상 및 인센티브와의 연계
- 성과관리시스템의 고객 및 비즈니스 관점 강화, 조직의 실행계획 달성 촉진

성과관리는 전략적 목적, 관리적 목적 그리고 개발적 목적의 중요성을 지니고 있다. 성과관리의 전략적 목적은 효과적인 성과관리를 통하여 조직이 사업목표를 달성하도록 도모하는 것이다. 성과관리의 관리적 목적이란 평가결과를 보수, 승진, 복리후생 등의 인적자원 관리제도에 적용하기 위한 것이라고 하겠다. 그리고 성과관리의 개발적 목적이란 구성원의 지식과 기술을 개발하고 발전시킨다는 인적자원

E사의 성과관리시스템

E사의 성과평가는 중장기 경영전략과 전서 목표를 부문/점, 팀, 업무, 개인 MBO에 이르기까지 정렬성을 유지하고자 노력한다. 성과관리는 경영전략의 실행 도구이자 피드백을 통한 평가 도구적 기능도 수행하도록 하여 경영전략 실행에 기여한다.

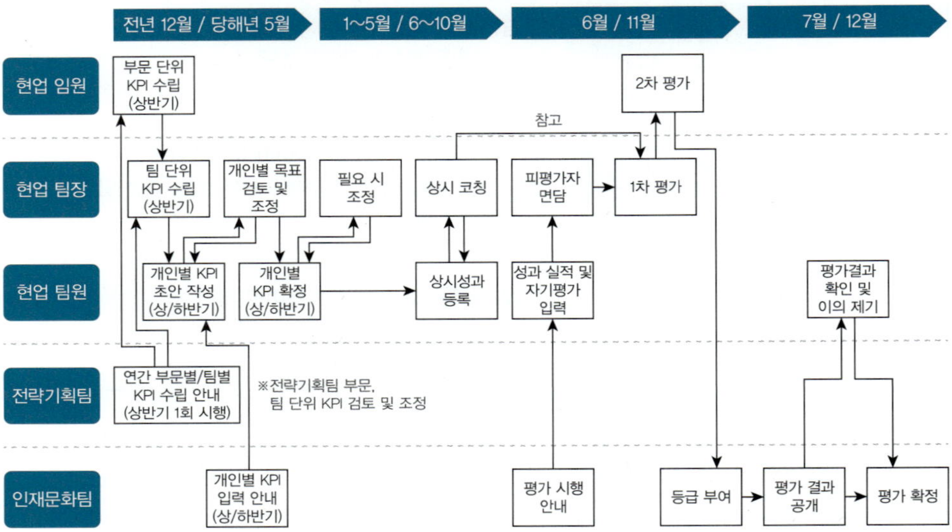

[그림 6-7] E사의 성과관리 운영체계

출처: 한국표준협회, 국가품질상 우수사례, https://knqa.ksa.or.kr

관리 본연의 목적에 해당된다.

'보수, 인정, 보상 및 인센티브 제도'는 성과, 기술, 자격 등의 요인에 의해 결정되는 승진과 보너스를 포함한다. 정부조직의 경우, 법이나 규정에 의해 보수체계가 정해져서 기관마다 비슷하다. 하지만 보상체계에는 경제적 보상과 비경제적 보상, 공식적 보상과 비공식적 보상, 개인적 보상과 집단적 보상, 포상시스템 등 다양한 형태가 존재하며, 따라서 보상체계 역시 기관마다 특징이 있다. 이는 성과관리의 관리적 목적에 해당한다.

(2) 인적자원 개발

① 인적자원 개발과 교육시스템이 아래 사항들과 관련하여 어떻게 이루어지고 있는가?

인적자원 개발

- 임직원에 대한 교육 및 개발의 필요성과 욕구 파악
- 장단기 관점에서 핵심역량, 전략목표, 실행계획의 달성
- 조직성과의 개선, 기술 변화, 혁신
- 교육, 훈련, 코칭, 멘토링, 직무 관련 경험 등을 포함한 다양한 개발 기회
- 이직근로자로부터의 지식 전수
- 새로운 직무지식 및 기술의 강화

첫 번째로 살펴볼 세부항목은 인적자원 개발 및 교육시스템이다. 인적자원은 어떠한 조직에서도 꼭 필요한 우수한 성과를 내기 위한 가장 중요한 무기라고 하겠다. 그러니 이를 개발하고 교육하는 것은 조직의 가장 중요한 전략과제가 아닐 수 없다. 인적자원 개발활동은 활동영역에 따라 교육, 훈련, 개발 등으로 구분되는데, 교육이 미래의 직무에 대한 준비를 위한 학습이라면 훈련은 현재의 직무와 관련된 학습이고 개발은 현재나 미래의 특정 직무에 관계없이 개인과 조직의 성장을 위한 학습이다.

인적자원의 개발(development)이란 장기간 지속적으로 개인 및 조직의 잠재능력을 개선시키는 것인데, 그 방법은 학습이며 그 결과는 향후에 수행하게 될 역할에 대한 준비를 할 수 있게 하는 것이라는 점에서 의의가 있다. 학습을 통하여 개발을 이끌어가는 과정이 필요하며, 조직의 미래상에 필요한 역량을 사전에 점검할 필요가 있겠다. 물론 교육, 훈련, 학습과 같은 다양한 학습경험이 인적자원 개발에 기여할 수 있다.

이를 위한 가장 기본적인 활동은 교육훈련인데, 그 필요성을 먼저 파악하고 그 목표에 부합되는 교육을 실시하여 성과를 평가하고 피드백하는 시스템적 접근이 필요하겠다. 결국 교육훈련의 결과도 성과관리 및 보상시스템으로 연계가 될 때에 의미가 있다.

사례

K사의 인적자원 역량 개발

인적자원 개발의 필요성과 요구사항의 분석을 위해 경영전략, 대내외 경영환경 등을 분석하고 조직 및 개인의 니즈를 분석하여 매년 연간 교육훈련 기본계획을 수립한다.
직원 스스로가 개인별 역량진단을 통해 교육계획을 설계하고, 이러한 개인별 교육계획은 회사 전체의 교육계획으로 통합되어 조정되어서 회사의 연간 교육계획으로 정리된다.

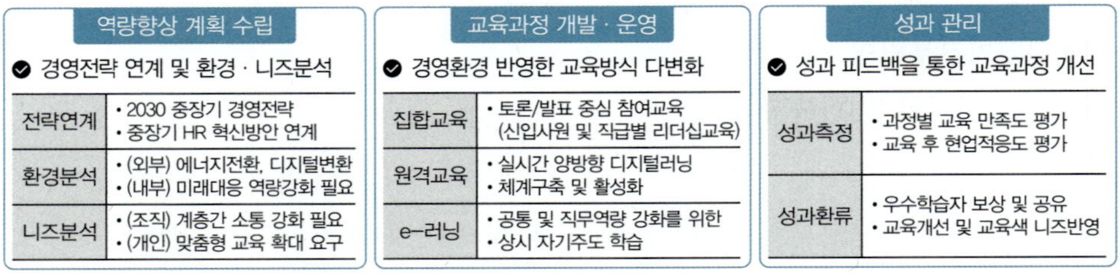

[그림 6–8] 니즈분석을 통한 역량개발 프로세스

출처: 한국표준협회, 국가품질상 우수사례, https://knqa.ksa.or.kr

② 리더에 대한 개발 및 교육시스템이 아래 사항들과 관련하여 어떻게 이루어지고 있는가?

- 개인 차원의 리더십 특성 개발
- 조직지식의 개발
- 윤리경영
- 장단기 관점에서 핵심역량, 전략목표, 실행계획의 달성
- 조직성과의 개선, 변화, 혁신
- 교육, 훈련, 코칭, 멘토링, 직무관련 경험 등을 포함한 다양한 개발 기회

두 번째로 살펴볼 세부항목은 리더 개발 및 교육시스템의 운영이다. 각 조직에서는 리더 개발과 육성의 필요성을 인식하고 이를 위해 중장기적 차원에서 조직지식의 개발, 윤리경영의 실천, 장단기 관점에서의 핵심역량의 정의와 발전 그리고 전략목표 달성을 위한 실행계획의 수립과 조직성과의 개선과 변화 그리고 혁신을 추진하기 위한 노력을 수행한다, 이는 앞서 살펴본 조직전략의 수립과 전개의 실천

이라고 하겠다. 또한 핵심적인 인적자원인 리더에 대한 교육, 훈련, 코칭, 멘토링 등 다양한 인적자원 개발 기회를 부여하고 이를 통해 보다 우수한 리더를 육성하고자 노력하는 것은 조직의 지속가능성을 담보하기 위한 중요한 사항이다. 이에 대해 〈표 6-2〉와 같이 실제 기업에서 실행하고 있는 제도와 실천 노력을 참조할 수 있다.

〈표 6-2〉 S사의 리더 개발 및 교육시스템의 추진 사례

구분	주요 내용
리더십 개발 특성	• 리더개발 체계의 구성: 인력팀 주관 리더육성교육, 팀장 주관 개인별 리더육성계획, 일을 통한 리더육성 등 실시 • 인력팀 주관 리더육성교육: 승진자 교육, 기업관교육, 윤리경영 교육 등을 실시 • 팀장 주관 개인별 리더육성계획
조직지식의 개발	• 조직지식 개발을 위한 학습성장 관점의 평가를 수행 • 학습성장 결과의 공유 대상을 확대하여 전사적인 학습 및 성장 체제 구축 노력
윤리경영	• 전 구성원에 대한 윤리경영 교육 실시 • 윤리경영관련 이슈 발생 시 규정 개정과 교육 실시 등 • 윤리경영교육 프로그램의 구성
장단기 관점에서의 리더의 핵심역량, 전략목표, 실행계획의 달성	• 구성원의 리더 육성 방침에 따라 리더를 육성하고 육성된 리더에게는 직책을 보임하고 경영목표 달성을 위한 핵심과제를 부여함 • 정기적으로 성과를 점검하고 인터뷰를 통해 실행계획 달성에 대한 이슈를 점검하고 개선하는 등의 활동을 수행함
조직성과의 개선, 변화, 혁신	• 전사적인 경영혁신 활동을 추진하고 이에 부합되는 KPI를 부여하고 평가하는 등 조직성과의 개선, 변화 및 혁신을 장려하고 점검함
직무별 특성을 고려한 다양한 경력개발	• 판매, 생산, 연구, 지원본부 등 각 본부별로 다양한 경력개발 기회를 제공함

출처: 한국표준협회, 국가품질상 우수사례, https://knqa.ksa.or.kr

③ 인적자원과 리더에 대한 개발 및 교육시스템의 성과를 어떻게 평가하고 있는가?

세 번째로 살펴볼 세부항목은 인적자원과 리더에 대한 개발 및 교육시스템의 성과 평가이다. 특히 개인의 경력계획을 수립하여 구성원이 스스로의 경력경로를 선택

인적자원과 리더

하고 궁극적으로 경력의 목표를 달성할 수 있도록 유도하는 체계적인 활동인 경력개발에 대해 관심을 기울일 필요가 있다. 리더의 경력개발을 위한 교육시스템을 수행한 결과에 대한 평가도 중장기적인 관점에서 실시할 필요가 있다. 경력개발시스템은 계획단계, 실행단계 그리고 통제단계로 구성되며 통제단계에서는 평가가 이루어져야 하며, 특히 실행단계에서 수행되는 교육훈련, 배치전환, 승진의 성과를 평가하고 피드백하는 활동이 포함된다.

리더는 조직에서 근무를 하는 과정에서 이동을 하고 새로운 직무도 맡게 되는데 그 과정에서 새로운 직무가 요구하는 직무역량에 대한 교육을 체계적으로 받도록 하는 교육시스템이 구축되어야 하고, 실제 교육의 성과는 어떠한지 평가되어야 한다. 교육훈련을 계획하고 실천하는 것과 아울러 이를 관련 인사제도와 통합하는 교육훈련시스템의 전략화를 통해 성과평가와 연계하는 것이 필요하다.

〈표 6-3〉 S사의 인적자원 리더에 대한 개발 및 교육시스템의 성과평가

구분	주요 내용
인적자원 리더 개발에 대한 성과평가	학습활동과 성장발전의 비중을 고려하여 성과평가를 실시하며, 사전에 기준을 명확히 제시하고 객관적인 평가를 위해 노력함
인적자원 리더 교육시스템에 대한 성과평가	연말 학습성장 평가 결과를 분석하고 그 성과를 평가하며, 인력개발 계획의 수립과 적용에 반영함

출처: 한국표준협회, 국가품질상 우수사례, https://knqa.ksa.or.kr

(3) 인적자원 헌신의 평가

인적자원 헌신

① 인적자원 헌신을 어떻게 평가하는가? 헌신의 대가로 무엇을 제공하는가? 어떠한 공식적 · 비공식적 방법과 측정도구를 사용해서 인적자원 헌신과 직원만족도를 평가하고 있는가? 이들 방법과 측정도구는 직급별, 부서별로 어떻게 활용되고 있는가? 인적자원 활용도를 높이기 위해 퇴직률, 결근율, 고충처리, 안전, 생산성 등 여러 지표들을 어떻게 관리하고 있는가?**

첫 번째로 살펴볼 세부항목은 인적자원 헌신 및 만족도 평가이다. 이는 다음과 같이 세 가지로 구분된다.

- 인적자원 헌신의 평가 및 대가 제공

- 구성원 만족도 평가 및 활용
- 인적자원 활용도를 높이기 위한 지표 관리

구성원들이 조직에 얼마나 만족하며 헌신적으로 일을 하는가에 대해서 평가하는 것은 구성원 관계관리 차원에서 중요하다. 직원들의 만족도와 헌신도(충성도)는 조

사례

D사의 인적자원 헌신의 평가

D보험회사는 인적자원 헌신에 대해 다음의 그림과 같이 성과 및 역량 평가체계를 구축하여 보상, 인정 인센티브를 지급하고 있다. 또한 성과 및 역량평가와 핵심가치 및 학습과 태도에 대한 평가를 포함하는 공식적인 평가제도와 인사파트의 현장모니터링, 고충상담처리 등과 같은 비공식적인 평가제도를 함께 운영하여 정량적인 요소뿐만 아니라 정성적인 요소도 고려하여 공정한 보상과 인정을 하려 노력하고 있고, 지속적인 개선 활동도 수행하고 있다는 점에서 모범적인 사례라고 하겠다.

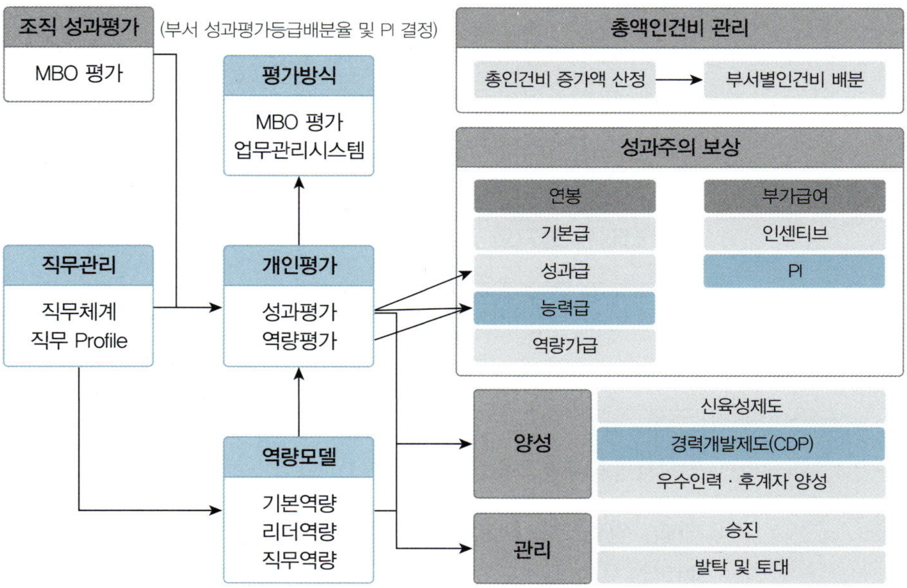

[그림 6-9] D사의 인적자원 헌신평가 방법

출처: 한국표준협회, 국가품질상 우수사례, https://knqa.ksa.or.kr

직의 성과에 긍정적인 영향을 이끌어 내는 중요한 요소이기 때문이다. 각 조직에서 구성원의 고충, 애로사항, 회사의 정책에 대한 불만 등을 조기에 찾아내고 적절히 해결하는 것은 복지 측면에서도 중요할 뿐만 아니라 구성원의 만족도와 헌신도를 높이는 데에도 필수적이다.

또한 구성원의 만족도, 복지, 동기유발에 대한 정보와 데이터를 체계적으로 수집하고 분석하여 업무 향상에 적용하는 것도 필요하다. 보수와 승진 등에 대한 만족도가 중요하지만, 이에 영향을 주는 다양한 요소에 대한 파악과 관리가 필요하다. 구성원의 만족도를 측정하기 위해서는 객관적인 방법으로 정기적으로 측정되어야 하며 그 결과는 피드백되어 실질적인 개선으로 연계되어야 의미 있는 평가라고 하겠다.

② 인적자원 헌신과 경영성과를 높일 수 있도록 인적자원 활용 평가의 결과를 경영성과 범주와 어떻게 연계시키고 있는가?

두 번째로 살펴볼 세부항목은 인적자원의 헌신과 경영성과의 연계이다. 경영성과와 직접 연계되는 지표를 설정하여 이를 관리하고 점검하는 전반적인 시스템을 구축할 필요가 있다. 예를 들면, 부가가치 지표와 인적자원 성과 관련 생산성 지표의 연계를 시도하는 등의 노력이 여기에 해당된다. 인적자원 활용도를 높이기 위한 지표관리의 결과가 경영성과로 어떻게 연계되는가에 대해서 조직에서는 관심을 갖고 파악하여 점검하고 관리할 필요가 있다.

6.2.2 인적자원 복지와 근무환경

> 조직이 인적자원의 잠재력과 수용능력을 어떻게 관리하고 있는지를 기술하시오.
> 인적자원의 안전과 지원적인 근무환경을 어떻게 유지하고 있는지를 기술하시오.

(1) 인적자원 잠재력과 수용능력

① 기술, 역량, 입사자격 등 인적자원에게 요구되는 잠재력과 수용능력을 어떻게 평가하고 있는가?

첫 번째로 살펴볼 세부항목은 인적자원 잠재력과 수용능력의 평가 방안이다.

'인적자원 잠재력'은 지식, 기술, 능력, 역량 등을 통해서 업무프로세스를 수행하는 조직의 능력을 말한다. 잠재력은 고객과의 관계를 구축하고 유지하는 능력, 새로운 기술을 혁신하고 신기술로 전환하는 능력, 신제품과 서비스, 업무프로세스를 개발하는 능력, 변화하는 사업환경 · 시장환경 · 법적환경을 충족하는 능력을 포함한다. '인적자원 수용능력'은 업무프로세스를 수행하기에 적합한 입사자를 확보하고, 계절적 수요 및 변화하는 수요 수준을 충족하는 능력을 포함하여 고객에게 제품과 서비스를 성공적으로 전달하는 조직의 능력을 말한다.

② 신입사원들을 어떻게 채용하고, 업무배치하며, 적응시키는가? 인적자원이 자신의 다양한 아이디어와 생각들을 표출하도록 어떻게 유도하는가?

두 번째로 살펴볼 세부항목은 신입사원의 선발 및 배치이다. 선발이란 모집활동을 통해 응모한 많은 지원자 중에서 조직이 필요로 하는 자질을 갖춘 사람을 선발하는 과정이다. 직무를 효과적으로 수행할 수 있는 인적 요건과 기술을 가진 사람에게 구성원의 자격을 부여하는 과정이라고 하겠다. 그리고 배치전환은 구성원을 한 직무에서 다른 직무로 수평이동을 하게 하는 것으로 경력개발 단계와도 연계된다. 조직에서 바른 채용을 통해 적합한 인재를 선발하여 적재적소에 배치하고 경력을 개발하여 역량을 높이도록 하고 그 과정에서 자발적으로 아이디어를 제시할 수 있도록 하는 것이 필요하다. 조직에서는 이에 대한 방안을 강구하고 관리하며 개선할 필요가 있다.

예를 들면, 신입사원의 조기정착을 위해서 멘토링제도를 운영하고 이를 통해서 신입사원이 잘 적응할 수 있도록 돕는 제도를 운영하는 것이 여기에 포함된다. 실제로 멘토링제도를 운영하여 신입사원으로부터 인사제도 등 회사와 관련된 다양한 개선의견을 제안받아 개선할 수 있다.

③ 조직 목표의 달성, 조직핵심역량으로의 인적자원 활용, 고객과 비즈니스 관점의 강화, 기대성과의 초과달성, 전사적 전략목표 및 실행계획 추진, 변화하는 경영요구에 신속한 대응을 위하여 인적자원을 어떻게 관리하고 조직하고 있는가?

세 번째로 살펴볼 세부항목은 목표달성을 위한 인적자원의 관리이다. 이는 전략목표의 수립에서 출발하여 조직개발 필요성을 검토하고 조직개발 계획을 수립한 후 인력운영계획을 수립하고 지원하여 업무를 수행하도록 하여, 성과관리와 보상 등 인사지원 및 개선을 수행하도록 하고 그 결과에 대해 성과를 점검하고 조직개발을 재검토하는 일련의 과정이라고 하겠다. 이 세부항목을 충족시키기 위해서는 이에 대한 체계적인 인적자원 관리 방안을 구축하고 활용하는 것을 점검하여야 한다.

④ 변화하는 인적자원 잠재력과 수용능력의 요구에 대응하기 위하여 인적자원 관리를 어떻게 하고 있는가? 업무연속성을 유지하고 인력감축을 예방하며, 인력감축의 부작용을 최소화하기 위해 인적자원관리를 어떻게 하고 있는가?

네 번째로 살펴볼 세부항목은 인적자원 잠재력 및 수용능력 변화 및 인력감축 부작용의 최소화 방안이다. 다소 어려운 상황에 직면하게 되면 조직은 이를 극복하기 위한 다양한 조치를 강구하고 그 가운데 몇 가지는 실행에 옮기게 되는데, 때로는 구조조정이나 인력 감축이 이에 해당된다. 이러한 경우에 부작용을 최소화하기 위한 방안을 사전적으로 준비할 필요가 있다는 점이 이 세부항목에서 점검할 사항이다. 실제로는 사업전략이나 산업환경의 변화에 따라 조직의 구조조정이 필요하게 될 경우가 있는데, 이러한 경우를 대비하는 전략의 사전적 준비와 실행방안에 대한 검토가 필요하다.

(2) 근무환경

근무환경

① 인적자원의 건강과 안전을 위하여 어떠한 노력을 기울이고 있는가? 근무환경 개선과 관련한 성과측정은 어떻게 하고 있으며 근무환경 개선의 목표치는 무엇인가? 근무환경과 관련된 이런 것들이 다른 조직과는 어떻게 다른가?

첫 번째로 살펴볼 세부항목은 직원의 안전과 근무환경 개선에 관한 사항이다. 이는 다음의 두 가지로 구분된다.

- 안전관리시스템의 운영
- 안전점검 및 근무환경의 개선

안전하고 쾌적한 업무환경의 제공은 구성원을 위한 조직의 가장 기본적인 책무라고 하겠으며, 근무환경의 정도를 평가하여 개선의 목표를 설정하여 관리하여 이를 객관화 할 필요가 있다. 예를 들면, 근무환경 개선을 위한 지속적인 투자로 쾌적한 근무환경 조성과 종업원 건강증진 및 생산성 향상에 기여하고 있으며 지속적인 사전예방 및 점검활동의 강화로 무재해 목표를 달성한 기업의 사례가 여기에 해당한다.

② 복리후생이나 인사서비스를 통해서 인적자원을 어떻게 지원하고 있는가? 직급별, 부서별, 계층별 차이에 따른 인적자원의 다양한 요구를 어떻게 충족시키고 있는가?

두 번째로 살펴볼 세부항목은 복리후생 및 인사서비스이다. 이는 다음의 두 가지로 구분할 수 있다.

- 복리후생 제도
- 인적자원의 다양한 요구 충족

사례

E사의 라이프 사이클 복지제도

E사는 입사부터 퇴직까지 모든 단계를 지원하는 라이프 사이클 복지제도를 운영한다. 입사, 결혼, 출산, 육아, 자녀(유치원, 초중고, 대학생, 결혼), 의료지원, 상, 정년퇴직에 이르는 라이프 사이클 복지제도가 시행되고 있다.

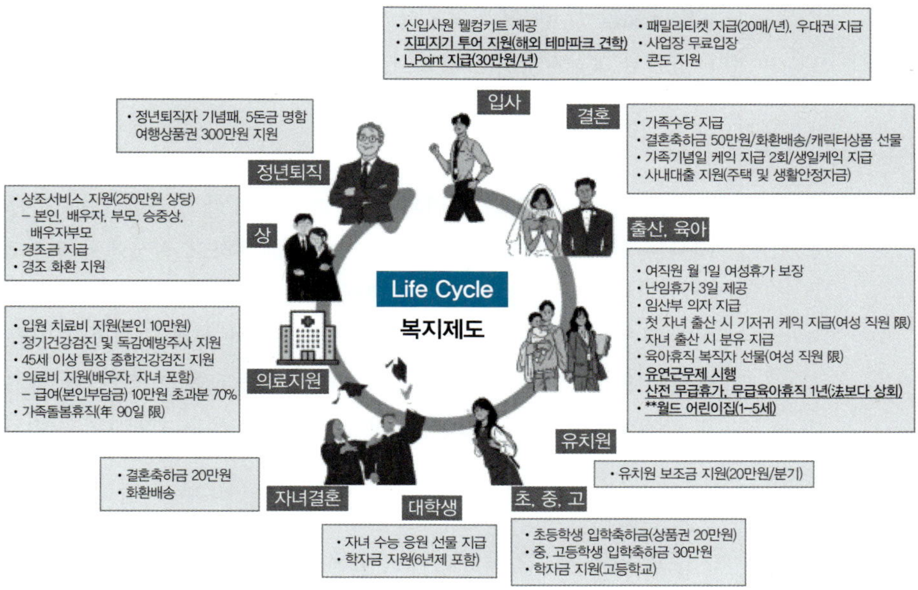

[그림 6-10] E사의 라이프 사이클 복지제도

출처: 한국표준협회, 국가품질상 우수사례, https://knqa.ksa.or.kr

구성원의 복지를 위한 프로그램은 매우 다양하고 일반적으로 거의 모든 기업들이 이 영역에 관하여 무엇이든 수행하고 있지만 중요한 것은 구성원들에게 제공되는 서비스, 시설, 기회의 범위와 깊이이다. 개별 구성원에게 적합한 것인가와 얼마나 다양화하고 있느냐는 차원도 검토되어야 할 것이다.

예를 들면, 이를 잘 수행하고 있는 기업에서는 복리후생 프로그램 설계 시 ① 정부 정책에 적극 동참하고, ② 사내 임직원들의 의견을 적극 반영하며, ③ 선진사의 복리후생 프로그램을 벤치마킹 하여 제공하고 있다. 또한 선제적으로 복리후생 프로그램을 도입/개선하여 구성원의 생산성 향상을 유도하고 있다. 또한 최근에는 기존에 분산되어 있던 복리후생 프로그램을 통합하여 선택적 복리후생 제도를 도입하고, 임직원의 근무만족도를 크게 향상시키려 노력하였고, 직장 내 어린이집 도입, 출산전후휴가 시 유급 휴가 10일 추가부여 등 선진기업 수준의 복리후생 프로그램을 제공하고 있다. 복리후생제도는 계층에 따라 합리적으로 적용되고 있다.

참고 — **MB상 수상 기준 질문: 인력**

* 미국 말콤볼드리지 국가품질상의 기준이 2025년에 전면 개편되어 시행된다.

인력

이 범주에서는 인력과 관련된 주요 과정에 대한 성과에 대해 묻습니다. 이 섹션에서는 인력 구성원을 참여시키고 개발/교육하고 직장에서 건강과 안전을 보장하기 위한 주요 과정의 성과에 대해 묻습니다. 요청된 결과는 인력 만족도, 참여, 이직률 및 결근 측정에 반영된 이러한 과정의 성과와 관련이 있습니다. 이 섹션에서는 또한 조직의 현재 및 미래 리더, 인력 교육, 안전 관련 사고 및 직장 건강 및 안전에 대한 추가 지표의 개발에 대해서도 묻습니다.

문맥 질문

- 주요 인력 세그먼트(예: 위치, 근로자 유형 등)를 포함하여 인력 프로필을 설명해 주세요.

결과 질문

모든 응답에는 5년간의 데이터와 관련 비교가 포함되어야 합니다. 5년간의 데이터와 관련 비교를 제공할 수 없는 경우 자세한 설명을 제공해야 합니다.

* 참고: 아래에 제시된 결과에는 주요 인력 부문에 대한 데이터가 포함되어야 합니다.

- 직원 만족도에 대한 설문조사 결과는 어떻습니까?
- 직원 참여에 대한 결과는 어떻습니까(예: 직원 설문 조사 결과)?
- 매출에 대한 결과는 어떻습니까?
- 결근에 대한 결과는 어떻습니까?
- 리더십 개발(현재 및 미래 리더)에 대한 결과는 무엇입니까?
- 인력 교육에 대한 결과는 어떻습니까(예: 역량, 성과, 경력 개발, 투자 수익 등)?
- 중대한 안전 관련 사고(에 대한 결과)는 무엇입니까?
- 직장 건강과 안전에 대한 추가 지표(예: 안전 감사 결과, 위험 상황 추적)에 대한 결과는 무엇입니까?

과정 질문

위의 결과와 관련된 다음 질문에 대한 응답은 MB상 수상 최종 후보자에게만 현장 방문 중에 평가됩니다.

- 직원 참여를 위한 주요 프로세스를 간략하게 설명해 주세요.
- 인력 개발 및 교육을 위한 주요 프로세스를 간략하게 설명해 주세요.
- 직장의 건강과 안전을 보장하기 위한 주요 프로세스를 간략하게 설명해 주세요.
- 위에서 공유한 프로세스 중에서 다른 조직이 배울 수 있는 모범 사례는 무엇이라고 생각하십니까?

출처: https://www.nist.gov/baldrige/baldrige-award/award-criteria

연·습·문·제

1. 관심 기업이나 조직을 선정하여 인적자원 관리의 특징을 설명해 보자.

2. 인적자원 헌신과 만족도 파악을 위해 관심 기업에서는 어떤 활동을 하고 있는지 설명해 보자.

3. 관심 기업에서는 부서내의 효과적인 커뮤니케이션을 위해 어떤 방법을 사용하고 있는지 알아 보자.

4. 관심 기업의 성과관리시스템의 특징에 대해 사례를 들어 설명해 보자.

5. 관심 기업의 근무환경, 복리후생 등 직원을 위한 제도에 대해 설명해 보자.

7 CHAPTER

측정, 분석 및 지식경영

학습 목표

- 성과의 측정과 평가 방안에 대해 공부한다.
- 성과의 분석, 검토 및 개선 프로세스에 대해 이해한다.
- 정보자원의 관리와 정보의 중요성을 인식한다.
- 데이터와 정보의 관리 방안을 이해한다.
- 지식경영 시스템의 운영과 활용 방안에 대해 공부한다.

사례

측정 없이 개선 없다

"측정 없이 개선 없다."는 격언이 있다. 아무리 중요한 것이라고 해도 그 좋고 나쁨이 측정이 안 되면 관리가 안 되고, 관리가 안 되면 개선도 되지 않는다는 뜻이다. 특정 조직이나 개인의 성과에 대해서도 마찬가지다. 성과가 측정이 안 되면 그에 따른 적절한 보상을 하기가 어렵고, 적절한 보상이 주어지지 않으면 좋은 성과를 내기 위해서 노력하지 않게 된다.

성과지표 선정 어려워

조직이나 개인성과의 좋고 나쁨을 측정하는 지표를 성과지표라고 한다. 적합한 성과지표의 개발과 관리는 성과관리의 출발점이라고 할 수 있으나, 적합한 성과지표를 개발하는 것이 생각만큼 쉽지가 않은 것이 문제다.

성과관리 발전의 흐름을 보면, 초기에는 기업의 경영성과를 나타내는 수익성, 성장성, 안정성 같은 재무지표를 중심으로 관리하는 관행이 있었다. 그러나 1980년대 들어 단기 재무제표, 특히 수익성 중심의 성과관리가 미국 기업 경쟁력 약화의 주요 원인 중 하나임이 밝혀졌다. 지배구조의 축인 다수의 소액 주주들은 주가에 영향이 큰 단기 수익성에 관심이 있었는데, 단기 수익성을 극대화하려면 장기적인 체질 강화에 도움이 되지만 단기 이익에는 저해되는 중장기적 투자 활동인 연구개발 투자, 시설 투자, 교육 투자 등은 모두 하지 않는 것이 유리하다. 미국 기업들의 경쟁력이 세계적 경쟁자들을 여유 있게 따돌리고 있을 때는 이런 관행이 별로 문제가 안 됐으나 1980년대에 그 격차가 줄어들자 이런 관행은 경쟁력에 치명적인 결함을 가져왔다. 그에 대한 반성으로 기업의 성과지표를 단기뿐만 아니라 중장기, 최종 결과인 재무성과뿐만 아니라 그것을 낳는 과정인 투입(사람, 원자재, 설비, 기술, 정보 등)과 업무 수행 과정 및 산출물, 주주뿐만 아니라 다른 핵심 이해

관계자인 직원과 고객에 관련된 성과지표들도 균형 있게 관리해야 한다는 균형성과지표(balanced score card: BSC)가 제시됐다.

BSC는 전통적인 중점사항이던 재무적 관점 외에도 고객, 내부 프로세스(과정), 학습 및 성장 관점을 포함해 네 가지 성과지표를 개발, 균형 있게 관리할 것을 주문한다. 조직 내부를 들여다보면 수많은 업무(프로세스)로 구성되어 있는데, 개별 업무단위에 대한 성과지표로는 QCDP(품질, 원가, 납기, 생산성)지표들이 많이 사용된다. 많은 기업들이 경쟁력 향상의 구호로 더 좋은 품질, 더 싼 가격, 더 빠른 업무를 내세우는데, 이것은 QCD(품질, 원가, 납기)를 잘하자는 것을 의미한다. 또 요즘 경쟁력의 핵심으로 가격 대비 성능인 '가성비'가 많이 언급되는데 이것은 Q/C를 의미한다.

성과지표, 측정성보다는 적합성이 우선

효과적인 성과관리를 위해서는 위와 같이 제시되는 여러 개의 대안적 성과지표 중 어느 지표가 가장 적절한 지표인지를 선정하는 것이 중요하다. 보통은 지표의 선택 기준으로 적합성과 측정성이 제시된다. 측정성은 측정가능성, 데이터 수집의 적시성, 측정비용 등 그 개념이 단순한 데 비해, 적합성은 추상적인 개념으로 다시 많은 세부기준이 제시된다. 여기에는 상위 목표나 전략과의 연계성, 지표의 중요성, 업무와의 인과관계 존재 및 통제가능성, 업무 전체에 대한 포괄성, 구체성, 성과 우열의 비교가능성, 명확성, 간결성, 왜곡행동 회피 등이 있다.

성과관리가 효과를 내기 위한 핵심은 측정성보다는 적합성이 우선해야 한다는 것이다. 여기서 왜곡행동 회피가능성은 성과지표 설계자들이나 경영자들이 매우 조심해야 하는 기준이다. 예를 들어 측정하기 쉽다는 이유로 적합성이 떨어지는 양을 성과지표로 설정하는 경우가 많다. 양적 지표를 목표로 설정하면 과잉 공급으로 재고가 쌓이거나 품질을 희생시킬 수 있다. 통제업무가 중심인 공공기관에 대해 고객만족도조사 결과를 평가지표로 활용한 경우가 있는데, 이는 결국 통제를 적게 해야 좋은 성적을 받게 되는 역효과를 초래한다.

많은 실패, 특히 공공부문의 정부실패는 적절하지 못한 성과지표를 운영하는 데서 발생하는 경우가 많다고 할 수 있다. 예를 들어 국제적으로 국내총생산(GDP) 대비 많은 자원을 투입해 세계 최고의 연구과제 성공률을 보이는데도 불구하고 과제의 사업화는 빈약한 결과를 보이는 국가 연구개발(R&D)도 적절한 성과지표 선정의 실패에 기인한다고 볼 수 있을 것이다.

최근 우리나라 공공부문도 실무직급까지 성과연봉제를 확산하는 문제로 내홍을 겪고 있다. 아마도 당사자들이 성과연봉제의 실행이나 확산을 반대하는 이유도 그것이 더 많은 노력을 유발한다는 부담 때문이기보다는 적절치 못한 성과지표를 가지고 밀어붙이는 상황에서, 자신이 좋은 평가를 받으려고 왜곡된 행동을 함으로써 발생할 수 있는 자존감 하락을 방지하기 위해서가 아닐까 짐작된다.

일반적으로 가장 적합성이 높은 지표는 기업의 경우 품질과 생산성, 행정 프로젝트의 경우는 결과(outcome)지표다. 품질은 산출물의 수요자인 고객 요구사항에의 적합도나 충족도를 의미하고, 생산성은 투입 대비 산출을 의미한다. 결과는 사업의 궁극적인 목적을 나타내주는 지표다. 인프라 같으면 인프라 건설 그 자체보다도 그 활용도와 활용효과를, 기술자금 같으면 개발된 신기술의 신상품 관련 특허나 논문보다는 그로 인한 산업화 정도를 의미할 수 있을 것이다.

질과 결과를 측정하는 핵심성과지표

그러나 성과관리의 비극은 원가, 투입, 일정, 산출량 같은 적합성이 떨어지는 지표들은 측정이 쉽고, 적합성이 높은 질과 결과 지표는 측정이 어렵다는 것이다. 결과적으로 많은 조직에서 부적합한 지표가 측정되고 관리되며, 적합한 지표는 측정이 어려워서 지표로 선정되지 못한다. 이로 인해 관리도 어려워진다. 역으로 성과관리의 성공을 위한 핵심은 측정이 어렵더라도 질과 결과 지표를 개발해 핵심성과지표(key performance indicator: KPI)로 설정하는 것이다. 이런 지표들의 개발은 좀 더 어렵거나, 측정시간이나 비용이 좀 더 걸릴 뿐이지 불가능한 것은 아니다.

1회성 프로젝트가 많은 행정업무는 결과지표의 개발과 관리가 더욱 중요하다. 측정에 시간이 더 걸린다면 프로젝트의 성과평가를 빨리 마무리하지 말고 모니터링기간을 더 길게 가지면 된다. 장관의 임기가 짧아서 모니터링할 책임자가 없다면 시스템으로 하면 된다.

리더의 평가철학이 조직문화의 방향타 역할

조직의 궁극적인 경쟁력 원천은 인재와 조직문화다. 일본의 오다 노부나가가 천하쟁패를 결정짓는 전쟁에서 승리한 뒤 도쿠가와 이에야스가 오다에게 물었다. "적이 지금 휴식을 취하고 있다는 정보를 가져온 갑, 적장과 목숨을 걸고 싸운 을, 마지막에 거들어서 목을 벤 병의 세 공신을 어떤 순서로 논공행상을 하려고 합니까?" 오다는 "내가 그것을 너에게 가르쳐준다면 나의 모든 것을 가르쳐 주는 것이 된다."고 답했다. 그의 순서는 갑, 을, 병이었다.

우리 기업들의 경영자들이라면 어떻게 했을까. 많은 한국의 직장인들에게 물어봤더니 가시적인 것을 선호하고, 결과 중시의 기업문화 때문에 병, 을, 갑이 될 것으로 기대했다. 결국 평가지표와 그에 따른 보상시스템이 구성원의 좋은 평가를 받기 위한 행동을 유도하고, 그런 행동들이 쌓이면 구성원들의 신념이 되고 가치가 되며 그 조직의 조직문화로 자리 잡는다.

출처: "측정없이 개선없다", http://news.hankyung.com/article/2017012001781?nv=o

7.1 측정, 분석 및 지식경영 이론

7.1.1 측정과 분석

대부분의 조직에서 탁월한 성과를 달성하기 위해서 성과의 측정과 정보의 관리에 관심을 기울인다. 또한 수많은 프로세스에서 성과의 측정이 수반되지 않는다면 그 프로세스가 유효한지 아닌지 알 수 없다. 프로세스의 과정척도와 결과척도를 모두 측정해야 한다.

성과측정

성과측정을 하려면 우선 성과척도와 데이터의 선정에 사용될 범주를 선정하여야 한다. 대개의 조직에서는 이러한 의사결정에 대해 중요하게 생각하지 않기에, 명확한 기준도 없이 그때그때 사정에 따라 설정된 기준에 따라 데이터를 수집하곤 한다. 보다 체계적인 접근하기 위해서는 반복적인 데이터 선정 프로세스와 명시적인 기준을 먼저 설정하는 것이 바람직하다.

여기에서 활용가능한 기준으로는 요구데이터와 실행가능한 데이터 등을 고려할 수 있다. 요구 데이터는 규제 기관, 정부 부처, 조직의 내외부 상위 조직이나 그룹, 조직의 정책, 산업표준 등에 의해서 요청되는 데이터이다. 그래서 이러한 특정한 데이터의 수집이 필요하다면 반드시 수집하여야 한다. 한편, 실행가능한 데이터는 이를 이용하여 조직이 수행한 행동을 이해하는데 도움이 되는 데이터이다.

보다 복합적인 데이터 선정기준으로는 앞에서 살펴본 두 가지 기준 이외에도 다음과 같은 몇 가지가 포함된다. 즉, 데이터는 온전하게 수집되어야 하며, 쉽게 수집되어야 하고, 데이터의 소유자와 조직에 의미가 있어야 하며, 데이터 사용자가 이해할 수 있어야 하고, 데이터의 수집 원천에서 가용하며 모니터링이 가능해야 한다. 비록 데이터 수집기준을 구체적으로 국가품질상 모델에서 규정하고 있지 않더라도 왜 그 데이터를 수집하여 활용하려 하는가라는 질문에 부합되도록 수집해야 한다.

조직의 경영진이 가진 여러 경영 화두 중에 "우리 조직의 현재 상황은 어떠한가?(As-Is)"와 "앞으로 우리 조직의 바람직한 미래 모습은 무엇일까?(To-Be)"는 성과측정과 밀접한 관계가 있다. 특히 전략적 변곡점에 도달한 경우에 어떤 의사결정을 경영진이 하느냐에 따라 조직의 존망이 결정되기도 한다. 그래서 현재 모습과 미래상에 대한 보다 정확한 측정과 분석이 필요한데, 그 기본은 데이터의 수집과 활용에 있다. 특히 4차 산업혁명 시대를 맞이하여 빅데이터의 수집과 분석이 보다 유용한 의사결정을 하는 데 도움을 줄 것으로 기대된다.

성과는 특정한 프로세스에 투입된 자원에 의해 만들어진 결과물을 의미하는데, 조직의 성과평가는 과거 경영에 대한 판단의 근거가 되는 동시에 미래 활동 계획의 근거가 되는 데이터가 된다는 점에서 중요하다.

측정이란 사물이나 행동의 현상을 관찰과 실험을 통해서 정량적, 정성적으로 표현하는 활동인데, 정의된 도구와 방법을 활용하여 활동의 결과를 나타낸다. 측정의 대상인 성과는 특성에 따라 정량적 성과와 정성적 성과로 분류된다. 측정

성공적인 성과관리체계를 구축하려면 경영활동을 통해서 발생한 데이터를 체계적으로 수집하고 저장하여 분석할 수 있는 인프라가 구비되어야 하며 체계적으로

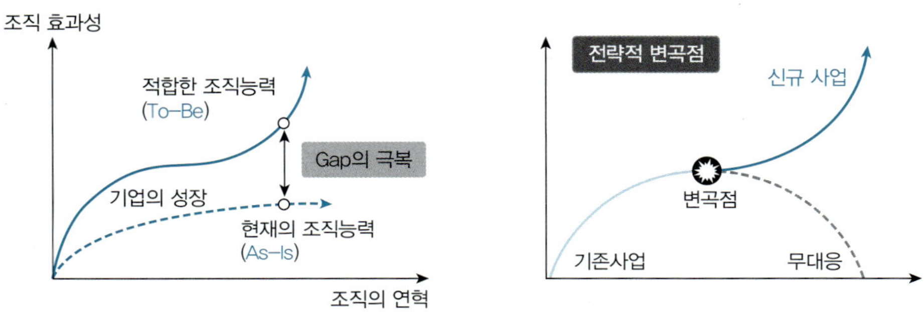

[그림 7-1] 현재 모습과 미래상의 격차(gap) 인식과 개선 방안

수집된 데이터의 전략적 분석을 통해서 의사결정이 이루어지는 시스템의 구축이 필요할 것이다. 대표적인 성과측정 및 평가시스템으로는 균형성과지표(balanced scorecard: BSC)가 있다. BSC는 조직의 전력으로부터 도출된 계량지표의 집합체이며, 스코어카드로 표현되는 성과지표체계는 조직의 전략 목표달성 여부와 목표달성을 위한 성과동인들을 조직 구성원들과 외부 이해관계자들에게 설명하는 유용한 도구로 활용되고 있다.

7.1.2 지식경영 이론

지식경영

미국에서 시작된 **지식경영**(knowledge management: KM)은 현대 조직 경영에 중요한 역할을 하고 있다. 널리 알려진 지식경영의 개념을 두 가지 살펴보면 다음과 같다. 첫째는 노나카(野中郁次郎) 교수의 정의로 그는 지식경영을 기업에서 구성원들이 갖고 있는 지식과 정보를 공유하고 새로운 지식을 창조하도록 장을 만들어 주는 것으로 정의했다. 둘째로 러글스(Ruggels)의 정의는 조직 내부 혹은 많은 경우 조직 외부에 있는 노하우, 경험, 판단을 활동적으로 레버리지(leverage)함으로써 가치를 더하거나 창조하는 접근이다. 최근에는 지식경영을 조직의 내부 지식을 자산으로 인식해 이를 효과적으로 관리하고 이를 지원할 수 있는 정보시스템의 활용 측면이나 고객 지향성을 강조하는 것처럼 지식경영의 영역이 확대되어 가고 있다. 특히 4차 산업혁명 시대를 맞이하여 지식경영의 중요성은 더욱 증대할 것으로 기대된다.

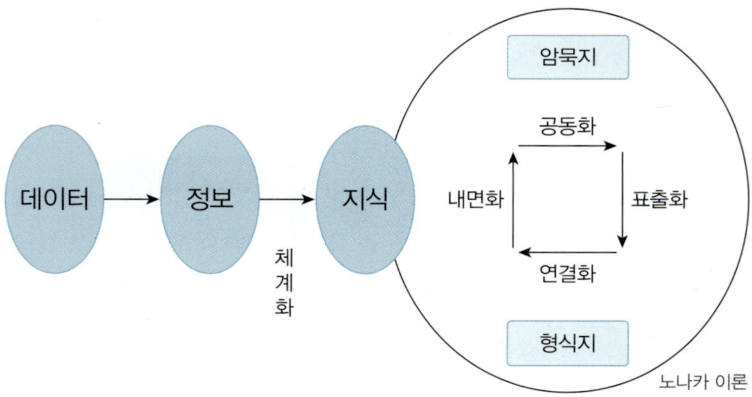

[그림 7-2] 지식창조 프로세스

지식경영은 기업의 경쟁력 강화와 핵심역량의 증대에 도움이 되며, 지식공유시스템을 통해서 지식이 기업의 자산으로서의 가치를 가지도록 돕는다. 지식경영은 지식의 창출과 지식관리라는 측면에서 지식을 공유하고 활용할 수 있는 구체적인 시스템을 제공하는 중요한 역할을 한다.

지식경영은 전체 조직의 관련 데이터를 기초로 하여 데이터를 정보로 전환하고 정보에서 지식을 창출하며, 새로운 지식을 획득하거나 공유함으로써 기업의 부가가치로 창출할 수 있도록 연결하는 활동이다. 따라서 지식경영은 기업이나 단체가 전체적으로 관련 지식 자원을 체계적으로 관리하고 조직의 학습효과를 최대화하여 학습조직의 프레임을 구축함으로써 지식기반 경영능력을 확충하고 지속적인 경쟁우위를 달성하도록 도움을 주는 것이다. 기업경영에서는 기업이나 단체의 지식경영체계를 확립하고 정착하기 위해서 지식담당임원(chief knowledge officer: CKO)을 지정하도록 권고하는 경우도 있다. 지식담당임원은 공동의 지식저장고를 관리해 지식경영의 효율성을 높이고 지식이 기업의 가장 중요한 자원이라는 사실을 인식하도록 조직 내의 지식을 총괄하는 역할을 수행한다는 점에서 필요하다. 그리고 지식담당임원은 구성원을 종업원을 지식근로자로 변화시키는 역할을 수행할 뿐만 아니라 지식문화 형성, 지식경영 프로세스 관리 등을 추진하고 관리한다.

조직에서 지식경영에 있어 우선 필요한 것은 지식의 획득이다. 지식은 일반적으로 개인의 경험과 노력에 의해 획득되며 개인 고유의 자산이라고 할 수 있지만, 이러한 지식을 공유하게 하려면 개인에게 동기를 부여해야 할 것이다. 지식의 획득과 공유의 방편으로 널리 사용되는 지식 마일리지 제도와 그 실적에 따른 보상시스템의 연계 등은 많은 조직에서 활용되고 있다. 지식경영의 성공을 위한 또 다른 요소는 지식의 품질 확보라고 하겠다. GIGO(garbage in, garbage out)와 같이 무분별하게 입력되는 가치 없는 지식과 정보는 시스템의 부하만 가중시키고 사용자를 혼란에 빠지게 한다. 따라서 전문가 또는 관리자에 의한 지식의 평가가 적절하게 이루어져야 필요한 지식의 확보가 가능할 것이다. 지식의 평가에는 전문가의 평가뿐만 아니라 때로는 사용자의 평가도 포함하여, 조회수, 검색수를 통해 가점을 부가하는 등의 방안을 활용할 수 있다.

한편, 지식관리시스템(knowledge management system)은 조직 구성원의 지식자산에 대한 자세, 조직의 지식평가와 보상체계, 지식공유 문화 등 조직 차원의 인프라와 통신 네트워크, 하드웨어, 각종 소프트웨어 및 도구 등 정보기술 차원의 인프라를 기본 전제로 하고 있다. 지식관리시스템은 지식베이스, 지식스키마, 지식 맵의 3가지 요소로 구성되어 있다. 지식베이스가 원시데이터를 저장하는 데이터베이스에 비유된다면 지식스키마는 원시데이터에 대한 메타데이터를 담고 있는 데이터사전 또는 데이터베이스스키마에 비유될 수 있다. 지식스키마 내에는 개별 지식의 유형, 중요도, 동의어, 주요 인덱스, 보안단계, 생성-조회-갱신-관리부서 정보등과 전사적인 지식분류체계 등의 내용이 들어 있다. 집을 지을 때 설계가 중요하듯이 지식관리시스템을 구축할 때에도 먼저 지식스키마가 잘 구축되어야만 향후 저장된 지식을 활용하거나 유지 · 보수하는 작업이 효율적으로 수행될 수 있다.

7.2 국가품질상 심사기준

미국의 볼드리지상을 기반으로 한 우리 나라의 국가품질상 심사기준에서는 측정, 분석 및 지식경영 범주를 다음과 같이 제시하고 있다.

「측정, 분석 및 지식경영」에서는 각 조직이 데이터, 정보 및 지식자산을 어떻게 선정, 수집, 분석, 관리 및 향상시키는지와 조직의 정보기술을 관리하는지를 평가한다. 이 부분에서는 조직이 이것을 어떻게 검토하고 조직의 성과를 향상 시킬 수 있도록 이용하는가를 평가한다.

측정, 분석 및 지식경영 범주의 세부평가항목은 다음과 같다.

7.2.1 측정, 분석 및 조직성과의 개선
(1) 성과의 측정
(2) 성과의 분석, 검토 및 개선

7.2.2 정보, 정보기술 및 지식의 관리
(1) 정보자원의 관리
(2) 데이터, 정보 및 지식의 관리

세부평가항목에 대한 설명은 다음과 같다.

7.2.1 측정, 분석 및 조직성과의 개선

조직이 조직의 모든 계층과 부분의 데이터와 정보를 이용하여 조직의 성과를 어떻게 측정, 분석, 조정(정렬), 검토, 및 개선을 할지를 기술하시오. 프로세스를 평가하고 향상시키기 위하여 검토의 결과를 어떻게 체계적으로 활용할 것인가에 대해 기술하시오.

(1) 성과의 측정

성과의 측정

① 전략적 목표와 실행계획에 관련된 프로세스를 포함하여, 일상적 운영과 조직의 전반적인 성과를 알기 위하여 데이터와 정보를 어떻게 선정, 수집, 정렬 및 통합 하는가? 장단기 재무적 측정을 포함한 주요 조직의 측정 요소는 무엇인가? 이러한 측정을 주기적으로 조사하는가? 이러한 데이터와 정보를 조직의 의사결정과 혁신에 어떻게 이용할 것인가?

첫 번째로 살펴볼 세부항목은 성과정보의 선정, 수집, 정렬 및 통합이다. 그 내용은 다음과 같이 세 가지로 구분된다.

- 주요 성과정보의 선정 및 정렬성 확보: 주요 성과정보의 선정 원리로는 ① 다양한 측면과 관점을 고려하여 선정, ② 성과의 원인도 선정, ③ 기업 내부 및 외부의 관점을 함께 포괄, ④ 핵심 항목 위주로 선정 등이 있으니 이에 주의하여야 한다. 그리고 핵심정보는 비전 및 전략과 정렬성을 가져야 한다.
- 핵심성과지표(KPI)의 확정: 전략 목표를 달성하기 위한 활동의 성과를 측정하는 지표로서, 성과도출 여부를 민감하게 측정하고 관리하는 주요 지표이다. 핵심성과지표는 조직의 특성에 따라 다르지만 직원만족도, 고객불만도, 사고발생률, 1인당 매출액, 교육시간, 불량률 및 가동률 등이 포함될 수 있다.
- 선정된 성과정보의 수집, 측정, 활용: 핵심정보와 비교정보를 선정하여 수집하고 분석하여 활용하는 전반적인 체계는 다음의 예시와 같이 지식관리와 성과평가가 적절히 연계되어야 한다.

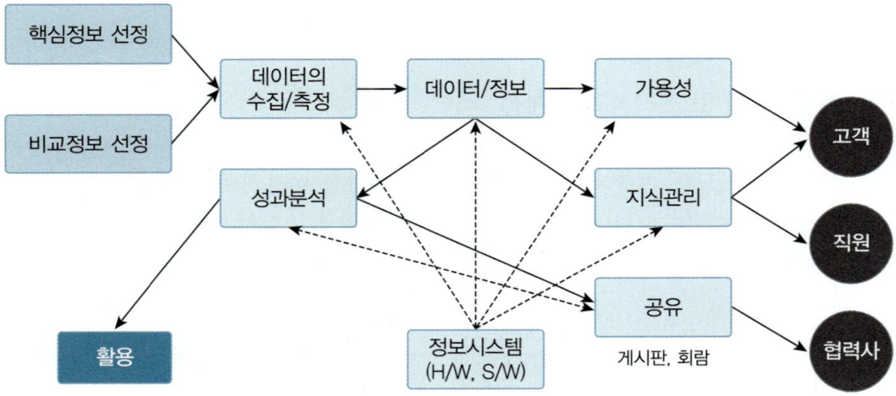

[그림 7-3] 정보와 분석의 전반적인 체계도의 예시

아울러 기업의 니즈와 방향성에 적합하게 정보를 수집하고 측정하는 방법을 확인하여야 한다. 이때 고려할 사항은 신속성, 완비성, 정확성, 새로운 정보 기술의 활용 정도 등이다.

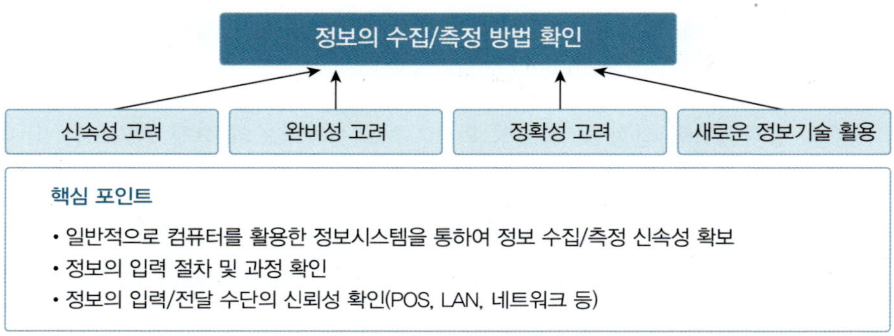

[그림 7-4] 성과측정 시스템의 개선

사례

성과의 측정: S사의 전사 성과관리 프로세스

S사는 미션 및 비전의 성공적 달성을 위해 수립된 단/중장기 전략을 전사 KPI와 연계하고 이를 본부에서 개인까지 정렬하여 관리하고 있다. 이렇게 선정된 전사 KPI는 성과측정 및 격차(gap) 분석을 통하여 이를 조기에 따라잡는(catch-up) 조기경보(early warning) 성과관리 프로세스로 관리된다. 주요 이슈는 월간 경영성과 회의 등 주요 회의체의 안건으로 다루어 발생하는 즉시 공유 및 조기에 개선 활동이 이루어지도록 운영하고 있다. 이렇게 측정된 조직의 성과는 평가 및 보상과 연계되며, 프로세스 개선을 위한 자료로 활용된다.

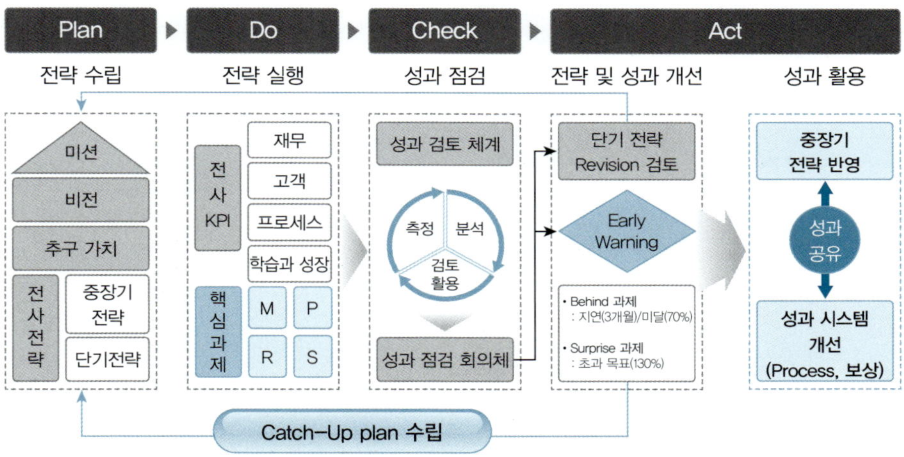

[그림 7-5] S사의 전사 성과관리 프로세스

출처: 한국표준협회, 국가품질경영상 중견기업부문 현황설명서

사례

성과의 측정: S사의 핵심성과지표(KPI)의 확정 방안

S사에서는 경영방침을 반영하여 전략지도(strategy map)을 구성하고 이에 따른 핵심성과지표를 BSC 관점에 따라 선정하여 관리하고 있다. 재무적 관점에서는 전사매출액과 법인세 이자 감가상각비 차감 전 영업이익(earnings before interest, taxes, depreciation and amortization: EBITDA), 고객 관점에서는 전략제품 매출액, 신제품 매출액 등을 선정하여 관리하고 있으며, 프로세스 관점에서는 Q-Cost(claim cost rate), 수율 등을 선정하여 관리하며, 학습과 성장 관점에서는 구성원 역량 강화와 사회공헌 활동지수 등을 선정하여 관리하고 있다. 각각의 핵심성과지표는 각각 판매본부, 공장장, 연구소, 경영지원, 해외공장 등 각 본부로 할당되어 관리된다.

〈표 7-1〉 S사의 주요 전사 KPI 선정 방안 예시

<table>
<tr><th>Dimension</th><th>전사 KPI: 각 본부로 Assingning</th><th>판매
본부</th><th>공장장</th><th>연구소</th><th>경영
지원</th><th>소주
공장</th></tr>
<tr><td rowspan="2">Finance</td><td>전사매출액</td><td>25%</td><td>10%</td><td>10%</td><td>10%</td><td>10%</td></tr>
<tr><td>전사 EBITDA</td><td>20%</td><td>10%</td><td>10%</td><td>10%</td><td>10%</td></tr>
<tr><td rowspan="5">Customer</td><td>전략제품 매출액</td><td>10%</td><td>10%</td><td>5%</td><td></td><td></td></tr>
<tr><td>신제품 매출액(판매본부)</td><td>10%</td><td rowspan="2">5%</td><td rowspan="2">20%</td><td></td><td></td></tr>
<tr><td>신제품 매출액(Marketing)</td><td></td><td>10%</td><td></td></tr>
<tr><td>전략고객 매출액</td><td>10%</td><td></td><td></td><td></td><td></td></tr>
<tr><td>신규고객 매출액</td><td>10%</td><td></td><td></td><td></td><td></td></tr>
<tr><td rowspan="8">Process</td><td>저가 BF 사용 비율</td><td></td><td>10%</td><td></td><td>10%</td><td>25%</td></tr>
<tr><td>제조원가 절감금액</td><td></td><td>5%</td><td></td><td></td><td>15%</td></tr>
<tr><td>원자재 구매비용 절감금액</td><td></td><td></td><td></td><td>15%</td><td></td></tr>
<tr><td>Q-COST(Claim Cost Rate)</td><td></td><td>10%</td><td></td><td></td><td></td></tr>
<tr><td>중국공장 생산능력</td><td></td><td>5%</td><td></td><td>5%</td><td>25%</td></tr>
<tr><td>신규제품 개발완료 건수</td><td></td><td></td><td>15%</td><td></td><td></td></tr>
<tr><td>신사업기반확보 진척도</td><td></td><td></td><td>10%</td><td>10%</td><td></td></tr>
<tr><td>전사품질 진단점수</td><td>5%</td><td>5%</td><td>5%</td><td>10%</td><td>5%</td></tr>
<tr><td rowspan="3">Learning
&
Growth</td><td>구성원 역량강화</td><td></td><td>5%</td><td>5%</td><td>10%</td><td></td></tr>
<tr><td>사회공헌 활동지수</td><td>5%</td><td>5%</td><td>5%</td><td>5%</td><td>5%</td></tr>
<tr><td>안전지수</td><td>5%</td><td>5%</td><td>5%</td><td>5%</td><td>5%</td></tr>
</table>

출처: 한국표준협회, 국가품질경영상 중견기업부문 현황설명서

이렇게 선정된 성과정보는 수집 및 측정을 거쳐 활용으로 연계되는데, 경영활동에 대한 내부 시스템 및 각종 데이터와 외부 채널을 통해서 수집된 경영성과 정보를 종합 반영하여 주기적으로 측정하고 분석한다. 핵심성과 가운데 재무 및 시장 관련 지표는 SAP의 데이터를 활용하고, 운영 관련 지표는 제조실행시스템(manufacturing execution system: MES) 및 공통서버를 활용하여 관련 데이터를 수집하게 된다. 경쟁사 정보 등 내부 시스템으로는 수집이 어려운 데이터는 외부에서 오프라인으로 수집하여 관리한다. 이렇게 수집된 데이터는 자체 구축한 HR IT 시스템을 통하여 관리되고 있고, 매월 달성도에 대한 피드백을 통해 조직 및 개인의 성과관리를 수행되며, 그 결과는 주주사와 공유되고 본부, 팀, 개인의 성과에 연계되어 관리된다.

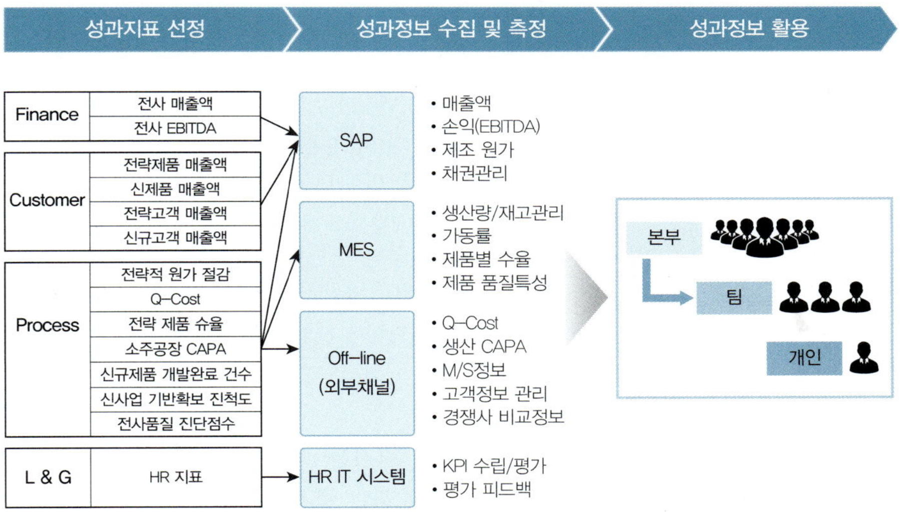

[그림 7-6] S사의 성과정보의 수집, 측정 및 활용 방안 예시

출처: 한국표준협회, 국가품질경영상 중견기업부문 현황설명서

② 일상적 및 전략적 의사결정과 혁신을 지원하기 위하여 주요 비교 데이터와 정보(고객정보 포함)를 어떻게 선정하고 효율적으로 사용할 것인가?

두 번째로 살펴볼 세부항목은 주요 비교데이터와 정보의 선정 및 활용이다. 조직에서는 핵심 비교데이터를 수집하고 선택하며 활용한다. 높은 성과를 달성하는 조직은 대개 비교 분석을 일상적으로 면밀히 수행한다. 조직 차원의 의사결정을 할 때에 비교데이터를 전반적으로 이용하며 특히 가장 높은 성과를 달성한 조직 대비 자사의 포지션도 면밀히 분석한다. 이렇게 일상적으로 일종의 벤치마킹을 수행한다. 그렇지만 실질적으로는 벤치마킹을 하기 어려운 경우도 있으나 가장 중요한 것은 조직의 성공을 위하여 벤치마킹을 활용할 필요가 있다는 점이다.

한편, 주요 비교 정보의 수집 방법은 다음과 같다. 여기에는 정보원의 탐색, 정보수집 준비, 현지 방문 등이 포함된다. 최근에는 SNS로 수집되는 빅데이터 분석 등도 포함될 수 있겠다.

〈표 7-2〉 비교정보의 수집 방법 예시

구분	수집 방법
정보원(대상 회사) 탐색	• 내부: 도서관, 정보센터, 온라인 정보시스템 • 외부: 학회, 세미나, 강의, 전시회, 웹사이트 활용 • 직접: 벤치마킹 대상 회사에 직접 메일이나 전화로 실시
정보수집 준비	• 미리 질문내용을 준비하여 대상 회사별 질문의 일관성 유지 • 질문을 미리 대상 회사에 보냄
현지 방문	• 벤치마킹 파트너와 접촉 • 일정 준비 • 현지방문 팀원(3~4명)의 역할 배정: Presenter/질문 준비/기록/지원
현지방문 보고서 작성	• 방문 당일에 작성

벤치마킹을 통해 상대적인 위치를 파악하고 격차(gap)를 파악하고 분석하도록 한다. 이러한 과정을 거쳐서 개선과 혁신의 추진력을 확보하고 프로세스 성과에 대한 이해도를 제고하며, 핵심역량, 제휴 및 아웃소싱 등에 관한 분석과 의사결정을 하는 데에도 활용할 수 있다.

예를 들면, 전략적 의사결정 및 혁신을 추진하기 위해 경쟁사 경보 및 선진사 벤치마킹 정보를 다양한 경로를 통해 수집하여 이를 의사결정에 적극 활용하고 있다. 경쟁사 경보의 경우 분기별로 전자공시된 사업보고서와 더불어 경쟁사 재무실적 정보, 투자정보, 사업정보 등을 수집하고 분석한다. 그 외 고객사 정보나 기술정보, 시장정보 등은 국내외에서 진행되는 세미나 전시회, 교육 등에 구성원들이 참여하여 직접 수집할 수 있다. 이렇게 수집된 정보는 그룹웨어 내 '전략정보 게시판'에 관리되며, 권한을 가진 구성원이면 누구나 등록, 열람이 가능하다. 이렇게 수집된 경쟁사 및 선진사 정보는 재무 측면, 생산 측면, 현금보유 및 유동성 측면, 투자 측면에서 정보화 하여 공유 및 의사결정에 활용되고 있다.

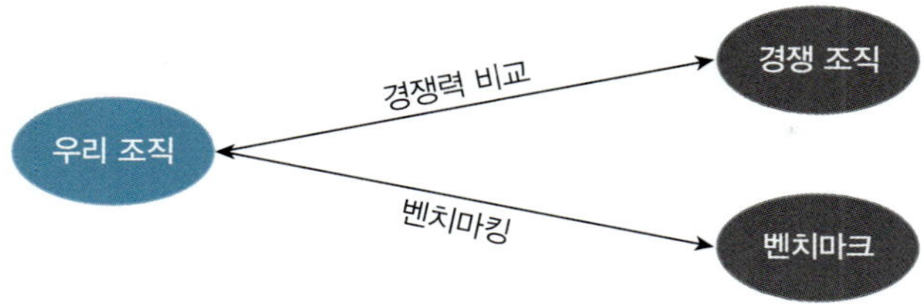

[그림 7-7] 비교 정보의 활용 방안

③ 성과측정시스템을 사업의 요구와 방향에 맞게 어떻게 유지할 것인가? 조직의 성과측정시스템이 급변하고 예상치 못한 조직 내외부의 변화에 빠르고 잘 대응하게 할 수 있는지를 포함하시오.

세 번째로 살펴볼 세부항목은 **성과측정시스템**의 유지와 변화에 관한 사항이다. 조직의 비전 달성을 위한 경영전략의 변화가 없는 한 전사 및 조직의 핵심 성과지표와 실행과제는 중장기 계획에 맞춰 유지된다. 다만, 경영환경 변화에 유기적으로 대응하기 위해서 경영전략을 수정하거나 변경하게 될 경우에는 개편되는 전략 체계에 부합되게 조직의 성과측정시스템도 개선되고 재정비되어야 할 필요가 있다.

성과측정시스템

사례

S사의 성과측정시스템의 유지와 변화를 위한 조치

S사에서는 회사 설립 초기부터 현재까지 KPI시스템의 운영을 통해서 조직의 성과를 측정하여 왔다. 특히 전사차원의 성과관리 강화 및 사업 요구방향을 반영하여 전사 KPI를 재구축하는 것을 계기로 다음의 그림과 같이 전사 KPI의 변경 체제를 정비하여 운영하고 있다. KPI시스템 운영 프로세스는 모두 4단계로 구성된다. 이는 ① 중장기 전략과 비전 달성을 위한 전사 KPI 수립, ② 성과점검 회의체를 통한 월별 정기점검 실시, ③ 환경변화에 대응하기 위한 목표의 조정 및 경영위원회의 검토 수행, ④ CEO의 승인에 의한 KPI 재설계와 연계조직 KPI 및 핵심과제 변경 반영 등의 사이클로 유지와 변화를 체계적으로 수행한다.

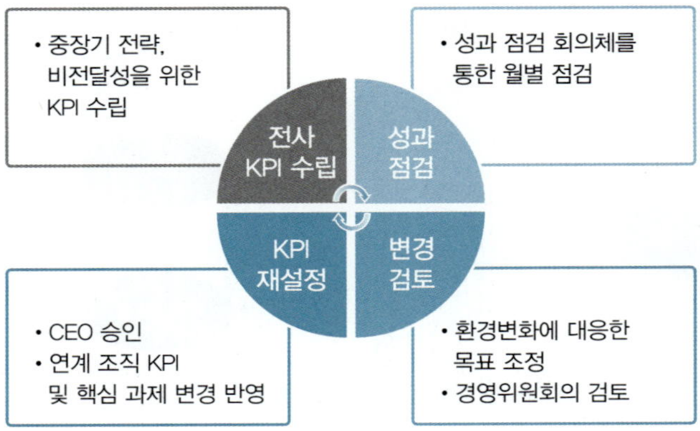

[그림 7-8] S사의 전사 KPI 변경 체계

출처: 한국표준협회, 국가품질경영상 중견기업부문 현황설명서

④ 조직 내의 준법감시조직은 어떻게 조직의 성과 검토를 수행하고 있는가?

네 번째로 살펴볼 세부항목은 준법감시 조직의 조직성과 검토 수행 여부이다. 이를 수행하는 방안으로는 성과지표 관리부서에서 운영하는 성과지표에 대하여 성과지표 총괄부서에서 중간평가, 잠정평가 및 확정평가를 시행하여 실적을 점검하고 평가하는 방안이 있다. 성과평가 관리부서에서는 객관적인 지표관리를 위하여 지표평가 시에 외부위원의 참여를 활성화 하고, 성과지표 총괄부서가 평가결과를 집계하고 확정하는 단계에서 외부전문가의 심사를 거쳐서 평가의 객관성을 확보하는 방안도 적용할 수 있다.

(2) 성과의 분석, 검토 및 개선

① 조직의 성과와 능력을 어떻게 검토하는가? 이러한 검토를 뒷받침 하고 내려진 결론이 유효한지를 확인하기 위하여 경영진은 어떠한 분석을 실시하는가? 조직의 성공, 경쟁 우위적 성과, 전략적 목표와 실행계획에 관련된 진행사항을 알아보기 위해 경영진은 이러한 검토를 어떻게 이용하는가? 이러한 검토를 이용해서 변하는 조직의 필요성과 사업 환경에서의 도전에 민첩하게 대응할 수 있는 조직의 능력을 어떻게 알아낼 수 있는가?

첫 번째로 살펴볼 세부항목은 조직성과의 분석과 활용이다. 그 내용은 다음과 같이

사례

S사의 성과검토 수행 방법

S사는 대표이사 및 임원진이 참석하여 성과지표를 점검하는 다양한 회의체를 운영하며, 이를 통해 전사 KPI 및 핵심과제, R&BD과제 등 전략 달성을 위해 선정한 핵심지표를 주기적으로 관리하고 있다.

〈표 7-3〉 S사의 전사 성과점검 회의체

회의체	주기	운영목적	성과 점검 지표	비고
Grobal Leadership C/M	분기	• 상반기: 전사 KPI/핵심과제 점검 및 하반기 계획 수립 • 하반기: 차년도 경영계획 및 중장기 전략 검토 • 경영진 혁신 기회 센싱 및 추진(4월/10월, 임원)	• 전사 KPI • 핵심과제달성용	비전달성을 위한 연도/중장기 전략 전사/본부 혁신과제
월간경영 성과 회의	월간	• 월간 전사 KPI 성과점검 • Finance 실적 • S&OP • 부분 별 주요 Activity 공유(MPRS)	• 전사 KPI	Routine 성과점검
MPRS 회의/ MPRS 손익분석 회의	주간/ 월간	• 주간: Activity/Issue 공유 • 월간: 사업군별 손익 상세 분석 및 Catch-up 방안 수립	• 사업군별 손익분석	제품/고객 별 분석 (매출/GP)
핵심과제	월간/ 분기	• 월간 - 전사 과제 진척도 - 월간 점검 과제/ 미진과제 • 분기 - 전사 과제 진척도 - 전체 과제 점검	• 과제 진척도 • 과제 KPI	연도 전략 달성
R & BD	월간/ 분기	• 월간 - R&BD 과제 진척도 - 월간 점검 과제/미진과제 • 분기 - 내/외부 환경 분석 - R&BD 과제 진척도 - 전체 과제 점검	• 과제 진척도 • 과제 KPI	중장기 전략 달성
전사품질 추진 회의	월간	전사품질 추진 실적 점검 및 추진	• 추진 진척도	

출처: 한국표준협회, 국가품질경영상 중견기업부문 현황설명서

세 가지로 구분된다.

- 조직의 성과검토: 조직의 성과와 능력의 검토는 정기적인 성과점검 회의체의 운영 및 정기보고 등을 통해 실적을 점검하고 부진지표에 대한 대책을 수립하는 등의 활동을 수행하게 된다.
- 조직의 성과분석: 경영성과와 경영정보의 분석 결과를 토대로 피드백을 전개하고 업무프로세스를 개선하여 조직의 성과향상에 기여하도록 한다. 성과에 따른 보상체계를 확립하여 성과 중심의 조직문화를 구축하고 전략실행력을 제고하도록 한다.
- 조직의 성과검토 활용: 성과분석 결과를 면밀히 검토하여 부진지표를 확인하여 부진사유를 분석한 후에 해결방안을 마련하고자 노력한다. 부진원인 통제가능 여부를 분석하여 통제불가능한 요인에 대해서는 추후 이를 반영하여 지표 및 목표를 수정한다. 그렇지만 원인 통제가능요인에 대해서는 환경분석 및 외부자문 등의 수행하여 대책을 수립하고 이를 적용하기 위한 주요 프로세스의 개선활동을 수행하여 성과향상을 도모한다.

사례

S사의 조직의 성과분석과 활용

- 조직의 성과검토: S사는 주기적으로 운영하는 다양한 회의체를 통해 조직의 성과를 다각도로 점검하고 평가하고 있다. 이러한 회의체를 통해 전사 KPI로부터 핵심과제, 차세대 먹거리를 발굴하는 R&BD까지 다양한 성과지표를 주기적으로 점검하고 있으며, 주요 과제의 달성률을 높이도록 견인하고 있다.
- 조직의 성과분석: 중장기 전략 및 연도 경영계획과 연계된 KPI는 목표 대비 달성률과 실적의 추세를 반영하여 조직성과를 분석하고 있다. 조직의 내부 성과와 더불어 외부 경쟁 정보인 경쟁사 및 선진사의 성과를 함께 비교, 분석하여 조직성과에 대한 객관성을 확보하고 있다. 이러한 과정을 통한 Gap 분석의 결과는 관련 회의체를 통해 공유된다.
- 조직의 성과검토 활용: 경영진은 다양한 각도로 분석된 조직의 성과를 바탕으로 차년도 및 중장기 전략을 종합적으로 재검토하여 당사의 성과 증대 및 경쟁 우위 확보, 개선 방안을 지속적으로 모색한다. 특히 Gap 분석 결과, 3개월 이상 계획 대비 실적이 부진하거나, 목표와의 Gap이 30%이상 발생된 과제에 대해서 조기경보(early warning) 시스템을 통해 개선(catch-up)이 되도록 특별 관리하여 반드시 목표를 달성할 수 있도록 하고 있

다. 이러한 성과는 HR(인적자원 관리) IT 시스템에 조직 및 개인의 평가 결과로 입력하여 조직 및 인력의 성과 관리를 위한 자료로 활용되며, 관련 팀에서는 조직 및 개인의 능력을 가늠하고 육성하는 자료로 활용한다. 이상의 과정을 정리하면 다음의 그림과 같다.

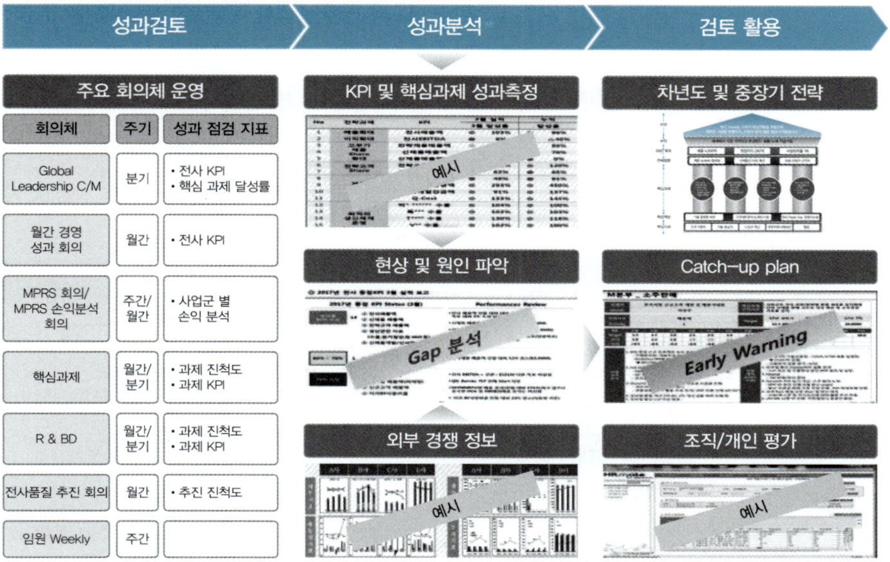

[그림 7-9] S사의 성과 검토, 분석, 검토 활용의 체계

출처: 한국표준협회, 국가품질경영상 중견기업부문 현황설명서

② **조직의 성과검토를 통한 발견을 지속적이고 과감한 개선활동과 혁신을 위한 기회의 우선과제로 어떻게 변화시킬 수 있는가? 이러한 우선과제와 기회가 조직의 의사결정을 효율적으로 지원하기 위하여 작업집단과 기능계층의 운영에 어떻게 적용되는가? 이러한 우선과제와 기회가 조직의 공급자, 파트너, 협력업체와의 조직적 연계를 위하여 어떻게 적용될 수 있는가?**

두 번째로 살펴볼 세부항목은 조직의 성과검토와 전개이다. 그 내용은 다음과 같이 두 가지로 구분된다.

- 혁신을 위한 핵심과제 선정 및 조직 전개: 조직의 성과분석과 검토를 통해서 전략 목표 및 실행계획에 대한 진도를 평가하고, 조직 니즈의 변화와 환경 변

화에 대한 신속한 대응능력을 구축하도록 조치한다. 아울러 개선의 우선순위를 결정하고 혁신의 기회를 포착한다.

- 공급자, 파트너, 협력업체와의 성과 결과 공유 및 연계: 조직성과의 검토 결과는 전개를 통해 조직 내 업무그룹 이외의 외부의 공급자와 파트너에게 공유되고 연계되어야 한다. 이때 전략적 정렬성을 확보하는 것이 중요하다.

이러한 일련의 성과분석 결과의 공유 방안을 도식화 하면 다음의 그림과 같다.

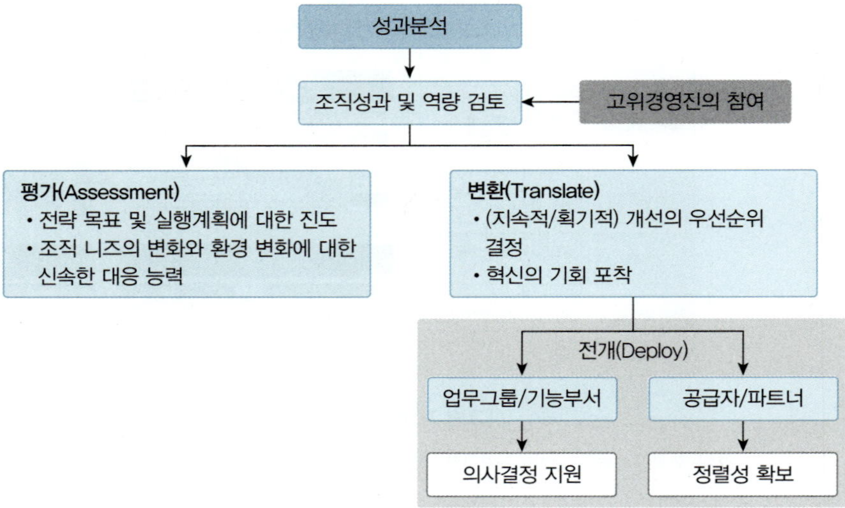

[그림 7-10] 성과분석 결과의 공유 방안 예시

③ 조직의 성과검토의 결과물을 주요 프로세스의 체계적 평가와 향상에 어떻게 이용할 수 있는가?

세 번째로 살펴볼 세부항목은 성과정보의 제공 및 프로세스 개선이다. 성과분석을 통해서 혁신의 기회와 문제를 포착할 수 있으며 개선 우선순위를 결정할 수 있다. 자원 재배분 결정, 전략의 수정, 변화에 대한 피드백 제공, 실적에 대한 인정과 보상 등도 성과분석의 결과를 활용하는 예에 해당된다. 주요 분야별 성과분석의 사례는 다음과 같다.

〈표 7-4〉 주요 분야별 성과분석의 예시

고객 및 시장	• 제품/서비스의 품질개선과 주요 고객지표(고객만족, 고객유지, 시장점유)의 연관성 • 고객관련 문제(불만, 고충 등) 및 문제의 해소가 원가/수입에 미치는 영향 • 고객 유지가 이윤에 미치는 영향
정보 및 지식관리	• 조직의 지식관리 및 공유의 개선 관련 비용/효과분석 • 지식 및 정보관리 개선이 고객 및 조직의 부가가치 향상에 미치는 영향
프로세스관리	• 주요 운영성과지표(생산성, 싸이클 타임, 로스 감소, 신제품 출시, 불량수준)의 개선 추세 • 제품/서비스 품질, 운영성과지표, 각종 재무성과(경비, 수입, 1인당 부가가치 등) 추세 간의 상호 연관성 • 개선활동이 현금흐름, 운전자본 이용 및 주식가치에 대한 기여도
인적자원	• 종업원/조직 학습과 종업원 1인당 부가가치의 관계 • 교육 및 훈련(e-learning 포함) 관련 비용/효과분석
비교정보	• 원가에 대한 경쟁사와의 추세 비교분석 • 품질과 운영성과의 개선이 재무적 성과에 미치는 효과에 대한 경쟁사 간의 비교

7.2.2 정보, 정보기술 및 지식의 관리

인적자원, 공급자, 파트너, 협력업체 및 고객을 위해 필요한 데이터, 정보, 소프트웨어 및 하드웨어의 품질과 가용성을 기술하시오. 또한 조직의 지식자산과 조직학습을 어떻게 구축하고 관리하는지에 대해서도 기술하시오. 여기에 대한 응답에 다음의 세부항목에 대한 답을 포함하시오.

(1) 정보자원의 관리

① 조직은 필요한 데이터와 정보의 가용성을 어떻게 확보하는가? 조직은 인적 자원, 공급자, 파트너, 협력업체 및 고객이 필요한 경우 데이터 및 정보에 어떻게 접근할 수 있게 하는가?

정보자원

첫 번째로 살펴볼 세부항목은 정보 공유이다. 그 내용은 다음과 같이 두 가지로 구분된다.

- 데이터와 정보의 가용성 확보 방안: 전략적 정보 제공 기반을 마련하고 실시간에 가까운 정보 생산 및 전파력을 확보하여 정보의 가용성 및 접근성 수준

을 제고할 필요가 있다.

- 기업 내외부에서의 데이터 및 정보에 대한 접근성 확보 방안: 이해관계자와의 관계에서 언제 어디서나 손쉽게 원하는 정보를 접근할 수 있도록 정보 접근성을 확보하여야 한다. 정보 접근성의 확보 기준으로는 접근수단의 속도와 편의성 그리고 정보 품질의 타당성, 명료성, 유연성 등을 검토하여야 한다.

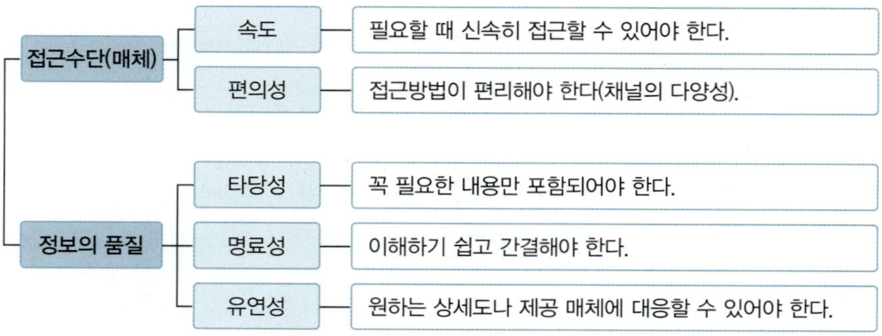

[그림 7-11] 정보의 접근성 확보 기준 예시

사례

S사의 정보 공유 방안

회사의 비전 달성을 위한 핵심 프로세스를 지원하고 경영에 필요한 데이터와 정보의 가용성을 극대화하기 위해 IT시스템을 활용하여 구성원 및 이해관계자에게 필요한 정보를 적기에 제공하고 있다. 이는 경영진의 의사결정을 신속히 지원하여 급변하는 경영환경에 유연하게 대처할 수 있는 근간이 되고 있다. 특히 정보시스템(Global ERP 및 MES)을 통한 데이터/정보의 가용성 확보를 위해 노력하고 있고 이를 통해 전사적으로 정보를 공유하고 있다.

이 회사에서는 글로벌 스탠다드를 반영한 ERP 및 S사 고유의 필름 공정 특성을 반영한 제조실행시스템(manufacturing execution system: MES)을 기반으로 당사의 업무 영역 전반에 대해 IT시스템을 구축하여 운영하고 있다. 이런 시스템을 통해 정보가 필요한 구성원에게 권한에 따라 제공됨으로써 정보의 수집에서부터 공유 및 활용까지 원활한 협업이 이루어지고 있다.

전 세계 다양한 지역의 이해관계자들과의 빠른 의사소통을 위한 영상회의시스템과 웹 컨퍼런스시스템을 구축하여 신속한 의사결정 및 실행을 돕고 있으며, 이 외에도 그룹웨어 및 Mail, 일정 공유 등은 모바일 오피스를 지원하여 언제 어디서든 신속한 업무 처리 및 공유가 가능한 스마트 업무환경을 구성원에게 제공한다.

비즈니스 접점에서의 주요 정보를 신속하게 수집 및 관리하기 위한 CMS(customer management system)와 그룹웨어 전략정보 게시판을 운영하여 핵심 역량인 고객네트워크 및 파트너십의 강화를 지원하고 있다. 이해관계자에게 필요한 정보 제공을 위한 구매넷, EDI(electronic data interchange), 홈페이지 등을 운영하고 있으며, 외부와 정보 공유 및 보안을 고려한 IT 인프라를 갖추고 있다.

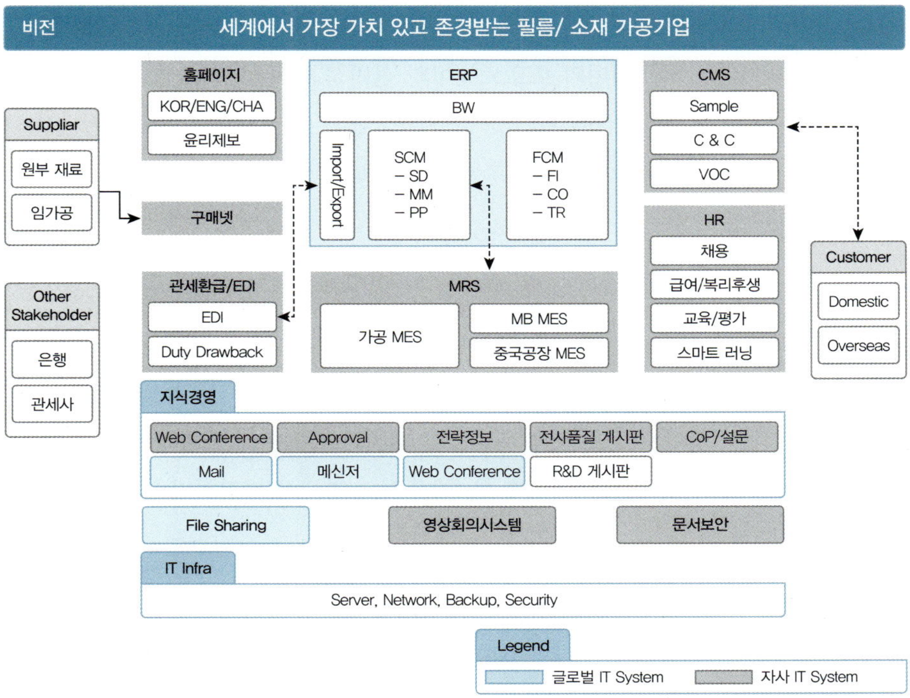

[그림 7-12] S사의 정보 공유를 위한 IT 시스템

출처: 한국표준협회, 국가품질경영상 중견기업부문 현황설명서

② 조직의 지식을 직원과 공유하기 위한 교육프로그램은 무엇인가?

두 번째로 살펴볼 세부항목은 지식공유를 위한 교육프로그램의 운영에 관한 사항이다. 예를 들면 구성원을 대상으로 한 다양한 IT 교육을 주기적으로 실시하며 업무에 필요한 IT시스템의 활용도를 높이고 업무 효율 향상을 지원하는 활동이 여기에 해당된다. 많은 데이터와 정보의 공유의 선결조건은 구성원의 정보 보안 인식과 의식이기 때문에 보안교육도 주기적으로 시행하여야 한다.

③ 하드웨어와 소프트웨어의 신뢰성, 보안성 및 사용자 편리성을 확보하도록 어떻게 구축되어 있는가?

세 번째로 살펴볼 세부항목은 하드웨어와 소프트웨어의 신뢰성, 보안성 및 사용자 편리성 확보 방안이다. 이는 다음의 세 가지로 살펴 볼 수 있다.

- 하드웨어와 소프트웨어의 신뢰성 확보
- 하드웨어와 소프트웨어의 보안성 확보
- 하드웨어와 소프트웨어의 사용자 편리성 확보

하드웨어와 소프트웨어는 도입 단계부터 신뢰성은 물론 보안성이 확보되도록 노력한다. 또한 동시에 사용자 편리성의 확보를 위해서 IT 만족도조사 등을 실시하여 개선방안을 도출한다.

데이터와 정보의 가용성을 하드웨어 측면에서 확보하기 위해서 하드웨어의 품질을 성능, 신뢰성, 사용성, 서비스 측면에서 점검한다.

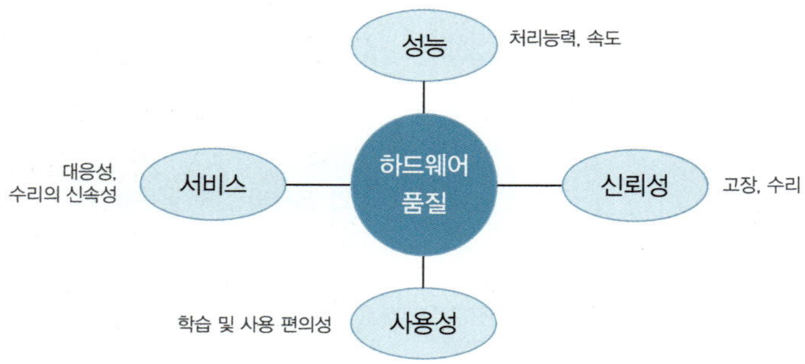

[그림 7-13] 데이터와 정보의 가용성 – 하드웨어 측면

또한 데이터와 정보의 가용성을 소프트웨어 측면에서 확보하기 위해서 소프트웨어의 품질을 기능성, 신뢰성, 사용성, 효율성, 보수성, 이식성 측면에서 점검한다.

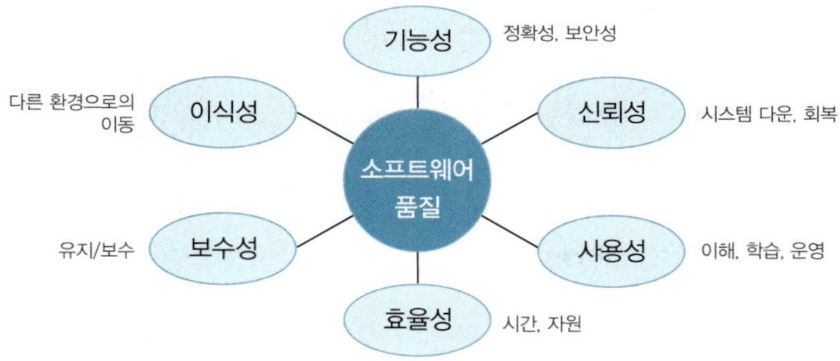

[그림 7-14] 데이터와 정보의 가용성 - 소프트웨어 측면

사례

S사의 하드웨어와 소프트웨어의 사용자 편리성 확보 방안

사용자의 편리성을 확보하기 위해 다양한 채널을 활용하여 구성원의 의견 및 요구사항을 수집하며 그 일환으로 다음과 같이 IT만족도를 조사한다. 특히 P-D-C-A(plan-do-check-act) 사이클에 따라 만족도 조사계획을 수립하여 실행하고 만족도를 체크하여 개선 방안을 도출한다.

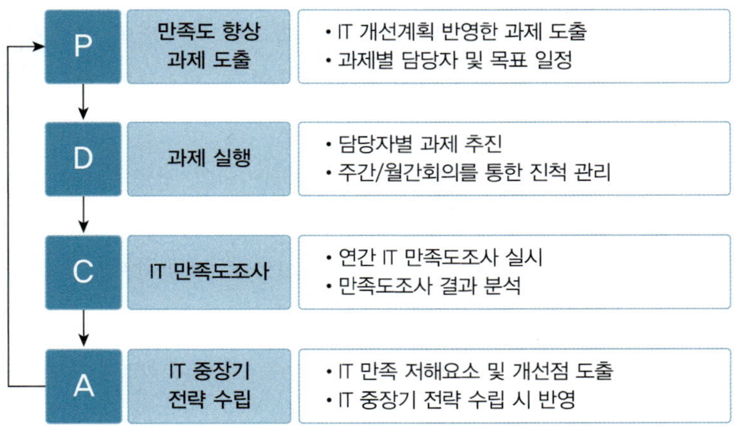

[그림 7-15] S사의 IT 만족도조사 체계

출처: 한국표준협회, 국가품질경영상 중견기업부문 현황설명서

④ 비상 시에도 하드웨어 시스템, 소프트웨어 시스템, 데이터 및 정보의 연속성과 가용성을 어떻게 확보 하는가?

네 번째로 살펴볼 세부항목은 비상 시 하드웨어와 소프트웨어 정보의 연속성, 가용성 확보 방안이다. 긴급사태 발생 시에 경영에 막대한 지장을 초래할 수 있는 IT시스템의 장애에 대해서 긴급사태 대응 프로세스를 구축하여 관리하는 방안이 있겠다. 사전 예방 체계 및 장애 발생 싱 피해 최소화를 위한 시스템 이중화 및 백업체계를 구축하고 실제 장애 발생에 대비한 모의 복구 훈련을 실시할 필요가 있다.

이는 다음의 세 가지로 대응하고 있다.

- IT 장애 관리체계 및 예방정비 활동의 수행: IT 장애 및 사고를 사전에 예방하기 위한 활동으로 일일, 주간, 월간 단위의 체크리스트의 선정과 점검을 일상화하며, 월간 회의를 통해서 관련 사항을 공유하고 대비한다.
- 정보시스템 이중화 및 백업체계 구축으로 대응: ERP나 이메일과 같이 조직의 주요 시스템에 대해서는 이중화 환경을 구성하고 주기적으로 데이터를 백업하여 복구체계를 갖추는 것이 필요하다.
- 비상 및 장애 대응 훈련의 실시: 특히 주요 시스템을 관리하는 담당 부서에서는 긴급상황에 대비하기 위한 위험 상황별 행동요령과 매뉴얼을 준비하여 실제 상황 발생에 상시적으로 대비하는 훈련을 하여야 한다.

⑤ 소프트웨어와 하드웨어를 포함하여 데이터와 정보의 가용성 확보 매커니즘을 사업의 요구 및 방향과 조직운영 환경에서의 기술변화에 맞게 어떻게 유지하는가?

다섯 번째로 살펴볼 세부항목은 데이터와 정보의 가용성 확보 매커니즘의 유지이다. 이는 정보시스템의 개선으로 대응할 수 있다. IT 중장기 전략을 수립하고 전략 방향과 추진과제를 도출하여 관리한다. 이런 과정을 통해서 확정된 IT 중장기 전략을 기반으로 마스터계획을 수립하고 실행과제를 선정하여 조직 전반의 IT 시스템을 지속적으로 고도화 해 나가도록 한다. 아울러 IT 기술 변화에 따른 개선 활동도 지속적으로 추진한다.

(2) 데이터, 정보 및 지식의 관리

① 조직의 데이터, 정보 및 지식에 대한 다음 특성을 어떻게 확인하는가?

- 정확성
- 무결성과 신뢰성
- 적시성
- 보안성과 기밀성

첫 번째로 살펴볼 세부항목은 데이터, 정보 및 지식의 관리이다. 여기서 주요한 관리 포인트는 정확성, 무결성, 신뢰성, 적시성, 보안성, 기밀성을 보장하여야 한다.

사례

S사의 데이터 관리 방안

- 정확성, 무결성, 신뢰성 보장: IT시스템을 통해 OIMU(one-input multi-use)를 목표로 무결성을 확보하기 위해 시스템 간 인터페이스가 되도록 설계되어 있으며, 개별 시스템의 무결성은 사용자 입력 최소화를 위한 다양한 타당성 검토 기준(validation rule)을 반영하여 운영하고 있다. 특히 MES(제조실행시스템)는 설비데이터로부터 직접 인터페이스 받아 인적 실수(human error)를 최소화 하고 있으며, 게이지 검정(gauge R&R)을 통해 오류를 최소화 하여 데이터의 정확성과 무결성, 신뢰성을 확보하고 있다.
  또한 SAP상의 발주 정보는 구매넷에 인테페이스되어 정확한 정보가 공급사에 제공되고, 주요 공급사의 베이스 필름(base film)의 상세정보는 구매 시 MES에 즉시 업데이트되어 주요 이해관계자의 데이터 정확성도 확보하고 있다. 사용자에게 데이터 입력에 필요한 지침과 안내를 수시로 제공하여 정확한 데이터가 입력되도록 하고 있다. 데이터의 정확성이 중요한 기준정보(master Data)의 경우 현업부서의 확인 및 글로벌 모기업 표준화팀의 승인을 통해 처리되고 있다.
- 적시성 보장: 회사의 주요 정보 및 데이터는 필요한 사람에게 빠르게 공유되고 활용되어야 한다. ERP의 워크플로우(workflow)를 활용하여 주요 의사 결정 및 승인을 빠르게 처리하고 있다. 승인에 대한 권한은 DoA(Delegation of authority)에 따라 필요한 사람에게 즉시 메일로 내용이 전달됨으로써 빠른 의사결정 및 처리가 가능하다. 현장에서 일어나는 생산 상황 및 결과, 특이사항은 실시간으로 MES에 입력하여 해당 팀 및 유관부서에서 즉시 내용을 확인할 수 있다. 전자 결재의 경우 스마트폰 앱을 통해 언제 어디서나 승인할 수 있는 모바일 환경이 구축되어 중요한 정보의 빠른 전달과 신속한 의사결정

환경이 제공되고 있다. 내/외부의 회의 결과는 전자 결재 'VoS 회의록'을 통해 작성 및 공유된다. 회의록은 정보의 보안을 고려하여 그룹웨어 전략정보 게시판에 즉시 게시되어 모든 구성원이 업무에 활용하도록 데이터의 적시성을 확보하고 있다.

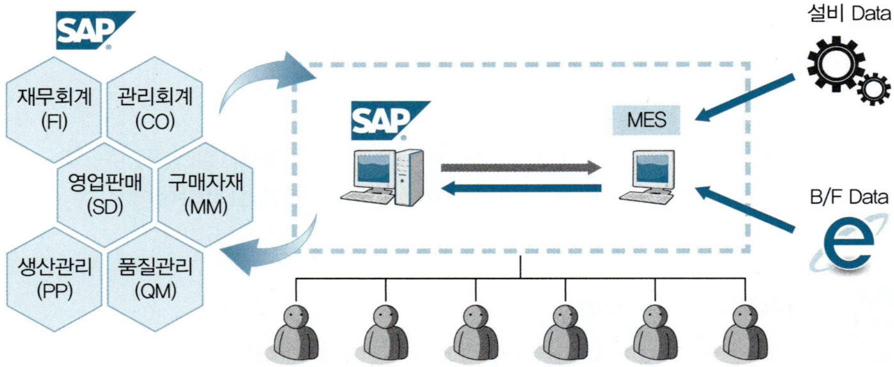

[그림 7-16] S사의 OIMU(one-input multi-use) 시스템

출처: 한국표준협회, 국가품질경영상 중견기업부문 현황설명서

② **아래의 항목들을 달성하기 위하여 조직의 지식을 어떻게 관리/이용하는가?**

- 직원 지식의 수집과 전파
- 고객, 공급자, 파트너 및 협력업체로 부터 획득한 관련 지식의 수집 및 전파
- 최상의 업무방식(best practice)의 신속한 파악, 공유 및 실행
- 전략기획 과정에 쓰이는 관련 지식의 수집과 전파

두 번째로 살펴볼 세부항목은 지식경영이다. 예를 들면 다음의 그림에서 보듯이 구성원의 지식과 노하우를 축적하고 이를 공유 및 활용하여 내부역량 강화 및 경쟁력을 확보하기 위해 S사는 지식경영 체계를 갖추고 있다. 개선 아이디어, 직무 노하우, 특허, 전략정보 등의 구성원의 지식 및 노하우를 유형화하고 이를 다시 IT시스템을 통해 축적하고 공유하는 체계를 갖춘 것이다. 이런 축적, 공유된 지식 및 노하우를 활용하여 다양한 개선을 추진하여 왔고, 개선의 성과를 평가하고 포함하여 구성원의 전문 지식 축적 및 공유를 장려하는 일련의 프로세스를 구축하는 과정이 전형적인 지식경영 체계라고 하겠다. 이처럼 '지식의 창출-획득-축적-공유-활

용 – 평가 – 포상'의 일련의 과정을 통해서 지식경영시스템이 수행된다.

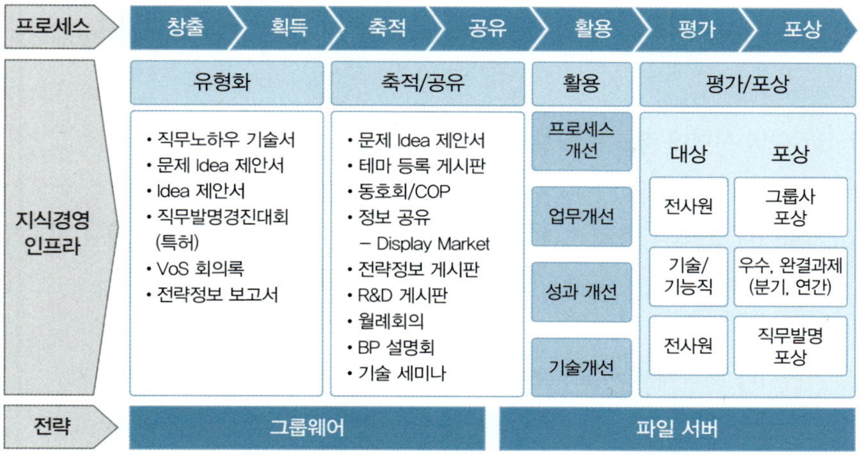

[그림 7-17] S사의 지식경영 체계도

출처: 한국표준협회, 국가품질경영상 중견기업부문 현황설명서

연·습·문·제

1. "측정 없이 개선 없다." 는 격언의 의미는 무엇인지 성과측정의 관점에서 설명하시오.

2. 4차 산업혁명 시대에 적합한 지식경영시스템에 대해 생각해 보자.

3. 관심 기업이나 조직의 주요 성과정보에 포한되는 항목을 조사해 보고, 핵심 성과지표를 찾아보자.

4. 관심 기업이나 조직에서 비교정보를 파악하는 방법은 무엇이 있는지 알아보자.

5. 관심 기업이나 조직에서 수행하는 성과분석의 예를 들어 설명해 보자.

6. 정보의 접근성을 확보하기 위한 기준을 점검해 보자.

8

CHAPTER

운영관리 중시

학습 목표

- 조직의 핵심역량에 대해 이해한다.
- 업무프로세스의 정의와 구분을 공부한다.
- 업무프로세스의 관리 방안에 대해 알아본다.
- 업무프로세스의 개선 방안에 대해 알아본다.

사례

핵심역량 강화로 가치 극대화하는 ㈜한화

어려운 경영환경 속에서 성공적으로 핵심역량을 강화하며 가치를 극대화하는 기업이 있다. 1952년 한국화약주식회사로 설립된 한화그룹의 모기업인 ㈜한화로, 지난해 매출액 50조 3천839억 원, 영업이익 2조 1천300억 원, 당기순이익 1조 3천320억 원을 기록해 연결기준으로 사상 최대 실적을 달성하는 쾌거를 이뤘다.

매출액은 전년 대비 6.9%, 영업이익은 26.3%가 증가했으며 당기순이익은 3.4% 증가했다. 이는 ㈜한화의 안정적인 자체사업의 실적 성장과 주요 계열사들의 실적 호조에 기인한 것이다.

㈜한화는 1952년 국내 최초로 화약 국산화를 성공한 기술력을 바탕으로 현재는 산업용 화약을 생산하는 '화약부문', 자주국방과 안보를 위한 첨단 무기체계를 공급하는 '방산부문', 국내외 파트너들의 상품수출입과 함께 해외자원개발 등 글로벌사업을 하는 '무역부문', 다양한 고부가가치 기계설비를 생산하는 '기계부문'의 자체사업을 영위하고 있는 명실공히 한화그룹의 대표기업이다.

㈜한화는 남다른 사회공헌 활동으로도 시선을 모은다.

이웃을 돕는 차원을 넘어 사회에 적극적으로 참여하는 기업시민의 개념으로, 나눔의 참된 의미를 실천하고 있다.

특히 직원이 자발적으로 참여하고, 회사가 적극적으로 장려하는 문화로, 임직원들의 평일 근무시간 내 자원봉사 활동을 인정하는 유급 자원봉사제도를 운영 중이다. 이러한 선진화 된 제도와 자발적이고 적극적인 참여가 ㈜한화의 사회공헌 활동을 투명하고 공정하게 만들고 있고, 이 때문에 나눔 실천의 의미도 더욱 높아지고 있다.

특히 ㈜한화는 방위산업을 영위하는 업체로서 안보관련 사회공헌 활동을 많이 활발하게 펼치는 중이다. '역사 · 안보 탐방 체험학습'을 비롯, '한화와 함께하는 평화지킴이' 프로그램을 통해 '한화와

함께하는 자전거 평화여행' 등의 다양한 활동들을 진행하고 있다.

또 '한화로 미래로 과학나라'는 기초과학 교육과 실험활동, 과학 관련 견학과 체험활동 등을 통해 아이들에게 꿈을 키워주는 프로그램으로, 임직원 봉사자들이 참여해 지역 아동들과 함께 방과후 과학수업을 진행한다. 프로그램에 참가한 아이들은 학교 과학수업에도 적극적으로 참여하며 미래 대한민국을 이끌어 갈 과학자의 꿈을 키우고 있다.

서울세계불꽃축제

출처: "핵심역량 강화로 가치 극대화하는 (주)한화", http://www.kyeonggi.com/?mod=news&act=articleView&idxno=1512833

8.1 운영관리 이론

8.1.1 핵심역량

핵심역량

HRD 용어 사전에 따르면, **핵심역량**(核心力量, core competence)이란 과거에 해당 기업을 이끌어 왔으며 또한 적절하게 전환되거나 추가로 역량을 축적시키면서 미래 성장의 견인차 역할을 할 수 있는, 기업 내부에 공유되고 있는 해당 기업 특유의 총체적인 능력, 기술, 지식 등을 의미하며, 다른 기업이 모방할 수 없는 독자적인 능력으로 조직 내부의 기술이나 단순한 기능을 뛰어 넘는 노하우(knowhow)를 포함한 종합적인 능력으로써 기업의 차별적 경쟁력의 원천을 의미한다.

위키피디아에서는 핵심역량을 기업이 보유한 세계적 수준의 능력과 활동으로 정의하고 있다. 오랜 경험에서 얻은 지식과 문헌조사와 시대에 뒤떨어지지 않은 새로운 외부 지식을 보유한 일류 연구 조직이나 핵심 인력에 의존한다.

일반적으로 핵심역량은 고객에게 가치를 주도록 하는 회사의 기능, 기술과 정보 흐름의 묶음으로 정의할 수 있다. 그 판단기준으로는 ① 고객가치 기여(고객에게 실질적인 가치의 제공 여부), ② 경쟁적 탁월성(경쟁 상대보다 탁월한 정도), ③ 확장성(새로운 사업이나 새로운 서비스를 개발하는 데 활용 여부) 등을 들 수 있으며, 각각의 판단을 위한 질문의 예시는 다음과 같다.

〈표 8-1〉 핵심역량의 판단기준 예시

판단기준	속성	판단을 위한 질문
① 고객가치 기여	고객에게 실질적 가치를 제공할 수 있어야 함	• 역량은 고객이 원하는 가치를 제공할 수 있는가? • 제공되는 가치는 지속적으로 고객에게 의미를 줄 수 있는가? • 제공되는 가치가 우리의 경쟁력을 높이는 데 활용될 수 있는가?
② 경쟁적 탁월성	경쟁 상대보다 탁월해야 함	• 역량은 지금까지 우리에게 경쟁상의 이점을 제공하였는가? • 역량은 경쟁사보다 우월한 경쟁상의 이점을 미래에도 제공할 수 있는가? • 역량은 모방되기 어려운가?
③ 확장성	새로운 사업이나 새로운 서비스를 개발하는 데 활용이 될 수 있어야 함	• 역량은 소멸되지 않고 축적되는가? • 역량은 새로운 사업을 개발하는 데 기여할 수 있는가? • 역량은 새로운 서비스를 개발하는 데 기여할 수 있는가?

사례

후지필름 스토리: 화장품을 만드는 필름회사, '자기 변신'의 후지

FTD의 원칙을 적용하여 핵심역량을 사업화하여 불황과 위기를 극복한 사례

"우리가 가진 기술 중에서 필요한 성분을 밸런스 있게 배합하여(formulation) 필요한 장소에(targeting) 필요한 형태로 제공한다(delivery)."

"우리가 잘 하는 것, 잘 아는 것 찾아라"

2000년 사장으로 취임한 고모리씨는 아그파, 코닥 등 경쟁사가 축포를 쏘아 올리는 동안 고강도 혁신안 마련에 착수했다. 그는 후지필름이 잘 알고 잘 할 수 있는 '필름 이외 사업'을 찾는 데 부심했다.

이때 등장한 것이 그 유명한 4분면 분석법이다. 그는 시장과 기술을 X·Y축으로 설정한 뒤 X축(가로선)은 기존 시장과 새 시장으로, Y축(세로선)은 기존 기술과 새 기술로 구분했다.

고모리 사장은

- 기존 기술로 기존 시장에 적용하지 않은 것은?
- 기존 기술로 새 시장에 적용할 수 있는 것은?
- 새 기술로 기존 시장에 적용할 것은?
- 새 기술로 새 시장을 열 수 있는 것은?

등을 혁신의 기준으로 삼았다.

4분면 분석 결과가 전면 적용된 건 2003년부터다. 영역 확장은 자본과 연구개발(R&D) 에너지를 투입하거나 기업 인수 · 합병(M&A) 등 가능한 모든 수단을 동원했다.

첫 시도는 화장품 사업이었다. 필름에서 가장 중요한 재료인 '콜라겐'을 사람 피부에 적용하는 것이었다. 그는 라이프사이언스 사업부를 신설하고 화장품 사업을 밀어붙였다. 후지필름은 2007년 9월 콜라겐을 통한 피부재생을 내세워 아스타리프트라는 브랜드를 내놓았고 결과는 대성공이었다. 현재 아스타리프트를 판매하는 일본 내 매장이 4,000개가 넘는다.

[그림 8-1] 후지필름의 사업 구분(앤소프 매트릭스 적용 사례)

필름 기술을 응용한 LCD용 TAC 필름사업에도 뛰어들었다. 삼성, LG 등 글로벌 LCD 메이커들에 두루 제품을 공급한다. 세계 시장점유율은 70%에 이른다. 후지필름 없는 LCD TV는 존재할 수 없는 구도다.

인수·합병을 통해 육성한 헬스케어 부문은 후지필름의 차세대 사업으로 빠르게 부상하고 있다. 헬스케어 사업은 2008년 도야마(Toyama) 화학 인수 후 짧은 시간 내에 성장성을 확인시켜줬다.

도야마가 개발한 감기약 '아비간(Avigan)'이 지난해 3월 일본에서 감염 치료제로 승인을 받았다. 미국 식품의약국(FDA)으로부터 임상 3상 실험이 진행되고 있다. 에볼라, 웨스트나일, 마르부르크 바이어스 등 치사율이 높은 다른 병에도 효력을 발휘하는 것으로 증명돼 시판 즉시 막대한 수익으로 이어질 가능성이 높은 치료제로 인정받고 있다.

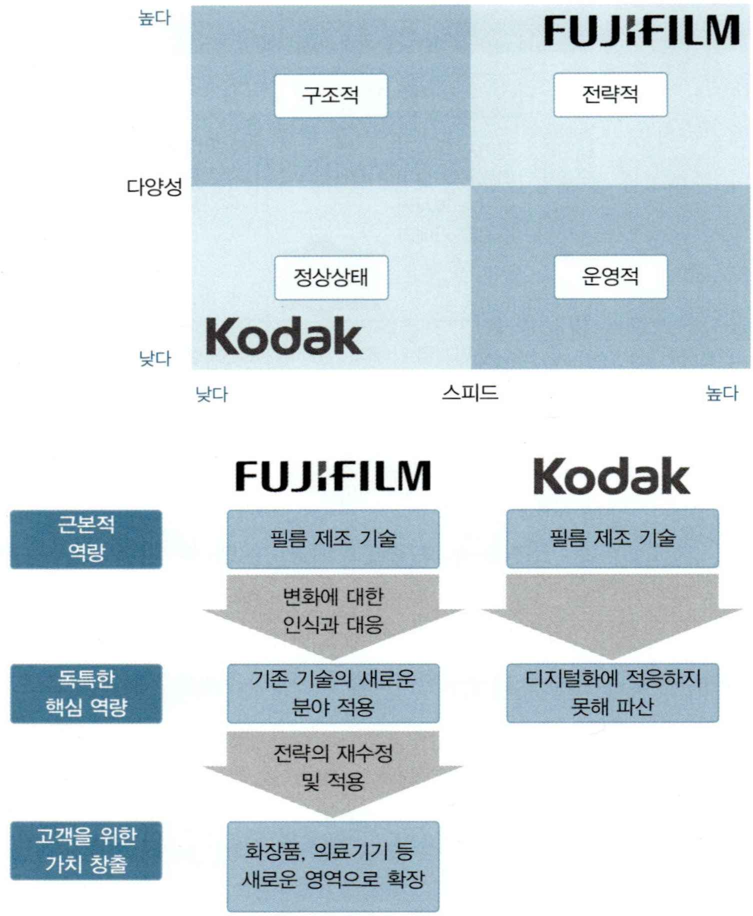

[그림 8-2] 후지필름의 전략적 선택과 핵심역량의 재구축

출처: "화장품을 만드는 필름회사", http://news.mt.co.kr/ 머니투데이 2015년 7월 19일 자 기사

8.1.2 업무 프로세스

프로세스(process)

프로세스(process)는 시간과 관련된 사건, 현상, 활동, 처리 등을 의미하는 매우 일반적인 용어이다. 경영 분야에서는 업무처리 흐름으로 설명되는데, 품질 분야에서는 다음의 그림에서 보듯이 고객이 기대하는 생산품(제품이나 서비스)과 프로세스 그 자체에 대해 내재된 정보라는 두 가지 산출물을 만들어 내는 것으로 고객의 가치를 창출해 내는 과정이다. 즉, 하나 이상의 입력(투입)을 받아들여 고객에게 가치

있는 결과를 출력(산출)하는 행동들의 집합이다. 프로세스의 몇 가지 특징을 살펴보면 다음과 같다.

- 프로세스는 고객의 가치를 창출하는 것이어야 한다.
- 프로세스에 관한 정보의 수집, 통합, 공유가 중요하다.
- 조직의 구조를 보면 프로세스의 관리형태를 볼 수 있다.
- 프로세스 개선은 기존 프로세스의 유지 정도가 문제이다.
- 프로세스를 중시하는 조직은 프로세스를 평가의 기준으로 삼는다.

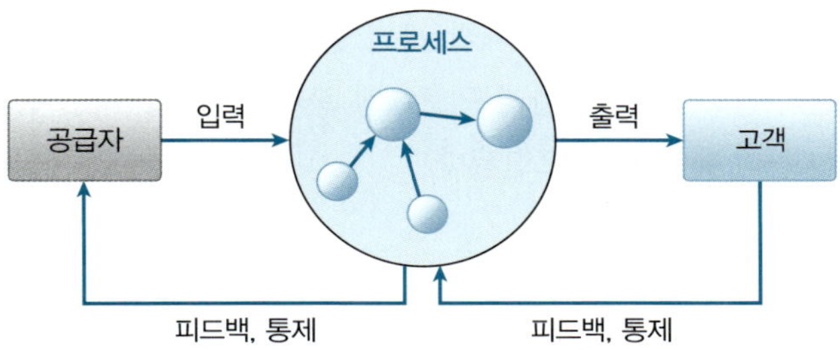

[그림 8-3] 기업의 프로세스 개념도

조직에서 수행되는 업무구조가 조직 중심에서 점차 프로세스 중심으로 전환되고 있음에 주목할 필요가 있다. 그 주요 내용은 다음과 같이 고객 중심으로 예방을 중시하고 기업의 주요 업무를 프로세스 관점에서 분석하고 개선하고자 하는 노력이다.

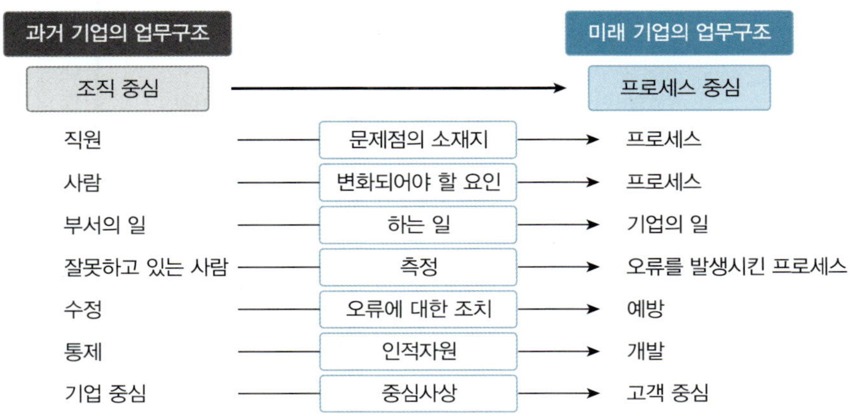

[그림 8-4] 프로세스 중심으로 업무구조의 전환

업무프로세스는 주어진 투입에 가치를 부여하여 고객을 위한 산출을 만들어 내는 일련의 활동이다. IBM에서는 업무프로세스를 내외부 고객을 위해여 유용한 결과를 이끌어 가는 일련의 일들로 구체적이고 반복적이며 측정가능한 것이라고 정의한다. 업무프로세스는 핵심프로세스와 지원프로세스로 구분할 수 있다.

핵심 업무프로세스

핵심 업무프로세스에는 ① 시장과 고객을 이해하는 활동, ② 비전과 전략 수립활동, ③ 제품과 서비스의 설계활동, ④ 마케팅과 판매활동, ⑤ 제조업에 있어서 제조와 출하활동, ⑥ 서비스업에 있어서 서비스의 제공활동, ⑦ 고객에게 청구와 서비스하는 활동 등이 포함된다.

지원 업무프로세스

지원 업무프로세스에는 ① 인재 개발 관리 활동, ② 정보 관리 활동, ③ 재무와 유형 자산의 관리 활동, ④ 환경관리 프로그램 관리 활동, ⑤ 외부 관계 관리 활동, ⑥ 개선과 혁신 관리 활동 등이 포함된다.

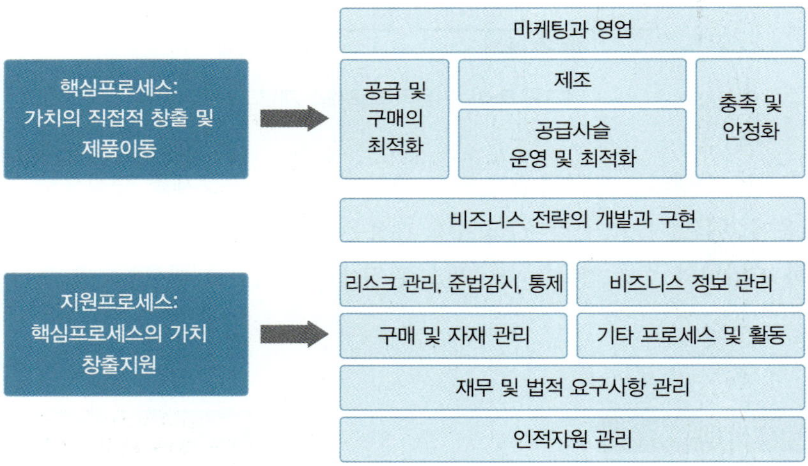

[그림 8-5] 핵심프로세스와 지원프로세스의 구분 예시

8.2 국가품질상 심사기준

미국의 볼드리지상을 기반으로 한 우리나라의 국가품질상 심사기준에서는 운영관리 중시 범주를 다음과 같이 제시하고 있다.

「운영관리 중시」에서는 조직이 핵심역량과 업무시스템 운영 효과를 어떻게 결정하고, 고객가치의 전달 및 조직의 성공과 지속성을 달성하기 위한 운영 효과와 주요 프로세스를 어떻게 설계, 관리, 개선하는지를 평가한다. 또한 긴급사태에 대한 조직의 준비성도 평가한다.

운영관리 중시 범주의 세부평가항목은 다음과 같다.

8.2.1 업무시스템 설계
(1) 핵심역량
(2) 업무프로세스 설계
(3) 긴급사태 대비

8.2.2 업무프로세스 관리와 개선
(1) 업무프로세스 관리
(2) 업무프로세스 개선

세부평가항목에 대한 설명은 다음과 같다.

8.2.1 업무시스템 설계

조직이 핵심역량을 어떻게 결정하고, 고객가치를 전달하기 위해 업무시스템 운영 효과와 주요 프로세스를 어떻게 설계하고, 장래 발생할 수 있는 긴급사태에 대비하면서 조직의 성공과 지속성을 어떻게 달성하는지 기술하시오. 다음과 같은 세부항목에 대한 응답을 포함해야 한다.

(1) 핵심역량

① **조직은 핵심역량(core competencies)을 어떻게 결정하는가? 조직의 핵심역량이 무엇인가? 핵심역량을 조직의 미션, 경쟁 환경, 실행계획과 어떻게 관련시키는가?** 핵심역량

첫 번째로 살펴볼 세부항목은 핵심역량의 결정이다. 이는 주로 다음의 두 가지 측면을 검토 한다.

- 핵심역량 결정 및 정의: 핵심역량을 결정하는 기준으로는 고객가치 창출과 연관 정도, 경쟁우위 정도, 지속가능성 등을 제시할 수 있다. 또한 핵심역량을 비전 달성을 위해 요구되는 조직의 사업 및 경영관리 역량으로 정의하고, 전략적 중요도, 내부의 강점과 약점, 그리고 외부의 주요 환경변화의 요소 등을 종합적으로 고려하여 결정할 수 있겠다. 이러한 점을 감안한 B사의 핵심역량의 도출 결과는 다음과 같다.

〈표 8-2〉 B사의 핵심역량 도출 예시

구분	현재	미래
핵심 역량	발전설비 운영 역량	친환경 설비운영 역량
	유연탄 조달 역량	미래인재 육성 역량
	안전문화 구축 역량	신재생사업 개발 역량

출처: 한국표준협회, 국가품질경영상 현황설명서

- 핵심역량과 조직의 비전, 전략, 실행계획과의 연계성: 비전을 달성하기 위해서 설정된 핵심역량은 전략과제로 구체화 되며 이를 달성하기 위해 전사적인 실행과제가 도출되도록 한다. 조직 내 각 부서는 연간사업계획 수립 시에 실행과제와 연관된 업무계획을 수립하게 되는데, 이 과정에서 각 부서의 목표달성과 업무를 수행하는데 필요한 핵심역량을 파악한다. 이러한 핵심역량은 전사 전략의 수행에 적합한 것인지 검토할 필요가 있으며, 핵심역량이 부족한 경우 기술도입, 외부자원의 활용 및 인적자원 개발과 연계하여 핵심역량의 확보와 강화를 지속적으로 추진하게 된다. 핵심역량을 지속적으로 개선해 나가기 위해서는 핵심기술과 핵심프로세스를 고도화하고 핵심자산을 지속적으로 증대해 나갈 필요가 있겠다.

사례

S사의 핵심역량 결정 및 정의

S사의 기존 핵심역량이 안정과 생존에 초점을 두었다면, 신규로 선정된 핵심역량은 S사가 속해있는 사업의 외부환경 및 내부역량 분석, 포커스 그룹 인터뷰(focus group interview) 등을 통해 결정되었다. 신규 핵심역량은 새로운 도약을 위해 S사가 경쟁사 대비 차별적 우위에 있는 기술 융복합 체계, 고객 네트워크 및 파트너십, S사 경영시스템을 더욱 구체화하고 발전시키는 것에 초점을 두고 있다.

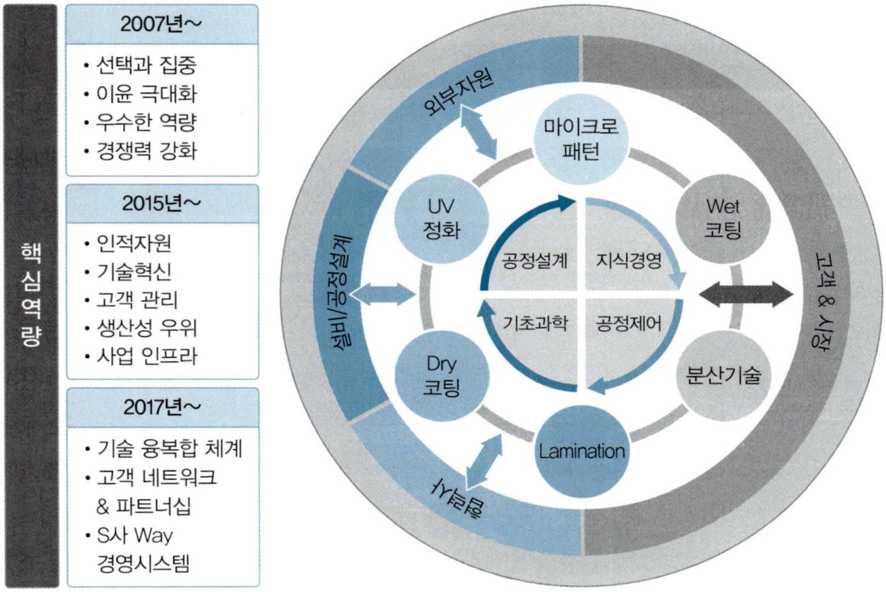

[그림 8-6] S사의 핵심역량의 변화

출처: 한국표준협회, 국가품질경영상 중견기업부문 현황설명서

S사는 '세계에서 가장 가치 있고 존경받는 필름/소재 가공기업'이라는 비전달성을 위해서 2020년 경영목표로 매출액 4,300억원, 영업이익 290억원, 시장점유율 1위라는 정량적 목표를 설정하였다. 이 목표를 달성하기 위해 제품 포트폴리오 합리화, 신제품/신사업 확대, 보유자원의 최적화라는 3대 전략 방향을 수립하였고 그 실행력 제고를 위해서 총 23개의 핵심과제를 선정하여 실행하여 왔다. 핵심역량과 핵심가치에 기반한 핵심과제는 매월 성과점검 회의를 통해서 과제의 진척사항을 경영진이 점검하여 필요 시에 조치를 취하도록 하는 일련의 관리 시시스템을 구축하여 운영하고 있다.

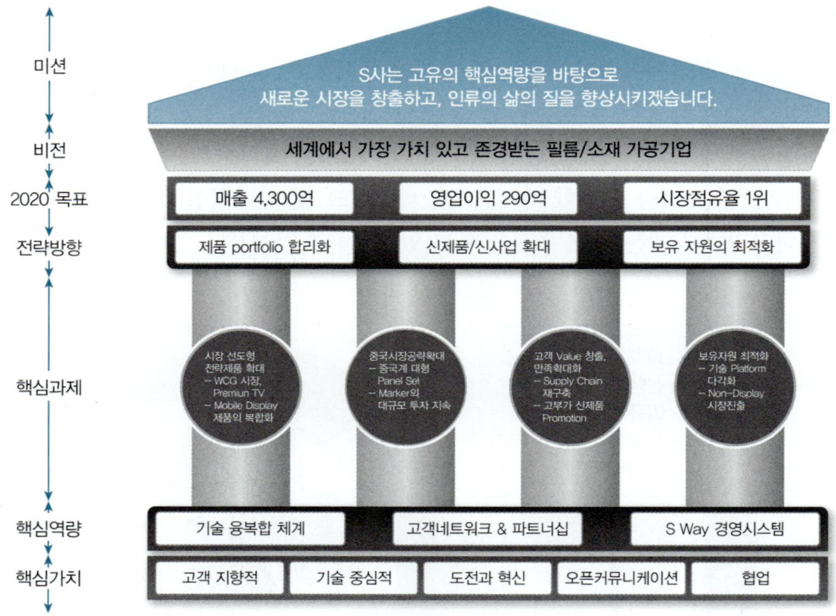

[그림 8-7] S사의 핵심역량과 비전체계도의 연계성 설명의 예시

출처: 한국표준협회, 국가품질경영상 중견기업부문 현황설명서

② 조직의 전체 업무시스템을 어떻게 효과적으로 설계하고 혁신하는가? 조직의 전체 업무시스템에서 내부 주요 프로세스와 외부자원 사용을 어떻게 효과적으로 결정하는가?

두 번째로 살펴볼 세부항목은 조직의 업무시스템 설계와 혁신이다. 경영목표 달성을 위해서 핵심성과지표가 설정되고 이를 수행하기 위해서 업무분장이 이루어지게 된다. 담당업무를 수행하기 위한 세부 조직이 구성되고 이 조직이 수행할 업무 프로세스를 설정하게 되면 기본적인 시스템의 설계가 이루어지는 셈이다. 또한 품질, 환경, 안전보건, 업무연속성, 에너지 경영, 정보보안 등 각종 경영시스템과 관련된 국내외의 요구사항과 법규 등을 만족시키기 위한 별도의 시스템은 기본적인 시스템과 연계되어 통합시스템으로 구축되어야 한다. 이를 바탕으로 지속적으로 업무 프로세스별로 모니터링 및 측정을 거쳐서 업무시스템을 개선하고 혁신하는 활동을 수행하여야 한다.

업무시스템은 현재 시점의 측정 및 분석이 가능한 고객과 시장, 경영진 및 이해관계자, 내부프로세스 운영 결과 등의 가시적 요구사항과 성장성 및 방향성 결정 요소인 예측 요소, 조직 역량, 신기술 요소 등 향후 가시화가 될 잠재적 요구사항을 반영하여 설계되어 진다. 물론 조직의 비전, 전략과제, 성과분석 등의 정렬 요소와 프로세스 설계, 개선, 표준화 등의 실행요소는 핵심프로세스를 중심으로 PDCA 사이클에 따라 운영되며, 잠재적 요구사항 실현을 통한 고객가치 향상 및 수익 지향적 경영의 추진에 의한 지속가능성을 확보하고, 업무의 표준화 및 개선 그리고 조직 혁신 문화의 구축을 실행하도록 구성되어 있다.

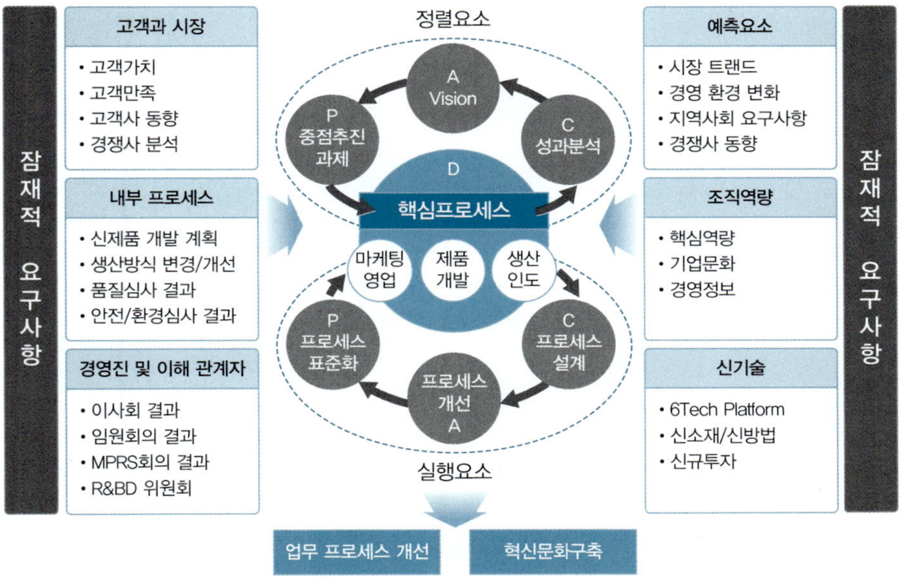

[그림 8-8] S사의 업무시스템 설계의 예시

출처: 한국표준협회, 국가품질경영상 중견기업부문 현황설명서

③ 지속가능한(sustainable) 경쟁력 추구를 위한 핵심역량이나 업무프로세스를 관리하고 있는가?

세 번째로 살펴볼 세부항목은 지속가능한 경쟁력 추구를 위한 핵심역량, 업무프로세스의 관리이다. 설계된 업무시스템은 고객 및 시장, 이해관계자의 요구사항에 빠르게 대응할 수 있도록 운영하며, 정기적으로 경영성과를 평가하고 그 결과를 대내

사례

S사의 핵심프로세스 매트릭스

고객가치 창출을 위한 각 기능의 핵심 역량별 가치요소를 도출하고, 고객의 소리에서부터 고객가치 창출까지의 전 과정에 영향을 주는 핵심프로세스와 지원프로세스로 구분하여 정렬한 것이 S사의 핵심프로세스 매트릭스 및 지원프로세스 매트릭스이다.

〈표 8-3〉 S사의 핵심프로세스 매트릭스 구성 예시

구분	업무 시스템	핵심역량 가치 기여도			가치 기여 요소	핵심역량 반영 요소
		T	C	S		
핵심 프로세스	마케팅/영업	◎	◎	◎	기민한 시장과 고객 요구 파악 시장이 필요한 솔루션 제공	시장 및 고객정보/경쟁사 동향 파악능력 주요 고객과의 관계 유지 Global화 경쟁우위 분석, 기회 포착 및 사업성 분석, 전략적 제휴
	연구개발	◎	◎	◎	신속 정확한 제품 개발 고객기술지원	숙련된 개발인력 육성 효율적인 개발체계 구축 제품 및 설비 설계 능력 향상, 양산화 기술 보유 특허, 신규 융복합 협업 시장을 선도하는 개발 전략
	생산/인도	◎	◎	◎	높은 생산성 토탈 솔루션 제공 고객 품질실패 최소화 적기 납입 안정적인 품질 유지	6Technology Plaform 및 응용기술 보유 설비 보전 및 설계 기술 품질 검사 시스템 숙련된 기술 인력 Global화
지원 프로세스	구매	△	○	○	최적/적기 조달	구매선 관리, 전략적 공급 파트너 보유
	재무지원	△	△	○	예산 배분지원, 성과 제공	투명한 재무회계관리
	인력/정보	△	△	◎	최적자원 적시 확보 헌신도 제고정보 수집/제공 업무 성과 제고	우수한 근무 환경 조성 및 애사심 제고 인재육성프로그램 정보의 접근성 및 보안
	전략기획	△	△	○	중장기 전략 수립	경쟁력 분석, 사업 인프라 설계 조직의 강/약점 파악, 자원의 효율적 배분
	안전/관리	○	△	○	생산/인도 지속 기반 제공	안정된 노사관계 및 EH&S 시스템 비상상황 대응, 민원처리, 사회공헌활동

* T: 기술, C: 고객, S: 시스템

** ◎: 높음, ○: 중간, △: 낮음

출처: 한국표준협회, 국가품질경영상 중견기업부문 현황설명서

외 이해관계자에 공유하여 업무시스템과 프로세스의 변경이 필요한 경우에 적절한 절차를 거쳐 개선해 나가도록 한다.

(2) 업무프로세스 설계

① 조직의 주요 업무프로세스는 무엇인가? 주요 업무프로세스를 조직의 핵심역량과 어떻게 관련시키는가? 주요 업무프로세스가 고객에 가치전달, 수익성, 조직의 성공 및 지속성에 어떻게 기여하는가?

첫 번째로 살펴볼 세부항목은 주요 업무프로세스의 설계이다. 주요 업무프로세스는 제품을 실현하는 핵심 프로세스와 이를 직접적으로 지원하는 지원프로세스 그리고 경영활동에 관계되는 경영프로세스 등으로 구분할 수 있겠다. 가치사슬을 활용하여 주요 업무프로세스를 점검하고 설계할 수 있겠다. 예를 들면, B사의 경우에 핵심프로세스는 사업개발, 건설, 구매, 발전운영, 전력거래 프로세스 등으로 구성되며, 지원프로세스는 친환경관리, 안전관리, 연구개발관리, 운영관리, 품질관리 프로세스 등이 포함되고, 경영프로세스에는 기획관리, 인력관리, 재무관리, 성과관리 및 정보 및 보안관리 프로세스 등으로 구성된다.

사례 D사의 주요 업무프로세스의 설계 방안

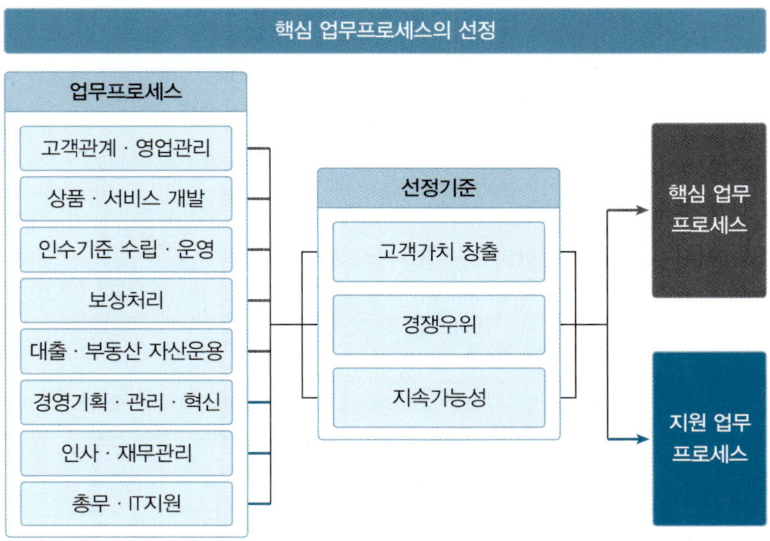

[그림 8-9] D사의 핵심 업무프로세스 설계 방안

D사는 주요 업무프로세스를 고객가치 창출 영향도, 경쟁우위, 지속가능성 등 3가지 기준에 따라 마케팅, 영업, 상품, 언더라이팅, 보상서비스, 자산운용의 4가지 핵심 업무프로세스와 경영지원 업무프로세스로 구분하여 운영하고 있다.

출처: 한국표준협회, 국가품질경영상 현황설명서

② 고객, 공급자, 협력업체 등 공급사슬관리에 해당하는 모든 업체의 요구를 반영한 주요 업무 프로세스의 요구사항을 어떻게 결정하는가? 또한 이러한 주요 업무 프로세스의 요구사항은 무엇인가

두 번째로 살펴볼 세부항목은 주요 업무프로세스의 요구사항 결정이다. 이러한 주요 업무프로세스의 설계 및 고려사항으로는 우선 각각의 프로세스를 수행하는 부문별 시스템에 대한 중장기 비전의 수립과 반영이 있다. 비전을 달성하기 위해서

〈표 8-4〉 D사의 주요 프로세스 요구사항 반영의 예시

이해 관계자	요구사항 청취 방법	핵심 요구사항	반영 사례
고객	소비자평가단, VOC 시스템, 고객제안, 고객바로알기, 고객만족도 조사 등	• 가격 경쟁력 • 고객중심의 서비스	• CS 평가지표에 반영 • CRM 프로세스 개선 등
주주	주주총회, 기업설명회, IR(Investment Relation) 등	• 재무성과 • 경영의 지속가능성	• 중단기 경영전략에 반영 • 조직구조개편 등
경영진	경영진 인터뷰, 경영전략회의, 신년사, CEO 경영방침, 전사혁신과제 등	• 영업이익 극대화 • 혁신과 전문역량	• 전략목표 항목에 반영 • 혁신과제, 벨트양성 등
직원	직원만족도 조사(ESI), 제안제도, 부서간만족도 조사(KSI), 참여마당, 다이나믹컨퍼런스 등	• 공정한 보상과 인정 • 쾌적한 업무환경	• ESI 조사항목에 반영 • 인사제도에 반영 등
보상 파트너	파트너 상생 컨퍼런스, 파트너만족도 조사 등	• 협력업체 존중 관계 • 업무시스템 지원	• 업무매뉴얼에 반영 • 지원제도 개선 등
영업 파트너	영업파트너만족도 조사(FSI), 영업파트너 제안제도 등	• 원활한 업무지원 • 쌍방향 커뮤니케이션	• FSI 조사항목에 반영 • 정규제로 개선 등

출처: 한국표준협회, 국가품질경영상 현황설명서

프로세스 설계의 세부과제를 도출하고, 현재와 미래상의 분석을 통해 혁신을 추진하여 최적의 프로세스를 유지하도록 노력하여야 한다.

예를 들면, 주요 업무프로세스의 요구사항은 다음과 같은 구조로 조사되어 결정된다. 이해관계자를 공급자, 프로세스, 수요자 관점으로 구분하고, 고객, 주주, 임직원, 영업파트너, 보상파트너 등의 이해관계자로부터 다양한 커뮤니케이션 채널을 통해 청취한 뒤에 고객가치 창출 영향도, 경쟁우위 확보, 지속가능성의 기준으로 우선순위를 부여하여 핵심 요구사항을 결정하고 이를 기반으로 경영진이 의사결정을 하는 구조를 운영하고 있다.

③ 조직은 주요 요구사항을 충족시키기 위해 업무프로세스를 어떻게 설계하고, 혁신하는가? 조직의 업무프로세스를 설계할 때 기민하게 대처하기 위하여 신기술, 조직의 지식, 잠재적 요구를 어떻게 고려하는가? 업무 프로세스의 설계에 사이클 타임, 생산성, 비용절감, 기타 효율적, 효과적 요인들을 어떻게 고려하는가? 주요 업무를 지원하는 프로세스는 무엇이며 어떻게 구성하고 있는가?

세 번째로 살펴볼 세부항목은 주요 업무프로세스의 설계이다. 내외부의 경영환경 변화 등에 따른 잠재적 요구사항을 파악하여 업무프로세스를 지속적으로 재설계하고 혁신활동 등을 통해 프로세스를 지속적으로 개선할 필요가 있다. 업무프로세스의 효과성과 효율성을 분석하고 모니터링하기 위해 성과지표를 관리하고, 핵심성과지표(KPI) 운영성과는 주기적인 효과 측정과 분석을 통해서 지속적으로 프로세스 재설계에 반영되도록 하여야 한다.

사례

S사의 업무프로세스 설계 및 혁신 사례

S사의 업무프로세스는 핵심역량을 기반으로 한 품질, 프로세스 운영 및 경영활동에 의해 파악된 고객의 요구사항과 내부프로세스의 효과성과 효율성을 동시에 높이기 위한 요건들을 반영하여 각 기능에 대한 요구사항이 충족되도록 설계되어 있다.

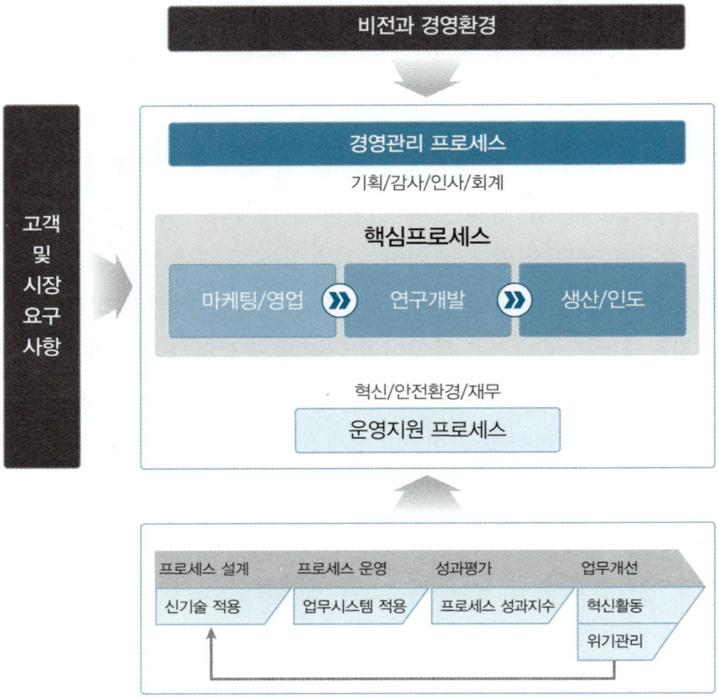

[그림 8-10] S사의 요구사항 반영 및 프로세스 설계

출처: 한국표준협회, 국가품질경영상 중견기업부문 현황설명서

(3) 긴급사태 대비

① 조직은 재해 및 긴급사태에 대비하여 업무시스템 운영 효율과 사업장을 어떻게 준비하고 있는가? 조직의 재해 및 긴급사태 준비시스템은 예방, 관리, 업무의 연속, 복구를 어떻게 고려하는가?

첫 번째로 살펴볼 세부항목은 긴급사태의 대비이다. 경영활동 전반에 걸쳐서 발생할 수 있는 각종 위험을 체계적으로 관리하여 안정적인 경영유지 기반을 마련하여야 하며, 동시에 각 업무 분야에 산재된 리스크를 통합적으로 관리하는 일종의 전사적 리스크 관리시스템을 구축할 필요가 있다. 이를 활용하여 평상시에는 경영진의 효율적인 의사결정을 지원할 수 있고 리스크 경감활동을 추진할 수 있다. 또한 재난 및 각종 사고, 사이버테러 등의 돌발 위기상황의 발생 시에는 신속한 대응이 가능한 추진조직과 보고체계를 확립하여 신속한 상황전파와 대응 및 복구활동을 수행하도록 하여 피해를 최소화 하고 사전에 리스크를 감지하고 회피하기 위한 조치를 취할 수 있도록 노력한다.

사례

S사의 긴급사태 대비 방안

- 조직의 긴급사태 대비: S사는 회사의 지속가능한 경영활동을 저해할 수 있는 비상상황을 규정하고, 이를 효과적으로 예방, 대응, 사후조치가 가능하도록 비상대응체계를 운영하고 있다. 회사에서 규정한 비상상황은 납기, EH&S, IT로 구분하며, 각 비상상황에 따라 세부절차를 마련하여 최근 다각화 되어 가고 있는 위기환경에 적절히 대응하고 있다.

〈표 8-5〉 S사의 긴급사태 대응 유형

구분	내용
납기	• 생산활동 중에 발생한 품질문제, 설비 문제, 안전사고, 운송지연/불가로 인한 고객에 대한 납기 또는 공급 차질 • 자재 공급 및 운송업체의 경영상의 이유, 수요/공급 불균형에 의한 자재 부족으로 인한 자재 수급 불가
EH&S (환경, 보건, 안전)	• 정전 등의 각종 사유로 인한 생산활동 중단 • 화재/폭발, 화학물질 유출, 자연재해, 산업재해 등으로 인한 인명, 자산의 손실 및 기업 이미지 실추
IT	• IT시스템 운영 장애로 인한 업무프로세스의 수행 불가

출처: 한국표준협회, 국가품질경영상 중견기업부문 현황설명서

- 긴급사태 대응프로세스: 규정된 비상상황(긴급사태)에 따른 비상대응체계는 대응계획수립, 훈련 및 교육, 비상상황 대응 및 사후조치 절차로 이루어지며, 사후조치에는 원인분석 및 재발방지 대책을 수립하여 프로세스 개선에 반영하고 있다. 각 상황별로 대응 프로세스를 수립, 목록화 하여 비상상황 발생 시 피해를 최소화 하고 신속한 복구가 가능하도록 하고 있다.

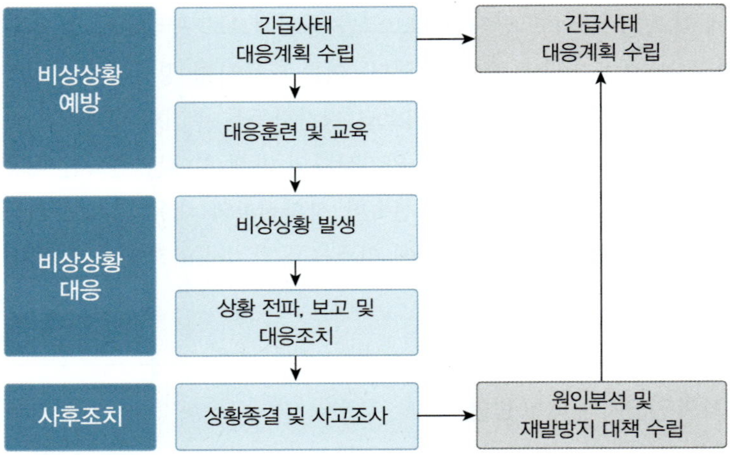

[그림 8-11] S사의 긴급사태 관리프로세스

출처: 한국표준협회, 국가품질경영상 중견기업부문 현황설명서

또한 회사의 무재해, 무사고 사업장을 구축하기 위해 자제 감사 절차를 수립하여 적용하고 있다.

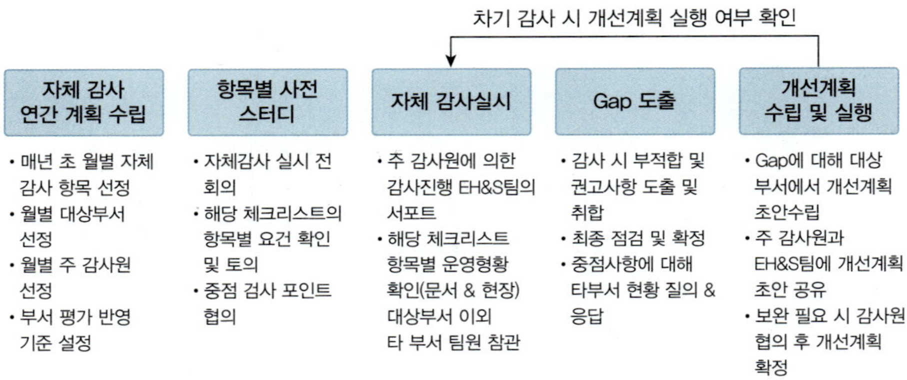

[그림 8-12] S사의 자체 감사프로세스

출처: 한국표준협회, 국가품질경영상 중견기업부문 현황설명서

8.2.2 업무프로세스 관리와 개선

> 조직에 고객의 가치를 전달하고 조직의 성공과 지속성을 달성하기 위해 주요 업무프로세스를 어떻게 운영, 관리, 개선하는가를 기술하시오. 다음과 같은 세부 항목에 대한 응답을 포함해야한다.

(1) 업무프로세스 관리

① 조직은 업무프로세스가 설계요구사항을 충족시키기 위해 조직의 업무프로세스를 어떻게 운영하는가? 조직의 업무프로세스에서 일상 업무가 주요 설계요구사항을 어떻게 충족시키는가? 업무프로세스상에서 사이클 타임, 생산성, 비용절감, 기타 효율적 및 효과적 요인들을 어떻게 관리하는가? (제조업 중심) 고객, 공급자, 협력업체의 요구를 업무프로세스 관리 운영 중심에 활용하는가? 조직의 업무프로세스를 관리하고 개선하기 위해 사용되는 주요 성과지표와 프로세스지표는 무엇인가?

첫 번째로 살펴볼 세부항목은 업무 프로세스의 운영이다. PDCA(plan-do-check-act) 관리사이클에 맞춰 설계 요구사항을 효율적으로 충족시키고, 이해관계자의 요구사항에 기반하여 필요하다고 판단되거나 경영진 및 대내외 환경변화에 따른 전략적인 요구가 있는 경우에는 회사의 비전이나 전략방향과의 연계성을 검토하여 개발 및 개선의 대상으로 선정하고 이를 설계, 실행, 성과평가, 개선과정을 거쳐서 업무프로세스를 운영하는 방안이 있다. 이를 간략히 도식화 하면 다음과 같다.

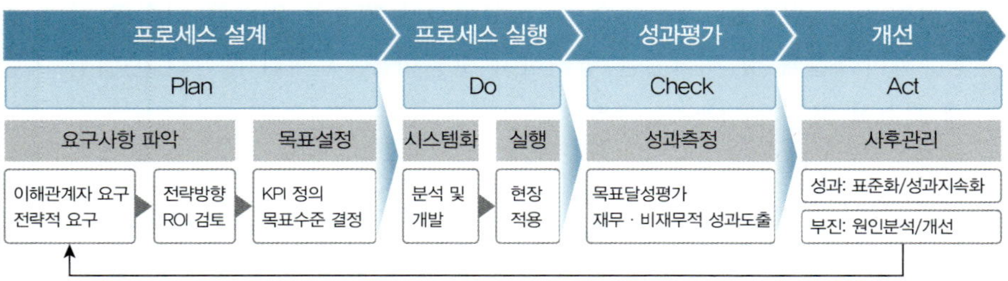

[그림 8-13] PDCA 관점의 업무프로세스 운영

출처: 한국표준협회, 국가품질경영상 현황설명서

사례

S사의 업무프로세스 운영 방안

S사의 업무프로세스는 설계 요구사항을 충족시켜 업무가 효율적으로 수행될 수 있도록 절차화 및 표준화 하여 운영된다. 표준문서는 전사품질프로세스에 기반한 품질매뉴얼, 품질규정 등의 상위 표준문서와 고객의 요구사항을 내부 공정의 품질기능으로 규정한 제품규격, 구매규격, 자재명세서, 업무표준, 작업표준, 기준서/요령서 등의 하위 문서로 구성된다. 절차화 및 표준화 된 업무프로세스의 실행수단으로 ERP, MES, 그룹웨어, 구매넷 등 IT시스템이 운영된다.

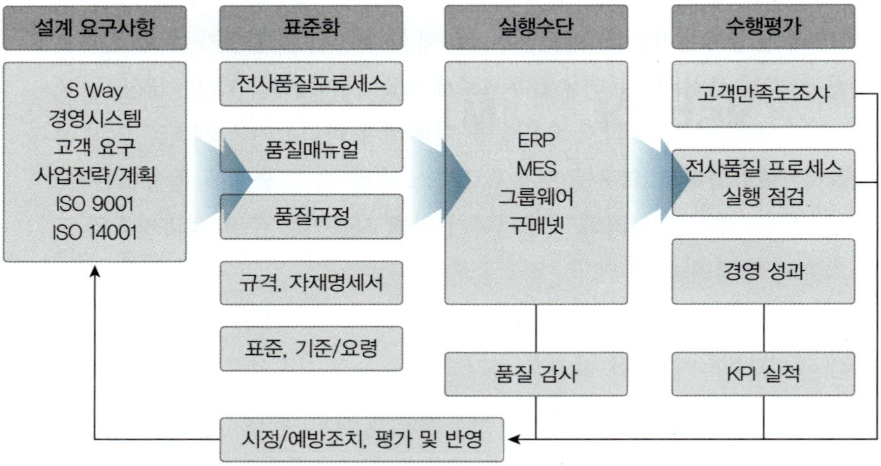

[그림 8-14] S사의 업무프로세스 운영 절차

출처: 한국표준협회, 국가품질경영상 중견기업부문 현황설명서

② 검사비용, 시험비용, 프로세스 또는 성과검사 비용을 어떻게 최소화 하며 결함, 서비스실패 및 재작업을 방지하고 보증비용, 고객의 생산성 손실을 어떻게 최소화 하는가? (제조업 중심)

두 번째로 살펴볼 세부항목은 구체적인 업무프로세스의 운영 실적 점검에 대해 살펴보는 것이다. 이에 관한 업무프로세스 효과성 점검 및 개선의 예시는 다음과 같다.

〈표 8-6〉 S사의 업무프로세스 효과성 점검 및 개선의 예시

점검 항목	수행프로세스	평가 개선 반영
프로세스 효과성 및 이행상태 점검	사내/사외 품질감사	시정예방조치 수행 프로세스 개선
조직/개인별 프로세스 운영 성과 점검	월/분기/년간 KPI 실적 관리 및 평가	인사평가 반영 업무시스템 개선
고객만족도 점검	전략고객 만족도조사 고객 정기 기술협의	품질 및 서비스 개선 활동 프로세스 개선

자료 : 한국표준협회, 국가품질경영상 중견기업부문 현황설명서

(2) 업무프로세스 개선

① 조직의 업무프로세스에서 보다 나은 성과를 달성하고, 변동성을 줄이고 프로세스를 현재의 비즈니스 요구와 방향에 맞도록 하기 위해 어떻게 개선하는가?

여기서 첫 번째로 살펴볼 세부항목은 업무프로세스의 개선이다. 특히 비즈니스 요구와 방향에 맞게 업무프로세스를 개선하기 위한 방안을 살펴본다. 이해관계자들의 요구사항을 충족시키고 회사의 비전과 전략 방향과 연계하여 현재의 비즈니스 요구에 맞게 프로세스를 개선할 수 있도록 경영혁신 운영체계를 구축하고 이를 실행하여 실제적인 업무프로세스의 개선을 수행할 수 있다. 혁신과제가 완료되면 목표달성 여부를 체크하여 달성한 부분과 성과 지속화를 위한 표준화 및 현장 적용성 제고를 위한 절차를 진행하고, 미진한 부분에 대해서는 원인을 파악하여 개선안을 수정하고 재적용하는 등의 노력을 통해 성과 창출을 도모한다.

② 전략적 기회의 지속적인 포착을 위한 혁신문화의 관리는 어떻게 이루어지고 있는가?

혁신문화

두 번째로 살펴볼 세부항목은 혁신문화의 관리이다. 혁신문화를 함양하고 현업 적용성을 제고하기 위한 방안으로는 현장제안 제도가 있다. 이는 전 임직원이 경영활동에 참여하여 기여하는 방안의 일환으로 개선활동의 수행 결과를 제안으로 연계하는 방안을 활용할 수 있는데, 업무 중 발생한 문제점, 개선사항, 아이디어 등을 제안하면 이를 담당자가 수집하여 평가하고 개선에 반영하는 제도이다. 제안제도를 통해서 혁신문화를 확산하고 정착시켜 나갈 수 있을 것이다. 또한 소통을 통한 구성원 및 관련자의 업무 효율성 제고를 위해 VP(visual planning) 활동을 적용할 수도 있다. 이는 가시적인 보드 앞에서 간단히 하루 업무를 공유하면서 업무의 중

사례

D사의 비즈니스 요구 유형별 혁신 방법론

D사는 비즈니스 요구사항을 충족시키고, 프로세스를 자산화 하기 위해서 요구사항의 유형에 따라 맞춤형 개선 방법론을 적용하고 있으며, 전사 공통 이슈에 대해서는 워크아웃(work-out)을 통하여 문제를 해결해 나가고 있다. D사의 비즈니스 요구의 방향은 사업구조 혁신, 고객지향 프로세스 개선, 단위업무 혁신, 전사 업무개선의 4가지 관점으로 설정하고, PI(process innovation), 6시그마, 업무효율화, 제안 등 각 유형에 적합한 맞춤형 방법론을 적용하여 개선과 혁신을 수행하고 있다. 이를 통해 전사적인 전략성과와 운영성과를 달성하고자 노력한다.

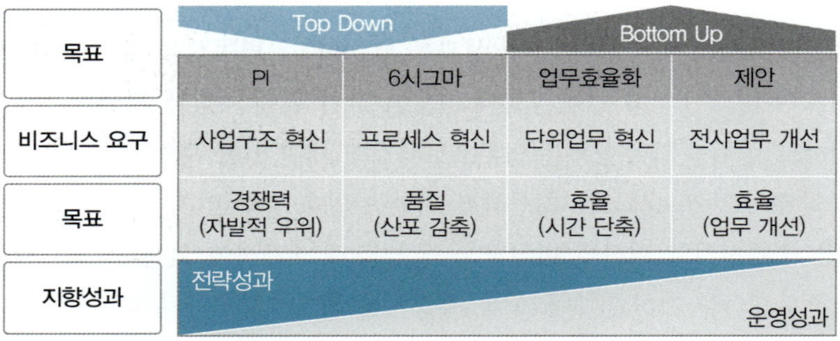

[그림 8-15] D사의 비즈니스 요구 유형별 혁신 방법론의 적용

출처: 한국표준협회, 국가품질경영상 현황설명서

요도, 우선순위, 협업이 요구되는 정도, 중복 업무 등을 파악하고 조정하여 업무의 효율화와 개선을 추구하는 데 도움이 된다.

③ 개선 결과와 학습내용을 조직의 학습과 개선으로 이어지도록 다른 조직 및 프로세스와 어떻게 공유하는가?

세 번째로 살펴볼 세부항목은 개선 결과와 학습내용의 공유이다. 조직에서 수행한 개선의 결과와 학습내용이 조직의 학습과 개선으로 이어지도록 하여야 한다. 이를 위해 포털시스템의 활용, 혁신성과 경진대회의 개최와 공유, 혁신백서의 발간과 공유 등 다양한 수단을 활용할 수 있다. 포털시스템을 통해서 혁신과제의 시작 단계인 과제 선정에서부터 사후관리까지 전과정을 관리할 수 있으며, 혁신활동에 대한 성과 및 결과를 혁신과제가 마무리되는 시점에 혁신성과 경진대회를 개최하여 베스트 프랙티스를 발굴하고 장려하여 공유하고 상호간의 벤치마킹이 가능하도록 하여 학습의 기회를 제공할 수 있겠다. 혁신활동이 완료되면 그 결과를 공유하고 활용하는 것은 개선활동에 대한 동기부여 측면에서도 유용하다.

④ 현재의 비즈니스 요구와 방향에 맞도록 조직은 어떻게 자주개선 하는가?

네 번째로 살펴볼 세부항목은 비즈니스 요구와 방향에 맞도록 개선활동의 수행여부를 점검하는 것이다. 여기서는 문제의 인식과 문제의 해결, 그에 따른 성과관리의 실행이라는 혁신활동 사이클에 따라 지속적인 개선을 수행하는 방안을 검토할 수 있겠다. 문제의 혁신 과제화와 발굴된 문제 해결을 통해서 성과를 달성하고자 하는 접근방법이다.

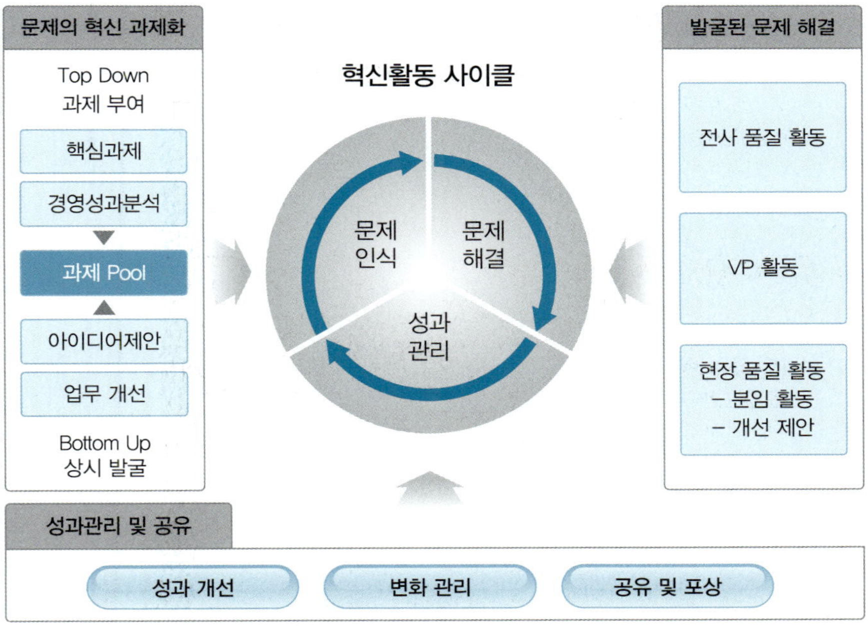

[그림 8-16] S사의 개선활동 체계

출처: 한국표준협회, 국가품질경영상 중견기업부문 현황설명서

연·습·문·제

1. 관심 기업이나 조직의 핵심역량을 파악해 보자.

2. 후지필름이 화장품을 만든 것은 핵심역량의 활용이라고 할 수 있는지 설명해 보자.

3. 업무의 구조가 조직 중심에서 프로세스 중심으로 전환되는 사례를 찾아보자.

4. 업무프로세스를 핵심 업무프로세스와 지원 업무프로세스로 구분하여 설명해 보자.

5. 업무프로세스 개선에 활용되는 방법에 대해 설명해 보자.

품질경영

PART III

품질의 개선과 혁신

9

CHAPTER

품질기능전개

학습 목표

- 품질기능전개의 의미와 절차를 설명할 수 있다.
- 품질의 집의 구성요소를 이해하고 설명할 수 있다.
- 품질기능전개의 확장과 그 효과를 이해한다.
- 품질기능전개를 이용하여 실제사례를 분석할 수 있다.
- 품질기능전개의 한계를 이해하고 설명할 수 있다.

사례 D보험사-운전습관 빅데이터 분석으로 자동차보험 개발

D보험사는 2016년 4월 운전습관과 자동차보험을 연계해 보험료를 할인해주는 상품을 개발했다. 신제품을 6시그마 수준으로 설계하기 위한 방법론을 적용하고, 고객요구사항을 반영하기 위해 품질기능전개를 활용했다. 자동차보험은 지속성장시장이나, 높은 손해율로 만성적자를 보고 있었고 고객의 가격민감도가 증가하여 경쟁사는 보험료가 낮은 상품개발과 마일리지 할인특약으로 할인경쟁을 강화하였다. D보험사는 신상품 후발진입과 글로벌 기업들과의 손해율 차이 확대로 보험료 인하를 통한 가격경쟁력 확보가 어려운 상황이었다. 글로벌 기업들은 운전습관 빅데이터를 반영한 보험상품을 통해 손해율이 우량한 고객확보로 손해율과 시장점유율을 동시에 개선하고 있었고, 정부는 상품 규제 완화와 핀테크 활성화를 지원하는 금융선진화 방안을 추진하였다. 이에 D보험사는 사업환경 변화의 기회를 포착하여 손해율 개선과 시장점유율 증대를 위해 국내 최초로 운전습관 빅데이터를 활용한 한국형 자동차보험 개발을 추진하였다. 먼저 고객요구사항을 파악하여 설계품질에 반영하였는데 품질기능전개를 이용하여 다양한 효과를 볼 수 있었다. 구체적으로 운전습관이 우량한 고객 유입으로 손해율 개선을 통한 재무성과를 높였고, 자동차보험으로 보험업계 상품특허에 해당하는 배타적 사용권을 획득하였다. 또한, 스마트폰 내비게이션을 활용하여 해외상품과 차별화되는 독창적인 상품개발로 브랜드 이미지를 제고하였고, 안전운전 점수개발로 교통사고를 예방하여 사회적인 비용을 절감하였다. 다음은 D보험사가 사용한 품질기능전개의 일부분이다.

CA와 EC 상호관련성 산정기준			
구간	● (9점)	○ (3점)	△ (1점)
근거	강 (5명 이상)	중 (4~3명)	약 (2~1명)

			EC																				
			상품특성			평가항목			데이터 신뢰성			데이터 가공 방식									데이터 단말기		수익성
												가공 방식		데이터 형태		전송 시간		개인정보 관리					
			할인만 제공	통합형 할인방식	통합형 할인율	데이터발굴증대	데이터활용증대	기존특약 데이터 제외	데이터수집업체 역량	데이터생성신뢰수준	데이터손해율간 상관관계	보험사제공데이터가공단순화	고객제공데이터가공단순화	데이터항 목최소화	가독성 높은 데이터	보험사에서 실시간데이터제공	고객에게 실시간데이터전송	보험사사생활데이터수집 제외	정보수집업체 사생활데이터관리	항목별동의방식	OBD방식	스마트폰App방식	UBI보험목표손해율관리
중요도																							
CA	할증제도는 제외	5	●																				△
	개인용 평균대비 낮은 손해율 구현	5				○	○		●	●	●	△	○	△	○	●	○	●			○	△	●
	운전습관형 데이터 증대	5		●	●	●	●	○	●	●	●	○	○	○	○	△	△			△	●	○	●
	데이터 수집의 정확성	5		○	○	△	△	△	●	●	●					●	△				●	○	●
	데이터 활용의 신뢰성	5		○	○	△	△	△	●	●	●					●	△				●	○	●
	단순한 데이터 형태	5										●	●	●	○	○	○				○	●	
	보편적으로 공급된 기기	5							●			○	○		○	●	●				△	●	○
	사생활 데이터 보험사 직접 수집 제외	5																●	●		△	●	
	기존 할인 상품만큼 충분한 할인율	3	○	○	●				○	●	●	△	△	△	△	●	●				●	○	
	非운전습관형 데이터 감축	1		○	○			●		△	●			△								●	○
	정보수집기기 설치비 최소화	3			△				●												△	●	
	데이터 사용료 최소화	3			△				●	○	○	●	○	●	○			●			○	△	
	실시간 데이터 제공	3			○		●	●	●	●	●			●		●	●				●	●	●
	프로그램의 손쉬운 사용	3							●							○	○				△	●	
	차량전원을 사용 안 함	3																				●	
	차량과 분리된 기기	3																				●	
	보상감액요소 데이터 보험사 수집 최소화	3										△	△	△				●	○	●	○	●	
	고장수리비 최소화	1																				●	
기술특성 중요도			54	87	120	70	97	61	342	244	252	113	105	126	72	263	153	144	54	32	253	368	230
기술특성 상대적 중요도(%)			1.6	2.7	3.7	2.1	3.0	1.9	10.6	7.4	7.7	3.4	3.2	3.8	2.2	8.0	4.7	4.4	1.6	1.0	7.7	11.4	7.0
CTQ 우선순위			18	14	10	16	13	17	2	5	4	11	12	9	15	3	7	8	18	19	4	1	6

출처: 우수 품질분임조 사례(http://knqa.ksa.or.kr/knqa/2294/subview.do)

9.1 품질기능전개의 정의와 역사

지속적인 품질개선을 이루기 위해서는 소비자가 원하는 것을 제품 또는 서비스의 설계에 반영해야 한다. 소비자가 원하는 품질특성을 가진 제품을 생산해야 기업이 성공할 수 있기 때문이다. 이를 위해 생산자가 소비자의 요구사항을 제품의 설계 또는 생산과정에 반영하게 만들어주는 방법 중 하나가 품질기능전개이다. 품질기능전개는 고객의 요구사항이 설계품질을 통해 최종 제품에 충분히 반영되도록 하여 고객의 만족도를 높여준다. 품질기능전개의 기본적인 구조는 고객의 요구사항을 받아들여 제품의 설계품질에 반영하고 반영된 설계품질은 품질기능전개의 확장을 통해서 부품특성과 프로세스특성으로 변환하고 마지막으로 생산에서의 구체적인 사양으로 변환시키는 것이다. 기업에서 품질기능전개를 사용할 때 구체적으로 바라는 효과는 제품을 개발할 때 고객의 요구사항을 효율적으로 제품의 설계품질에 반영함으로써 개발기간을 단축하고 제품의 품질을 향상시키는 것이다.

이처럼 품질기능전개가 효과적으로 시행되기 위해서는 여러 부서가 반드시 밀접하게 협력해야 한다. 품질기능전개는 고객의 요구를 제품에 어떻게 반영할 것인지 고민하는 것에서부터 시작되었기 때문에 품질기능전개를 성공적으로 사용하기 위해서는 근본적으로 고객의 요구사항을 정확히 파악해야 한다. 또한, 제품이나 서비스가 어떠한 기능을 보유하고 있어야 하는지, 고객의 만족을 최고로 이끌어 낼 수 있는 방법에는 어떠한 것들이 있는지에 대해서 생각해야 한다. 품질기능전개는 소비자가 만족하는 제품의 개발을 위해 생산의 각 단계에서 고객의 요구사항과 기대치들을 제품의 기술규격으로 전환하여 설계하는 기법이기 때문에 고객의 요구조건을 파악하여 그것을 효율적으로 제품의 설계에 반영하게 해준다. 품질기능전개를 처음으로 만들어서 이용한 것은 제조업이었지만 그 이후에는 제조업에 국한하지 않고 서비스업 같은 분야에서도 활발히 이용되고 있다.

품질기능전개

품질기능전개의 시작은 1966년 일본의 품질전문가인 아카오 요지(赤尾洋二)에 의해 개발되어 미쓰비시 중공업의 고베 조선소에서 원양어선제작에 처음 사용된 것으로 알려져 있다. 선박을 제조하는 경우에는 정부의 까다로운 규제조건과 고객의 다양한 요구사항을 설계에 반영해야 했는데 이것을 가능하게 하기 위해 품질주택이라고 부르는 행렬형태의 표를 사용하였다. 이것이 품질기능전개의 시작이다. 1970년대 중반부터는 도요타와 도요타의 하청업체에서 사용하기 시작하였으며, 그 후에는 산업 전반에 걸쳐 폭넓게 사용되었다. 그 후 도요타는 품질기능전개를 통하여 1970년 중반 이후부터 1980년대 중반까지 신제품의 개발기간을 단축할 수 있었고 신제품 개발비용도 혁신적으로 줄이고 신제품의 품질도 향상시킬 수 있었다. 일본에서는 도요타를 시작으로 해서 가전제품, 건설업, 화학분야, 금속제품 등 전 분야에 걸쳐 품질기능전개가 사용되었다. 이에 자극받아 미국에서도 1980년대에 품질기능전개가 알려지기 시작하였으며, 후지 제록스에서 품질기능전개가 성공적으로 사용된 것이 계기가 되어 많은 미국회사들이 품질기능전개를 사용해 오고 있다.

9.2 품질기능전개의 특징과 효과

산업이 점점 더 발전할수록 기업의 관심사는 어떻게 하면 고객의 요구조건을 충분히 만족시킬 것인가 하는 것이다. 고객의 요구조건을 만족시키는 제품을 생산하는 것이 기업의 입장에서는 무엇보다 중요하기 때문이다. 그렇게 하기 위해서는 제품의 설계단계에서부터 고객의 요구조건을 반영하는 것이 중요하다. 품질기능전개가 나오기 이전에는 고객의 요구조건을 반영하는 것은 설계단계가 아니라 고객의 불만과 반품 등을 통한 고객의 불평사항을 접수하는 것에서부터 시작되었다. 전통적인 개념의 품질관리는 고객이 만족하지 않는 불량품을 검사를 통해서 찾아낸다.

그러나 품질기능전개는 검사단계 이전의 설계단계에서 고객의 요구사항을 반영하여 제품에 대한 고객만족을 이끌어낸다. 고객의 요구조건에 맞지 않는 제품을 구매하게 되면 고객들은 제품구매를 중단하게 되고 불만족을 경험한 고객들을 다시 만족시키기 위해서는 더 많은 노력이 필요하다. 만약 고객요구가 처음부터 제품설계에 잘 반영되었다면 이러한 비효율을 제거할 수 있을 것이다. 이처럼 품질기능전개는 고객의 요구사항을 제품설계에 반영할 수 있는 도구로써 고객의 기호, 기대, 요구사항 등을 제품개발과 생산 단계에서 기술규격으로 받아들이는 기능을 한다. 이러한 품질기능전개를 이용하여 설계 및 제조공정에서 일하는 직원들은 고객의 요구조건을 구체적으로 반영하여 제품을 만들 수 있다.

9.2.1 품질기능전개의 특징

품질기능전개는 가장 먼저 고객의 요구사항을 설계품질에 적절히 반영시키는 것이 중요하다. 다음 단계로는 설계품질을 부품설계에 반영한다. 즉, 고객의 요구사항을 중요 부품특성에 반영해야 한다. 다음 단계는 중요 부품의 특성을 주요 공정의 설계에 반영한다. 부품의 특성이 반영된 주요 공정의 설계는 구체적인 제품의 생산계획과 설계에 반영한다. 품질기능전개는 구체적으로 설계품질에 반영, 부품설계에 반영, 공정설계에 반영, 생산계획에 반영으로 확장할 수 있다.

(1) 고객의 요구사항을 설계품질에 반영

설문조사 등의 방법으로 고객의 요구사항과 각각의 요구사항의 중요도를 조사하여 정리하고 품질의 집에 포함시킬 수 있도록 정리한다.

(2) 설계품질에 반영된 내용을 부품설계에 반영

고객의 요구사항을 설계품질에 반영하고 이 내용을 다시 부품설계에 반영한다. 고객의 요구사항을 충족시키는 제품을 만들기 위해 제품의 어느 부품을 어떻게 설계하고 어떤 방식으로 관리해 나갈 것인가를 고민하는 단계이다.

(3) 부품설계에 반영된 내용을 공정설계에 반영

부품설계에 반영된 내용은 최종적으로 공정설계에 반영한다. 고객의 요구사항을 궁극적으로 공정설계에 반영하는 것이다. 부품설계에 반영한 내용을 주요 공정에 반영하여 고객의 요구사항과 관련된 품질특성을 찾아내어 향상시킨다.

(4) 공정설계에 반영된 내용을 구체적인 생산계획에 반영

마지막으로 공정설계에 반영한 내용을 구체적인 생산계획에 반영한다. 이로써 품질기능전개의 확장은 마무리된다.

9.2.2 품질기능전개의 효과

품질기능전개는 초기의 계획단계에서 많은 작업을 필요로 한다. 품질기능전개의 시초가 조선소에서 선박주의 요구사항과 정부의 규제 및 지침을 선박의 설계에 어떻게 반영할까에서부터인 것을 보면 작업의 양을 가늠할 수 있다. 작업을 시작하면 연관된 요소들이 서로 밀접하게 관련되어 있기 때문에 그 방향을 바꾸기가 어렵다. 작업의 내용을 수정하는 경우 품질기능전개를 사용하지 않으면 작업량이 훨씬 더 많아지게 된다. 일의 효율성 측면에서 품질기능전개는 큰 역할을 한다. 예컨대 개발과 생산과정에서 변화가 발생할 때 제품/프로세스 변화를 이미 작성한 품질기능전개에 어떻게 반영할 것인가는 하나의 과제이다. 그러나 이러한 문제점에도 불구하고 품질기능전개는 많은 장점을 가지고 있는데, 그중 하나는 설계변경의 횟수를 많이 줄일 수 있다는 점이다. 이는 고객 요구를 더 잘 이해하고 제조부문이 일찍 관여하게 되며 설계과정에서 문제가 발생하지 않도록 미리 막을 수 있기 때문이다. [그림 9-1]에서는 품질기능전개를 사용한 기업과 사용하지 않은 기업을 비교하여 품질기능전개에 여러 가지 장점이 있음을 보여주고 있다.

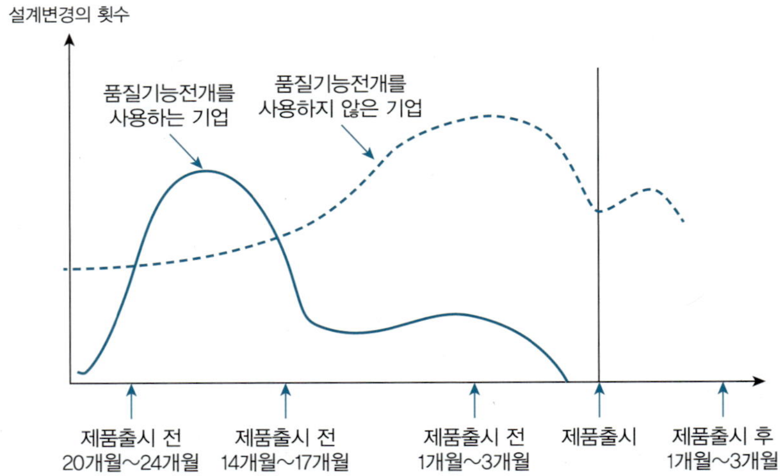

출처: Lawrence P. Sullivan, "Quality Function Deployment, Quality Progress, June 1986, p. 39. © 1986 미국 품질 관리 협회

[그림 9-1] 품질기능전개를 사용한 회사와 사용하지 않은 회사의 설계변경 횟수 비교

[그림 9-1]은 품질기능전개를 사용한 일본 자동차 제조업체의 설계 변경과 품질기능전개를 사용하지 않은 미국 자동차 제조업체의 변경을 비교한 것이다. 자동차가 조립 라인을 벗어나기 전에 일본 기업의 디자인은 변경이 적고, 대부분 설계가 동결되었다. 반면 미국 기업은 이후에도 변경이 잦으며, 조립라인 후에도 수정하며 마쳤다. 품질기능전개는 설계변경의 횟수가 감소하므로 생산준비비용을 절감시킨다. 일본의 회사는 품질기능전개를 사용하지 않은 1977년보다 이를 사용한 1984년에 61%의 생산준비비용 감소를 초래하였다. 또한, 품질기능전개는 제품개발기간을 단축시킨다. 새로운 제품을 도입하는 데 소요되는 기간을 1/3 내지 1/2만큼 단축시킬 수 있다. 품질기능전개는 부서 사이의 협조와 팀워크를 증진시킨다. 설계, 제조, 마케팅 등 모든 기능부서가 함께 작업하므로 다른 부서의 업무에 대해 이해를 증진하고 문제해결에 협조정신을 갖게 한다.

순차적 설계의 문제점을 극복하기 위해서는 부문 간의 의사소통 장벽을 없애야 한다. 의사소통 장벽을 제거하는 가장 확실한 방법은 순차적 설계방식 대신 관계자들 모두가 한자리에 모여 함께 의논하는 병행설계를 이용하는 것이다. 일반적으로 이러한 병행설계의 개념을 동시공학(concurrent engineering)이라고 하고 이를 가능하게 만든 방법 중의 하나가 품질기능전개이다. 동시공학의 상대적인 개념은 순차공학(sequential engineering)이다. 이렇듯 품질기능전개의 효과는 신제품의 개발기간을 단축하고 동시에 제품의 품질을 향상시키는 것이다. 이러한 효과를 달성하기 위해 신상품 개발의 초기단계부터 마케팅, 기술 및 생산부서가 서로 밀접하게 협력해야 한다. 품질기능전개의 효과를 구체적으로 정리하면 다음과 같다.

(1) 고객의 요구사항을 설계품질에 효과적으로 반영하기 때문에 전체적으로 설계변경의 횟수가 줄어든다.

품질기능전개를 사용한 회사는 제품이 출시되기 전에 이미 설계가 어느 정도 완성되어 제품이 출시된 후에는 설계변경이 거의 발생하지 않았다. 이는 설계과정에서 발생할 수 있는 문제점들이 방지되기 때문이다. 그러나 품질기능전개를 사용하지 않은 회사에서는 제품이 출시된 이후에도 계속해서 설계변경이 이루어지고 있음을 보여주고 있다.

(2) 설계변경횟수가 줄어들기 때문에 생산준비비용이 줄어들고 제품 개발기간도 같이 줄어든다.

일본의 도요타 자동차는 품질기능전개를 사용하지 않았을 때와 비교하여 사용한 직후에 생산준비비용이 감소하였다. 이러한 생산준비비용의 감소는 설계변경횟수가 감소한 결과이다. 따라서 기업의 입장에서는 여러 가지 생산성지표가 향상된다. 설계변경의 횟수가 줄어들었기 때문에 새로운 제품을 도입하는 데 소요되는 기간을 단축시킨다. 일반적으로 품질, 비용, 시간 사이에 상충관계가 존재하여 다른 특성의 희생 없이는 원하는 특성을 달성할 수 없다고 믿어 왔으나 품질기능전개의 성공적 사용으로 이들 특성을 동시에 최적화 할 수 있게 된다.

(3) 부서 사이의 협조와 팀워크를 증진시킨다.

설계, 제조, 마케팅 등 모든 기능부서가 함께 작업하므로 다른 부서의 업무에 대해 이해를 증진하고 문제해결에 협조정신을 갖게 된다.

(4) 고객만족이 증진된다.

품질기능전개를 사용하기 전에는 고려하지 못했던 고객의 요구사항들을 규명하고 충족시킴으로써 제품혁신이 고안된다.

9.3 품질의 집(House of quality)

품질의 집

품질기능전개는 고객의 요구사항을 설계품질에 효율적으로 반영하기 위해 품질의 집 또는 품질주택을 이용한다. [그림 9-2]에서 보듯이 품질의 집은 고객의 요구사항과 설계규격을 행렬 형태로 그린 도표이다. 품질의 집은 다양한 고객의 요구사항을 만족시키기 위해서 어떤 성능을 개선해야 하고 어떤 점을 강조해서 제품을 설계할 것인지 등을 정할 때 유용하다. 이러한 과정을 반복적으로 시행하다 보면 고객의 요구사항을 제품의 생산에 반영할 수 있게 되어 고객이 원하는 제품을 제공할 수 있다. 요컨대, 품질기능전개는 품질의 집을 통해서 실현된다. 세부적으로, [그림 9-2]에서 보는 바와 같이 품질의 집은 ① 고객의 요구사항, ② 경쟁력평가, ③ 설계특성, ④ 상관관계 행렬, ⑤ 설계특성의 절충관계 행렬, ⑥ 목표치 등 여섯 개의 구성요소로 이루어져 있다.

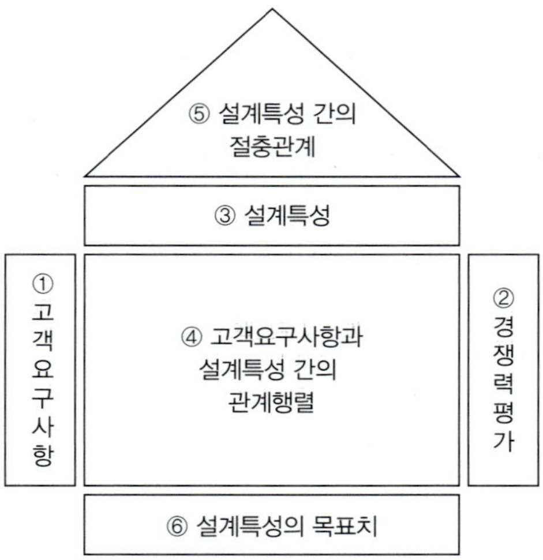

[그림 9-2] 품질의 집(House of quality)의 구성요소

(1) 고객의 요구사항

고객의 요구사항을 제품의 설계에 반영하기 위해서는 먼저 고객의 요구사항을 정확하게 파악해야 한다. [그림 9-2]에서처럼 고객의 요구사항은 품질의 집의 왼쪽에 위치시킨다. 고객의 요구조건은 정량적이기보다는 정성적인 경우가 많은데 제품의 설계품질과 정확히 연결시키기 위하여 정리하여 요약한다. 또한, 여러 가지 요구사항 간의 상대적 중요도를 같이 표시한다. 상대적 중요도는 고객의 요구사항과 마찬가지로 고객의 의견을 반영하여 정한다. 고객의 요구사항을 규정하는 것이 품질기능전개에서 가장 어려운 작업이다.

품질기능전개는 고객의 요구사항을 수렴하여 한정된 자원을 가지고 최대한 고객의 만족도를 높이기 위한 시스템이다. 품질기능전개는 고객의 요구사항과 각각의 요구사항의 중요도를 바탕으로 중요한 것들을 우선순위에 따라 설계품질에 반영하고 품질개선을 통하여 고객의 요구사항을 충족시켜 나간다. 고객은 내부고객이거나 외부고객일 수 있다. 내부고객은 회사 내에 다른 부서 직원이거나 다른 팀의 직원으로서의 요구사항이 있는 경우이고, 외부고객은 제품을 구매하는 소비자이다. 품질기능전개는 외부고객과 내부고객이 원하는 수준의 품질을 가지는 제품을 제공할 수 있도록 만들어 준다.

고객의 요구사항에 대한 우선순위(중요도)

고객의 요구사항에 대한 우선순위(중요도)는 고객의 생생한 목소리를 반영한다. 고객의 요구사항과 중요도를 구하는 방법은 설문조사를 이용하는 방법이 있다. 고객의 요구사항은 시간의 흐름에 따라서 내용이 변하기 때문에 꾸준히 파악할 수 있는 체계가 마련되어 있어야 한다. 고객의 요구사항과 중요도를 얻는 또 다른 방법은 고객을 대상으로 한 설문조사가 가능하지 않은 경우나 설문조사를 보완하는 경우에 사용될 수 있다. 기존에 알려진 정보를 이용하여 중요도나 고객의 요구사항을 조사하거나 아니면 계층분석법(analytic hierarchy process: AHP)을 이용할 수 있다. 계층분석법 또는 분석적 계층화 과정은 의사결정문제를 상호 관련된 의사결정사항들의 계층으로 분류하여 모형을 설정하는 것을 의미한다. 일반적으로 고객의 요구사항은 복잡하고 상호 연관적인 경우가 많기 때문에 이러한 경우 관련된 의사결정요소를 계층적인 구조로 만들어낼 수 있다.

고객의 요구사항을 알아내기 위해 대상을 나누는 기준의 예

① 계통상 기준: 연령, 성별, 직업, 가족구성, 학력, 혼인 유무 등
② 지리상 기준: 제주도, 남부, 영서, 도시, 시골, 교외, 해외 등
③ 심리적 기준: 성격, 라이프 스타일 등
④ 사회적 기준: 사회계층, 회사에서의 직위 등(고급제품의 경우)
⑤ 행동상 기준: 소비자의 구분, 소비량 등

(2) 경쟁력평가

해당 기업의 경쟁력을 다른 경쟁기업과 비교하여 수치화한다. 일반적으로 경쟁력 평가 자료를 얻는 방법으로 고객의 설문조사를 이용한다. 고객의 요구사항과 중요도를 조사한 방법으로 기업의 경쟁력도 평가할 수 있다. 높은 중요도를 가진 고객의 요구사항임에도 해당 기업의 경쟁력이 경쟁기업에 비하여 높지 않다면 그 사항의 고객만족도를 높이기 위해 집중적으로 연구하여야 한다.

(3) 설계특성

품질기능전개의 기능은 고객의 요구사항을 제품의 설계품질에 반영하는 것이다. 설계특성은 제품의 설계품질에 해당된다. 고객의 요구사항을 제품에 반영하기 위해 각각의 요구사항과 관련된 구체적이고 객관적인 설계특성을 나열한다. 이 내용은 품질의 집의 윗부분에 위치시켜 왼쪽에 위치한 고객의 요구사항과 행렬을 통해 연결시킨다. 각각의 설계품질에 대한 목표치를 산정하여 품질의 집의 아래쪽에 위치시킨다.

설계품질을 선정하는 방법

설계품질에서 설계특성은 정량적이고 측정 가능해야 한다. 제품에 대한 고객의 요구사항을 받아들일 방법들을 고민해 본다. 또한, 경쟁사의 제품이나 서비스를 살펴보고 우수한 점은 모방하여 설계특성을 선정한다. 고객의 요구사항을 파악하기 위해 여러 가지 방법들을 동원한다.

① 내부전문가들이 설계특성을 추출하는 방법: 설계특성은 기업의 제조/서비스에 내부전문가들이 모여서 기업에서 제공할 수 있는 기술특성을 논의하여 결정한다. 서비스와 같이 전문가 그룹이 적을 때는 관련 있는 사람들로 구성된

팀을 이용할 수 있다. 혹은 외부전문가 등을 초빙하여 확대회의를 거쳐 결정한다. 내부전문가를 이용하여 설계특성을 확정하는 경우의 장점은 소요되는 시간이 절약된다는 점이다. 그에 반하여 기존 전문가들의 선입견으로 인하여 창의적인 아이디어가 도출되기 어려울 수도 있다.

② 고객의 요구사항으로부터 직접 설계특성을 추출하는 방법: 고객의 요구사항을 설계품질의 수치 정보로 바꾸기 위하여 노력한다. 이를 위해서 먼저 고객의 요구사항을 최대한 구체적으로 바꾸고 고객의 요구사항에 대한 설계품질 작성순서에 따라 품질의 집을 작성한다.

(4) 상관관계 행렬

고객의 요구사항과 제품의 설계특성의 상관관계를 행렬로 표현한다. 여러 가지 기호를 이용하여 더 밀접한 관계와 상대적으로 덜 밀접한 관계, 중요한 관계와 덜 중요한 관계 및 중요하지 않은 관계, 선호도의 강약 등을 다양하게 표현할 수 있다. 상관관계 행렬은 품질의 집의 가운데에 위치한다. 상관관계 행렬은 고객의 요구사항들을 반영하는 제품의 설계품질 중에 중요한 것을 찾아내는 역할을 한다. 품질의 집을 만들기 위해서는 설계품질특성의 전문가들이 고객의 요구사항과 제품의 설계품질 사이의 관계를 파악한다. 또한, 고객의 요구사항이 모두 결정되어 있어야 하고 설계품질도 가능한 것들이 모두 고려된 상태에서 상관관계 행렬을 만들어야 한다.

고객의 요구사항을 정리한 것을 설계품질특성으로 전환하는 과정에서 각각의 상관관계가 적절히 선정되었는지 검증한다. 하나의 고객 요구사항이 여러 설계품질 특성과 연관될 수 있다는 점을 감안하여 품질표를 작성한다. 고객의 요구사항과 설계품질이 만나는 칸에 관계 정도는 도형으로 표시한다. 관련성이 강하면 ◎으로, 관련성이 보통이면 ○으로, 관련성이 약하면 △으로 표시한다. 기호는 다르게 표현할 수 있다. 상관관계를 숫자로 표시하면 ◎=9, ○=6, △=3으로 표시한다. 관련성의 판정은 정량적으로 판단하는 것을 원칙으로 한다. 위의 내용은 〈표 9-1〉에 정리되어 있다.

〈표 9-1〉 상관관계 행렬에 쓰이는 기호 정리

관련성	점수	기호
강함	9	◎
보통	6	○
약함	3	△
없음	0	빈 칸

만약, 고려해야 하는 것이 너무 많은 경우에는 관련자들의 합의에 의해 결정할 수 있다. 고객의 요구사항과 설계품질의 관련성을 나타내는 정도와 고객 요구사항의 중요도를 곱하여 나온 값을 합하여 순위를 매긴다. 수치가 큰 것부터 중요한 설계품질이 된다. 〈표 9-2〉는 택배배송사업서비스를 이용하여 작성한 품질의 집이다.

〈표 9-2〉 품질의 집 예제

고객의 요구사항	중요도	설계품질특성			
		배송직원의 친절성	포장 및 분류의 정확성	포장 및 분류의 신속성	파손방지
택배의 포장상태가 우수함	4		○		◎
택배의 포장의 해체가 수월함	3		△		△
배송된 물품의 수량과 종류가 주문한 내용과 일치함	5		◎		
배송된 물품이 파손되지 않은 상태로 도착함	5		△		◎
배송과정의 문의사항을 배송직원을 통해 신속히 해결됨	2	○			
배송된 물품을 취소하는 경우 아무 문제가 없었음	1	○			
배송예정시간에 맞춰 배송이 이루어짐	4	△	△	◎	
합계점수		30	105	36	90
순위		4	1	3	2

위의 품질표를 보면 선별적으로 7가지의 고객 요구사항을 고려하였고 관련된 설계품질을 배송서비스업에 맞게 네 가지만 고려하였다. 첫 번째 설계품질특성으로 고려된 '배송직원의 친절성'의 경우 점수합계는 2×6+1×6+4×3=30점이고, 두 번째 설계품질특성으로 고려된 '포장 및 분류의 정확성'의 경우 점수합계는 4×6+3×3+5×9+5×3+4×3=105점이다. 이런 식으로 나머지 설계품질특성의 점수들도 모두 계산하여 기입하고 점수가 높은 순서대로 순위를 매겨보니 가장 중요한 두 가지의 설계품질특성은 '포장 및 분류의 정확성'과 '파손방지'임을 알 수 있다. 위의 품질표를 바탕으로 '포장 및 분류의 정확성'과 '제품의 파손방지'에 주력하는 것이 고객의 만족도를 효율적으로 높이는 방법이다.

(5) 설계특성의 상호 절충관계 행렬

설계품질특성 간의 관계는 고객의 요구사항과 설계품질 간의 상관관계 행렬처럼 도형을 이용하여 관련성을 나타낼 수 있다. 이는 설계품질특성 간의 관련 정도를 파악하는 데에 유용하며 공정설계에서 중요하게 여겨진다. 설계특성의 상호관계는 품질의 집의 위쪽에 위치하여 품질의 집의 지붕이라 불리기도 한다.

(6) 설계특성의 목표치

고객이 원하는 설계품질특성의 목표값을 선정하여 구체적으로 고객의 요구사항을 설계품질에 반영한다. 최대한 구체적인 설계특성의 목표치를 기술한다. 설계특성의 목표치는 고객의 요구조건을 설계품질에 반영하기 위한 구체적인 수치이며 품질의 집의 아래쪽에 위치한다. 〈표 9-2〉에서 구한 설계품질특성에 대하여 가중치를 이용한 합계점수를 매기고 이를 바탕으로 우선순위를 결정할 수 있다. 고객만족을 높이기 위해서 중요한 것부터 고려해야 함은 당연하다. 목표값을 설정하는 기준은 선도기업에서 정한 설계품질의 목표치를 고려하여 해당 기업의 현실적인 상황에 맞게 정한다.

9.4 품질기능전개의 사례연구

다음은 택배운송서비스업에 대한 사례이다.

(1) 고객의 요구사항

가장 중요한 단계로서 고객의 요구사항을 설문조사 등의 방법을 통하여 조사하고 정리한다. 이 단계에서 검토해야 할 자료는 고객의 요구사항의 수집 및 분류, 요구사항의 중요도 설정으로 나누어진다. 고객의 요구사항을 수집하는 절차는 요구사항의 유도, 요구사항의 예상, 요구사항의 검증과 타당성의 확인 단계로 나누어진다. 수집된 요구사항은 〈표 9-3〉에서 보여주듯이 간결하고도 명확한 표현의 언어정보로 변환한 다음 각 요구속성의 상대적인 중요도가 결정되어야 한다. 이러한 기술특성의 도출에는 체계적이고 심도있는 분석이 필요하며, 이를 위해 브레인스토밍기법 등을 적용한다.

〈표 9-3〉 고객의 요구사항과 중요도 정리

고객의 요구사항	중요도
택배의 포장상태가 우수함	4
택배의 포장의 해체가 수월함	3
배송된 물품의 수량과 종류가 주문한 내용과 일치함	5
…	
합계점수	
순위	

(2) 고객의 요구사항과 설계품질특성의 관계

본 단계에서는 품질의 설계특성이 고객요구사항에 미치는 영향을 평가하여 품질의 집의 몸통 부분에 표시하게 되는데, 설계팀은 전문가와 고객의 의견, 실험 및 통계 분석 자료 등을 이용하여 고객의 요구사항과 설계품질특성 간의 관계를 도출한다. 일반적으로 설계품질특성과 고객 요구사항의 상관관계와 강도를 나타내기 위해서는 〈표 9-1〉에 있는 숫자와 기호를 사용한다. 고객의 요구사항이 하나의 설계품질특성에 영향을 미칠 수도 있고 여러 개의 품질특성에 영향을 미칠 수도 있다. 이러한 관계를 나타내는 행렬을 작성함으로써 고객의 요구사항을 충분히 만족시킬 수 있는 설계품질특성을 찾아낼 수 있다.

(3) 설계품질특성 간의 상호관계

고객의 요구사항을 만족하기 위해 하나의 설계품질특성을 변경하였을 경우, 이것이 다른 설계품질특성에 어떤 영향을 줄 것인지 판단하여 설계품질특성 간의 상호관계를 또 다른 행렬로 설명할 수 있다. 설계특성 사이의 관계가 강한 상관관계일수도 있고 약한 상관관계일수도 있다. 본 장에서는 택배운송서비스업의 예를 들었는데 제조업의 경우는 좀 더 복잡하게 되어 양과 음의 상관관계를 나타내는 경우도 있다. 이와 같이 여러 가지 면에서 설계품질특성 간의 상호관계는 제품이나 서비스의 설계자에게 중요한 정보를 알려준다.

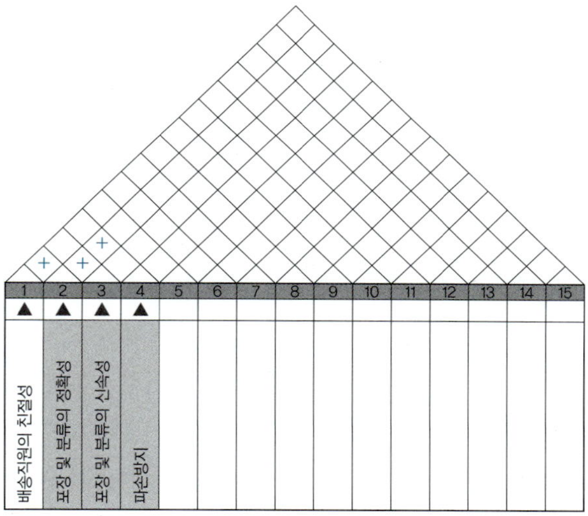

[그림 9-3] 설계품질특성 간의 상호관계

(4) 해당기업의 경쟁력평가

치열한 기업경쟁에서 살아남기 위해서는 먼저 고객으로부터 자사 제품의 경쟁력을 조사해야 한다. 이를 위해 경쟁 기업과 해당 기업에 대한 경쟁력 비교표를 만든다. 이와 같은 경쟁력 비교표는 품질의 집 오른쪽에 표시된다. 이 부분을 이용하여 제품의 품질을 기업의 전략적 관점과 연결시킬 수 있다. 자사제품과 경쟁사의 제품과의 비교는 시장에서 자사제품이 가지는 강점과 약점을 보여준다. 이로 인해 품질개선의 우선순위를 파악할 수 있다.

해당 기업	경쟁 기업1	경쟁 기업2	경쟁 기업3	경쟁 기업4	경쟁 기업5
4	5	5			
3	5	5			
3	4	5			
2	3	5			
1	2	4			
1	4	4			
3	5	5			

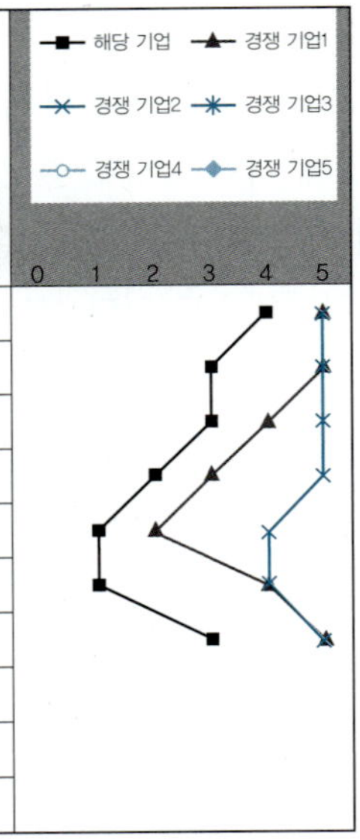

[그림 9-4] 해당 기업의 경쟁력평가

(5) 설계품질특성의 목표치 설정

각 설계품질의 목표치는 동종업계 선도기업의 유사항목을 조사한 후 해당기업과 제품의 상황에 맞게 설정되며 품질의 집의 아래쪽에 위치하게 된다. 고객의 요구사항과 중요도, 설계품질특성의 상호연관관계, 고객 요구사항과 설계품질특성의 관계, 기업의 경쟁력평가 등에 관한 내용과 마케팅 정보, 기술적 난이도, 비용 추정치 등의 선택적 항목에 대한 조사결과를 함께 고려하여 제품이 고객의 요구사항을 최대한 만족시킬 수 있도록 설계품질특성의 목표치를 설정한다. 제조업인 경우에는 구체적인 기술적 측정치를 나타내고 기타 서비스업인 경우에는 목표항목을 표시한다. 목표치를 나타낼 때는 기술적 난이도와 관련된 예상 비용, 자사제품의 경쟁력 평가 등을 고려하여 각각의 설계항목에 대한 이상적인 목표치를 선정한다. 자사제품뿐 아니라 경쟁사 제품의 측정치도 함께 나타내어 비교할 수 있다.

〈표 9-4〉 설계품질특성의 목표치 설정

목표치 항목	목표치 난이도 (10점=매우 어려움, 0점=매우 쉬움)
고객설문조사에서 친절 관련 항목 만점 받는 것	9점
배송요류로 인한 반품 없음	9점
배송품 파손으로 인한 고객불만 없음	7점
배송품의 포장 파손으로 인한 고객불만 없음	8점

[그림 9-5]에는 위의 순서대로 만든 완전한 품질의 집을 보여준다.

기호정리
- ⊕ 강한 양의 상관관계
- + 약한 양의 상관관계
- ⊖ 강한 음의 상관관계
- − 약한 음의 상관관계
- ◎ 강한 관계
- ○ 보통 관계
- △ 약한 관계

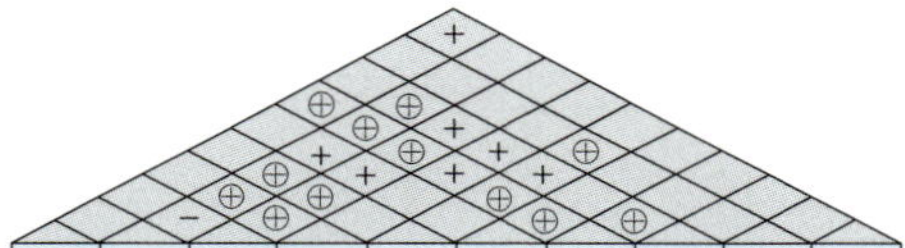

고객의 요구사항	상대적 중요도(5점만점)	택배직원의 친절성	포장 및 분류의 정확성	포장 및 분류의 신속성	포장의 파손방지	정확한 배송시간	정확한 배송구역	택배직원의 업무숙련도	택배화물의 파손방지	집하시간의 정확성	콜센터의 친절함	해당기업	경쟁기업1	경쟁기업2	경쟁기업3
택배의 포장상태가 우수함	4		○		◎				○			4	5	5	1
택배의 포장의 해체가 수월함	3		△		△				△			3	5	5	1
배송품의 수량과 종류가 주문한 내용 일치	5		◎				△		△			3	4	5	2
배송된 물품이 파손되지 않은 상태로 도착	5		△		◎		△	○	△			2	3	5	2
배송과정의 문의사항을 신속해결	2	○						○		△	○	1	2	4	2
배송된 물품을 취소하는 경우 용이함	1	○				△		○			○	1	4	4	2
배송예정시간에 맞춰 배송이 이루어짐	4	△	△	◎		◎	◎	◎	○	◎		3	5	5	4
주문후 배송이 신속히 이루어짐	3		◎	◎	○	○	○	○	○	○		3	4	5	4
배송중 문의사항은 콜센터를 통해 해결	3										◎	4	4	5	3
부재시 전달방법을 준수해서 배송완료	2	△				△	△	○	△			5	3	2	2
목표치		고객설문조사의직원 친절성항목우수	배송오류로 인한 반품없음	배송품파손으로 인한 고객불만없음	배송품포장파손으로 인한 고객불만없음	배송지연으로 인한 고객불만없음	배송구역오류로 인한 배송지연없음	택배직원의 업무 수행평가 우수	화물파손으로 인한 고객불만없음	집하시간연착으로 인한 배송지연없음	고객설문조사의 콜 센터친절성항목우수				
난이도(10점만점)		9	9	7	8	9	6	7	6	5	8				
가중치고려 항목최대값		12	45	36	45	36	36	36	24	36	27				
합계점수		36	132	63	108	63	90	114	87	60	45				
등수		10	1	6	3	6	4	2	5	8	9				

기업의 경쟁력 평가

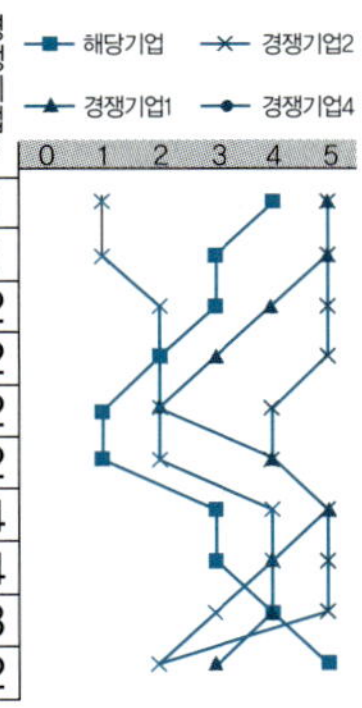

[그림 9-5] 서비스업(택배운송서비스)의 품질기능전개 이용사례: 완전한 품질의 집

9.5 품질기능전개의 확장

지금까지 설명한 품질기능전개의 원리는 고객의 요구사항과 제품의 설계특성 사이의 분명한 관계를 설정하는 것이다. 품질기능전개의 원리를 앞장에 나와 있는 택배운송서비스와 결부시켜 생각해 보자. 예를 들어 주문한 물품이 파손되지 않은 상태로 배달되는 것이 고객의 가장 중요한 요구사항이고 이에 대응하는 설계품질특성이 파손방지를 위한 설계라고 할 때 파손방지를 위한 설계는 목적일 뿐이므로 더욱 의미 있도록 하기 위해서 택배운송서비스가 배달되는 상황과 실제적으로 연결이 되어야 한다. 파손방지설계를 위해서는 여러 가지 고려할 사항이 있을 것이다. 정확하고 안전한 포장, 배달 중 파손방지, 신속한 배송, 올바른 배송 프로세스, 그리고 제품을 온전하게 배달할 올바른 서비스계획이 필요하다. 또한 고객의 요구사항은 하나로서 끝나는 것이 아니라 다른 요구사항과 결합되어 있기 때문에 품질기능전개를 확장하여 고객의 요구사항을 설계품질특성으로 구현할 수 있다.

[그림 9-6]은 품질의 집의 6개의 구성요소 각각의 역할에 대해 간략하게 설명하고 있다. 소비자의 요구사항이 1번 구성요소인 무엇(What)에 위치하고 3번 구성요소인 방법(how)에는 여러 설계품질들을 나열한다. 소비자의 요구를 설계품질에 어떻게 연결하는 지는 4번 구성요소에서 설명한다. 5번 구성요소에서는 여러 설계품질들의 서로간의 관계에 대해서 설명하고 6번 구성요소에서는 설계품질들의 구체적인 목표치를 언급한다. 마지막으로 2번 구성요소에서 품질기능전개 확장의 원리를 설명한 것이 [그림 9-7]이다. 하나의 품질의 집의 what에 대응하는 how는 이제 다른 집의 what이 되어야 한다. 예컨대 제품계획단계에서의 열에 나열된 how의 하나인 배송된 물품의 파손방지는 부품설계단계에서는 what이 되어 행에 나열된다. 이때 여러 가지 세부항목들은 이 집의 열에 나열된다. 부품설계의 집에서 how인 배송상품의 파손방지는 이제 프로세스 계획의 집에서는 what이 된다. 한 단계의 how는 다음 단계의 what이 되는데 이러한 과정은 실제 계획을 수립할 때까지 계속된다. 서로 연결된 네 개의 집을 통해 고객의 목소리를 마지막 단계까지 전달한다. 설계, 제조, 마케팅 분야 등의 전문가로 구성된 팀이 품질기능전개의 적용에 적극 참여해야 하는 이유가 여기 있다.

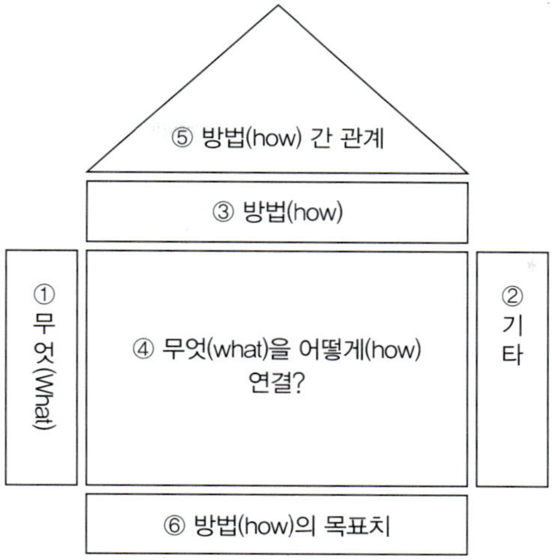

[그림 9-6] 품질의 집의 구성요소의 역할

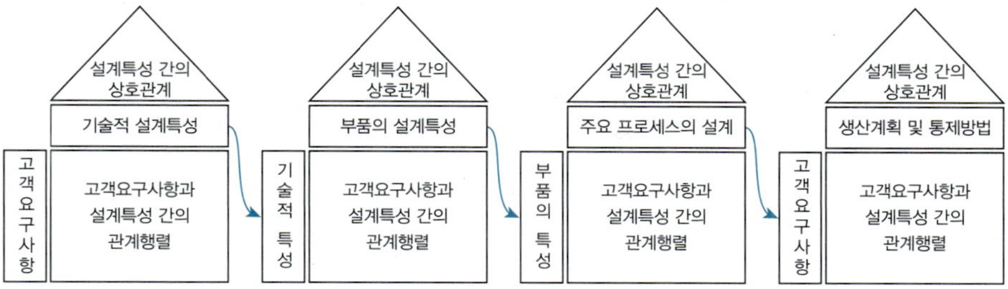

[그림 9-7] 품질기능전개의 확장

9.6 품질기능전개의 한계

9.6.1 품질기능전개의 한계

새로운 제품에 대한 고객의 취향은 다양한 이유로 계속 달라지기 때문에 고객의 요구사항을 정확히 파악하여 고객의 만족을 극대화시키는 것은 생각만큼 쉽지가 않다. 또한 항상 변하는 고객의 요구사항을 구체적으로 표현하기가 어려운 경우도 많다. 품질의 집의 가장 중요한 구성요소인 고객의 요구사항은 때로는 모호한 경우가 있으며, 고객의 요구사항과 중요도가 설문방법 등으로 조사되는데 조사방법에서 오류가 생길 수 있는 여지가 있다. 그리고 무엇보다도 고객의 요구사항과 설계품질특성과의 관계가 쉽게 파악되지 않는 경우도 있다. 즉, 품질기능전개가 해결책을 제시한다기보다는 현재 상황을 모니터링하는 것에 그칠 수도 있다.

9.6.2 품질기능전개의 한계에 대한 보완기법

품질기능전개는 고객의 요구사항을 제품의 설계품질특성에 반영하는 것이므로 고객의 요구사항을 철저히 반영하는 능력이 무엇보다 중요하다. 그러나 품질기능전개를 사용하는 경우에 고객의 요구사항의 단순 점검이나 정리에 그칠 수 있다는 것을 염두에 두어야 한다.

품질의 집에서 설계품질특성 간의 연관관계를 보여주는 것이 설계품질특성 간의 상관관계 행렬이다. 만약 설계품질특성 간의 충돌이 발생하면 상관관계 행렬을 이용해 문제점을 파악할 수 있다. 또한, 창조적 문제해결기법(teoriya reshniya izobretatelskikh zadatch: TRIZ)을 이용하여 설계품질특성들 간의 상충을 근원적으로 해결할 수 있다. 이 외에 다구치의 강건(robust)설계개념이 유용하게 쓰일 수 있으며, 고객의 기능적 요구뿐만이 아니라 감성적 요구를 함께 충족시키는 상품의 개발을 위한 감성공학과 신뢰성, 보전성의 개념이 품질기능전개에 접목되어 사용된다면 보다 더 고객요구에 부응한 신제품 개발이 이루어질 수 있다.

연·습·문·제

1. 품질기능전개의 개념을 설명하라.

2. 품질의 집의 개념과 구성요소를 설명하라.

3. 품질기능전개의 네 단계는 무엇인가?

4. 품질기능전개의 장점과 단점은 무엇인가?

5. 품질기능전개와 전통적 신제품 개발기법과의 대표적인 차이점에 대해 서술하라.

6. 품질의 집의 상관관계 행렬을 통해 알 수 있는 것을 서술하라.

7. 다음 연필의 연필심에 대한 품질의 집 그림에서 품질연필은 타사와의 경쟁에서 이기기 위해 우선 무엇을 개선해야 하는가? 개선하기 위한 방법은?

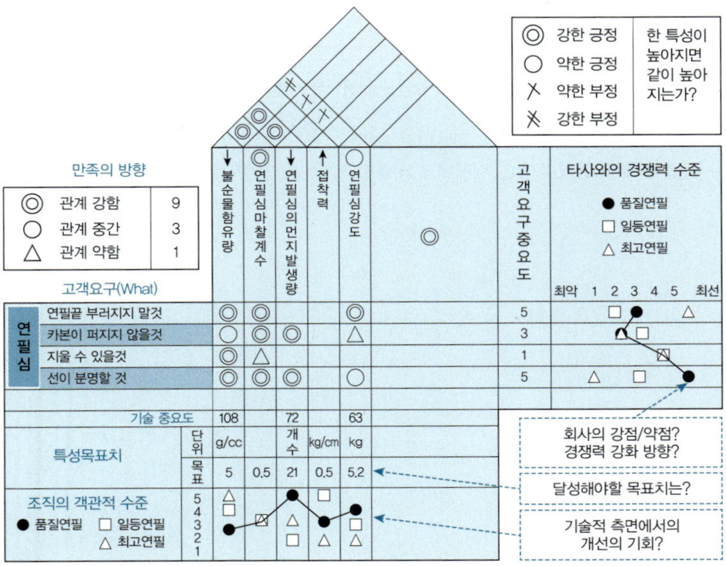

(출처: 위의 품질의 집은 "품질경영론(NCS 국가직무능력표준), 박해근 외, 형설출판사"에서 발췌함)

8. 다음 핸드폰에 대한 품질의 집 그림에서 핸드폰회사는 타사와의 경쟁에서 이기기 위해 무엇을 개선해야 하는가? 개선하기 위한 방법은?

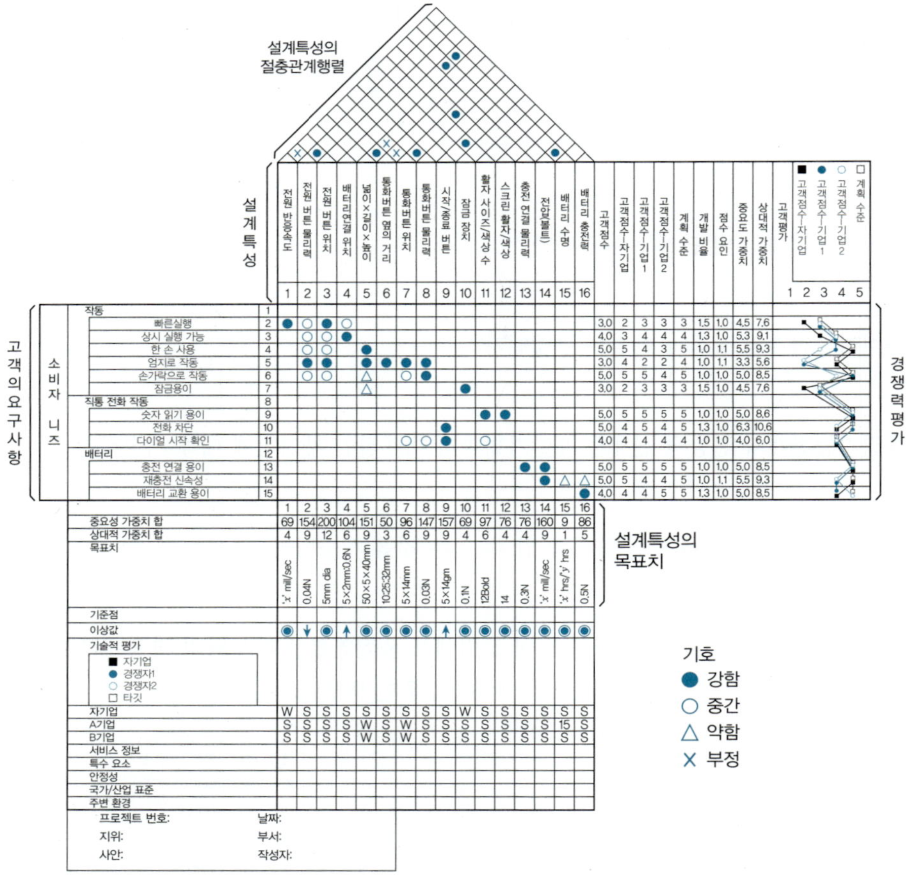

(출처: 위의 품질의 집은 '이레테크'의 품질기능전개 강연자료에서 발췌하여 수정함)

10

CHAPTER

품질개선도구

학습 목표

- 품질경영에서 지속적 개선이 왜 중요하며 무엇을 의미하는지를 이해한다.
- 품질개선과 표준화의 관계 및 품질개선과 PDCA사이클의 관계를 파악한다.
- 품질개선을 위한 기본적인 7가지 도구의 개념과 적용방법을 이해한다.
- 품질관리 신 7가지 도구의 개념과 적용방법을 이해한다.
- 개선을 위한 7단계법의 적용사례를 통해 개념과 적용방법을 파악한다.

사례

■ 세계 최고 수준의 품질을 지향하는 LG전자 H&A(Home Appliance & Air Solution) 사업본부

'생산자'에서 '소비자' 관점으로, 품질관리 체계를 획기적으로 개선하며 '스마트 홈 솔루션'을 이뤄나가고 있는 LG전자 H&A(Home Appliance & Air Solution) 사업본부는 2023년 글로벌 전 지역에서 고른 성장세를 이끌어 나가며, '가전 명가'라는 위상을 한 단계 더 끌어 올렸다.

1분기에는 매출액과 영업이익 모두 역대 1분기 최대치를 기록하였으며, 영업이익의 경우 단일 사업본부 기준으로 사상 첫 분기 1조 원을 넘겼다. 3분기에도 전년 동기 대비 2배 이상 늘어난 영업이익을 거두며 좋은 흐름을 이어나갔다. '글로벌 생활가전 세계 1위'라는 공로를 인정받아 2023년에 생활가전 사업을 총괄하는 사장으로 승진한 류재철 LG전자 사장은 2023년 11월 '제49회 국가품질경영대회'에서 기업인 최고 영예인 '금탑산업훈장'을 수상하였다.

류 사장의 수상소감에서 품질에 대한 열정을 느낄 수 있었다. "금탑산업훈장이라는 영예는 국내외 사업장에서 세계 최고 수준의 품질을 달성하기 위해 힘쓰고 있는 모든 구성원들과 함께 만들어낸 값진 결실이라고 생각한다. 월드클래스 손흥민 선수를 키워낸 아버지 손웅정 씨가 '모든 것은 기본에서 시작한다'고 강조하는 모습을 보고 크게 공감했던 기억이 난다. 어느 분야에서건 기본을 철저하게 다져야만 탁월한 결과를 창출할 수 있다. 품질도 마찬가지다. '이 정도면 되겠지'라고 적당히 타협하고 싶은 마음과 싸우면

서, 기준을 계속 높여가는 것은 결코 쉽지 않다. 특히 조직의 모든 구성원들이 한마음, 한 뜻으로 이를 실천하는 것은 더더욱 어려운 일이다. '고객 중심의 품질 경영'이라는 이념을 업무현장에서 실천해 준 구성원들에게 영광을 돌리고 싶다."

출처: 「품질경영」, KSAM, 2024년 1월호에서 발췌

10.1 지속적 개선과 PDCA

10.1.1 지속적 개선의 개념

'좋은 게 좋은 것'이라는 말이 있듯이 개선한다는 것은 좋은 일이다. 그러나 여기서 유념해야 할 사항이 있다. 우선 무엇을 개선한다는 뜻인지, 즉 '개선한다'의 목적어가 필요하다. 개선의 대상은 제품, 서비스, 프로세스 그리고 시스템 등이다. 그 다음은 '어떻게'의 문제가 있다. 일회성이 아닌 지속적인 개선이어야 한다. 성실한 자세로 그리고 과학적으로 접근해야 한다. 이를 위해서는 품질 도구들을 충분히 활용해야 한다.

지속적 개선

지속적 개선이란 투입물을 산출물로 변환시키는 과정에 관련된 모든 요소를 향상시키려는 활동을 말한다. 지속적 개선의 대상은 장비와 작업방법, 재료 그리고 사람 등이다. "망가지지 않았다면 수선하지 마라."라는 옛 격언은 "망가지지 않았다고 해서 더 개선될 수 없다는 의미는 아니다."라는 격언으로 바뀌게 된 것도 지속적 개선의 개념 때문이다.

지속적 개선의 개념은 새로운 것은 아니다. 미국에서 시작되었음에도 불구하고 최근까지 미국에서 큰 관심을 받지 못했을 뿐이다. 그러나 일본 기업들은 지속적 개선활동을 수년간 지속해 왔으며 그 결과 지속적 개선활동은 일본 기업들의 생산에 대한 발전의 초석이 되었다.

카이젠(kaizen, 改善)

일본 사람들은 지속적 개선활동을 **카이젠(kaizen, 改善)**이란 일본말로 표현한다. 일본 기업이 세계 시장에서 성공을 거두자 다른 나라의 기업들도 여러 접근방법에 대한 재검토를 하게 되었는데 이것이 지속적 개선 접근방법에 대한 관심을 불러일

으킨 동기라 할 수 있다.

성공적인 지속적 개선활동 시스템을 위해서는 조직 전 계층 경영진의 지원과 관심이 반드시 필요하다. 왜냐하면 지속적 개선활동은 개선을 향한 장기적 노력을 유지하기 위해서 조직문화의 변화가 요구되기 때문이다. 여기에서 조직변화의 주요 변화를 파악하고 권장하는 것은 경영자의 책임이 된다.

지속적인 개선을 위해 경영자에게 요구되는 행동은 다음과 같다.

- 목표수립, 전략, 하위조직의 지원을 수반하는 전술 등을 개발
- 개방, 신뢰, 협력을 촉진시키는 경영 스타일 개발
- 불변의 목표를 유지하는 것(특히 어려운 시기에)
- 정해진 방침을 고수하는 결정을 내리는 것
- 협력을 이끌어내는 보상체계의 개발
- 장 · 단기의 균형된 관점을 지닐 것
- 지속적인 교육훈련 프로그램 실시
- 팀 단위의 노력과 같이 개인의 노력도 지원해주는 형태의 공로 인정

경영자의 역할은 지속적 개선활동의 성공에 있어 결정적인 역할을 한다. 이러한 경영자의 리더십 없이는 하위조직의 의지와 노력에도 불구하고 지속적 개선의 효과는 기대할 수 없다. 이러한 개선과정은 [그림 10-1]과 같은 단계로 이루어진다.

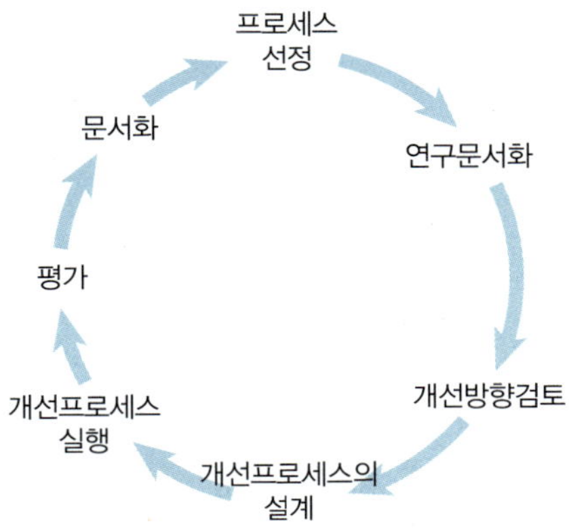

[그림 10-1] 지속적 개선과정

10.1.2 표준화

표준화

표준화는 어떤 작업을 수행하는 최상의 방법을 문서화하는 과정이다. 표준화는 두 가지 방법으로 적용된다.

첫째는 공정개선을 위한 시도가 이루어지기 전에 적용된다. 이것은 현재의 작업 수행 방법 중에 가장 효율적인 방법을 결정하는 것도 포함한다. 이것은 내부공정에만 해당되는 것이 아니라 새로 생겨나는 여러 개선들의 비교의 기준이 된다.

두 번째 표준화의 적용은 공정이 개선된 후에 발생한다. 작업의 새로운 표준이 될 수 있는 새 방법을 문서화 하고 작업의 새로운 기준으로 삼는 것이다. 이것은 작업자 훈련이나 관련 공정에 대한 참고기준이 된다. 표준화는 지속적 개선활동에서 자주 사용되는 훈련된 접근법을 보여준다. 개선을 구체적으로 문서화 하는 것도 중요하다.

10.1.3 PDCA 사이클

PDCA 사이클

슈하르트 사이클(Shewhart cycle) 또는 데밍 휠(Deming wheel)로 불리는 **PDCA 사이클**은 지속적 개선활동의 개념적인 기초이다. 이 사이클은 [그림 10-2]에 나타나 있다. 이 사이클은 네 가지 기본적인 부분으로 나누어지며 원 모양으로 나타냄으로써 지속적으로 반복되는 특성을 보여주고 있다.

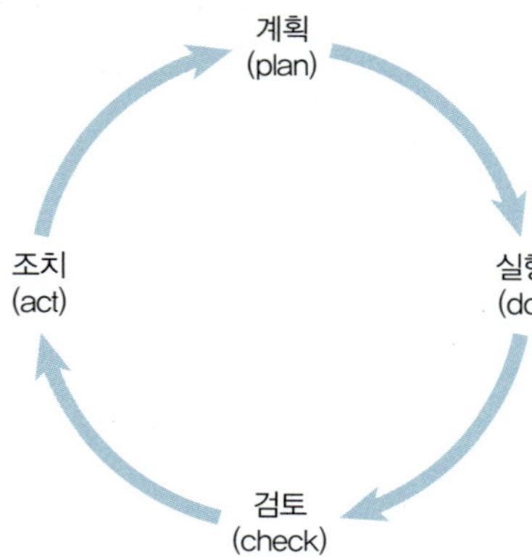

[그림 10-2] PDCA 사이클

(1) **계획**(plan): 계획은 현재 공정에 대한 연구로 시작된다. 공정을 표준화시키고 문제인식을 위한 자료를 수집한다. 다음으로 자료를 분석하고 개선을 위한 계획을

개발한다. 계획을 평가하기 위한 척도(measures)를 상세히 한다.

(2) **실행**(do): 계획을 이행한다. 가능하면 규모를 적게 하여 실시한다. 이 단계에서 어떤 변화가 있었는지 문서화한다. 평가를 위해 자료를 체계적으로 수집한다.

(3) **검토**(check): 실행단계에서 모아진 자료들을 평가한다. 계획단계에서 설정된 원래 목표와 결과가 얼마나 밀접히 부합되었나를 확인한다.

(4) **조치**(act): 만일 결과가 성공적이었다면 새로운 방법을 표준화하고 공정에 관련된 모든 사람들에게 새로운 방법을 전달한다. 새로운 방법을 위한 훈련을 실시한다. 만일 결과가 성공적이지 않았다면 계획을 수정하고 공정을 되풀이하거나 계획을 중단한다.

10.1.4 지속적 개선이 필요한 세 가지 이유

지속적 개선(continuous improvement: CI)은 왜 필요한가? 이 질문에 대한 대답은 여러 가지로 가능하다. '개선이 왜 필요한가'라는 질문은 너무나 자명한 것이므로 논할 필요가 없다. 문제는 '지속적'이라는 단어에 있다. 지속적이라는 단어를 사용하면서 이를 강조하는 데에는 상당한 이유가 있을 것이다.

첫째, 과거에는 주로 1회성 대규모 프로젝트에 의해 개혁사업이 추진되었다. 일반적으로 프로젝트는 대규모적이고 특별팀에 의해 한시적으로 추진된다. 1990년대 초에 비즈니스 프로세스 리엔지니어링(BPR)이라는 유력한 방법론이 널리 보급되면서 프로젝트 방법의 비중이 더욱 커졌다. 그러나 그것만 가지고는 안 된다는 것이 바로 CI를 강조하는 첫째 이유이다. 대대적인 구조적 개혁도 중요하나 모든 구성원이 각자의 일터에서 전원 참가하는 현장개선도 중요하기 때문이다. CI를 강조하기 위해 프로젝트 방식을 비판할 필요는 없다. BPR과 CI는 서로 보완해주는 관계라고 보아야 한다.

둘째, CI는 조직문화적 변화를 위해서도 반드시 필요하다. 혁신을 위해서는 조직문화적 변화가 필요하다. 문화적 변화를 동반하지 못한다면 혁신은 사상누각이 되어 버릴 것이다. 그런데 문화적 변화란 장기간에 걸친 조직 전반의 노력 없이는 이루어지지 않는다. 최고경영자가 앞장서고 구성원 전체가 자발적으로 움직여야 한다. 이러한 여건을 조성하기 위해 무엇이 필요할까? 제일 먼저 떠오르는 생각은 아마도 동기부여나 리더십일 것이다. 물론 동기부여나 리더십은 변화를 추구할 때 매우 중요한 요소가 된다. 그러나 그것만으로는 불충분하며 CI라는 장치가 동반되어야 한다. CI는 프로세스에 초점을 두고 프로세스 각 부분을 담당하는 구성원들이 팀을 만들어 일일업무를 통해 직접 경험하는 문제점을 조금씩 꾸준히 개선하는 것이다. 이와 같은 현장개선 노력이야말로 조직문화적 변화를 가시화할 수 있는 가장 중요한 장치라고 할 수 있다.

셋째, 품질경영의 기본 철학에는 '만족수준'이라는 말이 없다. 아무리 탁월한 수준에 도달했다고 해도 쉬지 말고 계속해서 개선해야 한다는, 즉 CI라는 말이 있을 뿐이다.

10.2 품질관리 7가지 도구

7가지 품질관리도구

품질개선활동에 사용되는 기본적인 **7가지 품질관리도구**(seven basic QC tools)는 다음과 같다.

① 체크시트	② 히스토그램
③ 파레토도	④ 특성요인도
⑤ 산점도	⑥ 층별
⑦ 관리도	

이들 7가지 도구 중 관리도에 관해서는 다른 장에서 별도로 다루고 본 장에서는 7가지 도구 이외에 널리 사용되는 도구인 흐름도를 추가로 설명하기로 한다.

10.2.1 체크시트

체크시트(check sheet)

체크시트(check sheet)는 공정으로부터 필요한 자료를 수집하는 데 가장 흔하게 사용하는 도구이다. 즉, 불량개수, 결점수 등 셀 수 있는 데이터를 기입할 수 있게 작성된 용지로서 이 체크시트를 사용하면 자료를 쉽고 체계적으로 수집할 수 있을 뿐만 아니라 자료를 유용한 정보로 쉽게 변형시킬 수 있다. 수집된 자료는 히스토그램, 파레토도, 관리도 등을 작성하는 데 사용된다. 체크시트는 난해한 기법은 아니지만 데이터 분석의 첫 단계라는 점에서 Garbage in, Garbage out이라는 말이 있듯이 매우 중요한 도구이다. 특히, 데이터의 수집이 제대로 이루어졌는지를 확인하는 검증단계가 수행되어야 한다.

체크시트를 작성하는 양식에는 여러 가지가 있을 수 있다. 예를 들면, 결함의 형태를 다룬 것이나 혹은 결함의 위치를 다룬 체크시트가 있다. 이 둘은 〈표 10-1〉과 [그림 10-3]에 나타나 있다.

〈표 10-1〉은 막대기로 결점의 형태와 하루 중에 발생한 시간을 나타내주고 있다. 꼬리표를 빠뜨리는 문제는 하루 중 이른 시간에 일어나는 경향이 있으며, 염색상태가 희미한 결점은 늦은 시간에 주로 일어남을 알 수 있다.

[그림 10-3]은 제품의 어느 부위에 결함이 생기는가를 알기 쉽게 해 준다. 이 경우 결함은 엄지손가락 끝과 검지 손가락 끝, 손가락 사이, 특히 엄지와 검지 손가락, 그리고 장갑의 가운데 부분에 주로 일어나는 것으로 보인다.

〈표 10-1〉 체크시트의 예

시간 / 요일	결점의 형태					합계
	꼬리표 미부착	균형이 안맞음	염색상태가 희미함	헐렁함	기타	
월 8~9	IIII	II				6
9~10		III				3
10~11	I	III	I			5
11~12		I		I	I	3
1~2		I				1
2~3		II	III	I		6
3~4		II	IIII			6
합계	5	14	8	2	1	30

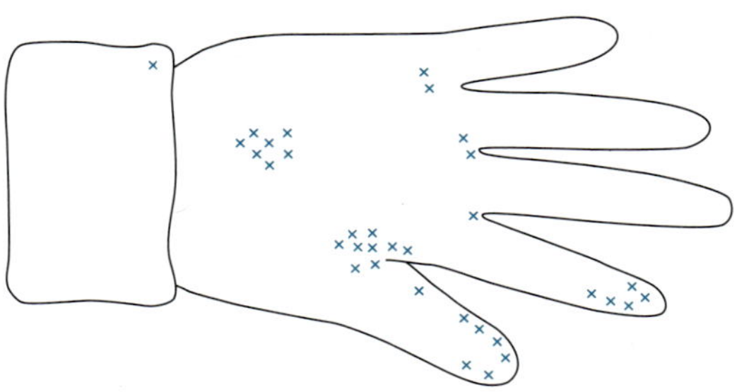

[그림 10-3] 체크시트의 예

10.2.2 히스토그램

히스토그램(histogram)

히스토그램(histogram)은 데이터의 분포모습이나 산포상태의 파악을 위해 작성한다. 즉, 어떤 조건하에서 취해진 데이터가 존재하는 범위를 몇 개의 구간으로 나누어 각 구간에 포함되는 데이터의 발생도수를 세어서 도수표를 작성한 다음 이를 도형화한 것이며, 막대그래프(bar graph) 또는 도수분포도(frequency distribution graph)라고도 한다.

히스토그램의 작성순서는 다음과 같다.

1. 데이터의 범위를 파악한다.
2. 구간의 개수를 결정한다.

급의 수 결정
- $40 \leq n \leq 100 \quad \Rightarrow 5 \sim 9$
- $100 \leq n \leq 200 \quad \Rightarrow 8 \sim 12$
- $200 \leq n \quad \Rightarrow 10 \sim 16$

3. 구간 폭을 계산한다.
4. 구간별로 도수를 세어 기입한다.

〈표 10-2〉 기성복 제조업체에서 생산된 양복의 결점수

0	1	3	0	0
0	5	4	1	2
1	0	2	0	0
2	1	1	1	2
0	4	0	3	1
0	3	4	0	0
1	3	0	1	2

〈표 10-2〉는 기성복 제조업체에서 생산된 35벌의 양복의 결점수를 나타낸 표이다. 이 표를 보아서는 이 자료의 특성을 일목요연하게 파악할 수 없다.

따라서 〈표 10-2〉의 자료를 이용하여 앞에서 제시한 절차에 따라 〈표 10-3〉과 같은 도수분포표를 만들어야 한다. 〈표 10-3〉에는 결점수가 0에서 5까지 6개의 계급(class)과 도수, 상대도수, 누적도수, 누적상대도수 등이 표시된다. 〈표 10-3〉

〈표 10-3〉 양복의 결점수에 대한 도수분포표

결점수	도수	상대도수	누적도수	누적상대도수
0	13	13÷35=0.37	13	13÷35=0.37
1	9	9÷35=0.26	13+9=22	22÷35=0.63
2	5	5÷35=0.14	22+5=27	27÷35=0.77
3	4	4÷35=0.11	27+4=31	31÷35=0.89
4	3	3÷35=0.09	31+3=34	34÷35=0.97
5	1	1÷35=0.03	34+1=35	35÷35=1.00
합계	35	100		

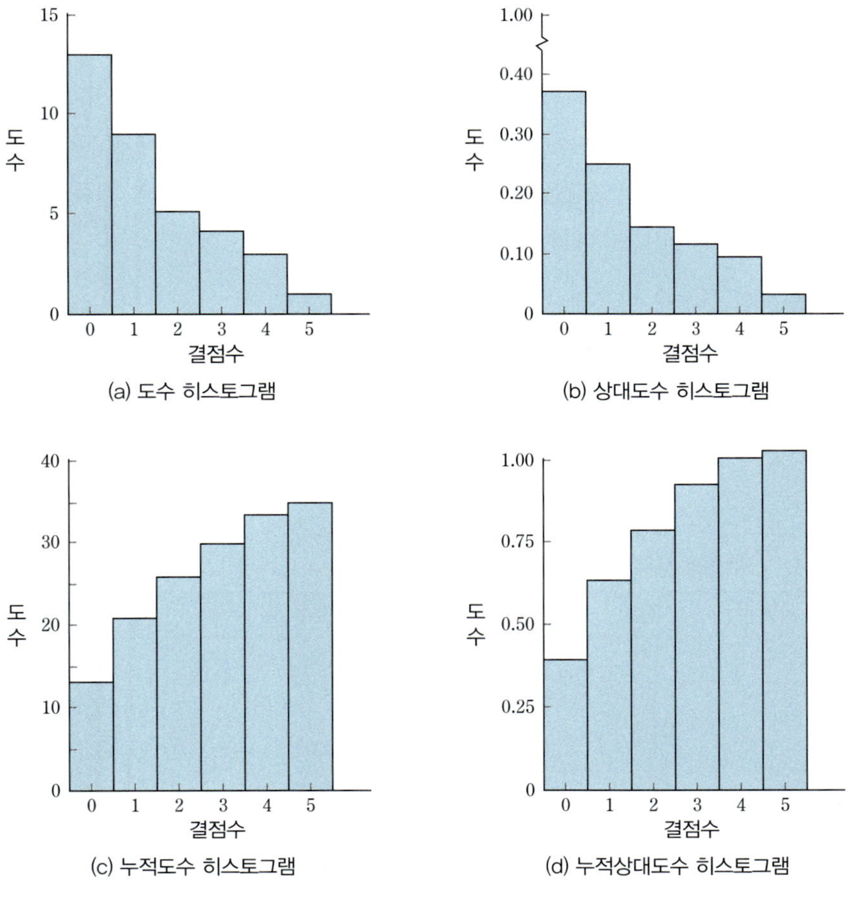

[그림 10-4] 양복의 결점수에 대한 히스토그램

의 도수분포표를 [그림 10-4]와 같이 나타낼 수 있는데 이와 같은 막대그림표를 히스토그램(histogram)이라 한다. 즉, 히스토그램은 X축에 계급값을, Y축에 각 계급의 도수나 상대도수 등을 표시하여 막대그림으로 나타낸 것이다.

10.2.3 파레토도

파레토도(Pareto diagram)

파레토도(Pareto diagram)는 현장에서 문제가 되고 있는 불량품, 결점, 클레임, 사고 등과 같은 현상이나 그러한 현상에 대한 원인별로 데이터를 분류하여 불량개수 및 손실금액 등이 많은 순서로 정리하여 그 크기를 막대그래프로 나타낸 것이다.

사소한 다수와 중요한 소수

파레토도는 19세기 이탈리아 경제학자 빌프레도 파레토(Vilfredo Pareto)의 이름을 따서 만들어진 것으로 일반적으로 총 발생률에 대해서 높은 비율을 발생시키는 비교적 적은 요소를 추출하기 위한 것이다. 즉, 이 분석의 목적은 발생사례를 중요 정도에 따라 분류해서 가장 중요한 것의 해결에 먼저 중점을 두려는 데 있다. 이 분석은 대부분 80%의 문제는 20%의 항목에서 발생한다고 해서 80-20 법칙, 혹은 **사소한 다수와 중요한 소수**(trivial many, vital few)라고 한다. 예를 들어 80%의 기계고장은 20%의 기계고장을 유발하는 요소에서 비롯되며 80%의 제품결점들은 20%의 결점을 일으키는 요인들에서 기인된다는 것이다.

파레토도의 특성은 다음과 같다.

① 어떤 항목이 가장 문제가 되는지를 찾아낼 수 있다.
② 문제 크기의 순위를 한눈에 알 수 있다.
③ 그 항목이 전체의 어느 정도를 차지하고 있는지 알 수 있다.

〈표 10-4〉 은행원별 고객클레임 건수

은행원	클레임 건수	도수	누적 상대도수
C	112	0.62	0.62
A	35	0.19	0.81
F	12	0.07	0.88
B	10	0.05	0.93
D	8	0.04	0.97
E	5	0.03	1.00
합계	182	1.00	

④ 문제의 크기를 한눈에 볼 수 있기 때문에 설득력이 있다.

⑤ 복잡한 계산을 필요로 하지 않기 때문에 수월하게 그릴 수 있다.

파레토도는 문제해결도구는 아니고 분석도구이다. 이는 문제들을 어떤 순서로 해결해야 할 것인가를 결정하는 데 사용된다.

〈표 10-4〉는 한 은행에서의 1년 동안의 고객클레임 건수를 6명의 은행원별로 기록한 자료로서 은행원별 클레임 건수의 상대도수와 누적상대도수 등을 나타내고 있다.

〈표 10-4〉의 자료를 이용하여 파레토도를 작성하기 위해서는 다음과 같은 절차를 거쳐야 한다.

1. 자료를 분류할 때 문제의 원인, 불량품의 형태 등 수단을 결정한다.
2. 관련된 화폐가치 또는 발생도수 등을 기준으로 하여 상대적 중요성을 결정한다.
3. 가장 중요한 항목으로부터 시작하여 차례로 순위를 결정한다.
4. 순서대로 각 항목의 누적도수를 계산한다. 가장 중요한 항목은 도표의 왼쪽에서 시작한다.
5. 각 항목별로 상대적 중요성을 나타내는 막대그래프를 그린다.

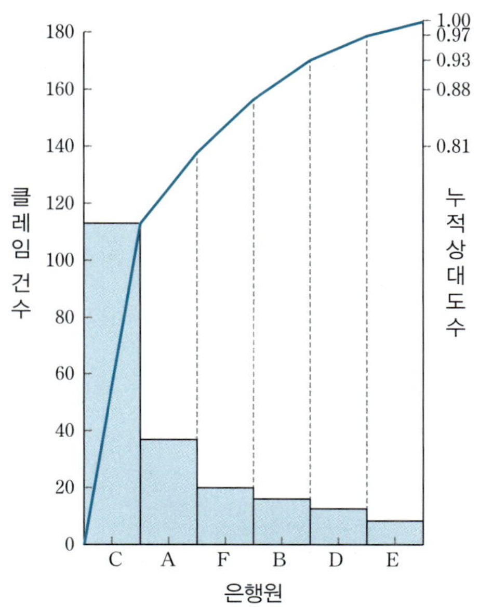

[그림 10-5] 은행원별 클레임 건수에 대한 파레토도

〈표 10-5〉 원인별 클레임의 수

원인	빈도	상대빈도	누적상대빈도
a. 불친절한 태도	45	0.40	0.40
b. 장시간 자리 이탈	45	0.40	0.80
c. 신속하지 못한 업무처리	12	0.11	0.91
d. 질문에 대한 응답회피	6	0.05	0.96
e. 신권 교환 요구에의 불응	4	0.04	1.00
합계	112	1.00	

[그림 10-5]은 〈표 10-4〉의 자료를 이용하여 작성한 파레토도이다. 이 그림에 의하면 고객클레임의 81%는 은행원 C와 A가 발생시키고 있음을 알 수 있다. 각 항목의 도수를 상대도수로 변환하는 것이 바람직하기 때문에 파레토도는 두 개의 수직 척도를 사용한다. 즉, 왼편 척도는 원래의 측정치를 나타내고 오른편 척도는 해당하는 상대도수를 나타낸다.

만일 은행원 C로 인한 고객클레임의 원인을 좀 더 자세히 분석하고자 한다면 〈표 10-5〉와 같이 각 원인별 클레임의 수를 조사하여야 한다.

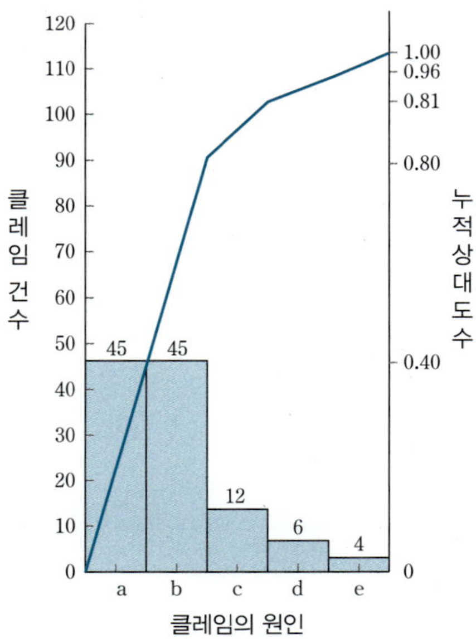

[그림 10-6] 클레임 발생 원인에 대한 파레토도

[그림 10-6]은 〈표 10-5〉를 이용하여 작성한 파레토도이다. 여기서 은행원 C로 인한 클레임의 80%는 불친절한 태도와 장시간 자리 이탈 때문임을 알 수 있다.

이와 같이 파레토도는 문제의 근본원인(root cause)을 규명하는 데 이용된다. 파레토도의 작성을 통하여 은행고객의 불만을 야기시킨 주범은 은행원 C이고 그가 야기시킨 고객클레임의 주원인은 불친절한 태도와 장시간 자리 이탈임이 밝혀졌다.

파레토도는 이와 같이 문제발생의 근원만을 밝힐 수 있기 때문에 그의 구체적 원인을 밝히고 문제를 해결하기 위해서는 또 다른 분석을 필요로 한다. 즉, 은행원 C로 인한 고객클레임의 문제를 해결하기 위해서는 다음에서 설명할 특성요인도에 의하여 그 원인을 밝힐 수 있다.

10.2.4 특성요인도

자료의 분석과 문제해결에 사용되는 도구들 중에서 **특성요인도** 혹은 **원인결과도표**(cause and effect diagram)는 문제해결에 구조적인 접근을 가능하게 한다. 이 도구는 모양 때문에 생선뼈 도표(fishbone diagram)라고도 불리며 1943년에 이 기법을

특성요인도
원인결과도표

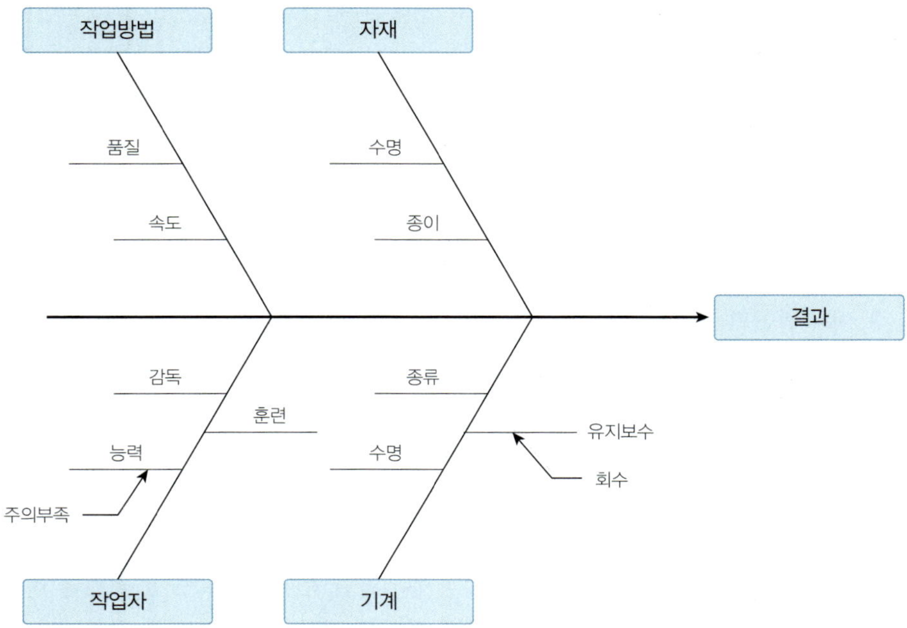

[그림 10-7] 특성요인도

개발한 일본교수 카오루 이시가와(Kaoru Ishikawa)의 이름을 따서 이시가와 도표라고도 한다.

이 분석은 파레토도와 함께 사용할 수 있다. 파레토도는 앞에서 고찰한 바와 같이 규격불일치의 주요한 품질특성을 찾아내는 데 이용된다. 이러한 개선하고자 하는 특성을 결과라고 할 때 이에 영향을 주는 여러 가지 요인들을 찾아내는 데 이용되는 기법이 특성요인도이다. 여러 가지 요인들이 규명되면 품질불량(결과, 특성)도 자연히 제거되는 것이다.

간단한 특성요인도는 [그림 10-7]과 같다. 개선하고자 하는 품질특성(문제 또는 결과라고도 한다)을 그림의 오른쪽 화살표 끝에 있는 생선의 머리에 표시하고 화살표 반대방향으로 등뼈를 그려 나간다.

개선하고자 하는 품질특성의 성격에 따라 원인의 분류는 상이하나 보통 4M (man, machine, method, material)과 환경(environment)을 주요 원인으로 취급한다. 특성요인도를 작성할 때에는 고려하는 문제(결과)에 영향을 미치는 모든 가능한 원인을 열거하기 위하여 브레인스토밍(brainstorming)회의를 개최한다. 특성요인도를 작성하는 절차는 다음과 같다.

1. 문제(결과)의 정의: 해결코자 하는 문제 혹은 품질특성을 분명하게 정의한다. 이러한 문제는 파레토도에 나열된 문제일 수 있다. 일단 문제를 분명히 정의하면 특성요인도의 오른편에 이를 적고 이를 향하여 화살표를 그린다.
   → 문제 혹은 결과
2. 주요한 원인의 규명: 문제를 일으키는 주요한 원인들을 규명해야 하는데 예를 들면 제조공정에서 불량부품을 생산하는 주요한 원인은 4M과 환경 등이다.
3. 세부원인의 규명: 문제를 일으키는 모든 가능한 세부원인을 회의에 참여한 모든 멤버의 브레인스토밍을 통하여 규명한다.
4. 도표의 작성: 일단 아이디어를 취합하면 원인별로 분류하여 이들을 주요한 원인 밑에 나열한다. 한 세부요인에 대해 또 세부요인이 있게 되면 가지(뼈)를 그어 이를 표시한다. 이러한 과정을 모든 요인의 기록이 끝날 때까지 계속한다.
5. 도표의 분석: 개선하고자 하는 문제의 원인들을 분석하여 가능한 원인을 표시한다. 다음에는 이러한 원인이 문제에 심각한 영향을 미치는지를 살펴보기 위

하여 자료를 수집 · 분석한다. 각 원인에 대해서는 이것이 근본원인인지, 이 근본원인을 제거할 해결책은 있는지, 이 해결책은 실행 가능하고 비용효과적인지 등을 따져야 한다.

특성요인도는 파레토도와 함께 사용할 때 더욱 효과적이다. 최초의 파레토도는 개선할 품질특성(결과)을 제시하고 이를 해결하기 위한 특성요인도에서는 다음 파레토도를 작성하는 데 필요한 세부요인들을 만들어 내는 것이다. [그림 10-8]는 스마트폰 사용자가 인터넷을 사용하지 못하는 원인에 관한 특성요인도이다.

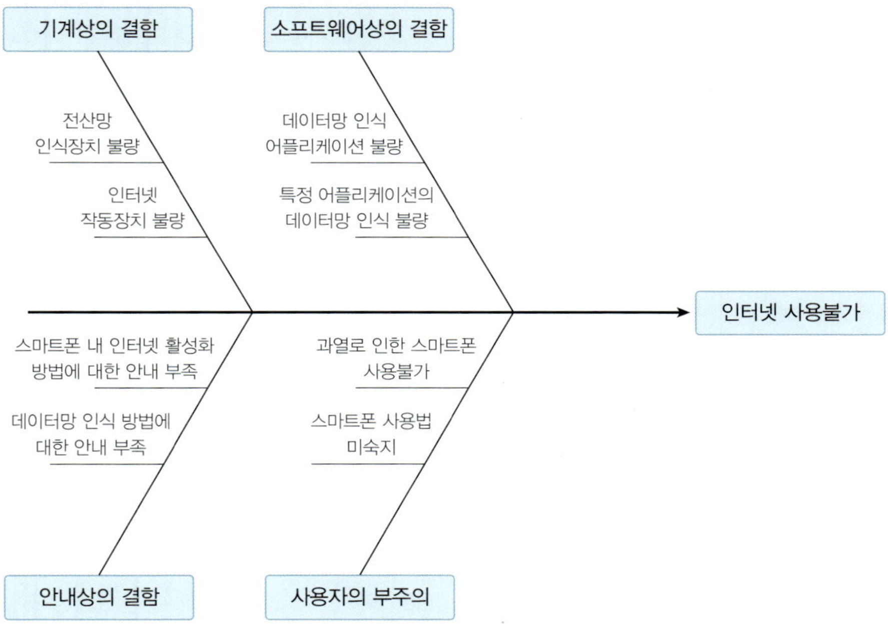

[그림 10-8] 스마트폰 사용자가 인터넷을 사용하지 못하는 원인에 관한 특성요인도

10.2.5 산점도

산점도(scatter diagram)

산점도(scatter diagram)란 두 종류의 데이터의 관계를 그림으로 나타낸 것이다. 앞에서 설명한 특성요인도는 결과에 영향을 미치는 여러 가지의 원인을 밝힘으로써 단순히 결과와 원인의 관계만을 고려할 뿐 상관관계(correlation)의 정도는 고려하지 않으므로 결과와 원인 사이의 관계가 어느 정도인지를 파악하기 위해서 산점도가 필요한 것이다.

〈표 10-6〉 판매원의 이동거리와 판매량

이동거리	판매량	이동거리	판매량
0.4	1	3.2	10
0.8	4	3.6	8
1	3	3.9	13
1.5	2	4	12
1.6	4	4.1	25
2.2	4	4.1	15
2.8	2	4.9	17
3	6	5.2	22

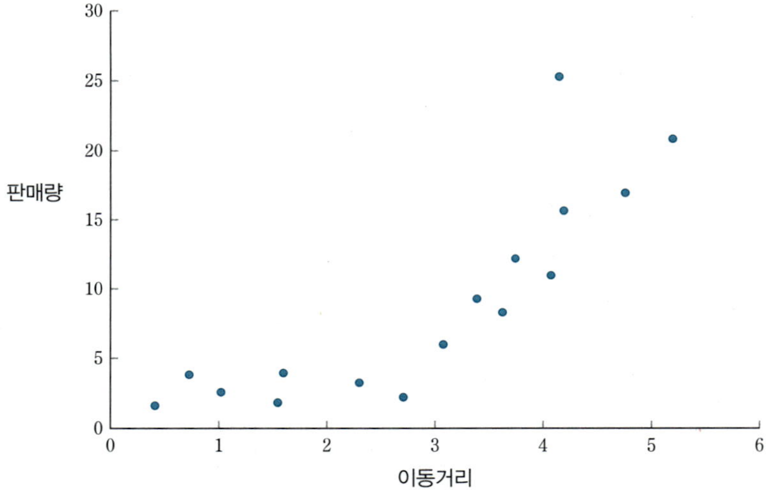

[그림 10-9] 산점도

따라서 품질문제를 해결하기 위해서는 특성요인도와 산점도를 함께 작성해야 한다. 품질문제에 영향을 미치는 가능한 요인을 완전히 분석하기 위해서는 특성요인도가 필요하고 품질문제와 이에 직접적으로 영향을 미치는 요인과의 사이에 존재하는 상관관계의 정도를 분석하여 시정조치를 취할 수 있도록 하기 위해서는 산점도가 필요하다.

산점도를 그리려면 먼저 원인과 결과를 나타내는 두 변수를 결정하여 자료를 수집한다. 그 다음으로 결과에 해당하는 변수를 Y축에 표시하고 결과에 영향을 미치는 원인에 해당하는 변수를 X축에 표시한다.

〈표 10-6〉은 판매원의 이동거리와 판매량에 관한 자료이다. 이 자료에서 판매원의 이동거리를 X축에 표시하고 판매원의 판매량을 Y축에 표시하여 산점도를 그리면 [그림 10-9]와 같다.

[그림 10-9]와 같은 산점도가 작성되면 두 변수 사이의 관계 또는 상관관계를 평가할 수 있다. 즉, 판매원의 이동거리가 길수록 판매량이 높아지는 경향이 있음을 개략적으로 판단할 수 있다. 원인과 결과를 나타내는 두 변수 간의 관계는 일반적으로 [그림 10-10]과 같이 여러 가지 형태가 있다.

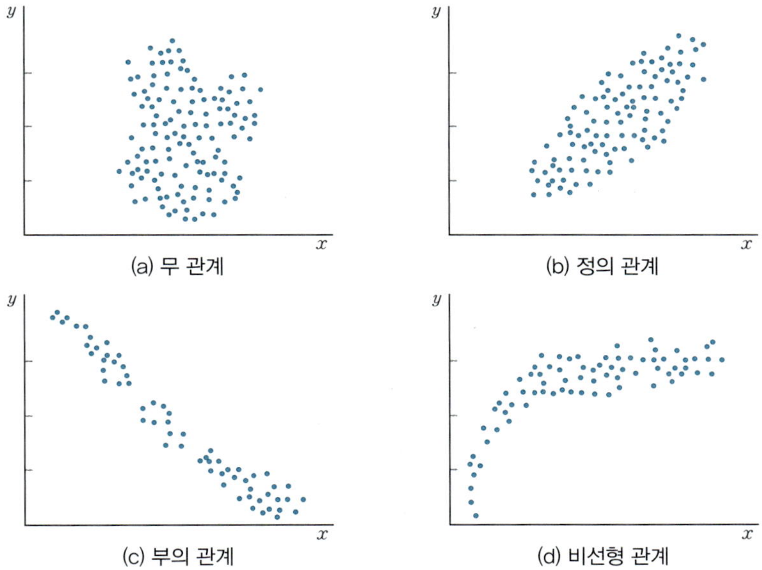

[그림 10-10] 여러 가지 형태의 산점도

산점도를 작성한 후 두 변수 간 상호의존관계의 강도와 방향을 측정하기 위해서는 상관계수(correlation coefficient)를 계산해야 한다. 또한 원인에 해당하는 변수(독립변수)의 특정한 값에 상응하는 결과변수(종속변수)의 값을 추정하기 위해서는 두 변수 사이에 존재하는 함수관계를 나타내는 회귀방정식(regression equation)을 구해야 한다.

10.2.6 층별

층별(stratification)

층별(stratification)이란 데이터를 몇 개의 범주(categories)에 의하여 구분함으로써 문제의 원인을 파악하려는 기법이다.

데이터를 층별화하는 절차는 다음과 같다.

1. 조사대상 변수를 선정한다.
2. 층별화할 범주를 설정한다.
3. 범주별로 데이터의 개수를 센다.
4. 막대그래프의 형태로 층별화한 결과를 나타내고 분석한다.

[그림 10-11]은 어느 건설회사가 1년간 건축한 건축물의 불량건수를 작업형태별로 분류한 히스토그램이다. 이 히스토그램에 의하면 총 125건의 불량 중에서 페인트작업의 불량건수가 70건(56%)으로 가장 주된 원인으로 나타나고 있다. 그런데

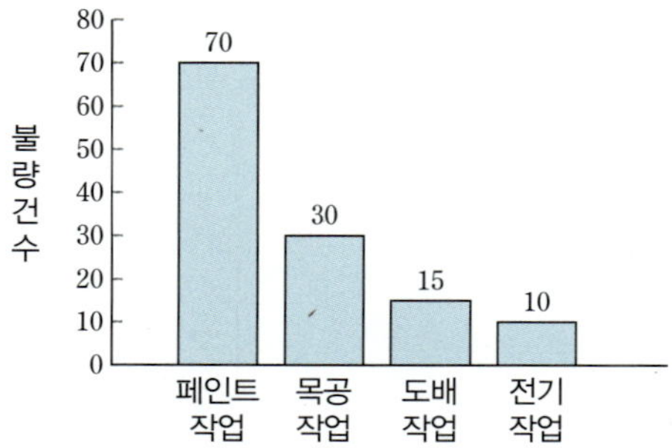

[그림 10-11] 작업형태별 불량건수(전체)

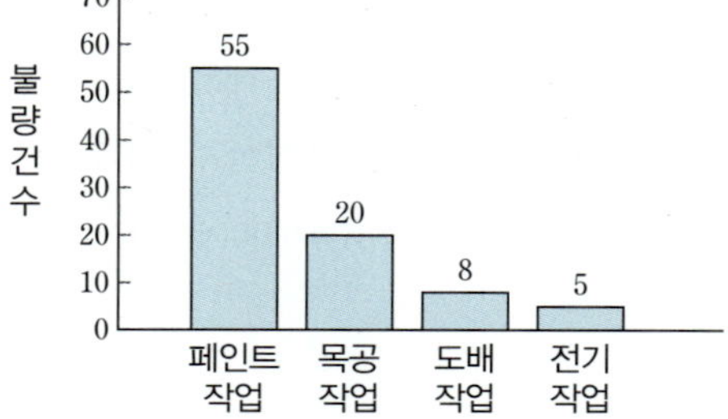

[그림 10-12] 작업형태별 불량건수(A팀)

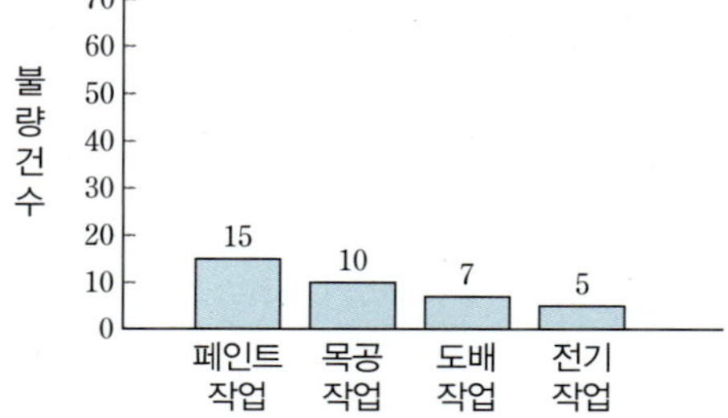

[그림 10-13] 작업형태별 불량건수(B팀)

이 건설회사의 건축작업이 두 팀에 의하여 수행되었으므로 팀별로 불량건수를 층별화하여 히스토그램을 그린 결과가 [그림 10-12]와 [그림 10-13]이다. 이들 히스토그램에 의하면 B팀보다 A팀의 불량이 현저하게 높으며, 특히 페인트작업 불량의 상당부분이 A팀에 의하여 야기되었음을 알 수 있다.

10.2.7 흐름도

흐름도(flowchart)

프로세스 개선을 위해 해야 할 일은 프로세스의 내용을 그대로 표현하는 것인데, 이 때 흐름도(flowchart)가 널리 이용된다. 흐름도에 쓰이는 기호들은 다음과 같다.

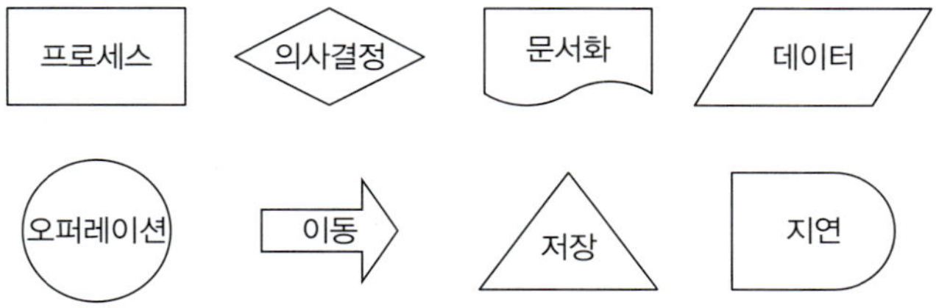

[그림 10-14] 흐름도에 쓰이는 기호

흐름도의 종류

우선 상세성의 정도에 따라 흐름도의 종류는 다음과 같이 분류할 수 있다. 사용자의 필요에 따라 개략적으로 표현할 수도 있고 세밀하게 표현할 수도 있다.

- 매크로 수준(macro level): 프로세스의 주요 단계만을 표현한다. 대체로 여섯 단계 이내로 정하는 것이 좋다.
- 마이크로 수준(micro level): 프로세스의 모든 세부활동을 도식화하여 상세하게 표현한다. 주로 특정과업별로 검토하고자 할 때 사용된다.
- 미니 수준(mini level): 매크로 수준의 일부분을 확대하여 보고자 할 때 사용된다. 매크로와 마이크로의 중간 형식이라고 볼 수 있다.

다음은 일일계획을 수립하는 과정을 예로 들어서 각 수준의 흐름도로 도식화한 것이다.

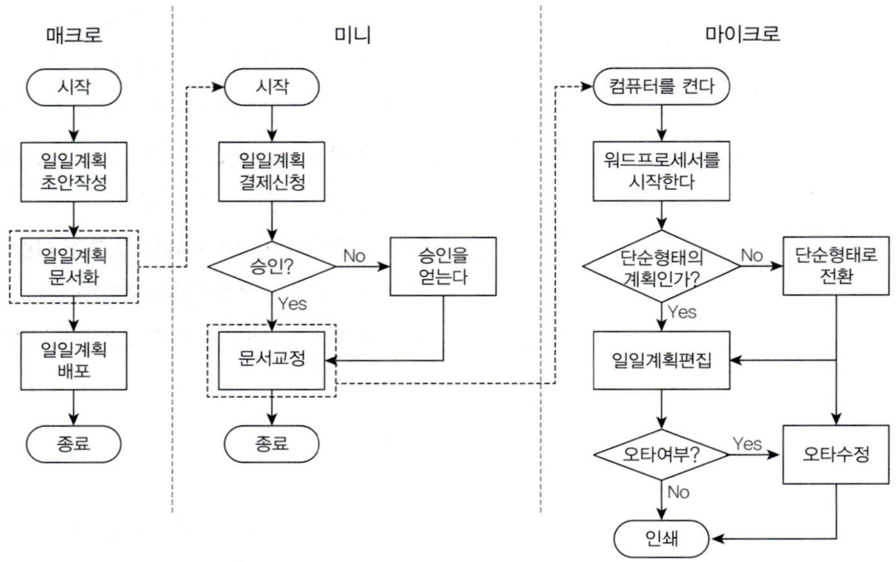

[그림 10-15] 매크로, 미니, 마이크로 수준의 흐름도

10.3 품질관리 신 7가지 도구

품질관리 신 7가지 도구

앞에서 설명한 기본적인 7가지 품질관리도구는 수치화된 자료를 분석하여 품질문제를 해결하려는 계량화된 기법임에 반하여 품질관리 신 7가지 기법은 언어데이터를 이용하여 문제를 분석하는 정성적 분석방법이다. 즉, 이 방법은 문제를 체계화하고 대책을 수립함에 있어서 수학적으로 접근하지 않고 언어적으로 접근하는 방법이다. 본 장에서 설명할 **품질관리 신 7가지 도구**는 다음과 같다.

① 친화도
② 연관도
③ 계통도
④ 매트릭스도
⑤ 매트릭스 데이터 해석
⑥ PDPC
⑦ 애로우 다이어그램

10.3.1 친화도

친화도(affinity diagram)

친화도(affinity diagram)는 확실하지 않고 복잡하게 얽혀져 있는 정보를 언어데이터로서 포착하여 아이디어나 문제 간의 관계 또는 상대적 중요성을 이해하는 데 도움을 주는 방법이다. 즉, 언어데이터를 상호의 친화성에 의해서 정리함으로써 문제를 명확히 하는 방법이다. 따라서 친화도법은 어떤 문제의 요인 간 관계를 검토함으로써 요인분석을 하는 데에도 도움을 준다. [그림 10-16]은 경영성과를 측정할 수 있는 지표를 친화도에 의하여 분류한 것이다.

품질		제조비	
• 순도	• 재작업률	• 초과조업비	• 자재비
• 색깔	• 고객이탈률	• 원자재 활용률	• 수율
• 프로세스 능력지수	• 클레임 건수	• 유지비	• 인당 작업시간

안전 및 환경		매출	
• 재해율	• 환경관리비	• 생산량	• 가동률
• 이직률		• 조업률	

[그림 10-16] 경영성과 지표의 친화도

10.3.2 연관도

연관도(relationship diagram)

연관도(relationship diagram)는 친화도에 의하여 문제가 체계화된 이후에 관련된 개념이나 아이디어 간의 인과관계를 규명할 경우에 사용된다. 즉, 풀어야 할 문제는 결정되어 있지만 그 문제에 영향을 미치는 원인이 서로 복잡하게 얽혀 있는 경우에 이들 복잡한 원인들을 언어데이터로 포착하여 그 문제점을 1차, 2차 원인으로 전개함으로써 주요 원인을 파악하는 방법이다. 따라서 연관도법은 특성요인도의 변형된 형태라고 할 수 있다.

연관도를 작성하기 위해서는 우선 팀으로 하여금 동그라미 속에 각 아이디어를 적도록 한 후 이들을 서로 가까이 놓게 한다. 다음에는 각 아이디어 사이에 영향을 미치는 관계를 분석한 후 화살표를 사용하여 영향의 방향을 나타낸다. 들어오는 화살표의 수를 감안하여 나가는 화살표가 가장 많은 아이디어가 주요한 원인이 되기 때문에 이 아이디어를 개선하도록 해야 한다. [그림 10-17]은 품질경영과 관련된 주요 과제의 연관도이다. 이 연관도에 의하면 품질전략의 부재가 품질경영에서 해결해야 할 가장 중요한 과제임을 알 수 있다.

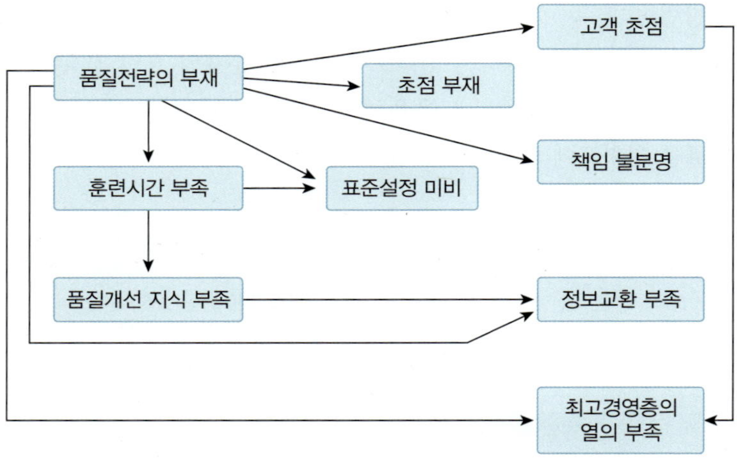

[그림 10-17] 품질경영과 관련된 주요 과제의 연관도

10.3.3 계통도

계통도(tree diagram)

계통도(tree diagram)는 설정한 목표를 달성하기 위해서 목적과 수단의 계열을 계통적으로 전개함으로써 최적의 수단을 탐색하는 방법이다. 즉, 친화도는 문제를 규명하고 연관도는 그들의 상호관계를 밝히는 데 이용되지만 계통도는 결정된 문제

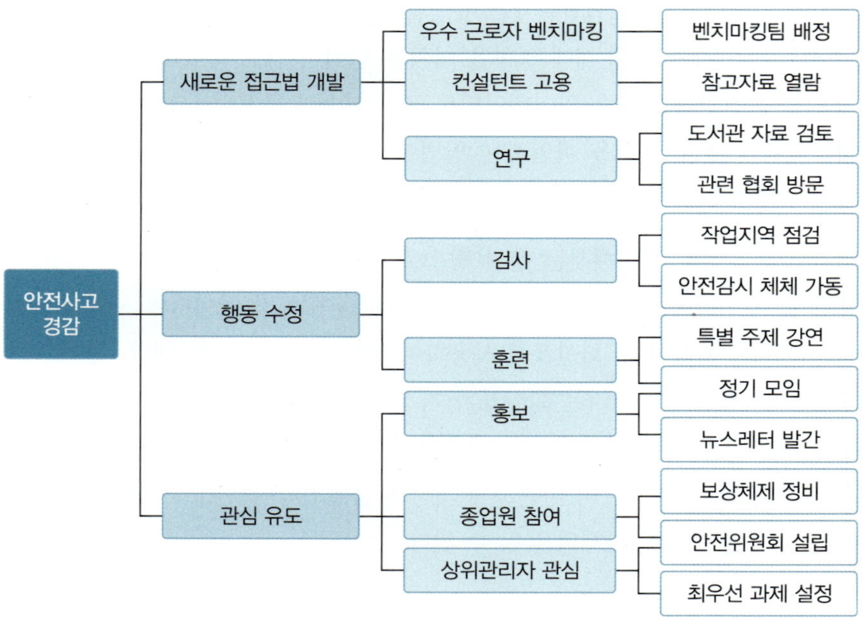

[그림 10-18] 안전사고 경감을 위한 계통도

를 해결하거나 목표를 달성하기 위한 최적의 수단과 방법을 추구하는 데 이용된다. 따라서 계통도는 문제에 영향을 미치는 원인은 밝혀졌지만 이 문제를 해결할 계획이나 방법은 아직 개발되지 않은 경우에 사용된다.

계통도는 특정 문제를 해결하기 위하여 해야 할 일은 무엇인가를 탐색함으로써 작성된다. [그림 10-18]은 직장 내에서의 안전사고를 줄일 수 있는 방법에 관한 계통도이다.

10.3.4 매트릭스도

매트릭스도(matrix diagram)는 아이디어나 활동, 책임, 기능 등에 존재하는 논리적 연관성을 그래프에 표시함으로써 문제의 소재나 문제해결의 착상을 얻기 위해 사용하는 도구이다. 즉, 원인과 결과 사이의 관계, 목표와 방법 사이의 관계를 밝히고 나아가 이들 관계의 상대적 중요도를 나타내기 위하여 사용된다.

매트릭스도(matrix diagram)

매트릭스도는 품질계획에서 많이 활용되는데, 특히 품질기능전개(QFD)에서 무엇(what)과 어떻게(how)의 관계를 나타낼 때 이용된다.

[그림 10-19]는 매트릭스도의 예이다. 이 그림에서 세 개의 기본적인 목적은 행에 표시하고 이를 달성할 조치는 열에 표시하였다. 매트릭스도에서는 열과 행에 배치된 요소 간의 관계가 나타나는데, 만일 많은 관계를 나타내지 않는 행이 있다면 이는 제안된 조치로서는 그 행이 나타내는 목적을 달성할 수 없음을 의미한다. 이러한 그림은 또한 계획과 조치의 우선순위를 결정하는 데에도 유용하다.

목적 \ 수단	저가격 원자재 구입	높은 수준의 재고 유지	임금 삭감
비용효과성	●	△	○
고품질	△	△	△
납기	△	●	△

● 강한 관계 ○ 중간 관계 △ 약한 관계

[그림 10-19] 매트릭스도의 예

10.3.5 매트릭스 데이터 해석

매트릭스 데이터 해석(matrix data analysis)

매트릭스 데이터 해석(matrix data analysis)은 매트릭스도에 나타난 여러 요인 간에 존재하는 관계의 정도를 수량화 하는 방법으로 주성분분석(principal component analysis)이라고 불리는 다변량해석(multi-variate statistical analysis)의 한 수법이다. 따라서 품질관리 신 7가지도구 중 유일한 계량화 기법이라 할 수 있다.

[그림 10-20]은 매트릭스 데이터 해석법의 예를 보여 주고 있다. 이 예는 여섯 종류의 아스피린에 대하여 그 효과와 위장장애의 측면에서 분석한 것이다. 즉, 브랜드 2와 3은 위장장애도 없으면서 효과도 높고 브랜드 4, 5, 6은 위장장애는 없지만 효과는 높지 않음을 보여주고 있다.

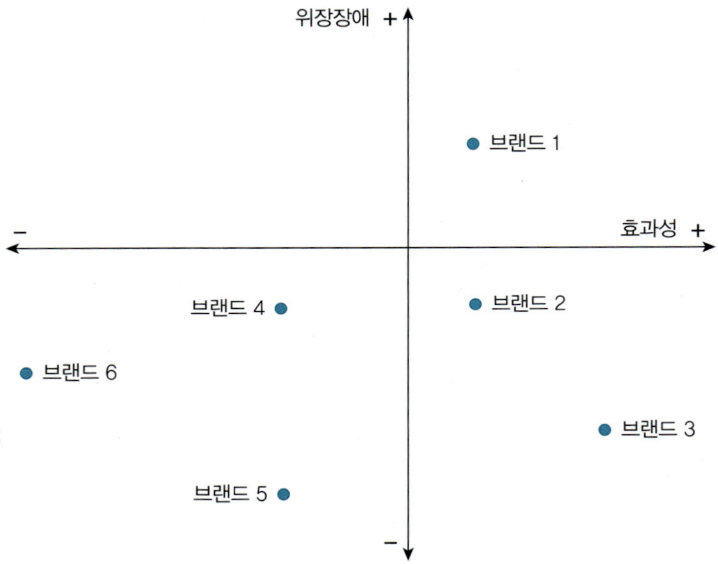

[그림 10-20] 아스피린에 대한 매트릭스 데이터 해석

10.3.6 PDPC

PDPC(process decision program chart)

PDPC(process decision program chart)란 어떤 업무를 실행해 나가는 과정에서 발생할 수 있는 모든 상황을 상정하여 가장 바람직한 결과에 도달할 수 있도록 프로세스를 정하는 방법이다. 이 방법은 아직 문제의 개발단계에 있으면서도 상황의 전개를 예측할 수 있도록 하고 따라서 바람직한 결과에 이르는 가장 좋은 과정을 선정하는 데 도움을 준다. [그림 10-21]은 주문이 있을 경우 이를 결렬시키지 않고

성사시키는 PDPC의 예이다.

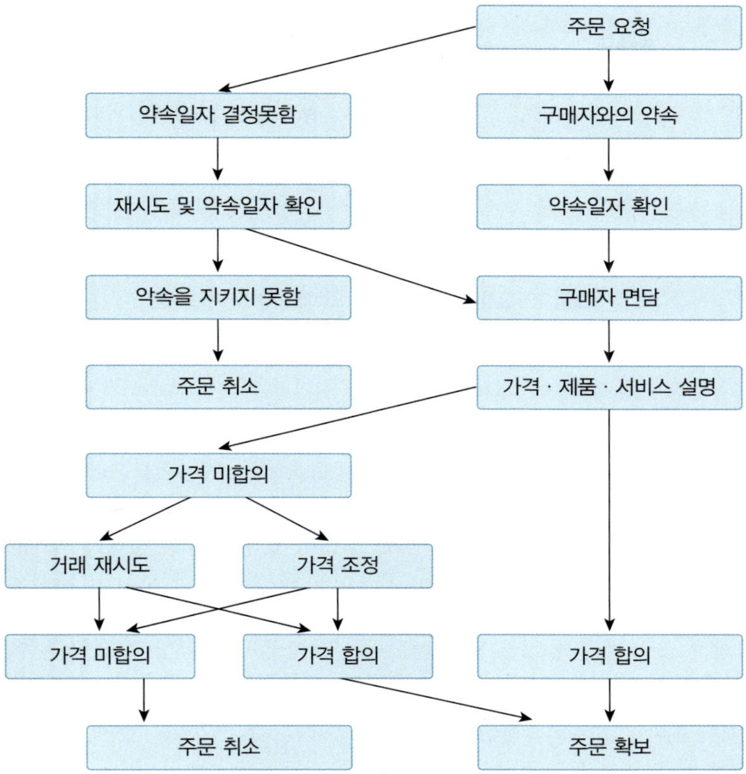

[그림 10-21] PDPC의 예

10.3.7 애로우 다이어그램

애로우 다이어그램(arrow diagram)은 목표를 달성하기 위한 수단을 주로 시계열적인 순서에 따라 네트워크로 나타낸 화살표 그림을 이용하여 최적의 일정계획을 세우고 이의 진척도를 관리하는 방법이다. 즉, 프로젝트의 일정계획을 수립하는 데 이용되는 단순한 PERT/CPM 기법이라고도 할 수 있다. [그림 10-22]는 건축프로젝트의 일정계획을 수립하는 데 이용되는 애로우 다이어그램의 예이다.

애로우 다이어그램(arrow diagram)

애로우 다이어그램은 '신제품의 개발일정계획', '7가지 품질관리기법 연수일정계획' 등의 각종 일정계획에 활용되고 있다.

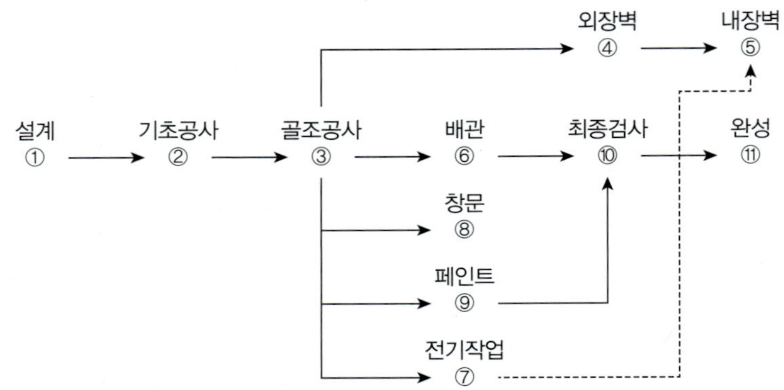

[그림 10-22] 건축프로젝트의 애로우 다이어그램

10.4 개선을 위한 7단계법

개선을 위한 7단계법

일반적으로 개선과제는 경영자의 관심과 승인하에 현장팀의 활동을 통해 풀어 나가게 되는데, 만일 7단계법과 같은 체계적인 절차와 방법이 없다면 의견수렴이 어렵고 팀 활동이 산만해질 가능성이 있다. 따라서 팀의 회의를 정례화하고 7단계법을 이용함으로써 핵심적 이슈와 개선 결과에 집중토록 할 필요가 있다. 7단계법은 팀의 문제해결과 프로세스 개선을 위해 구조화된 접근법으로 앞에서 설명한 품질 개선도구를 적절하게 활용한다.

〈단계 1〉 과제 선정 및 정의

과제를 선정하고, 문제를 명확히 하고, 개선의 필요성을 설명하고, 문제와 관련된 데이터 및 측정척도를 정하는 일이다. 세부 내용은 다음과 같다.

① 고려되는 모든 과제를 열거하고 〈표 10-5〉와 같은 요령으로 우선순위가 높은 과제를 선정한다. 자료수집 용이성, 실천 용이성, 심각성, 해결소요시간 등을 종합적으로 고려하는 것이 바람직하다.

〈표 10-7〉 과제 선정 방법(예)

과제명	자료수집 용이성	실천 용이성	심각성 (긴급/영향)	해결 소요시간	우선순위
A	1	3	2	1	7 → 2
B	3	2	2	3	10 → 4
C	1	1	1	2	5 → 1
D	2	2	3	2	9 → 3

* 1점(상), 2점(중), 3점(하)로 평가하여 합계가 가장 작은 과제를 선정한다.

② 선정된 과제의 핵심을 찾고 문제의 내용을 명확하게 문장으로 표현한다. 이때 현 상태와 개선 상태의 격차를 지적하거나 고객의 관심사항을 제시하는 등의 방법으로 개선의 필요성을 설명하면 더 좋을 것이다.

③ 개선 여부 또는 개선의 진척도를 측정할 수 있는 척도와 문제영역을 명확히 하고 관련되는 데이터에는 어떤 것이 있는가를 찾아 지정한다.

〈단계 2〉 데이터 수집 및 상태 표현

문제와 관련된 기초자료를 수집하고 과거부터 현재까지의 상태를 아래와 같은 방법으로 객관적 데이터에 의해 표현함으로써 문제점을 분명히 제시하는 단계이다.

① 공정도 등의 방법으로 프로세스의 흐름을 간명하게 표현한다.

② 히스토그램(histogram), 런차트(run chart) 등을 이용하여 현 상태 및 데이터 변동의 패턴을 검토한다.

③ 각종 데이터를 통해 문제와 관련된 주요 변수가 무엇인지 알아낸다.

④ 기타, 과제의 주요 국면에 관한 간단한 스케치, 그림을 그려 본다.

〈단계 3〉 원인 분석

노출된 문제점의 근본원인을 찾아내는 단계이다. 원인이 될만한 의심스러운 이유들이 많아도 특성요인도(cause and effect diagram)를 이용하면 체계적으로 열거하여 일목요연하게 정리할 수 있다. 특성요인도에서는 아래와 같은 4M 또는 4P라는 분류법이 이용되나 문제에 따라 다른 분류법을 만들어 사용할 수도 있다.

4M	4P
Man(사람 원인)	People(사람 원인)
Machine(기계 원인)	Plant(설비/시설 원인)
Method(방법 원인)	Policy(방침/규정 원인)
Material(재료 원인)	Procedure(절차 원인)

이러한 분류법도 중요하지만 보다 중요한 것은 원인을 깊이 추궁해 들어가는 탐구자세이다. 가령 어떤 결점이 생겨난 원인을 캐려고 한다면 아래와 같이 계속 '왜?'라는 질문을 하면서 X → A → B → C → D로 계속 깊이 파고들어 A, B, C, D라는 숨어 있는 원인들까지 발굴해 내는 것이 중요하다.

특성요인도를 그린 후 어떤 원인이 유력한 원인인지를 가려내야 한다. 수많은 잠재원인들 중에서 진정한 원인을 가려내는 일은 쉽지 않지만 경험이 풍부한 현장 담당자는 완벽한 실험과정을 거치지 않고도 이 일을 해낼 수 있다. 때로는 간단한 관찰을 통해서, 때로는 변수값을 통제하고 결과를 관찰함으로써 실제원인을 추적 확인하는 방법이 많이 사용된다.

〈단계 4〉 해결책의 열거, 선택, 실행

팀 회의를 통해 가능한 해결책들을 모두 열거하고 각 해결책의 현실성, 성공가능성, 부작용을 검토한 후 하나의 해결책을 택하고 실행하는 단계이다. 해결책들을 열거할 때는 창의적 발상과 행동화 대책이 요구된다. 실행에 들어갈 때는 미리, '준비물은 무엇인가?', '시험적 운영이 필요한가?', '실행 책임자는 누구로 할 것인가?', '사전 교육훈련이 필요한가?' 등을 고려할 필요가 있다.

〈단계 5〉 실행결과 점검

실행결과에 관한 데이터를 수집하여 해결책의 효과를 확인한다. 그 효과는 런차트 또는 파레토도를 통해 시각적으로 나타낼 수 있다. 아울러, 새로운 시행안에서 수정할 부분은 없는가를 검토한다. 실행과정에서 발생한 예상치 못했던 일 또는 실행 초기의 특수상황이 있다면 검토하여 필요한 조정을 해야 한다.

〈단계 6〉 개선 내용의 표준화

앞 단계에서 얻어진 새로운 방안이 정착되도록 표준화하는 단계이다. 절차, 방법,

시설, 재료, 행동의 표준이 명확히 문서화되어 관련자들에게 전달되고 교육훈련에 반영되어야 한다. 표준화가 이루어지지 않으면 그 동안 많은 노력을 기울여 얻은 좋은 방안이 계속 실천되지 못하고 1회성으로 사라질 수도 있다. 표준화 된 내용을 문서화해 놓으면 차후 같은 문제에 대해 다시 개선을 시도할 때 좋은 참고가 될 것이다.

〈단계 7〉 반성 및 다음 번 과제에 도전

하나의 개선 프로젝트를 마치면서 교훈을 정리하고 다음 번 과제로 옮겨가는 단계이다. 이 마지막 7단계는 별로 할 일이 없기 때문에 생략해도 된다고 생각하는 경향이 있다. 그러나 '지속적 개선'을 위해서 이 마지막 단계는 매우 중요하다. 하나의 과제(프로젝트)를 마치면 손 털고 끝내는 것이 아니다. 쉬지 말고 우선순위에 따라 다음 번 과제를 찾아 도전하면서 지금까지의 경험을 값지게 활용하고 팀워크를 다져야 한다.

사례 **레스토랑의 7단계법 적용 사례**

대도시 중심가에 업무출장 여행자들을 대상으로 셀프서비스 조식 뷔페를 제공하는 식당이 있다. 식당 경영자는 지난 3개월간 고객들에게 간단한 설문 쪽지를 배부하여 불만사항을 응답하게 했는데, 총 200명이 응답했고 모두 여덟 가지의 불만사항들이 나타났다.

불만사항별 언급빈도수는 〈표 10-8〉, [그림 10-23]과 같다. 모든 문제를 한꺼번에 다루면 과제가 복잡해지고 해결에 많은 시간이 소요되며 성공가능성도 낮아질 것이다. 따라서 경영자는 불만해소 효과가 큰 문제부터 하나씩 해결하기로 했다.

〈표 10-8〉 레스토랑의 고객불평 조사

고객 불만 사항(도수 순서)	도수(%)	누적 %	해결 순위
D. 좌석이 없어 기다려야 한다.	70(35.0)	35.0	1
E. 뷔페 테이블 배열이 조직적이지 못하다.	50(25.0)	60.0	2
B. 식탁이 깨끗하지 못하다.	30(15.0)	75.0	3
A. 바깥 바람이 들어와 식당이 썰렁하다.	20(10.0)	85.0	4
H. 커피 주문에 시간이 많이 걸린다.	10(5.0)	90.0	
F. 실내 장식이 불만이다.	7(3.5)	93.5	

C. 다이어트 설탕대용품이 없다.	7(3.5)	97.0	
G. 재떨이가 없다.	6(3.0)	100.0	
계	200(100%)		

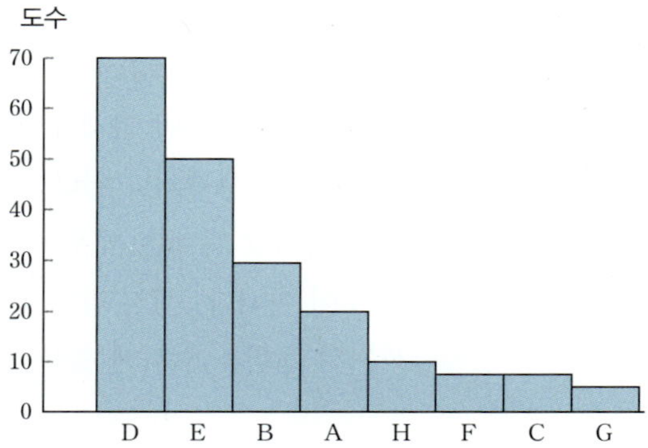

[그림 10-23] 레스토랑 사례의 파레토 차트

〈단계 1: 과제 선정 및 정의〉

우선순위 1, 2, 3번 세 가지만 해결해도 불만의 75%가 해소된다. 경영자는 불만의 35%를 해소할 수 있는 순위1 문제(좌석이 모자라 고객이 기다리는 문제)를 선정하고 종업원들로 문제해결팀을 구성했다. 팀은 품질개선 7단계법에 따라 문제를 풀어 가기로 했다.

고객이 식당에 도착하여 바로 좌석에 들어가지 못하고 입구 로비에서 대기해야 한다는 것이 문제의 핵심이다. 식당의 주고객인 출장여행자들은 바쁜 사람들이라 신속하게 아침 식사를 해결하려 한다. 식사 중에 사업 이야기를 하는 고객도 많다. 따라서 대기시간을 없앤다는 것은 매우 중요한 품질특성이 된다.

이 품질특성은 일정시간 이상을 대기하는 고객의 비율로 측정할 수 있다. 팀에서는 1분 이상을 대기하는 경우만 '대기고객'이라 정의하기로 하고, '대기시간'을 어떻게 측정하며 '대기고객 비율'을 어떻게 계산할 것인가에 대해 신중하게 토론을 했다.

〈단계 2: 데이터 수집 및 상태 표현〉

1분 이상 대기고객수를 그 날의 고객총수로 나누어 대기고객 비율(%)이라고 정했다. 동반 입장하는 고객그룹의 크기도 조사했다. 요일별 데이터, 대기 이유, 시간대별 데이터 등 기본 데이터를 수집했고, 도표를 이용하여 현상태를 표현했다.

요일별 대기고객비율(%)의 변동을 보여주는 런차트(run chart), 아침시간의 시간대별 대기고객수를 보여주는 히스토그램(histogram)([그림 10-24] 참조), 전체적 흐름을 파악하기 위한 레스토랑 내부 배치도를 작성했다.

런차트 [그림 10-25]를 보면, 주중보다 주말이 한가하며 주초가 붐비는 것을 알 수 있다. 출장여행자들의 비즈니스가 주초에 많이 이루어지기 때문일 것이다. 고객그룹 크기는 문제에 영향을 주는 변수가 아니라고 판단했다. 왜냐하면 모든 사이즈의 그룹들이 같은 비율로 대기하고 있었기 때문이다. 히스토그램 [그림 10-24]의 형태는 예상과 일치했다.

대기이유 자료는 매우 흥미있는 것이었다. 처음에는 그저, 빈 식탁이 없어서 기다리는 것이라고 쉽게 생각했었다. 그러나 자세히 관찰해보니 보다 중요한 이유가 있었다. 손님들이 불편한 좌석을 싫어해서 기다리는 경우가 많다는 점이다. 결국, 사용된 식탁을 빨리 치우지 못하는 것이 식탁 부족의 주원인이며 손님들이 비흡연석을 선호하는 것이 본 과제에 중요한 관계가 있다는 사실을 밝혀낸 것이다.

〈단계 3: 원인 분석〉

손님들이 식사하고 떠난 빈 식탁을 빨리 치우지 못하는 원인을 찾기 위해 팀은 [그림 10-27]과 같은 특성요인도를 작성했다. 생선뼈의 입 부분, 즉 '결과' 칸에는 "빈 식탁이 빨리 치워지지 않는다."라고 적어 넣었다. 매우 구체적인 표현이다. 특성요인도의 결과 칸에는 이처럼 구체적인 결과나 증상을 적어 넣어야 한다. 그래야만 원인도 구체적으로 생각해볼 수 있을 것이다.

생선뼈의 가시부분에는 각종 원인들을 적어 넣었는데 4P에 따라 분류했다. 이 특성요인도와 기타 자료들을 신중히 검토하여 중요한 결론을 얻었다. 즉, 식탁과 주방 간의 거리, 특히 비흡연석과 주방과의 거리가 너무 멀다는 것이 주된 원인일 수 있다는 결론이다.

원칙적으로는 주 변수를 찾아 변수값을 여러 가지로 바꿔보면서 원인-결과 관계를 테스트하고 그 원인이 중요함을 증명해야 하나, 이 식당에서는 그렇게 엄밀한 실험은 하지 못했다.

〈단계 4: 해결책의 열거, 선택, 실행〉

30분 일찍 개장하는 방안, 종업원을 추가 채용하는 방안, 레스토랑 전체를 흡연금지 구역으로 하는 방안, 비흡연석을 주방 가까이 배치하는 방안 등 다양한 아이디어가 제안되었으나, 결국 선택된 해결책은 '비흡연석 근처에 임시전담반을 배치하여 비흡연구역의 식탁이 비는 순간 재빨리 빈 그릇을 치우도록 하는 방안'이었다. 팀은 피크타임, 즉 7시부터 9시 사이에만 전담반을 운영하기로 하고 전담반을 2인 1개조로 편성하여 1개월간 시험운영에 들어갔다.

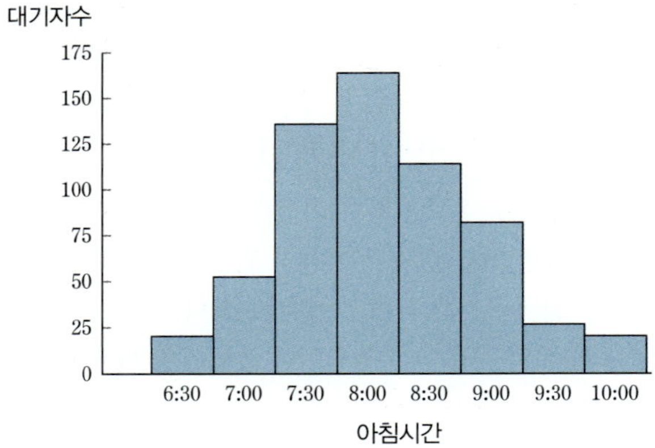

[그림 10-24] 히스토그램

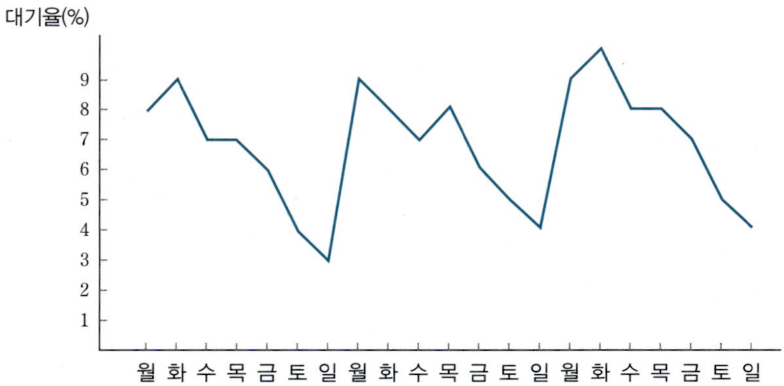

[그림 10-25] 개선 전의 런차트

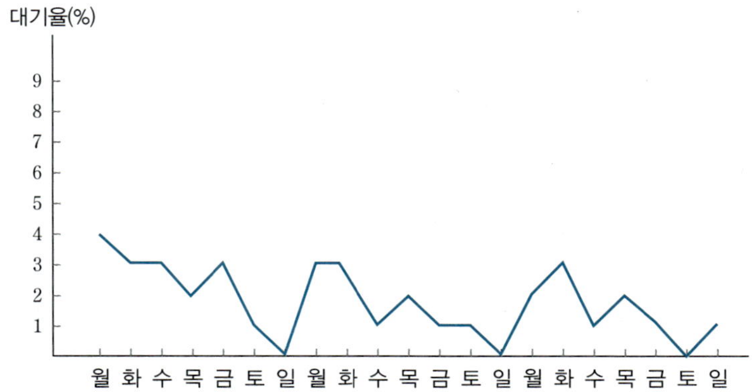

[그림 10-26] 개선 후의 런차트

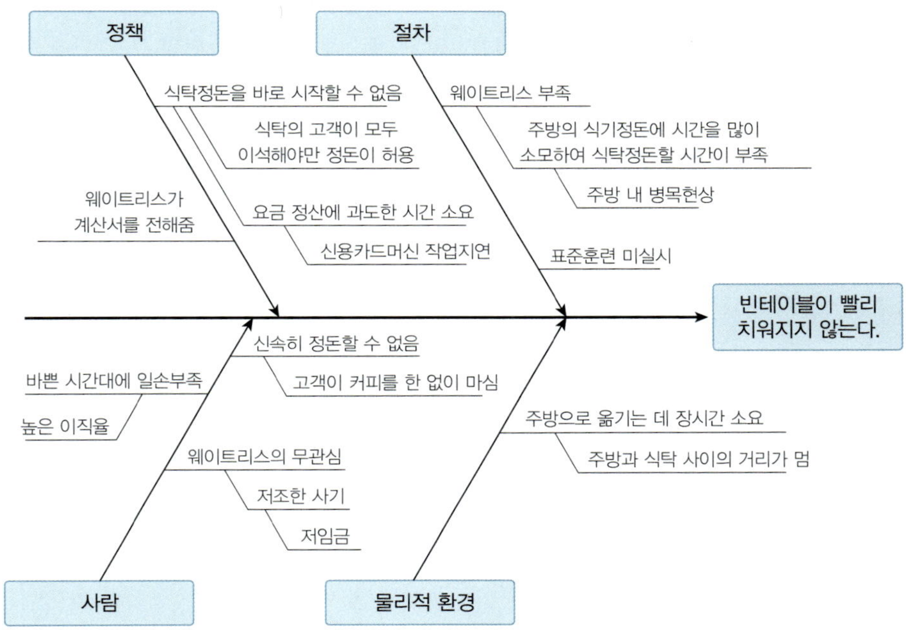

[그림 10-27] 특성요인도

〈단계 5: 실행결과 점검〉

성과측정척도로 대기고객비율(%)을 이용했고 데이터를 1개월간 수집하여 런차트로 정리해 보니 [그림 10-26]과 같이 매우 고무적인 결과를 얻었다. 추가비용 없이 놀랄만한 개선이 이루어진 것이다. 대기고객들의 짜증스러운 눈초리가 없어져 무엇보다 기분이 좋았다. 시험운영 도중에 최초안의 일부를 변경했다. 실제로 시행해보니 7시에는 전담반 없이도 지장이 없었다. 그래서 7시 반~9시로 전담반 작업시간을 조정했다.

〈단계 6: 개선 내용의 표준화〉

식당경영자는 비흡연석 식탁 치우기 전담반을 계속 운영하기로 결정하고 이를 위해, 전담반의 편성, 교대방법, 근무시간, 행동요령 등을 규정화했으며, 신입 종업원 교육을 위한 교육내용에 이를 포함시켰다.

〈단계 7: 반성 및 다음 번 과제에 도전〉

이번 과제의 멋진 해결로, 팀에 참가한 종업원은 물론 주방근무자 등 다른 종업원들까지 사기가 앙양되었다. 팀을 해체하지 않고 계속해서 다음 순위의 문제(뷔페 탁자 배열이 나쁘다)에 도전하기로 했다.

연·습·문·제

1. 신제품 매출부진의 원인을 분석하기 위한 특성요인도를 작성하라.

2. 다음 자료는 자동차 임대회사가 보유하고 있는 160대 차량의 작년도 운행거리이다.

운행거리(km)	차량대수
40,000 이상 ~ 50,000 미만	4
50,000 이상 ~ 60,000 미만	22
60,000 이상 ~ 70,000 미만	35
70,000 이상 ~ 80,000 미만	49
80,000 이상 ~ 90,000 미만	33
90,000 이상 ~ 100,000 미만	17

(1) 히스토그램을 작성하라.

(2) 누적도수분포표를 작성하라.

3. 일간신문의 정치면, 경제면, 스포츠면, 사회면의 일정 부분을 표본으로 선택하여 한글, 한자, 영문, 특수문자, 기호, 숫자 등이 어떻게 분포되어 있는가를 파악하기 위한 체크시트를 작성하라.

4. 3번에서 작성된 체크시트를 활용하여 파레토도를 작성하고 이 결과를 해석하라.

5. 최근 1주일간(월요일에서 금요일까지)의 주식가격 변동자료를 이용하여 주초의 주식가격과 그 주식의 1주일간의 변동폭 간의 관계를 나타내는 산점도를 업종별로 작성하고 해석하라.

6. 품질관리 신 7가지 도구의 특징을 설명하라.

7. 연관도법의 특징을 설명하라.

8. PDPC법의 작성방법을 설명하라.

9. 계통도법의 특징과 친화도법과의 차이를 설명하라.

10. 개선을 위한 7단계법을 적용한 실생활 사례를 들어라.

11

CHAPTER

서비스품질 측정과 설계

학습 목표

- 서비스품질의 개념과 중요성을 이해한다.
- 서비스품질 측정 모형으로서 SERVQUAL의 특징을 이해한다.
- SERVQUAL 모형과 SERVPERF 모형의 차이를 파악하고 SERVPERF 모형이 SERVQUAL 모형을 대체할 수 있는지를 설명할 수 있다.
- SERVQUAL을 활용한 다양한 서비스품질 측정 모형에 대해 이해하고 적용 방안을 제시할 수 있다.

사례

SKT, 한국서비스품질지수(KS-SQI) 국내 최장 25년 연속 1위

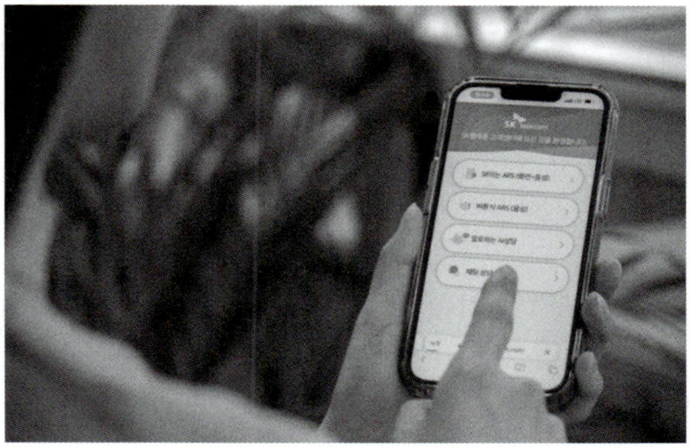

SK텔레콤이 한국표준협회가 주관하는 2024년 한국서비스품질지수(KS-SQI, Korean Standard-Service Quality Index) 조사에서 이동통신부문 1위에 오르며 지난 2000년 조사 시작 이후 변함없이 최고 자리를 지켰다.

KS-SQI는 한국표준협회가 국내 기업의 제품과 서비스 이용 고객을 대상으로 서비스 품질을 전문성, 진정성, 적극성, 사회적 가치 등 8개 영역으로 구분한 후 영역별 만족도를 측정해 계량화한 지표다. 한국표준협회가 2000년부터 조사를 시작한 KS-SQI는 국내 서비스산업 품질 수준을 나타내는 대표적 고객만족도 지표로 인정받고 있다. 홍승태 SKT 고객가치혁신 담당은 "25년 연속 1위 달성은 고객에게 최고 품질의 서비스를 제공하고자 노력해 온 우리의 진심을 인정받은 성과"라며, "1위에 만족하지 않고, AI 등 기술을 활용한 서비스 혁신과 동시에 고객에 대한 감성적인 터치와 세심한 배려를 통해 고객이 좋아하고 함께하고 싶은 회사로 만들어 나가겠다."고 밝혔다.

출처: SK텔레콤 PR실에서 부분 발췌, 2024년 8월

11.1 서비스품질의 개념과 중요성

11.1.1 서비스품질이란?

서비스품질

서비스품질에 대한 정의는 학자나 관점에 따라서 내용이 달라지기도 하지만 기본적 특징에 있어서는 서로 일치하며 무형성(intangibility)과 동시 소모성(simultaneous consumption)이라는 특성을 포함하고 있다. 대표적인 학자들의 서비스품질에 관한 정의는 다음과 같다.

Juran(1974)은 5가지의 수용자에 대한 효과 및 영향에 대한 측면에서 서비스품질을 분류하였는데, 첫 번째로는 고객에게 보이지 않는 내부적 품질, 두 번째로 고객의 눈에 보이는 하드웨어 품질, 세 번째로 수요자의 눈에 보이는 소프트 품질, 네 번째로 시간의 정확성 내지 신속성, 그리고 마지막으로 심리적 품질로 서비스품질을 분류하였다. Crosby(1979)는 서비스품질 또한 제품품질의 정의와 비슷하게 '요구사항에 대한 일치(conformance to requirement)'라고 정의하였다. Lewis와 Boom(1983)은 고객의 기대와 실제 고객에게 제공된 서비스 수준이 일치되는 정도를 측정하는 것으로, 고객의 기대에 부합하도록 서비스를 제공하는 것이 서비스품질이라 정의하였다.

기술적 품질(technical quality)
기능적 품질(functional quality)

Grönroos(1984)는 서비스품질을 서비스 고유의 특성으로 강한 주관성을 갖고 고객별로 다양하게 인식하는 특성을 반영하여 **기술적 품질(technical quality)**과 **기능적 품질(functional quality)**, 그리고 기업이미지(corporate image)로 구분하였다. 기술적 품질(technical quality)은 소비자와 서비스 제공자간의 상호작용 결과로서 '서비스 기업이 제공하는 것에 대한 소비자 지각'을 뜻하며, 기능적 품질(functional quality)은 '소비자가 서비스를 어떻게 지각하는가 혹은 결과로서 기술적 품질을 어떻게 만드는가'를 말한다. 마지막으로 기업이미지는 기업에 대한 소비자의 견해로 소비자의 서비스에 대한 기대에 중요한 영향을 미친다고 한다. 또한 서비스는 무형성을 띄고 있어 기업이미지는 대부분의 서비스 기업에 있어 중요한 요소가 되며 전체 서비스품질은 고객이 서비스 제공 전에 기대한 서비스와 서비스를 제공받는 동안 고객이 실제로 느끼는 서비스를 비교하여 결정된다고 하였다.

Dodds와 Monroe(1985)는 서비스품질에 대한 정의는 객관적, 주관적 품질이라는 두 가지 접근법에 의해서 달라질 수 있다고 하였는데 객관적 품질은 제품이 갖는 기술적인 우월성 혹은 탁월성을 설명하는 개념이며, 반대로 주관적 품질은 사람들마다 주관적 반응을 포함하는 개념이다. 이러한 두 정의의 차이를 Holbrook와 Corfman(1985)는 기계적 품질(mechanistic quality)과 인간적 품질(humanistic quality)이라는 용어로 표현하기도 하였다.

Parasuraman, Zeithaml과 Berry(1985)는 서비스품질이란 고객에 의한 주관적이고 포괄적인 평가로 서비스에 관련하여 갖는 전반적 판단이나 태도로 정의하여 지각과 기대 사이에 기각된 품질에 대해 고객마다 그 방향과 정도에 따라서 차이가 존재한다고 하였으며, 또한 Parasuraman, Zeithaml과 Berry(1988)는 서비스품질은 객관적, 실제적 품질과는 서로 다르고, 서비스의 구체적 속성이라기보다는 추상적 개념이며, 서비스품질은 태도의 한 형태이고, 서비스품질에 대한 평가는 대체로 비교개념으로 이루어지기 때문에 고객은 다른 여러 서비스들과 비교하여 상대적 우월성 또는 우수성을 비교하며 평가한다고 하였다.

Bitner(1990)는 서비스에 있어서 가장 중요한 것은 서비스 제공자와 고객 간의 상호작용으로서 상대적, 지속적인 정서적 방향을 뜻하는 전반적인 태도로 서비스품질을 정의하였다. Cronin과 Taylor(1992)는 서비스품질은 고객만족의 선행변수이고, 고객에게 있어서 지각된 서비스품질이란 어떠한 서비스에 대한 고객의 장기적, 전체적인 평가를 의미하는 태도로서 개념화되고 측정되어야 한다고 하였다. Fitzsimmons(2008)는 서비스품질에 대한 평가는 서비스 전달 프로세스 중에 만들어지므로 서비스품질은 서비스를 받았을 때의 인식과 서비스를 바랄 때의 기대를 비교함으로써 평가할 수 있다고 하였다. 김연성 외 6인(2009)은 서비스품질은 서비스 속성의 집합이 사용자들을 만족시키는 정도라고 하며 기대에 대한 인식의 일치라고 하였다.

이와 같이 시간과 학자에 따라 다양하게 내려지는 서비스품질의 정의는 일련의 공통점을 가지고 있는데, 이는 지각된 품질을 상대적이면서 지속적인 정서적 방향을 의미하는 전반적인 태도에 비유한 것이다. 지각된 서비스품질을 태도와 유사한 개념으로 이해되는 이유가 여기에 있다. 즉, 지각된 서비스품질은 제품의 전반적인 우월성과 관련되어 상대적이고도 포괄적인 가치판단을 의미한다. 다음 〈표 11-1〉은 앞에서 설명한 학자들의 서비스품질에 관한 정의를 정리한 것이다.

〈표 11-1〉 서비스품질에 대한 학자별 정의

학자	연도	정의
Juran	1974	서비스품질을 5가지의 수용자에 대한 효과 및 영향에 대한 측면에서 분류 • 고객에게 보이지 않는 내부적 품질 • 고객의 눈에 보이는 하드웨어 품질 • 수요자의 눈에 보이는 소프트 품질 • 시간의 정확성/신속성 • 심리적 품질
Crosby	1979	제품 품질의 정의와 유사한 요구조건에 대한 일치로 정의
Lehtinen & Lehtinen	1982	고객이 서비스품질을 결정하는 요인으로 고객과 서비스 조직 내의 요소들 간의 상호작용으로 3가지 차원으로 분류 • 물리적 품질 • 기업 품질 • 상호작용 품질
Lewis and Boom	1983	고객의 기대에 부합하도록 서비스를 제공하는 것
Grönroos	1984	서비스 고유의 특성으로 강한 주관성을 갖고 고객별로 다양하게 인식하는 성격을 반영하여 3가지 차원으로 분류 • 기술적 품질 • 기능적 품질 • 기업이미지
Dodds & Monroe	1985	객관적 품질과 주관적 품질이라는 두 가지 접근법에 의해 달라질 수 있다고 정의
Holbrook & Corfman	1985	기계적 품질과 인간적 품질이라는 두 가지 접근법에 의한 정의
Parasuraman, Zeithaml & Berry	1985	고객에 의한 주관적이고 포괄적인 평가로 서비스에 관련하여 갖는 전반적인 판단이나 태도로 정의
Bitner	1990	서비스 제공자와 고객 간의 상호작용으로 상대적, 지속적인 정서적 방향을 의미하는 전반적인 태도로 정의
Cronin & Taylor	1992	고객만족의 선행변수로 고객에게 있어서 지각된 서비스 품질은 특정 서비스에 대한 고객의 장기적, 전체적 평가를 의미
Fitzsimmons	2008	서비스를 받았을 때의 인식과 서비스를 바랄 때의 기대를 비교함으로써 정의할 수 있음

11.1.2 서비스품질의 특성

Parasuraman, Zeithaml과 Berry(1998)의 연구에서 볼 수 있듯이 서비스품질은 각각의 고객마다 그 방향과 정도에 따라 만족이 다르게 나타나기에 특정할 수 있는 유형적 단서는 서비스 제공 과정에서의 물리적인 능력이나 인적요소에 의해 정해진다. 이처럼 결과가 아닌 과정에서 서비스품질이 결정되는 이유는 서비스의 네 가지 특성인 **무형성**(intangibility), **이질성**(heterogeneity), **비분리성**(inseparability), **소멸성**(perishability) 때문이다.

무형성(intangibility)
이질성(heterogeneity)
비분리성(inseparability)
소멸성(perishability)

우선 서비스 특성을 살펴보면, 네 가지 서비스 특성 중 무형성은 서비스 고유의 특성이다. 유형적 제품과는 달리 소비자의 어떠한 감각으로도 서비스를 직접적으로 확인할 수 없음을 말한다. 그리하여 소비자들은 서비스의 무형성으로 인한 불확실성을 줄이기 위하여 서비스품질의 상징이나 유형적 증거를 찾으며, 결국 소비자들이 볼 수 있는 사람, 설비, 상징, 커뮤니케이션 소재, 가격이나 장소 등으로 서비스품질을 추측하게 된다. 두 번째 특성으로는 이질성이 있는데, 이는 동일한 서비스일지라도 서비스를 제공받은 고객에 따라서 제공된 서비스품질이나 성과의 평가가 다르게 될 수 있음을 말한다. 이는 서비스의 품질관리의 어려움이나 서비스의 표준화가 원인이 되기도 한다. 이러한 이질성을 해소하기 위하여 일관성 있는 서비스를 제공하여야 하며, 이를 위해서는 서비스품질 관리가 매우 중요하다. 세 번째 서비스의 특성으로 생산과 소비의 비분리성이 있다. 서비스는 생산과 소비가 동시에 이루어지며, 즉 소비행위가 이루어질 때 서비스 제공자 또한 함께 존재한다는 것을 의미한다. 마지막으로 소멸성이란 비분리성에 의하여 발생하며, 서비스의 무형적 특성상 저장될 수 없기에 대량생산이나 저장이 불가하다는 특성을 뜻한다.

11.1.3 왜 서비스품질에 관심을 두어야 할까?

서비스품질이 탁월한 기업은 대내적으로는 서비스 문화를 정립하고 있으며, 대외적으로는 명성을 확보하고 있는 것으로 알려져 있다. 서비스 기업의 발전과정을 4단계로 제시한 Chase & Hayes의 연구를 보면, 서비스 기업의 경쟁력이 가장 높은 수준의 단계인 세계 수준의 서비스 제공단계에서는 서비스품질이 고객의 기대를 넘어서 기회를 추구하며 지속적으로 그 수준이 향상되는 것으로 규정되어 있다. 단지 서비스품질이 비용이나 다른 변수의 부수적인 요소가 아니라 서비스 경쟁력 확보를 위한 핵심요소로 자리를 잡고 있을 것이 서비스 기업 경쟁력 최우수 단계에

도달하기 위한 하나의 조건이다(Chase & Hayes, 1991). 즉, 서비스품질에서 기업의 경쟁우위 기회를 찾을 수 있다고 볼 수 있으며, 이것이 기업의 성장과 발전의 하나의 시금석이 될 수 있다.

그러나 서비스품질을 연구하는 일은 그리 쉬운 일은 아니다. 다행히 서비스품질을 정의할 수 있다고 해도 서비스품질을 측정하기는 어렵다. 그 이유는 다음과 같다.

① 서비스품질의 개념이 주관적이기 때문에 객관화하여 측정하기 어렵다. 또한 모든 경우에 적용되는 서비스품질을 정의하기는 어렵다.
② 서비스품질은 서비스의 전달이 완료되기 이전에는 검증되기가 어렵다. 서비스의 특성상 생산과 소비가 동시에 이루어지기 때문이다.
③ 서비스품질을 측정하려면 고객에게 물어봐야 하는데, 고객으로부터 데이터를 수집하는 일이 시간과 비용이 많이 들며 회수율도 낮다.
④ 자원이 서비스 전달과정 중에 고객과 함께 이동하는 경우에는 고객이 자원의 흐름을 관찰할 수 있다. 이런 점은 서비스품질 측정의 객관성을 저해한다.
⑤ 고객은 서비스 프로세스의 일부이며, 변화를 일으킬 수 있는 중요한 요인이기도 하다. 따라서 고객을 대상으로 하는 서비스품질의 연구 및 측정에 본질적인 어려움이 있다.

그럼에도 불구하고 서비스품질을 측정하려는 노력을 계속하는 이유는 개선을 하기 위한 첫 단계가 측정이라는 점과 경쟁우위 확보를 위한 서비스품질의 중요성이 증대되기 때문이다.

11.2 서비스품질 측정 모형의 적용

11.2.1 서비스품질 측정 모형

서비스품질 측정 모형

1980년대 중반 이후 서비스품질의 개념과 측정에 대한 연구는 가장 활발하게 진행된 분야이다. 그러나 〈표 11-2〉와 같이 개념과 측정에 관한 연구들 간에 의견의 불일치와 모형 간의 우수성에 대한 논쟁이 끊임이 없으며 학자들 간에 합의된 것은 거의 없다고 할 수 있다.

〈표 11-2〉 서비스품질 각 차원별 정의

10차원	5차원	정의
유형성	유형성	서비스의 평가를 위한 외형적인 단서 예) 물적 시설, 장비, 직원, 의사소통 도구의 외형
신뢰성	신뢰성	약속된 서비스를 믿을 수 있고 정확하게 수행하는 능력 예) 서비스 수행의 철저함, 청구서의 정확도, 정확한 기록, 약속시간 엄수
대응성	대응성	고객을 돕고 즉각적인 서비스를 제공하려는 의지 예) 서비스의 적시성, 고객의 문의나 요구에 즉시 응답, 신속한 서비스 제공
능력	확신성	서비스를 수행하는 데 필요한 기술과 지식의 소유 여부 예) 조직연구 개발력, 담당직원과 지원인력의 지식과 기술
예절		고객과 접촉하는 종업원의 친절과 배려 예) 담당 종업원의 정중함, 존경, 공손함
신빙성		서비스 제공자의 진실성, 정직성 예) 기업 평판, 기업명, 종업원의 정직성, 강매의 정도
안전성		위험, 의심의 가능성이 없음 예) 물리적 안전, 금리적 안전, 비밀보장
가용성	공감성	접근 가능성과 접근 용이성 예) 전화예약, 대기 시간, 서비스 제공 시간 및 장소의 편리성
커뮤니케이션		고객의 말에 귀 기울이고 고객에게 쉬운 말로 알림 예) 서비스에 대한 설명, 서비스 비용의 설명, 문제해결 보증
고객의 이해		고객의 욕구를 알려는 노력 예) 고객의 구체적 요구사항 학습, 개별적 관심 제공, 사용/우량고객 인정

서비스품질은 제품품질과는 다르게 무형적인 요인들에 의해 결정되므로 측정이 쉽지 않다는 것 때문에 다양한 관점을 갖고 연구하게 된다.

서비스품질의 측정에 관한 연구들은 주로 '기대(expectation)'와 '서비스 성과(performance)' 간의 차이를 측정하여 그것을 '서비스품질'이라고 규정하는 **SERVQUAL 모형**과, 기대를 제외하고 '서비스 성과'='서비스품질'로 보는 **SERVPERF 모형**을 바탕으로 진행되고 있다. 즉, Gap-based 서비스품질 측정 방법으로 SER

SERVQUAL 모형
SERVPERF 모형

VQUAL 모형이 이러한 방법을 주장하고 있고, SERVPERF 모형은 기대를 측정하지 않고 서비스 성과만을 측정하는 것을 주장하고 있다.

두 가지 품질 측정 모형을 살펴보면 다음과 같다.

(1) SERVQUAL 모형

서비스품질 관련 연구에서 가장 널리 활용되고 있는 것은 Parasuraman, Zeithaml과 Berry(이하 PZB, 1985, 1988)에 의해 개발된 다항목 척도 SERVQUAL 모형이다.

갭 모형

PZB는 서비스품질을 측정하기 위하여 갭 모형에 근거한 SERVQUAL이라는 다항목 척도를 개발하였다. **갭 모형**은 서비스 전달과정에서 발생하는 5가지 갭을 찾는다. GAP1은 시장조사 갭으로서 경영자의 이해부족에서 발생하며 시장조사 시행, 관리계층 축소, 상향적 커뮤니케이션 활성화를 통해 해소할 수 있다. GAP2는 디자인 갭이며 고객의 기대에 대한 경영자의 인식과 실무적 서비스 표준 사이에서 발생한다. 고객 지향적 서비스 품질의 목표설정, 서비스 전달 임무의 표준화, 최고경영자의 관심 등으로 갭을 줄일 수 있다. GAP3는 적합성 갭이라고 하며 서비스 전달과정과 관련한 요소 혹은 작업이 사전에 설명된 절차와 기준에 맞지 않음으로 인해 발생하는 갭이다. GAP3는 경영자가 종업원의 직무적합성을 확인하고 적절한 관리통제 시스템을 개발함으로써 갭을 해소할 수 있다. GAP4는 외부 커뮤니케이션으로 형성된 고객기대와 접점 직원이 제공한 실질전달 서비스와의 차이에서 발생하는 갭으로 수평적 커뮤니케이션을 강화하고 과다약속을 지양함으로써 갭을 줄일 수 있다. 마지막으로 GAP5는 고객의 기대와 성과 간의 차이를 보여주는 것으로 이러한 네 가지의 갭의 크기와 방향에 의해 결정된다.

PZB는 앞서 설명한 갭 모형을 근거로 서비스품질의 여러 차원을 측정할 수 있다고 하였다.

유형성(tangibles)
신뢰성(reliability)
대응성(responsiveness)
확신성(assurance)
공감성(empathy)

PZB는 기존 연구에서 밝혀진 서비스품질의 10가지 차원을 각 차원에 대하여 대략 10개의 차원(총 97개 항목)을 반복적인 요인분석과정을 거쳐 **유형성(tangibles)**, **신뢰성(reliability)**, **대응성(responsiveness)**, **확신성(assurance)**, **공감성(empathy)**의 5가지 차원으로 통합하고, 이것을 측정하기 위하여 '기대'를 측정하게 만든 후 성과와 기대와의 차이에 의해 서비스를 측정하는 도구를 개발하

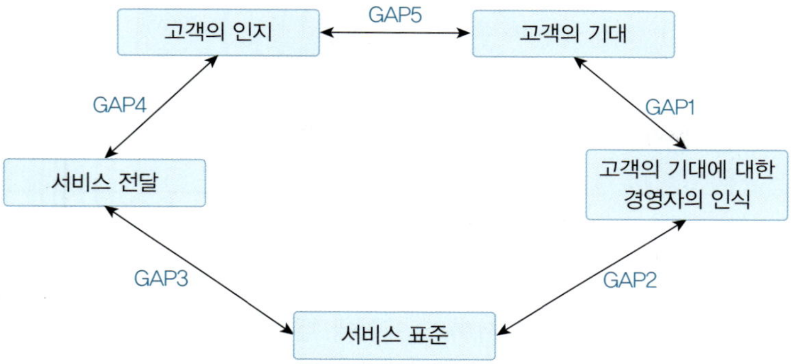

[그림 11-1] 서비스품질 갭 모형

였다. SERVQUAL 측정에 있어서 다양한 연구들이 이루어져 왔으며 PZB의 SERVQUAL을 그대로 적용하여 측정하기 보다는 각 산업에 맞는 서비스 속성의 규명에서부터 시작하여 서비스품질을 측정해야 한다. 〈표 11-3〉은 은행의 서비스 품질 측정을 위한 설문지 구성의 예이다.

〈표 11-3〉 은행의 서비스 차원별 설문 항목

서비스 차원	설문 항목
유형성	1. 은행 건물의 외관 2. 은행 설비의 외관 3. 은행 직원들의 외양 4. 은행 서류(안내장 등)의 외관
신뢰성	5. 은행의 서비스 약속 시간 준수 6. 고객의 문제해결을 위한 자세 7. 한번에 완벽한 서비스 수행 8. 약속한 시간에 서비스 제공 여부 9. 은행의 실수
대응성	10. 정확한 서비스 제공 약속 11. 신속한 서비스 12. 은행직원들의 대고객 서비스에 대한 자발성 13. 아무리 바빠도 고객의 요청에 항상 대응
확신성	14. 은행직원에 대한 고객들의 확신 15. 고객들의 안전감 16. 은행직원들의 친절도 17. 은행직원들의 업무지식

공감성	18. 고객 개개인에 대한 관심 19. 고객에 편리하게 시간대 조절 20. 은행직원의 고객에 대한 개인적인 관심도 21. 고객이익 우선 22. 고객의 욕구 이해

서비스품질 점수 계산은 다음과 같은 절차에 의하여 진행한다. 먼저, 은행과 거래하면서 고객들이 느끼는 5개 서비스 차원에 대한 상대적인 중요도를 측정하기 위하여 각 차원별로 점수 합계 100점이 되도록 중요도를 표시하게 한다.

5개 서비스 차원을 구성하고 있는 각 문항에 대해서는 먼저 가장 좋은 은행의 서비스에 대한 기대의 정도를 질문하고, 다음으로 현재 대상 은행이 수행하고 있는 서비스 수준에 대한 평가를 질문한다. 고객들의 기대수준과 은행의 서비스품질 평가에 대한 측정은 '전혀 그렇지 않다(1)'~'정말 그렇다(7)'의 7점 척도를 이용한다.

SERVQUAL 점수는 고객의 기대문항에 대한 응답 점수와 기대문항에 상응하는 지각문항에 대한 응답 점수 간의 차이로서 계산된다. 각 항목별 SERVQUAL 점수는 다음의 계산식에 의해 산출된다.

SERVQUAL 점수 = 고객의 지각점수 − 고객의 기대점수

한 은행의 5개 차원 각각에 관한 서비스품질 점수는 각 차원을 구성하는 문항들의 SERVQUAL 점수를 평균하여 구하며, 계산결과 점수가 (−)값을 가질수록 고객의 눈에 비치는 서비스품질의 문제가 심각하다.

서비스품질의 종합측정치는 5개 서비스 차원의 SERVQUAL 점수를 평균하여 구하며, [그림 11−2]와 같이 단순평균 계산에 의한 비가중(unweighted) SERVQUAL 점수와 각 서비스 차원에 대해 고객이 부여한 상대적 중요성을 감안한 가중(weighted) SERVQUAL 점수를 산출할 수 있다.

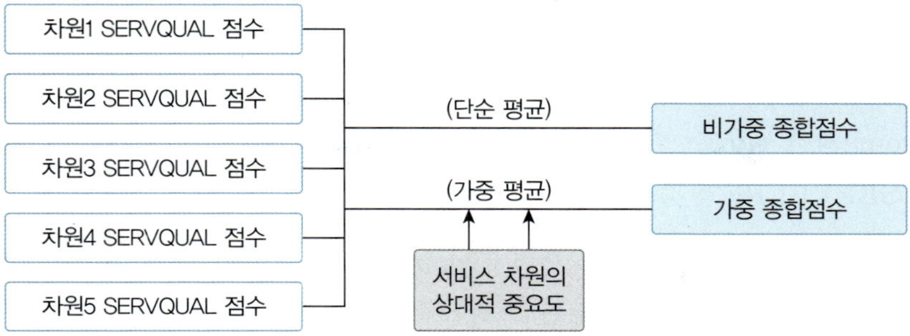

[그림 11-2] SERVQUAL 점수 계산

(2) SERVPERF 모형

이 모형은 Cronin과 Taylor(1992)에 의해 SERVQUAL에 대한 비판적인 연구로 서비스품질을 서비스의 수행결과에 기초해서 측정하고자 하는 시도로 연구되었으며, SERVQUAL이 서비스품질에 대한 개념화와 조작화가 부적절하다고 지적하였다. 이들은 '서비스=성과(performance)'라는 공식을 수립하고 SERVPERF라고 하며 서비스품질을 서비스의 성과로서 측정하였다.

SERVPERF

즉, Cronin과 Taylor는 서비스품질은 성과라고 보는 관점의 연구를 전개하였는데, 특히 성과만을 가지고 서비스품질을 측정해야 한다고 주장하였다. 이들은 다음과 같은 네 가지 모형을 검증한 결과, 오직 성과만을 가지고 측정한 방법인 SERVPERF 모형이 가장 우월하다는 것을 밝힘으로써 SERVQUAL에 대해 비판하였다. 따라서 서비스품질을 측정할 때는 성과에 대한 지각을 사용하는 것만이 타당하다고 주장한다.

첫째, 기대에 대한 제품의 성과를 비교하는 데 있어 변수들이 질적이기에 산술적 계산만으로 기대와 성과를 측정하는 데에는 한계가 있다.

둘째, SERVQUAL의 서비스품질을 태도의 개념으로 정의하더라도, 이러한 정의만으로는 만족과 서비스품질을 명확하게 구별할 수 없다.

셋째, SERVQUAL과 SERVPERF의 모형비교를 위해 4개 서비스 산업(은행, 방제업, 세탁소, 패스트푸드)에 적용한 결과 SERVQUAL은 2개 산업(은행, 패스트푸드)에서만 적합한 반면 SERVPERF는 4가지 산업 전부가 적합한 것으로 나타났다.

넷째, 회귀분석의 결과에서도 SERVPERF의 R^2 값이 SERVQUAL의 R^2 값보다 높게 나타남으로써 SERVPERF의 우수성이 증명되었다.

다섯째, SERVPERF의 경우 기대를 별도로 측정하지 않으므로 상대적으로 간편하다는 장점을 가진다.

Cronin과 Taylor는 서비스품질과 고객만족이 구매의도에 미치는 영향 연구를 통해 SERVPERF가 적절하다고 주장하였다.

즉, PZB의 SERVQUAL 모형과 Cronin과 Taylor(1992)의 SERVPERF 모형이 강력하게 주장하는 주 내용은 고객만족과 서비스품질 간의 관계에 있다고 할 수 있다. 특히 지금까지 발표된 많은 연구를 살펴 볼 때 서비스품질과 만족과의 관계는 상호 인과관계를 형성하고 있다고 볼 수 있다.

〈표 11-4〉 SERVQUAL 모형과 SERVPERF 모형 비교

	SERVQUAL 모형	SERVPERF 모형
제안자	Parasuraman, Zeithaml과 Berry	Cronin과 Taylor
모형의 구성	성과-기대	성과
기대의 정의	규범적 기대(제공해야만 할 수준)	기대 측정 안함
측정자원	5개 차원 22개 항목	5개 차원 22개 항목

11.2.2 국내의 서비스품질 측정 모형

국내 서비스품질 측정은 고객만족지수 및 서비스평가지수 등으로 개발되어 활용되기 시작했다. 도입시기는 [그림 11-3]과 같다.

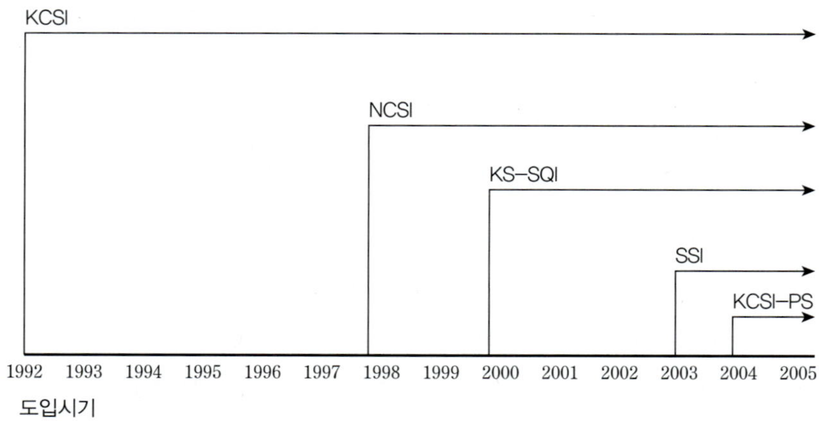

[그림 11-3] 국내 서비스평가지수의 도입 역사

(1) KS-SQI(Korean Standard-Service Quality Index: 한국서비스품질지수)

KS-SQI(Korean Standard Service Quality Index)는 한국표준협회와 서울대학교 경영연구소에서 우리나라 서비스 산업과 소비자 특성을 반영하여 개발한 모형이다. 서비스 경험고객을 대상으로 서비스품질에 대한 만족도를 조사하여 매년 발표하는 서비스 산업 전반의 품질수준을 나타내는 종합지표이다. 2000년에 개발된 KS-SQI는 이론적 검증을 거쳐 수도권을 대상으로 대면 서비스 업종을 위주로 14개 업종에 대한 서비스품질지수 조사를 실시하였고, 2018년에는 한국표준산업분류에 기초한 서비스 관련 81개 업종(공공행정서비스 8개 부문 포함)을 조사대상 업종으로 확대하였다. 이후로 업종과 기업의 수를 늘려나가면서 2008년에는 일반서비스업 61개 업종, 공공행정서비스 7개 부문을 대상으로 확대하여 서비스품질지수 조사를 실시하고 있다. 2000년 국민 행복을 위한 고품질 서비스 요구의 증가에 부응하고 급속한 세계화에 따른 선진서비스 접촉 기회가 증가됨에 따라 한국 실정에 맞는 서비스품질 측정방안의 도입이 절실히 요구되는 상황에서 개발되었다. 특히 해외에 비해 국내 서비스품질 수준이 많이 낙후되어 있는 상황이기 때문에 서비스품질 향상을 통한 기업경쟁력의 증대가 중요해짐에 따라 도입이 되었다.

KS-SQI

KS-SQI는 서비스 산업의 품질 평가를 위해 개발된 국내 첫 서비스품질 평가지수이다. NCSI(National Customer Satisfaction Index)와 KCSI(Korean Customer Satisfaction Index)는 일반적인 고객만족 모형으로 만들어졌으며, 서비스 부문만을 위한 고유한 품질평가 모형은 아니었다. 서비스 기업과 서비스 상품은 제조기업 또는 제품과 다른 고유한 특징이 있기 때문에 일반적인 고객만족지수로는 정확한 서비스품질의 평가를 하기에 부족한 점이 많았다. 그래서 KS-SQI는 서비스의 고유한 특성을 반영한 다차원적인 모형으로서 전반적인 서비스 업종에 범용적으로 사용될 수 있도록 개발되었다. KS-SQI는 한국 내 구매 가능한 모든 서비스의 품질에 관한 국가 및 전 산업에 걸친 통일된 지표이다. 동종 산업은 물론 관련 다른 산업의 벤치마킹 자료로 활용이 가능하며, 서비스품질의 선행지표와 결과 지표 간의 인과관계 프로세스를 반영하는 계량모형을 적용하여 기업 서비스품질의 진단 및 개선전략 수립을 위해 활용이 가능한 포괄적 모형이다.

KS-SQI는 [그림 11-4]와 같이 서비스품질에 있어서 성과품질(outcome quality)과 과정품질(process quality)을 균형적으로 고려하였다. Parasuraman, Zeithaml과 Berry(1985)는 서비스품질의 평가는 서비스 이용의 성과뿐만 아니라 서비스 제공과정의 평가에서도 이루어진다고 제시하였다. 그러나 실제로 SERVQUAL 모형의 5개 차원에서 개념적 정의에서 접근할 때는 오직 1개 차원(신뢰성)만 성과를 고려하고 있고, 나머지는 모두 과정을 다루고 있기 때문에 성과변수와 과정변수를 균형적으로 고려하지 못한다는 지적을 받아왔다. 그러나 서비스품질에 대한 고객의 지각은 성과와 과정 차원의 양 측면 모두에 걸쳐 형성되기 때문에 이 두 가지 차원을 모두 고려하여 서비스품질을 측정할 필요가 있다.

2005년에 실시된 KS-SQI 모형에 대해 대표 업종들을 검증해본 결과 8가지의 요인들과 서비스품질 수준 사이의 설명력이 일부 떨어지고 측정항목의 의미가 모호하여 설문 응답자에게 쉽게 전달되지 못하는 등 여러 문제점들이 나타났다(서창적 · 이세영, 2006).

KS-SQI 모형은 몇 가지 기본원칙에 의해 개발되었다. 첫째는 측정 항목에 있어서 성과변수의 도입이며, 둘째는 모든 산업에 적용할 수 있는 통일된 지표 사용과 마지막으로 실무에 이용하기 쉽도록 SERVPERF의 관점을 따랐다는 것이다.

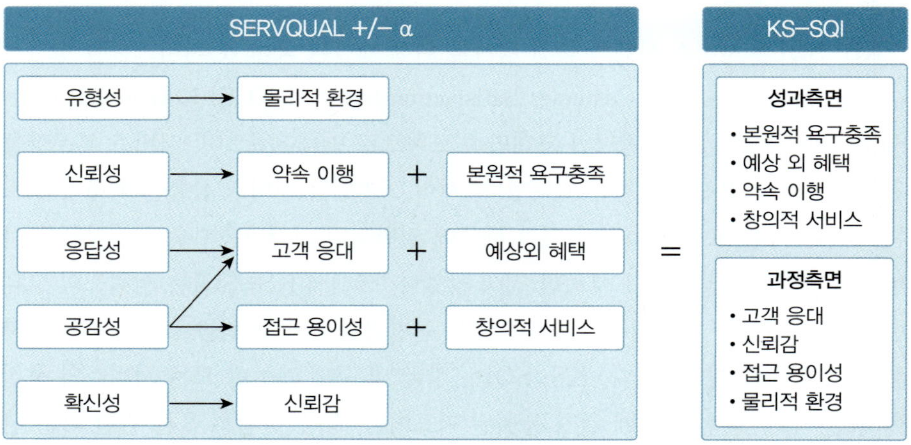

[그림 11-4] KS-SQI 품질 차원의 도출과정(1차 KS-SQI 조사 모형)

출처: 1차 KS-SQI 조사 모형; http://www.kssqi.or.kr/ks-sqi/3366/subview.clo

이러한 원칙하에 SERVQUAL 모형의 5개 차원 22개 항목을 기초로 하여 성과측면을 보강하고, 모호한 항목은 제거 및 일부 항목을 통합하는 방식으로 세부 측정항목을 재조정하였으며, 각 차원의 이름을 알기 쉬운 형태로 표시함으로써 새로운 모형을 개발하였다. 그 후 지속적으로 개선과 보완이 이루어져 〈표 11-5〉와 같이 고객에게 전달되는 서비스 성과 차원 2개, 서비스 제공과정에서 고객이 경험하는 과정 차원 5개로 분류하였다. 성과 차원은 본원적 서비스, 예상외 부가서비스이며 과정 차원은 신뢰성, 친절성, 적극지원성, 접근용이성, 물리적 환경으로 구성된다.

〈표 11-5〉 KS-SQI 모형의 서비스품질 구성요인(재정립된 모형)

영역	구성요인	내용
성과	본원적 서비스	고객이 서비스를 통하여 얻고자 하는 기본적인 욕구의 충족
	예상 외 부가서비스	고객에게 타사 대비 차별적 혜택과 부가적 서비스 제공
과정	신뢰성	고객이 서비스 제공자에게 느끼는 신뢰감: 서비스 제공자의 진실성, 정직성, 서비스를 수행하는 데 필요한 기술과 지식의 소유
	친절성	예의 바르고 친절한 고객응대 태도: 고객에게 인사성이 밝으며 예의 바르고 공손한 자세로 응대
	적극지원성	고객의 요구에 신속하게 서비스를 제공하고자 하는 의지
	접근용이성	서비스 제공시간 및 장소의 편리성
	물리적 환경	서비스 평가를 위한 외형적 단서

출처: 인지서비스품질 기대의 활용, http://www.kssqi.or.kr/ks-sqi/3368/subview.clo

(2) NCSI (National Customer Satisfaction Index, 국가고객만족지수)

NCSI(국가고객만족도지수)

NCSI(국가고객만족도지수)는 품질경쟁력을 측정할 수 있는 국가경제지표의 개발이라는 거시경제적 측면과 기업의 보다 정확한 고객만족도 측정과 활용이라는 두 가지 측면의 목적을 갖고 있다. 한국생산성본부와 미국 미시건대학(University of Michigan)의 국가품질연구소(National Quality Research Center)에서 공동으로 개발한 국가품질 지수이다. NCSI는 1998년에 시작하여 이후 매년 1월에 정기시행을 하며, 37개 산업, 37,000여명을 대상으로 조사 실시 및 결과를 발표하였다. 2013년부터 12개 부문, 65개 산업, 289개 기업, 78,000여 명을 대상으로 NCSI 조사를 실시하고 결과를 발표하고 있다. 설문항목별 점수는 최저 1점에서 최고 10점을 배정하는 10점 척도(10 point scale)를 이용하지만, 모든 측정 대상의 점수는 최저 0점에서 최고 100점의 지수로 변환된다. 설문조사 대상자는 특정 제품 또는 서비스를 경험한 고객을 대상으로 모든 업종에 대해 일대일 대면 인터뷰를 활용하며, 표본은 조사의 정확성과 신뢰성을 높이기 위해 기업 및 기관의 특성에 따라 1개 기업당 278명이 배정된다. NCSI 측정 대상 산업의 선정은 한국표준산업분류

Code상의 대분류를 기준으로 국내 산업을 12개 경제부문(economic sector)으로 분류한 후 이를 다시 산업 중분류를 이용해 65개의 산업으로 분류한다. 이것은 GDP에 대한 기여도를 기준으로 선정되기에 GDP 대비 규모가 작다고 하더라도 대다수 국민이 이용하고 있거나 공공성이 높은 공공행정서비스도 조사대상에 포함시키고 있다. 이외에도 국내 소비자들의 관심의 대상이 되거나 시장규모가 급격히 증가하는 산업은 GDP 기여도가 낮다고 하더라도 조사대상에 포함시키고 있는데, 게임 포털과 영화관 산업 등이 여기에 속한다. NCSI의 특성은 고객만족도의 수준을 파악하고 시계열 변동의 원인을 관리함으로써 현재 및 미래의 수익성과 밀접한 관계가 있는 고객유지율을 유지 · 제고시키고, 제품 및 서비스 품질을 개선하기 위한 기업 내부의 프로세스 개선을 도모하는 특성을 갖고 있다. NCSI의 측정 방법은 고객만족의 선행요인과 결과요인 간의 인과관계의 프로세스를 반영하는 구조방정식 모형을 통해 산출되며, NCSI 모형의 지표들은 각 지표당 2~3개의 설문항목 값들의 가중평균으로 구해진다.

가중치는 측정된 고객만족도가 고객유지율, 시장점유율, 재무적 성과 등과 같은 기업 활동의 궁극적인 성과지표들의 선행지표가 되도록 결정함으로써 기업의 전략적 지표가 되도록 설계되었다. 즉, 구성개념(잠재변수)인 고객기대수준, 고객의 제품 및 서비스인지 품질지수, 고객의 인지가치지수를 NCSI에 연결시킴으로써, 잠재변수와 고객만족도의 인간관계에 대한 정보를 분석할 수 있다. 그리고 NCSI는 다시 고객행동(고객불만/고객충성도)에 연결되어 재구매 가능성을 의미하는 고객충성도를 이끌어내는 것이다.

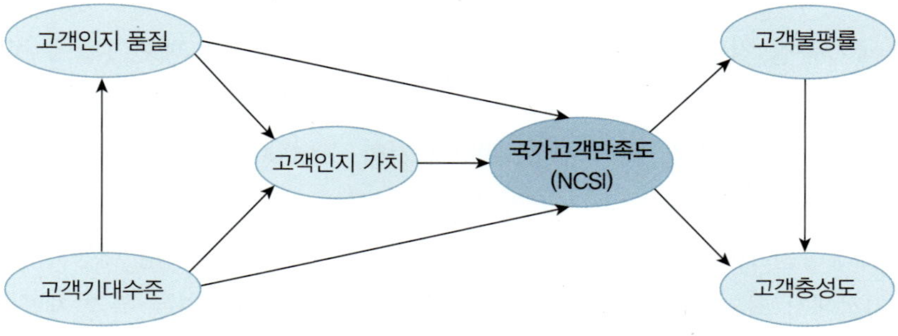

[그림 11-5] NCSI 모형

출처: NCSI 모형, http://www.ncsi.or.kr/ncsi/ncsi-new/ncsi-measure.asp

(3) KCSI(Korean Customer Satisfaction Index, 한국산업의 고객만족도)

KCSI(Korean Customer Satisfaction Index, 한국산업의 고객만족도)

한국능률협회 컨설팅이 1992년에 개발한 지표인 한국산업의 고객만족도는 한국 산업의 각 산업별 상품, 서비스에 대한 고객들의 만족 정도를 나타내는 지표이다. 국내에서는 가장 오랜 역사를 갖고 있는 것으로 조사대상 산업이 전체 GDP의 약 75%를 차지할 정도로 영향력이 크다. KCSI 조사 결과는 매년 발표되며 경제성장의 양적 성장을 평가하는 GNP, GDP 등 생산성 지표와는 다르게 국가산업경제의 질적 성장을 평가하는 지표로서 중요한 역할을 한다. 나아가 우리나라 산업의 질적 성장을 유도하고 각 산업 또는 기업들이 경쟁력을 확보할 수 있도록 개발되었다. 한편 이를 통해 각 산업 및 기업의 수준을 확인하고 향후 관련 산업 및 기업의 경쟁력 향상을 위한 근거자료가 된다. 시장에서의 자사 경쟁력 제고와 함께 고객 불만을 일으키는 상품이나 서비스의 문제점들을 개선하고 고객지향적인 경영활동을 할 수 있도록 해준다.

KCSI 조사대상은 1992년 제조업 7개, 서비스업 5개로 총 12개 산업에서 시작하여, 2018년에는 제조업 52개, 서비스업 62개로 총 114개 산업을 대상으로 실시하고 있다. 산업부문에서는 소비재제조업 29개, 내구재제조업 23개, 일반서비스업 52개, 공공서비스업 10개로 약 344여개 기업을 대상으로 하고 있다.

(4) SSI(Seoul Service Index)

SSI(Seoul Service Index)

SSI는 서울시의 고품질 경영시정 구현을 목적으로 개발된 서울시 행정서비스의 품질평가지표이다. 이를 활용하여 행정서비스 분야별로 서비스품질을 평가하고 그 결과를 반영해 더 나은 서비스를 제공하는 것을 목표로 한다. 고품질 경영시정 구현의 궁극적인 지향점은 서울시 성과(CP: city performance)의 향상으로 이어진다. 이러한 성과는 시의 관점에서는 시민의 시정에 대한 지지(citizen loyalty)의 확보라고 할 수 있으며, 시민의 관점에서는 시민행복(citizen happiness)의 증대로 이해할 수 있다. 특히 SSI는 기존 시민 만족도 조사방식의 한계를 극복하고 현상에 대한 관찰뿐 아니라 그 발생 원인을 탐지함으로써 시정 경영의 관리적 지침을 제공할 수 있는 일관되고 신뢰성 있는 지표를 개발 · 적용하는 데 유용하게 사용될 수 있다.

이러한 취지하에서 SSI의 도입으로 서울시 행정서비스에서도 서비스 부문과 기관 간 건설적인 선의의 품질경쟁이 촉진될 계기로 활용될 수 있다는 점에서 의의가 있다. 또한 민간기업의 품질경영 마인드를 시 행정에 접목시킴으로써 이른바 '경영

시정'을 구현할 수 있게 된다. 그리고 원인과 결과를 동시에 평가함으로써 시민들이 체감하는 품질지표로 재평가되어 지표에 대한 신뢰성 및 평가제도에 대한 시민들의 신뢰성을 확보하는데 기여할 수 있을 것이다.

종합적으로 볼 때, SSI 평가는 인과모형에서 전제한 것처럼 시민행복과 시 행정의 성과를 향상시키고자 하는 목적을 지향하는 전략설정의 근거가 될 수 있을 것으로 기대된다. SSI는 서울시에서 이미 시행해왔던 기존의 시민만족도 조사방식이 일종의 미인대회 성격으로 전락할 수 있다는 한계를 극복하고, 현 품질 수준의 파악뿐 아니라 문제의 원인과 개선방안도 제시해줄 수 있는 유용한 지표라고 평가받고 있다.

SSI는 2개의 하위 지표로써 평가한다. 하나는 시민들이 체감하는 서비스품질을 평가하는 SSQI(Seoul Service Quality Index)이고, 다른 하나는 체감 서비스품질을 야기한 원인 또는 잠재력, 즉 기업 내부의 문제와 원인을 분석하는 진단 틀로써 활용된다.

SSI는 체감서비스 품질지수인 SSQI 모형, 내부 서비스 역량지수인 SSPI(Seoul Service Potential Index) 모형, 서울시 행정서비스의 성과변수인 CP 모형의 3개 하위 모형으로 구분되며, 하위 지수들은 상호 인과관계를 갖는 것으로 모형화 되었다.

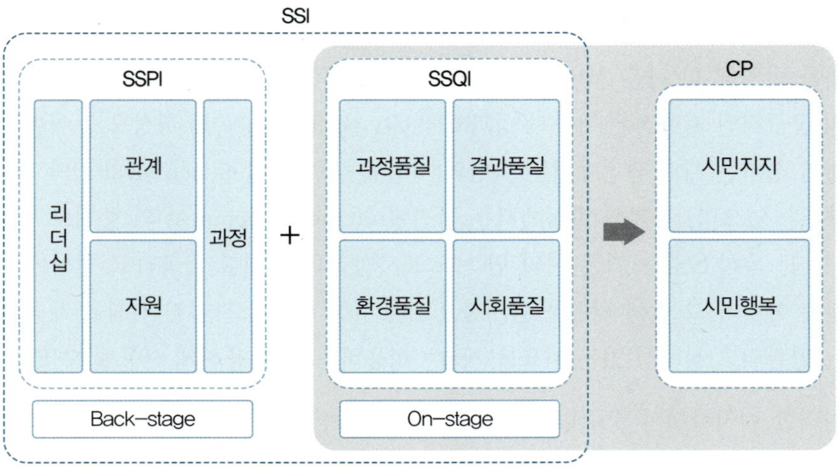

[그림 11-6] SSI 모형

연·습·문·제

1. 서비스품질을 정의하기 어려운 이유는 무엇인지 설명하라.

2. 서비스품질의 결정요인 다섯 가지 중에서 다음의 업종에서 가장 중요하다고 생각하는 것은 무엇인지 토론해보자. 각 업종에 특별히 추가해야 할 요인이 있다면 무엇이 있겠는가?

   (1) 레스토랑　　(2) 병원

3. 항공사의 경우 서비스품질을 어떻게 측정할 것인지 구체적인 기준을 조사해보자.

4. 서비스품질 갭 모형의 활용방안을 설명하라.

5. SERVQUAL 모형을 적용하여 실제로 서비스품질을 측정할 때 주의할 점은 무엇인가?

6. SERVQUAL 모형과 SERVPERF 모형의 차이는 무엇인가?

7. KS－SQI 업종별 1위 기업을 찾아보고 서비스품질이 우수한 비결을 분석하라.

8. NCSI와 KCSI의 차이는 무엇인가?

9. 행정 분야의 서비스 개선을 위해 서비스품질 측정 모형을 어떻게 활용할 수 있는지 설명하라.

10. 서울시 행정서비스의 품질평가지표(SSI)의 특징과 활용방안을 설명하라.

품질경영

PART Ⅳ 통계적 품질관리

12장 관리도

13장 프로세스 능력 분석

14장 샘플링 검사

15장 품질분임조와 6시그마

12

CHAPTER

관리도

학습 목표

- 품질경영에 있어서 통계적 공정관리(SPC)의 중요성에 대해 이해할 수 있다.
- 공정에서의 변동성이 통제되어야 하는 이유와 변동성의 원인을 규명할 수 있다.
- 관리도의 기본 개념을 이해하고 관리도의 종류에 대해서 설명할 수 있다.
- 대표적인 관리도를 작성하고 그 결과를 해석할 수 있다.

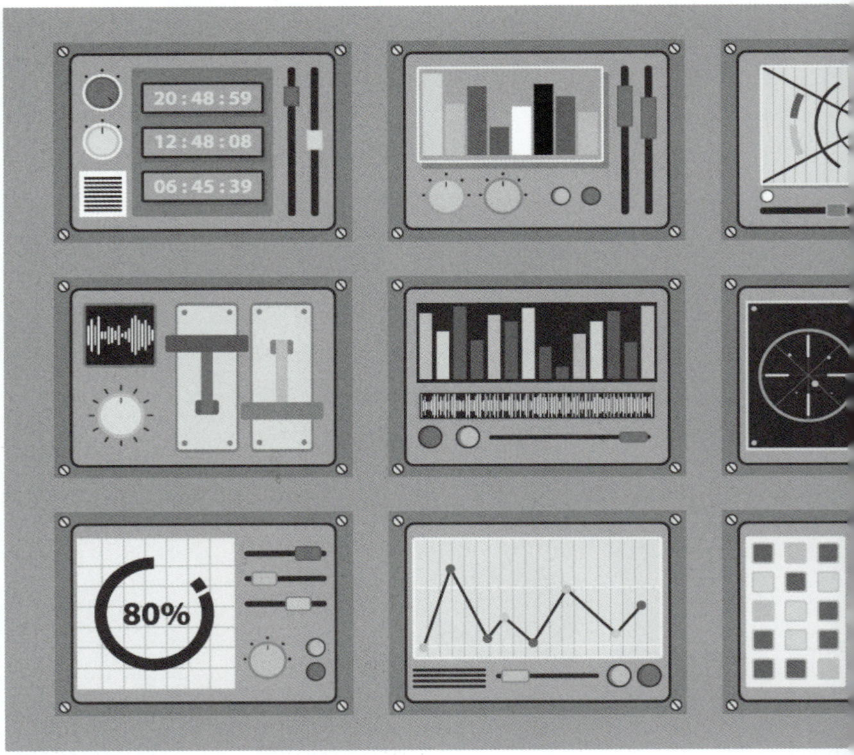

사례

실시간으로 운영하고 의사결정하라

미국에서 일 년 중 테이크아웃 피자가 가장 많이 판매되는 날은 언제일까? 바로 미국의 프로풋볼(NFL) 결승전인 '슈퍼볼(Super Bowl)'이 열리는 일요일, '슈퍼 선데이'다. 이날 하루 동안 피자 400만 판이 판매되는 것으로 추산된다. 피자업체인 도미노 피자는 이날의 주문과 배달을 차질 없이 진행하기 위해 전 과정을 실시간 모니터링한다. 온라인 매장에 고객들이 몰려들어 주문이 늦어지는지, 주문이 실패하는 경우가 있는지를 초 단위로 확인한다. 주문대로 주방에서 만들어지고 배송되는지도 확인한다. 또한, 실제 피자만 주문하려는 고객에게 샐러드 혹은 사이드 메뉴의 할인쿠폰을 제공하며 추가 구매를 유도한다. 반응이 좋아 예산을 초과하게 될 경우 쿠폰 제공을 중단한다. 만약 슈퍼 선데이 당일에 몰려드는 주문을 처리하지 못한다면 일 년 매출에 큰 영향을 줄 것이다.

의류 매장에서 혼자 둘러보는 고객을 방해하지 않으면서 적절하게 응대하는 방법은 무엇일까? 국내 의류업체인 코오롱FnC의 한 매장에서는 고객이 20초 이상 특정 지점에서 살펴보고 있을 경우 매장 직원에게 "○○ 구역에 도움이 필요한 고객이 있습니다."라는 알림을 보낸다.

국내 화장품업체인 아모레퍼시픽은 매장에 센서를 설치해 시간대별 방문객 규모와 동선 및 관심 상품을 파악한다. 직접 조사 대비 매우 저렴하며 간단한 내용은 다음 날 확인 가능하다. 이 정보를 활용해 매장 디스플레이에 바로 반영한다. 새로 전시한 신제품을 지나친다면 시선을 붙잡을 수 있는 다른 제품으로 교체한다. 뿐만 아니라 매장이 속한 상권의 가치도 유동 인구를 분석해 가늠해볼 수 있다. 과거에는 이런 정보를 얻기 위해 고객을 샘플링해 조사하는 포커스 그룹 인터뷰(focus group interview)나 미스터리 쇼퍼(mystery shopper) 방식을 이용했다. 하지만 시간과 비용이 많이 들었고 실시간 적용도 불가능했다.

반도체, 화학제품 등 국내 제조업체에서 이미 '통계적 공정관리

(statistical process control: SPC)'를 활용 중이다. 통계나 머신러닝 기법을 통해 체계적이고 일원화된 공정관리 및 품질 기준을 제공한다. 이 방법으로 제조 공정의 산포 이상을 실시간으로 감지해 공정과정에서 발생하는 이상 현상에 사전 감지 및 조치한다. 또한, 정보통신융합기술(information communication technology: ICT)의 발전으로 상황 인지 주기가 단축되고 인지 범위가 확대돼 실시간으로 의사결정을 내릴 수 있다. 다양한 형태의 데이터를 처리할 수 있으며 보관비용도 낮아져 대용량 데이터 확보 및 분석이 가능해졌다. 이러한 기술에 기초해 기업들은 상황 인식 능력과 대응 역량을 향상시키고 있다. 영역별 관리에서 통합적 관리로 전환 중이며 성과 분석보다는 한발 앞서서 과정 및 상태를 인지해 최악의 결과가 발생하지 않도록 한다. 이렇게 개인의 경험과 지식에 의한 판단을 데이터와 고도화된 분석에 기반한 객관적 근거로 뒷받침해 최종 의사결정을 내리는 체계를 'BI(business intelligence) 비즈니스 플랫폼'이라고 한다.

글로벌 생활용품 기업 P&G의 데이터 시각화 컨퍼런스 룸인 '비즈니스 스피어(business sphere)'가 BI의 대표적인 사례다. 전 세계 시장 현황을 실시간으로 모니터링해 각 브랜드 사업부에 제공한다. 도입 결과 신제품 출시 주기는 경쟁사 대비 2배 빨라졌으며 시가 총액도 2배 성장했다. 10년 이상 운영 중인 이 플랫폼은 실시간으로 운영하고 의사결정에 활용할 수 있도록 진화하고 있다.

BI가 발전된 개념인 '실시간 운영 및 의사결정 체계(operational intelligence: OI)'는 운영 최적화의 수단으로 기업이 실시간 · 맥락 내에서 정보를 파악하고 실적 · 상황을 이해해 즉각 정책과 프로세스에 필요한 조치와 의사결정을 내리는 도구다. 앞선 사례와 유사한 활용목적에 대해 기업은 OI 플랫폼을 도입하고 있다. 도미노 피자는 각 시스템 로그 데이터를 활용하고 있으며 코오롱FnC와 아모레퍼시픽은 매장에 설치된 센서 데이터를 활용한다. 이것을 도입할 때는 업무 영역에서 '즉시 조치가 필요한 영역'이 무엇인지 검토해보며 적용범위를 좁히고 적은 비용으로 시작하는 것이 좋다. 도미노 피자는 '슈퍼 선데이'를 타깃으로 우선 적용해 상시 온라인 매출 관리에 확대 적용했다. 이후 전사업무로 확대된다면 P&G와 같이 강력한 비즈니스 플랫폼을 보유하게 될 것이다. 이처럼 성공사례를 기반으로 적용범위를 확장해가는 것이 바람직하다.

비즈니스 가시성과 민첩한 의사결정 및 운영 최적화된 방식으로 스마트한 고객과 역동적인 시장에 대응하지 못하는 기업은 성장은 커녕 생존조차 담보할 수 없다. '실시간 운영 및 의사결정 체계(OI)'는 이런 변화에 대응하는 시작점이다.

출처: 실시간으로 운영하고 의사결정하라, http://biz.chosun.com/site/data/html_dir/2016/11/14/2016111401107.html

12.1 변동, 그리고 공정의 상태

12.1.1 변동의 통제

변동은 모든 품질문제의 근본 원인이다. 예를 들어, 어떠한 변동도 존재하지 않는 공정을 상상해 보자. 이러한 경우에 우리의 공정은 항상 원하는 대로 작동하든지 아니면 원하는 대로 결코 작동하지 않든지 둘 중의 하나이다. 이러한 변동은 우리의 비즈니스 공정의 시간적 측면에서, 혹은 고객서비스의 절차나 제조부품의 물리적 규격과 같은 다른 척도의 측면에서 경험할 수 있다. 그러므로 변동의 원인과 측정을 포함하여 변동 자체를 이해하는 것은 비즈니스 운영의 개선에 필수적이다. 변동

한 예를 들어, 어느 제조 기업에서 알루미늄 사출성형과 CNC 기계(computer-controled machine)의 정밀한 작업과정을 통해 제조되는 부품이 있다고 하자. 이러한 부품은 [그림 12-1]의 형태와 같은 공학설계도의 형태에 의해 그 규격(specification)이 표시된다. 이러한 부품은 CNC 기계의 정밀한 작업으로 제조되긴 하지만 여전히 기하학적 측면에서의 일정한 변동을 지니게 된다. 이러한 변동은 여러 원인들의 결과로 볼 수 있다. 원재료의 차이, 부품이 가공기계에 놓이는 방식, 가공 당시의 작업장 온도, CNC 기계의 프로그래밍 실수, 혹은 다른 여러 요소들 등이 원인이 될 수 있다.

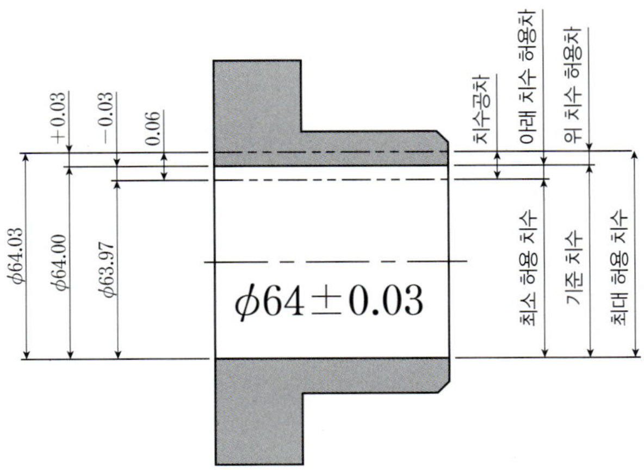

[그림 12-1] 부품의 설계도면

[그림 12-1]에 나타난 부품의 설계 정보에 의하면, 이상적인 부품은 64mm의 지름을 가져야 한다. 설계도에서는 지름이 63.97mm와 64.03mm 사이가 되어야 한다고 명시하고 있다. 만약 지름이 63.97mm 미만이 되면 너무 헐겁게 조립되어 심하게 덜컹거릴 것이고, 만약 64.03mm를 초과하면 조립 자체가 안 될 것이다.

통계적 공정관리(statistical process control: SPC)

이처럼 부품의 지름이 제품의 품질문제를 야기한다는 것을 인지하고, 제품 제조자들은 이 부품의 지름을 매우 유심히 관찰한다. 매일 일정 수의 표본들을 채취하고 이들의 지름을 정확하게 기록한다. 이처럼 이 기업은 가능하다면 항상 규격에 맞는 부품을 생산하기 위해 안정적인 공정을 갖추길 원한다. 제조 공정 내에서 일정 정도의 변동이 자연스러운 것은 사실이지만, 지정된 기하학적 규격에서 비정상적으로 큰 변동이나 변화를 빠르게 규명하기 위하여 **통계적 공정관리**(statistical process control: SPC)를 사용하는 것이다.

12.1.2 변동의 종류

관리도의 방법에 대한 소개를 시작하기에 앞서, 변동의 잠재적인 원인에 대해서 생각해볼 필요가 있다. 관리도에서는 두 가지 다른 형태의 변동을 구분한다.

우연원인(common cause)

우연원인(common cause)에 의한 변동은 공정의 순수한 무작위성(randomness)를 반영하는 일정한 변동을 말한다. 즉, 우연적 원인에 의한 변동의 경우에는 그 누구도 매 단위 생산품의 무작위성의 결과를 정확히 예측할 수 없다. 다만 통계적 분포의 형식으로 주어진 무작위성을 나타낼 수 있을 뿐이다.

이상원인(assignable cause)

이상원인(assignable cause)에 의한 변동은 공정의 통계적 분포를 결정짓는 모수(parameter)의 변화를 초래하는 영향들에 의해 발생한다. 예를 들면, CNC 기계를 프로그래밍하는 과정에서의 실수, 작업자의 실수, 사출기계의 마모 등등이 이상원인이 될 수 있다. 이상원인에 영향을 받은 이러한 부품들은 결국 통계적 분포가 다르게 되고 더 큰 분산(variance)을 가지거나 다른 평균값(mean value)을 가지게 된다. 많은 공정 개선 프로젝트의 주된 목적은 공정 행동의 변화들을 이러한 이상원인들로 설명하고 향후에 이들이 재발되지 않도록 하는 것이다.

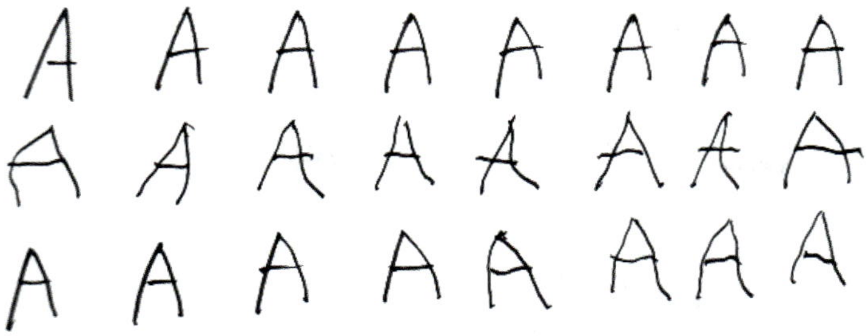

[그림 12-2] 변동의 종류 예시

우연원인에 의한 변동의 개념을 이해하고 이상원인에 의한 변동과 어떻게 다른지 비교하기 위하여 다음의 예를 살펴보자. 종이 한 장 위에 대문자 A자를 한 줄에 8번씩, 세 줄을 적어보자. 첫 줄에는 당신이 일반적으로 필기하는 손으로 8개의 A자를 쓰고 두 번째 줄에는 반대편 손으로 8개의 A자를, 그리고 마지막 줄에는 처음 4개의 A자는 일반적으로 사용하는 손으로, 다음 4개의 A자는 반대편 손으로 쓰도록 한다. 아마도 그 결과는 [그림 12-2]와 유사하게 될 것이다.

첫 줄의 A자들은 비교적 일관성 있는 모습을 나타내고 있다. 매 자마다 정확히 동일하지는 않고 약간의 (우연원인에 의한) 변동이 내재되어 있다. 두 번째 줄에서는 보다 큰 (우연원인에 의한) 변동이 나타나고 있다. 그러나 첫 줄과는 다르게 우리가 다음 자의 모습을 예상할 수 있는 특별한 패턴이 나타나지는 않고 있다(즉, 처음 다섯 자까지의 모습을 보고 여섯 번째 자의 모습을 예상할 수 없다). 그러나 마지막 줄의 글자체 패턴은 뭔가 특별하다. 네 번째 A자 다음부터는 공정상에 큰 변화가 생겼다. 이 변동은 손을 바꾸었다는 특별한 원인(이상원인)으로 그 차이가 분명히 드러나게 된다.

우연원인에 의한 변동과 이상원인에 의한 변동을 구분하는 것은 누구에게나 쉽지 않다. 예를 들면, 주식에 무지한 일반인에게 코스피(KOSPI) 지수의 움직임은 완전히 무작위적인 움직임으로 보이겠지만 증권업계의 전문가들에게는 주식시장에서 일어나는 특정한 이상원인들(예를 들면, 수익공지, 정부나 신용평가기관에서 발표하는 정보)에 의한 것으로 연관지어 생각될 수도 있다. 이처럼 일반인들에게 무작위로 보이는 패턴들이 공정 전문가들에게는 특정한 이상원인을 파악하게 하는 단서가 될 수도 있다.

관리도를 이용한 통계적 공정관리의 목적은 변동을 야기하는 이상원인들을 관리자에게 알리기 위함이다(앞의 예에서 세 번째 줄의 경우, 5번째 A자가 나타나자마자 경보음이 울리기를 원하는 것이다). 그러나 앞선 예의 첫 번째, 두 번째 줄의 경우에서처럼 매 글자마다 미세한 변화가 있을 때는 경보음이 울리길 원하지 않는다.

12.1.3 공정의 두 가지 상태

관리상태(in-control)
안정상태

생산공정이 우연원인의 영향만 받는다면 현재의 상태가 계속 유지되므로 앞으로 생산될 제품의 품질도 예측할 수가 있다. 이처럼 품질의 변동이 우연원인에 의해서만 발생할 경우 '**관리상태(in-control)**' 또는 '**안정상태**'에 있다고 한다.

이상상태(out-of-control)

일반적으로 생산공정은 작업시간의 대부분이 관리된 상태로 가동되고 있다. 그러나 이상원인이 하나라도 발생하면 공정은 관리상태를 이탈한 '**이상상태(out-of-control)**'가 되어 불량 발생이 늘어나고 앞으로 생산될 제품의 품질 또한 예측하기 어렵다.

따라서 품질변동의 원인을 파악하고 이상원인에 대해 일선 현장에서 즉시 조치하여 더 이상 재발하지 않도록 해야 한다. 또한 현상유지에 만족하지 않고 우연원인의 유지/감소를 위해 생산설비 및 작업방법의 개선, 작업자의 교육 · 훈련, 작업환경의 개선 등을 통한 품질향상을 지속적으로 추진해야 한다.

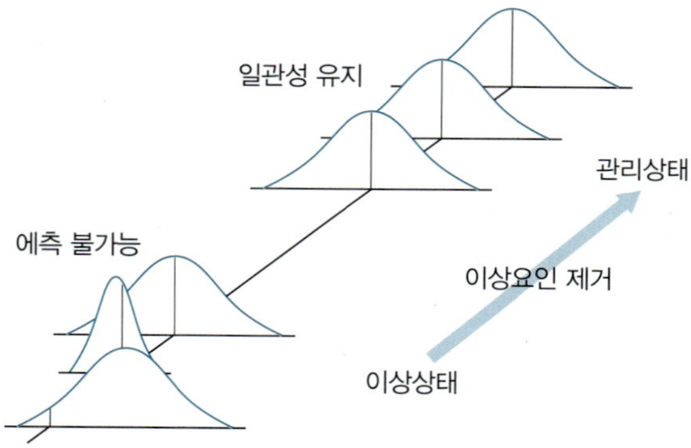

[그림 12-3] 관리상태와 이상상태

12.2 관리도의 기본개념

12.2.1 공정상태의 판단

관리도(control chart)란 공정의 상태를 나타내는 품질 특성치(데이터)를 이용하여 품질변동에 영향을 끼치는 원인을 판별하고, 이상상태가 발생할 경우 신속한 조치를 통해 공정을 관리상태로 복구시킬 수 있는 통계적 방법이다.

관리도란 [그림 12-4]와 같이 우연원인으로 인한 산포와 이상원인으로 인한 산포를 구분할 수 있도록 중심선 상하에 관리한계선을 표시한 후, 공정의 상태를 나타내는 특성치(측정치)를 타점하고 이를 연결한 꺾은선 그래프를 말한다. 관리도에서 타점들이 모두 관리한계선 내에 있으면 '관리상태(in-control status)', 그렇지 않으면 '이상상태(out-of-control status)'라고 판단한다. 따라서 관리도를 작성하면 시간경과에 따라 공정의 산포가 어떻게 변하는지 쉽게 알 수 있다.

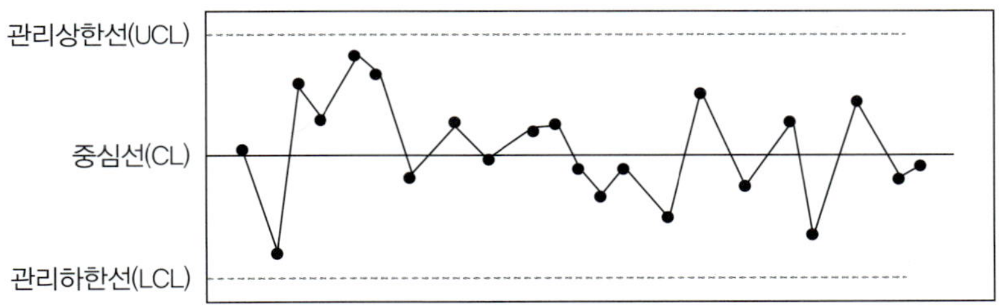

[그림 12-4] 관리도의 구조

공정이 관리된 상태라면 거의 모든 점들이 관리한계선 안에 랜덤하게 타점된다. 이 경우 공정의 상태가 우연원인에 의해서만 영향을 받기 때문에 공정관리상 특별한 조치를 취할 필요가 없다. 이에 반해 관리한계선 밖으로 점들이 자주 타점되면 공정상태가 안정적으로 관리되지 못한다고 볼 수 있다. 즉, 우연원인뿐 아니라 이상원인도 공정상태에 영향을 미치고 있기 때문에 품질상 문제가 발생한다고 보는 것이다. 이런 경우에는 이상원인을 규명하고 적절한 관리 및 기술적 조치를 취해야 한다.

이처럼 관리도의 사용목적은 공정의 이상 유무를 신속히 판단하고 이상원인으로 인한 불량이 대량으로 발생하기 전에 미리 필요한 조치를 취할 수 있도록 하는 데 있다.

12.2.2 관리한계선의 결정

중심선(CL)
관리상한선(UCL)
관리하한선(LCL)

관리도에는 다음과 같은 3개의 관리선, 즉 **중심선(CL)**, **관리상한선(UCL)**, **관리하한선(LCL)**이 존재한다.

- 중심선(CL, Center Line): 실선으로 표시
- 관리상한선(UCL, Upper Control Limit): 점선으로 표시
- 관리하한선(LCL, Lower Control Limit): 점선으로 표시

공정의 상태를 판별하는 기준인 관리한계선은 어떻게 결정하는 것이 합리적일까? 통상적으로 공정에서 나오는 제품의 품질 특성치의 산포 척도인 시그마(σ)값을 이용하여 다음과 같이 결정한다.

- 관리상한선(UCL) = 공정중심치(μ) + 3σ
- 관리하한선(LCL) = 공정중심치(μ) − 3σ

3σ 관리도

이처럼 공정중심에서 $\pm 3\sigma$ 범위를 관리한계선으로 결정하는 것을 슈하르트(W.A. Shewhart)의 '**3σ 관리도**'라고 한다. 공정이 관리상태에 있을 경우 공정에서 제조되는 제품의 특성치를 취하여 히스토그램을 그려보면 거의 정규분포를 따른다. 데이터가 정규분포를 따를 경우 $\pm 3\sigma$ 범위 내에 들어갈 확률은 99.73%이다. 따라서 공정이 안정된 상태를 유지하더라도 타점치가 관리한계선 밖으로 벗어날 확률은 0.27% 정도 존재한다. 따라서 관리한계선을 기준으로 공정의 이상유무를 판단할 경우 어느 정도의 판단 과오는 피할 수 없다. 이런 과오를 구체적으로 살펴보면 다음과 같다.

1종 과오(type1 error)

첫째, 공정이 실제로 관리상태를 유지하고 있음에도 불구하고 관리한계선 밖으로 나간 타점치가 있기 때문에 이를 이상상태라고 오판하는 것을 '**1종 과오(type1 error)**' 라고 한다. 3σ 관리도에서 1종 과오의 크기는 0.27%(=1−0.9973) 정도이다.

2종 과오(type2 error)

둘째, 공정의 상태가 실제로 변하였는데도 불구하고 타점들이 모두 관리한계선 내에 있기 때문에 관리상태가 유지되고 있다고 오판하는 것을 '**2종 과오(type2 error)**' 라고 한다.

1종 과오를 줄이려면 관리한계선의 범위를 넓히면 되지만 그렇게 할 경우 2종 과오가 커지는 문제가 있다. 이처럼 한쪽 과오를 줄이려면 다른 쪽 과오가 커지기 때

문에 3σ 관리도에서는 1종 과오를 0.27% 허용하는 기준을 적용한다(2종 과오를 기준으로 관리한계선을 정할 수 없는 이유는 관리도를 작성하는 현재 시점에서는 아직 어떤 이상원인에 의해 특성치들이 어떤 분포를 가지게 될지 알 수 없기 때문이다).

12.2.3 관리한계(control limit)와 규격한계(specification limit)

관리상태라고 하면 '아무런 문제가 없는 좋은 상태'라고 막연히 생각하기 쉬우나 이것은 잘못된 것이다. 관리상태란 간단히 말해 평소의 산포관리 수준이 유지되고 있다는 의미이다. 따라서 평소의 산포관리 수준이 낮아서 품질이 균일하지 못하고 이에 따라 규격을 벗어난 불량이 자주 발생했다면, 평소의 상태가 그대로 유지되는 관리상태 하에서 불량이 종전과 같이 계속 발생하게 된다.

규격한계 (specification limit: USL, LSL)

관리한계(control limit: UCL, LCL)

"관리상태하에서도 불량이 발생할 수 있다"는 것을 이해하기 위해서는 **규격한계**(specification limit: USL, LSL)와 **관리한계**(control limit: UCL, LCL)를 혼동하지 말아야 한다. 규격한계란 양품과 불량품을 구분하기 위한 품질특성치의 경계값을 말한다. 즉, 설계 목표치에서 허용오차를 더하면 규격상한(upper specification limit: USL)이 되고 허용오차를 빼면 규격하한(lower specification limit: LSL)이 된다. 따라서 품질특성의 측정치가 규격범위인 규격하한(LSL)과 규격상한(USL) 사이에 들어가면 양품으로, 이를 벗어나면 불량품으로 판단한다(보다 자세한 내용은 12장 공정능력분석에서 다룬다).

이에 반해 관리한계선이란 평상시에 생산된 제품특성치의 거의 대부분(99.7%)이 포함되는 한계선을 말한다. 따라서 관리상태가 유지되고 있다는 것은 품질 특성치가 여전히 관리범위인 관리하한(LCL)과 관리상한(UCL) 사이에 거의 대부분 들어가고 있다는 말이다. 만약 평상시의 산포관리 수준이 낮아서 산포가 크면 특성치들이 들쑥날쑥하므로 관리범위의 폭도 넓으며, 이에 따라 규격범위를 벗어난 불량품이 많이 발생할 수 있다.

12.2.4 관리상태의 개선

돌발적인 문제의 발생으로 인해 이상상태가 발생하면 이를 신속히 탐지하고 원상복구하여 평소의 관리상태로 되돌리는 것은 현장의 책무이다. 이를 위해 오랫동안 통계적 공정관리에서 사용해 온 기법이 '관리도'이다. 그러나 앞서 설명한 바와 같이 관리상태의 유지만으로는 공정의 관리가 충분치 못한 경우가 있다. 관리상태를 개선하여 산포관리의 수준을 더욱 높이려면 품질의 변동을 초래한 이유를 알기 힘든 '우연요인'의 발생과 그 영향을 줄여야 한다. 이것은 6시그마와 같이 전문가 중심의 과학적 접근을 필요로 한다. 사내에 품질전문가를 양성하고 그들이 제대로 활동할 수 있도록 뒷받침하는 것은 경영진의 책무이다.

12.3 관리도의 종류

관리도는 사용되는 데이터의 종류에 따라 계량형 관리도와 계수형 관리도로 나누어진다.

- 계량형 데이터: 길이나 무게처럼 연속적 값을 갖는 변수(continuous variable)에 대한 측정치
- 계수형 데이터: 불량개수나 등급 구분처럼 이산적 값을 갖는 변수(discrete variable)에 대한 측정치

12.3.1 계량형 관리도

계량형 관리도

무게, 길이, 온도, 습도, 압력, 인장강도 등의 연속적인 계량치를 관리항목으로 하여 작성되는 관리도를 계량형 관리도라 하는데, 가장 기본이 되는 $\overline{x}-R$ (평균치와 범위) 관리도를 중심으로 $\overline{x}-\sigma$ (평균치와 표준편차) 관리도, $\tilde{x}-R$ (중앙치와 범위) 관리도 및 x(개별치) 관리도 등이 있다. 이들 관리도는 일반적으로 정규분포(normal distribution)의 적용을 받는다.

12.3.2 계수형 관리도

계수형 관리도

제품의 품질특성치가 불량개수나 불량률일 때 적용되는 관리도로는 이항분포(binomial distribution)가 적용되는 p(불량률) 관리도와 np(불량개수) 관리도가 있다. 품질특성치가 결점수일 때 적용하는 관리도에는 c(결점수) 관리도 및 u(단위당 결점수) 관리도가 있는데, 이 경우 포아송 분포(poisson distribution)가 적용된다.

계량형 관리도와 계수형 관리도의 유형별 세부설명은 〈표 12-1〉을 참고하기 바란다.

〈표 12-1〉 관리도의 종류

데이터의 종류		관리도	적용	확률분포
계량형 관리도	길이, 무게, 강도, 성분, 온도, 압력, 수율	$\overline{x}-R$ 관리도	품질을 계량치로 관리할 때에 사용. 다량의 정보를 얻을 수 있음	정규분포
		$\overline{x}-\sigma$ 관리도	$\overline{x}-R$ 관리도와 같음. 품질의 산포를 자세히 나타낼 수 있음. σ 계산이 번거로움	
		$\tilde{x}-R$ 관리도	$\overline{x}-R$ 관리도와 같음. 중앙치 $\tilde{x}$의 계산이 간단	
		x 관리도	데이터의 발생간격이 길거나 데이터 측정에 시간과 비용이 많이 소요될 때 적용	
계수형 관리도	불량률	p 관리도	품질을 불량률로 관리하는 경우에 사용	이항분포
	불량개수	np 관리도	품질을 불량개수로 관리하는 경우에 사용	
	결점수	c 관리도	군의 단위수(sample size)가 일정할 때 품질을 결점수로 관리하는 경우에 사용	포아송분포
	단위당 결점수	u 관리도	군의 단위수가 다를 때 품질을 결점수로 관리하는 경우에 사용	

12.3.3 계량형 관리도와 계수형 관리도의 비교

계수형 관리도와 계량형 관리도는 각각의 장 · 단점을 가진다. 어떤 품질특성은 계수치로서만 관찰할 수 있다. 반면 어떤 품질특성은 계량치로 측정이 가능하지만 시간, 비용, 또는 다른 자원의 제약으로 계수치로 측정하는 경우가 있다.

제조업과 서비스업에 있어 분석해야 할 품질특성이 너무 많을 경우에 이들 각각에 대하여 계량형 관리도를 작성 · 유지하는 데 많은 비용과 어려움이 따른다. 이와 같이 한 제품이 여러 개의 구성품을 갖는 경우에는 하나의 p 관리도를 작성함으로써 모든 특성에 대한 정보를 요약할 수 있는 장점을 가진다.

계수치는 회사, 공장, 부서, 작업장, 기계(또는 작업자) 등 모든 계층에서 발생한다. 계수형 관리도는 원래 기계 또는 작업자를 구분하는 수준에서 이용된다. 그러나 품질문제의 근원을 찾기 위해서는 보다 높은 수준의 계수형 관리도를 이용할 수 있다. 이와 같이 품질문제의 원인을 밝히기 위하여 관리의 수준을 낮추고 좀 더 세밀한 품질특성치에 초점을 맞추어 나가 결국 기계 또는 작업자 수준이 결정되면 이제 계량형 관리도를 사용하여 공정의 안정 여부를 밝히도록 한다.

계수형 정보는 어떤 품질특성이 규격한계 내에 있는지를 밝혀 줄 뿐 규격이 지켜지는 정도는 말해 주지 않는다. 예컨대 규격이 100±1mm일 때 98mm와 120mm의 길이를 갖는 두 부품은 똑같이 부적합품으로 분류될 뿐 어느 부품이 규격에 좀 더 가까운지는 밝히지 않는다. 그러나 계량형 정보는 품질특성치의 수준을 밝혀 준다. 따라서 계량형 관리도는 계수형 관리도에 비해 공정성과에 관해 더 많은 정보를 제공한다고 볼 수 있다. 즉, 공정 평균과 공정 분산에 관한 특정 정보를 얻을 수 있다. 공정이 불안정상태일 때 계량형 관리도는 그의 원인과 시정조치에 대해 더 많은 정보를 제공할 수 있다.

계수형 관리도의 또 다른 결점은 계량형 관리도에 비해 표본크기가 커야 한다는 것이다. 따라서 측정비용이 크거나 파괴검사를 하는 경우에는 문제일 수밖에 없다.

12.4 관리도의 작성

본 절에서는 계량형 관리도의 대표격인 **$\overline{x}-R$ 관리도**와 계수형 관리도에 속하는 **p, np, c, u 관리도**의 작성절차에 대해서 예시와 함께 설명한다.

12.4.1 $\overline{x}-R$ 관리도

$\overline{x}-R$ 관리도

평균치의 변화를 다루는 $\overline{x}$ 관리도와 산포의 변화를 다루는 R 관리도로 구성되는 **$\overline{x}-R$ 관리도**는, 주로 무게, 길이, 시간, 강도, 순도, 수율 등과 같은 계량치를 관리하는 경우에 사용한다.

어느 전자부품 제조공정에서 생산된 제품의 전기저항을 관리특성으로 하는 자료가 〈표 12-2〉와 같을 때 $-R$ 관리도의 작성순서를 예시와 함께 설명하면 다음과 같다.

① 데이터를 수집한다.
일정기간 동안 발생한 데이터 가운데 표본크기(n) 4~5개 정도 규모의 표본을 약 20~25개 정도 채취하고, 이들에 대한 측정치를 데이터시트(data sheet)에 기입한다(〈표 12-2〉 참조).

② 각 표본의 평균치 $\overline{x}$ 를 계산한다.

$$\overline{x} = \frac{x_1 + x_2 + \cdots + x_n}{n}$$

첫 번째 표본의 경우, $\overline{x}$=(78.943+78.869+79.018+79.058+79.115)/5=79.001

③ 각 군에서(데이터 값이 가장 큰 측정치와 가장 작은 측정치의 차이인) 범위 R을 계산한다.

$$R = \max\{x_1,\ x_2,\ \cdots,\ x_n\} - \min\{x_1,\ x_2,\ \cdots,\ x_n\}$$

첫 번째 표본의 경우, R=79.115−78.869=0.246

④ 관리도 용지의 세로축에 $\overline{x}$ 를, R 관리도 용지의 세로축에 R의 눈금을 매기고, 가로축에는 표본의 번호를 기입한다([그림 12-5] 참조).

〈표 12-2〉 $\overline{x}-R$ 관리도 자료표(data sheet)

표본번호	x1	x2	x3	x4	x5	표본평균	표본범위
1	78.943	78.869	79.018	79.058	79.115	79.001	0.246
2	79.068	78.938	79.017	79.053	78.930	79.001	0.137
3	79.076	78.940	78.971	79.019	78.870	78.975	0.206
4	79.161	78.959	78.990	79.088	79.186	79.077	0.228
5	78.913	79.226	79.106	78.827	78.991	79.012	0.399
6	79.040	78.972	79.043	78.889	78.964	78.982	0.154
7	78.818	79.073	79.040	79.143	79.023	79.019	0.326
8	78.915	79.075	79.232	79.026	78.857	79.021	0.375
9	79.177	79.211	78.802	79.012	79.235	79.088	0.433
10	79.155	79.160	79.021	78.897	78.952	79.037	0.264
11	78.991	79.057	78.870	79.090	78.922	78.986	0.220
12	78.994	78.946	78.982	78.851	78.891	78.933	0.143
13	79.128	78.965	78.928	78.989	78.929	78.988	0.200
14	78.966	78.942	79.003	79.024	79.005	78.988	0.082
15	79.102	79.053	78.871	79.042	78.968	79.007	0.231

16	78.871	78.966	78.747	79.058	79.040	78.936	0.311
17	78.999	78.838	79.004	79.127	79.101	79.104	0.289
18	78.955	78.975	78.999	78.979	78.899	78.962	0.100
19	78.927	78.945	78.950	78.944	78.950	78.943	0.023
20	78.847	79.173	79.047	78.931	78.967	78.993	0.325
21	78.933	79.095	79.038	79.055	79.107	79.046	0.174
22	79.028	78.970	78.937	78.936	78.969	78.968	0.092
23	79.069	79.095	78.944	78.898	79.006	79.003	0.197
24	79.085	78.994	79.182	78.885	79.049	79.039	0.297
25	78.845	78.883	78.936	78.873	79.150	78.937	0.306
				평균		78.998	0.230

⑤ $\overline{x}$ 의 평균인 $\overline{\overline{x}}$ 를 계산한다($\overline{\overline{x}}$ 는 $\overline{x}$ 관리도의 중심선이 된다).

$\overline{\overline{x}}=78.998$

⑥ R의 평균인 $\overline{R}$ 를 계산한다($\overline{R}$ 는 R 관리도의 중심선이 된다).

$\overline{R}=0.230$

⑦ 중심선 $\overline{\overline{x}}$ 와 $\overline{R}$ 를 관리도 용지에 각각 실선으로 그린다.

⑧ 관리한계선의 값을 계산한다(샘플크기에 따라 이미 제시된 〈표 12-3〉의 모수들(A_2, D_3, D_4)을 참고하여 계산한다). (참고: 이러한 모수들은 이론적으로 필요한 여러 계수들을 미리 계산하여 실무자들을 위해 통계학자들이 제공해 놓은 것으로서 본 교재에서는 $\overline{X}$ 관리도와 R 관리도에서 필요한 모수들만 선택적으로 제시하였다)

$\overline{x}$ 의 관리상한선$=\overline{\overline{x}}+A_2\times\overline{R}=78.998+0.58\times0.230=79.131$

$\overline{x}$ 의 관리하한선$=\overline{\overline{x}}-A_2\times\overline{R}=78.998-0.58\times0.230=78.865$

R의 관리상한선$=D_4\times\overline{R}=2.12\times0.230=0.487$

R의 관리하한선$=D_3\times\overline{R}=0\times0.230=0$

⑨ $\overline{x}$ 관리도 및 R 관리도상에 관리상한선(UCL)과 관리하한선(LCL)을 점선으로 그린다([그림 12-5] 참조).

〈표 12-3〉 99.7%의 신뢰수준을 가진 관리도(3σ 관리도)를 위한 모수들

n	A_2	D_3	D_4
2	1.88	0	3.27
3	1.02	0	2.58
4	0.73	0	2.28
5	0.58	0	2.12
6	0.48	0	2.00
7	0.42	0.08	1.92
8	0.37	0.14	1.86
9	0.34	0.18	1.82
10	0.31	0.22	1.78

⑩ 관리도상에 $\overline{x}$ 와 R의 값을 군번호 순서대로 타점한다([그림 12-5] 참조).

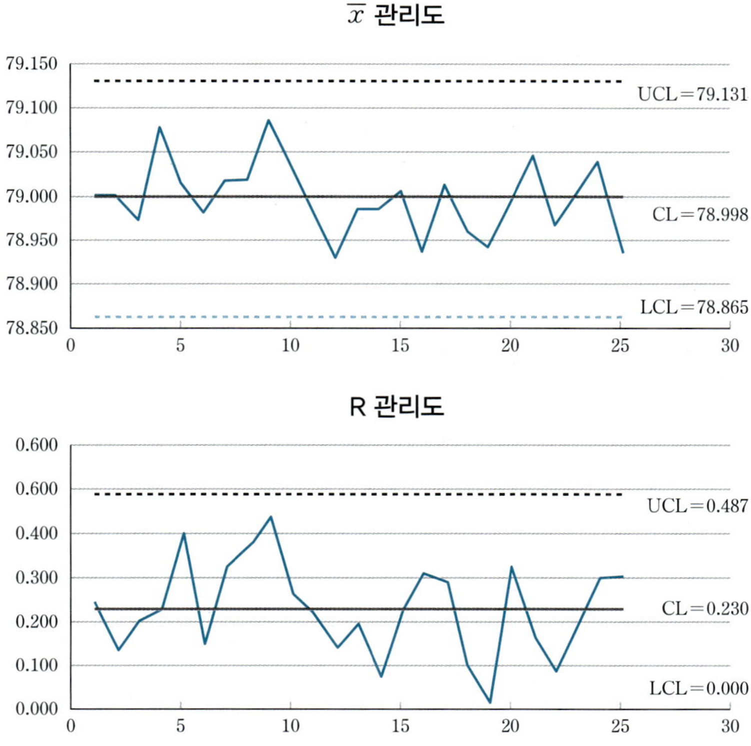

[그림 12-5] $\overline{x}-R$ 관리도

⑪ 관리도를 보고 제조공정의 관리상태를 판단한다. 타점치 중에서 관리한계선 밖으로 나간 것이 있을 때에는 이상원인이 발생했다고 간주하고 그 원인을 찾아서 조처한다(점이 한계선상에 있는 경우도 이상상태로 본다).

⑫ 관리한계선 밖으로 나간 점을 제거하고 관리선을 재계산한다. 한계선을 벗어난 점에 대한 발생 원인이 밝혀지면 재발방지를 위한 적절한 조치를 취하고, 이상치로 판정된 데이터를 제외한 후 ⑤~⑩까지의 순서에 따라 관리선을 재계산한다.

관리도를 작성하고 공정의 관리상태를 판단할 때, 다음 항목을 검토하는 것이 바람직 하다. 먼저, 품질변동이 우연원인에 의한 것인가, 이상원인에 의한 것인가? 관리상 바람직한 품질수준을 유지하고 있는가? (데이터가 중심선 상하로 고르게 집중하고 있는가? 데이터의 산포가 만족할 만한가?) $\overline{x}-R$ 관리도는 공정 평균에 대한 $\overline{x}$ 관리도와 산포에 대한 R 관리도가 결합된 것이다. 이러한 경우에는 두 개의 관리도를 동시에 보고 해석해야 효율적인 공정의 관리가 가능하다.

12.4.2 p 관리도

p 관리도

불량률 관리도는 부적합률 또는 불량률을 품질특성으로 하여 불량률이 통계적으로 안정되어 있는가를 판정하기 위한 관리도로서 흔히 **p 관리도**라 부른다.

검사결과에 따라 제품이 양품(적합품)과 불량품(부적합품)으로 나누어질 경우, 후자를 불량원인별로 분류하여 기록함으로써 관리한계를 벗어나는 불량률이 나타났을 때 이상원인의 파악을 수월하게 할 수 있으며 그에 따른 조치도 신속히 취할 수 있다. 표본의 크기(sample size)를 정하는 문제도 중요한데, 적어도 1개 이상의 불량품이 들어가도록 표본 크기를 정한다(샘플에 불량개수가 평균 1~5개 정도가 들어가도록 잡는 것이 좋다).

어느 반도체 제조공정에서 생산된 단위 제품의 불량품 수에 대한 자료가 〈표 12-4〉와 같을 때 p 관리도의 작성순서를 예시와 함께 설명하면 다음과 같다.

① 불량률로 나타나는 데이터를 수집한다(〈표 12-4〉 참조).

〈표 12-4〉 p 관리도 자료표

표본 크기	불량 개수	표본 크기	불량 개수
968	8	995	15
1216	13	1202	13
1004	13	1028	10
1101	16	1184	24
1076	14	992	12

표본의 크기(sample size) n과 불량개수 x에 대한 정보가 필요하다.

② 각 표본의 불량률 $\hat{p}$을 계산한다.

$$\hat{p} = \frac{x}{n} = \frac{\text{불량개수}}{\text{검사개수}}$$

③ 평균불량률 $\overline{p}$를 계산한다.

$$\overline{p} = \frac{\sum x}{\sum n} = \frac{\text{총불량개수}}{\text{총검사개수}} = 0.01282$$

④ 관리도 용지에 불량률 $\hat{p}$을 검사순으로 타점하고 평균불량률 $\overline{p}$를 실선으로 나타낸다. 이것이 중심선이 된다.

⑤ 관리한계를 계산한다.
불량개수(x)가 이항분포 $B(n, p)$를 따른다는 사실로 인해 불량개수의 평균과 분산은 각각 $E(x) = np$, $V(x) = np(1-p)$임이 알려진 사실이므로, 표본의 불량률 $\hat{p} = \frac{x}{n}$의 평균과 분산은 각각 $E\left(\frac{x}{n}\right) = p$, $V\left(\frac{x}{n}\right) = \frac{p(1-p)}{n}$를 따르게 된다. 이러한 사실을 바탕으로 3σ 관리도의 철학을 반영하여 관리한계선 UCL과 LCL을 설정한다. 단, p의 추정치인 $\overline{p}$를 사용한다. LCL은 계산 결과 음수가 되는 경우에는 0으로 대치하여 사용한다.

관리상한선 $UCL=\overline{p}+3\sqrt{\dfrac{\overline{p}(1-\overline{p})}{n}}$

관리하한선 $LCL=\overline{p}-3\sqrt{\dfrac{\overline{p}(1-\overline{p})}{n}}$

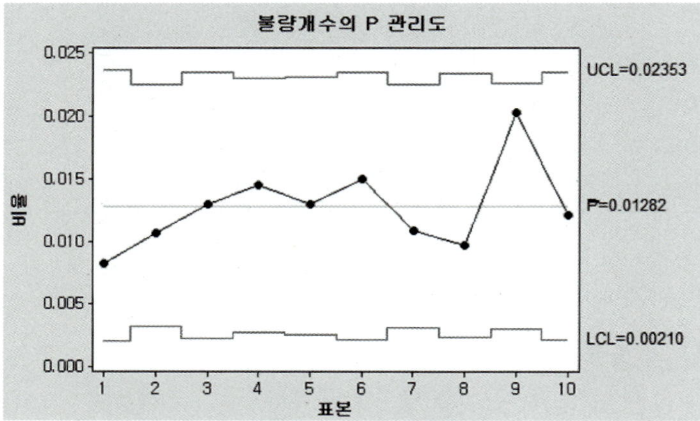

[그림 12-6] p 관리도

⑥ 관리도상에 관리한계를 선으로 기입한다(표본별로 표본의 크기(n)가 일정하면 상하의 관리한계선도 일직선이 되지만, n이 표본마다 다를 경우에는 관리한계선이 요철(凹凸)형으로 나타난다).

⑦ 관리도상에 불량률 p를 검사 순으로 타점한다.

⑧ 작성된 관리도를 보고 공정이 이상상태라고 판단되면 필요한 조치를 취한다.

⑨ 관리한계선 밖으로 나간 점을 제거하고 ④~⑨까지의 순서로 관리선을 다시 계산한다.

12.4.3 np 관리도

np 관리도

불량률 대신에 표본을 추출할 때 직접 관찰 가능한 불량개수가 관리도 작성 시 타점할 값이 될 수 있다. 이러한 불량개수 관리도(chart for number of noncon forming items)를 **np 관리도**라고 부른다. np 관리도는 p 관리도에서 사용했던 불량률을 계산할 필요 없이 불량품의 개수를 바로 측정하고 타점한다는 계산상의 편리함 때문에 생산현장의 작업자에게는 이해하기 쉬운 관리도이다. 단, np 관리도는 표본크기(n)가 변하는 경우에는 사용하지 않는다. 즉, 표본크기가 일정한 경우에만 계산상의 편리함을 추구하여 작성하는 관리도이므로 표본크기가 일정하지 않으면 p 관리도를 사용하여야 한다.

어느 책상 제조공정에서 30일 동안 표본 크기가 500인 표본들을 매일 하나의 표본씩 30개의 표본을 뽑아 검사한 결과 〈표 12-5〉와 같은 불량품의 수가 조사되었다. 이때 np 관리도의 작성순서를 예시와 함께 설명하면 다음과 같다.

〈표 12-5〉 np 관리도 자료표

일자	1	2	3	4	5	6	7	8	9	10	11	12	13	14	15
불량품 수	12	15	8	10	4	7	16	9	14	10	5	6	17	12	22
일자	16	17	18	19	20	21	22	23	24	25	26	27	28	29	30
불량품 수	8	10	5	13	11	20	18	24	15	8	12	7	13	9	6

① 불량개수 데이터를 수집한다(〈표 12-5〉 참조).
표본의 크기(sample size) n이 500개로 동일하다는 정보와 불량개수 x에 대한 정보가 필요하다.

② 각 표본별 불량률 $\hat{p}$을 계산한다.

$$\hat{p}=\frac{x}{n}=\frac{\text{불량품의 수}}{\text{표본의 크기}}$$

③ 평균불량률 $\overline{p}$를 계산한다.

$$\overline{p}=\frac{\sum\hat{p}}{k}=\frac{\text{불량률의 합}}{\text{표본군의 수}}=0.02306$$

④ 중심선과 관리한계를 계산한다.
불량개수(x)가 이항분포 $B(n, p)$를 따른다는 사실로 인해 불량개수의 평균과 분산은 각각 $E(x)=np$, $V(x)=np(1-p)$이다. 이러한 사실을 바탕으로 3σ 관리도의 중심선과 관리한계선 UCL과 LCL을 설정한다. 단, p의 추정치인 $\overline{p}$를 사용한다. LCL은 계산 결과 음수가 되는 경우에는 0으로 대치하여 사용한다.

$$UCL = n\bar{p} + 3\sqrt{n\bar{p}(1-\bar{p})} = 500 \times 0.02306 + 3\sqrt{500 \times 0.02306 \times (1-0.0236)}$$
$$= 21.60337$$

$$CL = n\bar{p} = 500 \times 0.02306 = 11.5333$$

$$LCL = n\bar{p} - 3\sqrt{n\bar{p}(1-\bar{p})} = 500 \times 0.02306 - 3\sqrt{500 \times 0.02306 \times (1-0.0236)}$$
$$= 1.463295$$

⑤ 각 표본의 불량품의 수(x)를 타점한다([그림 12-7] 참조).

⑥ 작성된 관리도를 보고 공정이 이상상태라고 판단되면 필요한 조치를 취한다.

⑦ 관리한계선 밖으로 나간 점을 제거하고 ③~④까지의 순서로 관리선을 다시 계산한다.

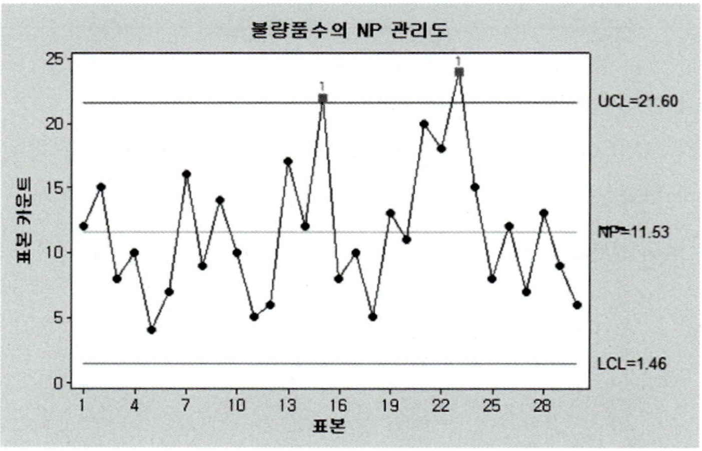

[그림 12-7] np 관리도

12.4.4 c 관리도

c 관리도

결점(defect) 또는 부적합이란 사전에 정한 규격을 지키지 않는 품질특성을 말한다. 앞서 학습한 p 관리도와 np 관리도에서는 불량품의 개수가 관심이라면, c 관리도에서는 결점에 관심이 있다. 불량품은 하나 이상의 결점을 가진다. 한 제품이 하나 이상의 결점을 갖더라도 규격에 맞을 수도 있다. 이때 불량품의 개수가 아니라 결점의 수를 관리하는 것이 목적이라면 결점수 관리도(chart for number of nonconformities)를 사용하게 되고, 이를 **c 관리도**라고 부른다. 이는 일정한 크기를 갖는 표본에서 발생하는 총결점수를 관리하기 위하여 사용된다.

이때 표본의 크기는 한 제품, 한 세트의 제품, 혹은 직물과 종이 같은 경우라면 단위 면적이 사용된다. 일정 단위당 결점수는 포아송분포(Poisson distribution)를 따른다고 가정한다. 이를 위해서는 두 조건이 충족되어야 한다.

첫째, 결점의 발생은 서로 독립적이어야 한다. 즉, 한 결점 발생이 다음 결점 발생의 가능성에 영향을 미쳐서는 안 된다. 둘째, 각 표본은 결점 발생의 가능성에 있어서 똑같아야 한다.

예시를 들어, c 관리도를 설명하면 다음과 같다. 어느 모직물 생산공정에서 어떤 모직물 100m^2를 하나의 검사단위로 볼 때 이 모직물에 대한 최종 검사에서 발견된 결점수가 〈표 12-6〉과 같다고 하자.

〈표 12-6〉 c 관리도 자료표

표본 번호	결점 수	표본 번호	결점 수	표본 번호	결점 수
1	5	7	6	13	8
2	1	8	3	14	2
3	2	9	3	15	4
4	3	10	6	16	0
5	0	11	1	17	3
6	2	12	0		

① 불량개수 데이터를 수집한다(〈표 12-6〉 참조).
표본의 크기(sample size)가 모두 일정하다는 정보(예를 들면, 100m^2)와 결점수 x에 대한 정보가 필요하다.

② 단위당 평균결점수 c의 추정치인 $\overline{c}$를 계산한다.

$$\overline{c} = \frac{\sum x}{k} = \frac{\text{총결점수}}{\text{표본군의 수}} = 2.882$$

③ 중심선과 관리한계를 계산한다.
결점수(x)가 포아송분포 $poisson(c)$를 따른다는 사실로 인해 결점수의 평균과 분산은 각각 $E(x)=c$, $V(x)=c$이다. 이러한 사실을 바탕으로 3σ 관리도의

중심선과 관리한계선 UCL과 LCL을 설정한다. 단, c의 추정치인 $\bar{c}$를 사용한다. LCL은 계산 결과 음수가 되는 경우에는 0으로 대치하여 사용한다.

$$UCL = \bar{c} + 3\sqrt{\bar{c}} = 2.882 + 3\sqrt{2.882} = 7.976$$
$$CL = \bar{c} = 2.882$$
$$LCL = \bar{c} - 3\sqrt{\bar{c}} = 2.282 - 3\sqrt{2.882} = -2.211 \rightarrow 0$$

④ 각 표본의 불량품의 수(x)를 타점한다([그림 12-8] 참조).

⑤ 작성된 관리도를 보고 공정이 이상상태라고 판단되면 필요한 조치를 취한다.

⑥ 관리한계선 밖으로 나간 점을 제거하고 ②~③까지의 순서로 관리선을 다시 계산한다.

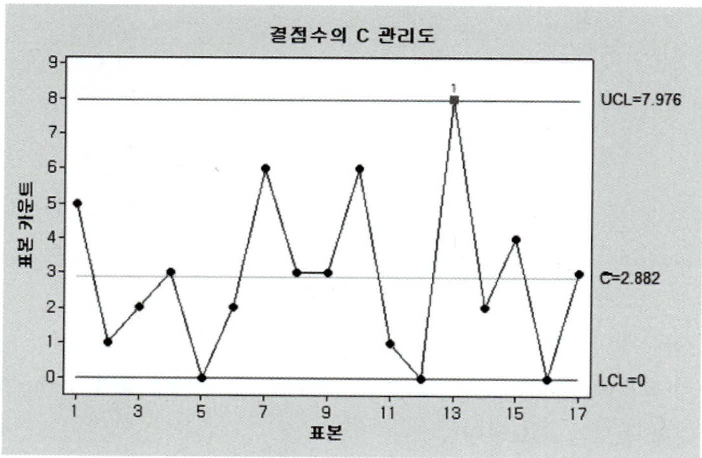

[그림 12-8] c 관리도

12.4.5 u 관리도

u 관리도

앞선 학습에서 c 관리도는 일정한 크기를 갖는 표본에서 발생하는 총결점수를 관리하기 위하여 사용된다고 하였다. 그러나 우리 주변에는 표본의 크기가 매번 다른 경우도 흔히 발생한다. 예를 들어, 한 표본은 모직물 $100m^2$가 하나의 검사 단위이고, 다른 표본은 $140m^2$, 또 다른 표본은 $200m^2$에서 발견된 결점수를 측정하는 경우이다. 이처럼 표본의 크기가 매번 변화할 때 결점수를 관리하기 위한 방법이 **u**

관리도이다.

예시를 들어, u 관리도를 설명하면 다음과 같다. 어느 모직물 생산공정에서 어떤 모직물의 넓이가 변화하는 상황(즉, 면적 단위 $100m^2$를 기반으로 표본의 크기가 3이면 $300m^2$가 하나의 검사단위)에서 매 표본마다 발견된 결점수가 〈표 12-7〉과 같다고 하자.

〈표 12-7〉 c 관리도 자료표

표본 번호	결점 수	표본 번호	결점 수	표본 번호	결점 수
4	3	4	11	5	14
3	4	3	3	5	5
3	10	3	8	5	8
3	9	3	4	5	13
3	8	4	9	4	8

① 불량개수 데이터를 수집한다(〈표 12-6〉 참조).
표본의 크기((sample size) 정보) k과 결점수 x에 대한 정보가 필요하다.

② 단위당 평균결점수 u의 추정치인 $\overline{u}$를 계산한다.

$$\overline{u}=\frac{\sum x}{\sum k}=\frac{\text{총결점수}}{\text{총검사단위수}}=\frac{117}{57}=2.053$$

③ 중심선과 관리한계를 계산한다.
단위 면적당 결점수가 포아송분포 $poisson(u)$를 따른다는 사실로 인해 표본의 크기(즉, 검사 단위의 수) k에서 발생하는 결점수인 x의 평균과 분산은 $E(x)=ku$, $V(x)=ku$이다. 이를 바탕으로 각 표본에서 단위 면적당 결점수 $\frac{x}{k}$의 평균과 분산은 각각 $E\left(\frac{x}{k}\right)=\frac{E(x)}{k}=u$, $V\left(\frac{x}{k}\right)=\frac{V(x)}{k^2}=\frac{u}{k}$이다. 이러한 사실을 바탕으로 3σ 관리도의 중심선과 관리한계선 UCL과 LCL을 설정한다. 단, u의 추정치인 $\overline{u}$를 사용한다. LCL은 계산 결과 음수가 되는 경우에는 0으로 대치하여 사용한다.

이때 표본별로 표본의 크기(k)가 일정하면 상하의 관리한계선도 일직선이 되지만, 표본마다 다를 경우에는 관리한계선이 요철(凹凸)형으로 나타난다. 예를 들어, 본 예시의 첫 번째 표본의 경우에는 표본의 크기(k)가 4이므로 UCL, CL, LCL이 다음과 같다.

$$UCL=\overline{u}+3\sqrt{\frac{\overline{u}}{k}}=2.053+3\sqrt{\frac{2.053}{4}}=4.202$$

$$CL=\overline{u}=2.053$$

$$LCL=\overline{u}-3\sqrt{\frac{\overline{u}}{k}}=2.053-3\sqrt{\frac{2.053}{4}}=-0.096\rightarrow 0$$

④ 각 표본의 단위당 결점수의 수$\left(\frac{x}{k}\right)$를 타점한다. 예를 들어, 첫 번째 표본의 단위당 결점수는 $\frac{x}{k}=\frac{3}{4}=0.750$ 이다([그림 12-9] 참조).

⑤ 작성된 관리도를 보고 공정이 이상상태라고 판단되면 필요한 조치를 취한다.

⑥ 관리한계선 밖으로 나간 점을 제거하고 ②~③까지의 순서로 관리선을 다시 계산한다.

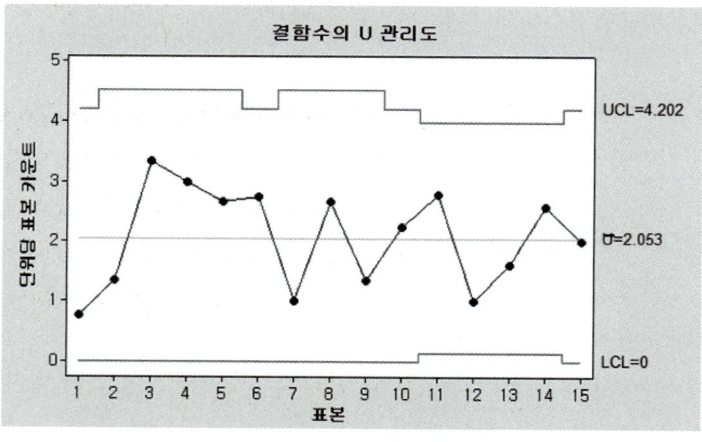

[그림 12-9] u 관리도

12.5 관리도의 해석

관리도를 제대로 활용하기 위해서는 정상상태와 이상상태를 잘 판단하여야 한다. 관리도의 관리한계 내에 모든 타점이 존재하면 그 공정은 정상상태에 있다고 말한다. 그러나 사실은 관리한계선 내에 모든 타점이 존재하더라도 공정이 이상상태인 경우가 있다. 즉, 모든 타점이 관리한계선 내에 존재한다 하더라도 타점을 서로 연결했을 때 그의 패턴이 무작위성(randomness)을 보이지 않거나 어떤 체계적 행태를 보일 때는 그 공정은 불안정하다고 판정할 수 있다. 따라서 공정이 정상적으로 안정되어 있다고 판정하기 위해서는 모든 타점이 관리한계선 내에 존재하여야 하고 동시에 타점의 패턴이 무작위성을 보여 어떤 체계적 이상패턴을 보이지 않아야 된다. 다음은 이상상태의 몇 가지 판정규칙을 제시한다.

8가지 판정규칙

미국의 주요 전기 및 통신 장비 제조업체였던 Western Electric Company는 1956년에 통계적 품질관리의 실무적 적용을 확장하기 위해 "Statistical Quality Control Handbook(1956)"을 출간하고 관리도 사용을 위한 더 구체적인 규칙들을 제안하였다. 이 규칙들은 주로 경험적 데이터를 바탕으로 한 것으로, 공정의 다양한 이상 상태를 식별하기 위해 설정되었으며, 8가지 규칙이 포함되었다. 이는 Shewhart의 기본 개념을 확장하여 다양한 공정 이상 상태를 더 정확히 식별할 수 있도록 하는데 선구적인 역할을 하였다. 다음은 이상 상태의 **8가지 판정규칙**을 제시한다.

- Rule 1: 점 하나가 관리 한계선 밖에 위치. 이는 공정이 비통제 상태임을 의미
- Rule 2: 연속된 9개 이상의 점이 중심선 한쪽에 위치. 이는 공정이 일정한 편향을 가지고 있음을 의미
- Rule 3: 연속된 6개 이상의 점이 모두 증가하거나 감소하는 경향을 보임. 이는 공정에 지속적인 변화가 발생하고 있음을 시사
- Rule 4: 14개의 점이 번갈아가며 증가 및 감소. 이는 공정의 무작위성을 잃었음을 의미
- Rule 5: 연속된 3개 중 2개의 점이 중심선에서 2σ를 초과하지만 관리 한계선 안에 위치. 이는 공정에 이상 변동이 있음을 의미

- Rule 6: 연속된 5개 중 4개의 점이 중심선에서 1σ를 초과하지만 2σ 안에 위치. 이는 공정에 이상 변동이 있음을 의미
- Rule 7: 연속된 15개의 점이 중심선의 $\pm 1\sigma$ 내에 위치. 이는 공정이 지나치게 안정적이거나 데이터 수집에 문제가 있을 수 있음을 의미
- Rule 8: 연속된 8개의 점이 중심선에서 $\pm 1\sigma$를 초과하지 않는 영역 밖에 위치. 이는 공정이 편향되었음을 시사

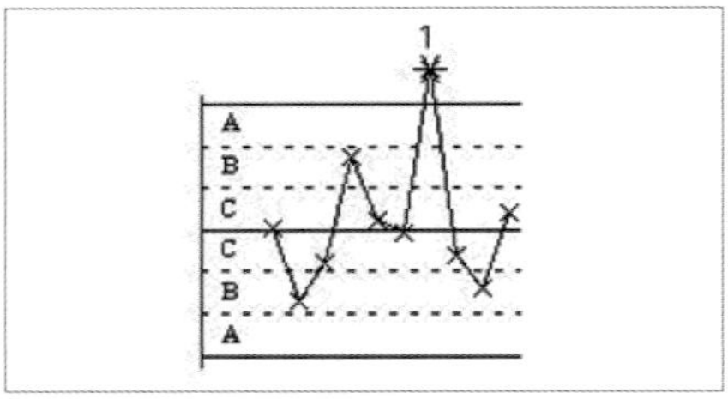

1. 관리한계선을 벗어난 한 점이 타점될 때

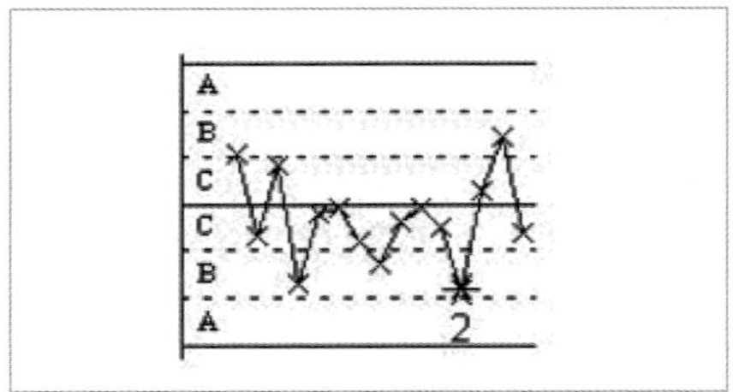

2. 중심선을 기준으로 어느 한 쪽에만 연속적으로 아홉 개의 점이 타점될 때

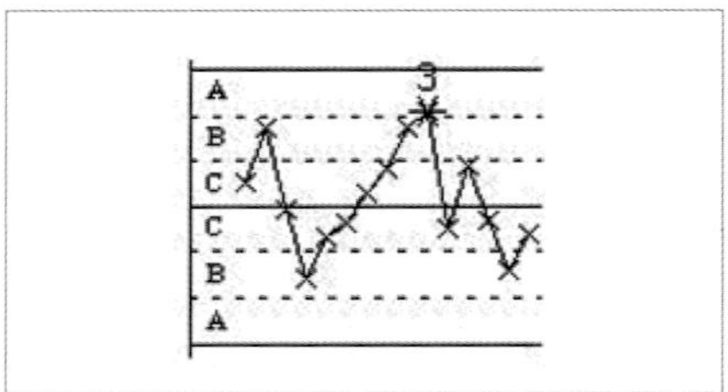

3. 연속해서 여섯 점이 증가하거나 감소되도록 타점될 때

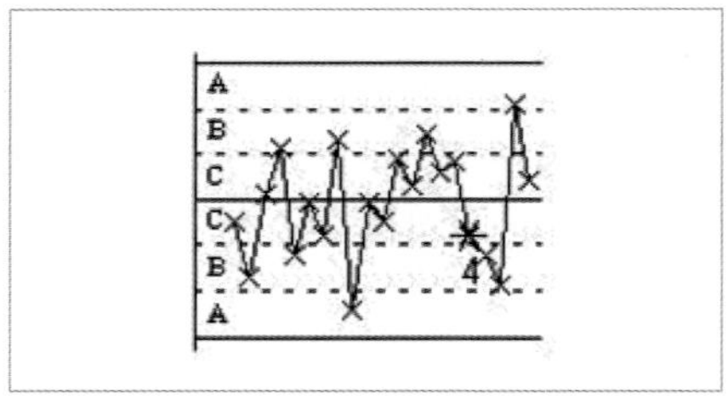

4. 연속해서 열네 점이 위아래로 한 번씩 타점될 때

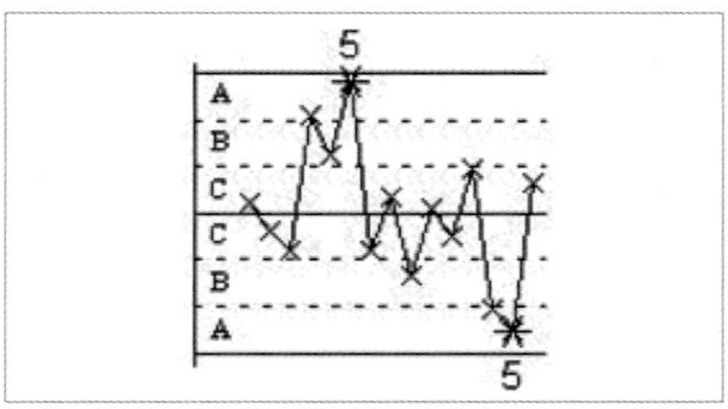

5. 세 점 중 두 점이 지역 A(2~3 표준편차 한계 영역)에 타점될 때

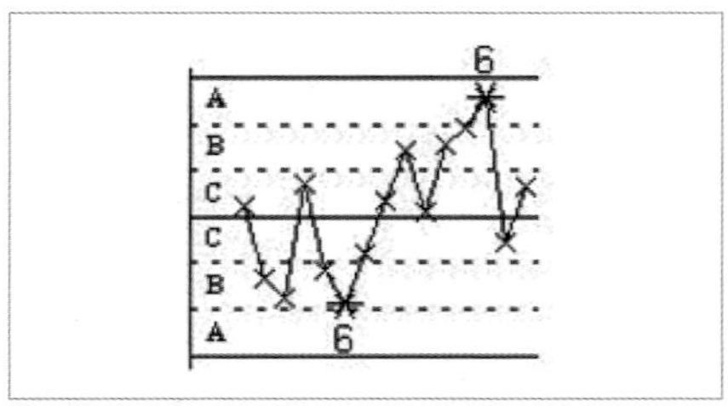

6. 다섯 점 중 네 점이 지역 B(1~2 표준편차 한계 영역) 또는 그 바깥에 타점될 때

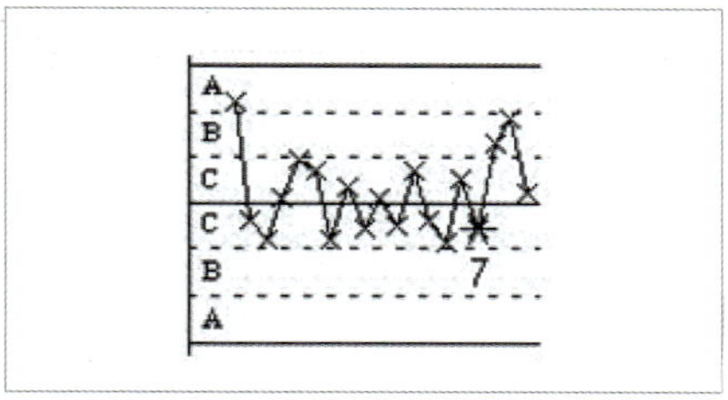

7. 15점들이 연속적으로 지역 C(0~1 표준편차 한계 영역)에 타점될 때

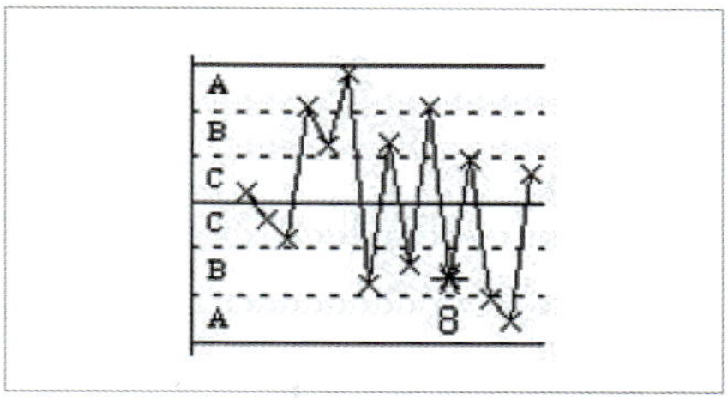

8. 연속해서 여덟 점이 지역 C(0~1 표준편차 한계 영역) 바깥에 타점될 때

[그림 12-10] 이상 상태의 8가지 판정규칙

연·습·문·제

1. 일반적으로 공정에서는 일정한 조건하에서 작업을 실시한다 하더라도 생산된 제품의 품질에는 반드시 산포(변동)이 생기기 마련이다. 이러한 변동이 생기는 원인은 무엇인지 기술하라.

2. 공정품질의 변동원인을 우연원인과 이상원인으로 구분한다. 이들 두 원인의 개념을 구분하여 설명하라.

3. 관리도의 구성원리와 특성을 설명하라. 특히 슈하르트(W.A. Shewhart)의 '3σ 관리도'의 개념과 내용을 그림을 이용하여 설명하라.

4. 계량형 관리도와 계수형 관리도의 종류와 각각의 특징을 설명하라.

5. 공정에서 접속기 핀의 길이를 관리하기 위하여 표본크기 5의 표본 30개를 무작위로 추출한 결과 아래와 같은 결과를 얻었다.

표본번호	평균길이	범위	표본번호	평균길이	범위
1	50.3	4	16	49.3	6
2	48.5	4	17	51.5	4
3	50.8	9	18	50.6	2
4	49.6	5	19	52.3	3
5	47.8	3	20	51.0	4
6	46.2	4	21	52.1	2
7	52.5	5	22	48.6	5
8	51.7	4	23	52.3	6
9	49.5	5	24	52.6	5
10	52.2	4	25	50.7	4
11	50.8	3	26	49.5	3
12	46.2	4	27	52.1	2
13	52.6	3	28	52.3	3
14	50.8	9	29	50.2	5
15	49.1	4	30	52.1	4
			총합		

(1) $\overline{x}-R$ 관리도의 관리한계를 계산하라.

(2) 이 공정은 통계적으로 안정되어 있는가? 그렇지 않다면 이후의 조치는 어떠해야 하는가?

6. 자동기계로 생산하는 부품의 표본크기 100, 표본군 20에 대한 무작위 표본추출 결과 다음과 같은 불량개수를 발견하였다.

표본번호	불량품수	표본번호	불량품수
1	4	11	10
2	10	12	8
3	8	13	4
4	6	14	10
5	8	15	6
6	4	16	24
7	6	16	6
8	4	18	4
9	8	19	10
10	22	20	4

(1) p 관리도의 관리한계를 계산하라.

(2) 이 공정은 통계적으로 안정되어 있는가? 그렇지 않다면 이후의 조치는 어떠해야 하는가?

13

CHAPTER

프로세스 능력 분석

학습 목표

- 품질관리에 필요한 프로세스 능력 분석방법에 대해 설명할 수 있다.
- 프로세스 능력 분석 지표의 장단점에 대하여 이해한다.
- 규격한계와 자연공차의 개념에 대해 설명할 수 있다.
- 관리한계와 규격한계의 관계를 이해하고 실제 현상에 대해 응용할 수 있다.
- 프로세스 능력 분석 결과를 효과적으로 해석할 수 있다.

사례

프로세스 개선으로 모바일 제품 부적합품률 감소: '프로세스 능력 분석 지표와 관리도를 이용하여 비용절감을 창출'

세계적인 반도체 회사를 지향하는 S회사는 고객행복, 품질혁신, 전원참여라는 3대 경영방침을 바탕으로 품질 경쟁력을 증진하기 위해 지속적으로 노력하여 고객을 만족시키는 제품을 제공하는 목표를 가지고 있다. 이를 위하여 품질 역량을 증진시키고 품질 리더십을 확보하기 위해 끊임없이 품질혁신을 추구하였다. S회사의 품질분임조는 2016년 1월부터 5월까지 4개월간 6시그마의 방법론을 적용하였다. 경영 환경 분석과 핵심적인 품질특성 분석 및 고객의 요구 분석을 바탕으로 관리도를 이용하여 확인한 결과, 부적합품률이 12,496ppm으로 부서목표 4,000ppm보다는 높았다. 그 후 관리도와 프로세스 능력분석지표를 이용하여 부적합품의 원인을 지속적으로 관리하였고 그로 인하여 관리 수준 이하로 불량률을 내릴 수 있었다. 그 결과 절감 금액에서 투자 금액을 뺀 개선 후의 효과는 연간 수억 원의 효과금액을 창출하였다.

출처: 우수 품질분임조 사례, http://knqa.ksa.or.kr/knqa/index.do

13.1 프로세스 능력 분석

통계적 품질관리도의 목적은 생산 프로세스를 관리상태로 유지하는 데에 있다. 관리도를 처음 제안한 슈하르트(W.A. Shewhart)는 생산 프로세스에 영향을 미치는 요인을 우연원인(random cause)에 의한 품질변동과 이상원인(nonrandom cause)에 의한 품질변동으로 구분하였다. 생산 프로세스와 관련된 제품의 품질특성치를 나타내는 통계량이 관리한계를 벗어나서 타점이 된다면 이상원인이 존재한다고 말하고 생산프로세스가 불안정하다고 판단한다. 이상원인에 의한 품질변동은 존재하지 않고 우연원인에 의한 품질변동만 존재하는 생산 프로세스를 통계적으로 프로세스가 안정되어 있다고 말한다. 반면, 우연원인과 이상원인에 의한 품질변동이 모두 존재하는 생산 프로세스는 불안정하다고 말한다. 이처럼 생산 프로세스가 안정되어 있는지 판단하는 기준은 이상원인의 유무이다. 생산 프로세스 능력이란 생산 프로세스가 안정되어 있는 상태에서 정해진 설계규격에 맞게 제품이나 서비스를 생산할 수 있는 능력을 말한다. 제품 또는 서비스의 생산 프로세스에서 생산되는 재화의 품질변동을 측정하고 소비자가 원하는 규격과 비교하여 규격을 벗어나는 변동폭을 감소시키기 위해 통계적 방법을 사용하는 것을 프로세스 능력분석이라 한다.

[그림 13-1]은 기업에서 생산하는 제품이나 서비스의 품질특성치를 X로 표시하고 목표치를 중앙에 위치한 검은색 점이라고 할 때 생산제품이나 서비스의 품질특성치분포를 도식적으로 나타낸 것이다. 품질특성치가 중앙의 검은색 점에 모두 위치하는 것이 가장 좋겠지만 실제로 제품이나 서비스를 생산하다 보면 여러 가지 이유로 인하여 [그림 13-1]과 같은 다양한 프로세스 능력을 보여줄 수 있다. 이러한 프로세스 능력을 나타내는 방법은 여러 가지가 있는데 본 장에서는 수치적인 값을 이용한 몇가지 척도에 대하여 다룬다.

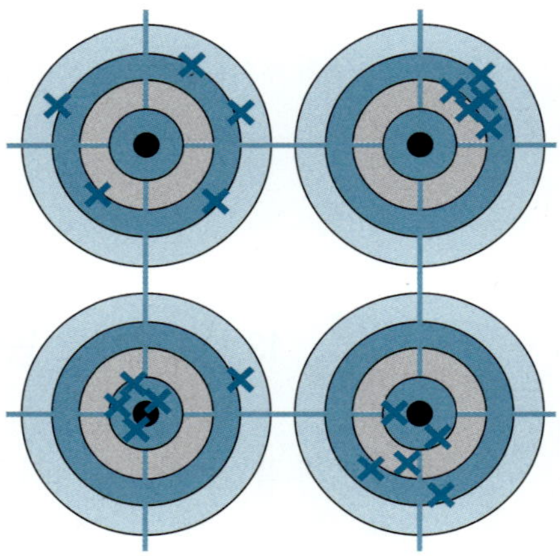

[그림 13-1] 프로세스에서 생산되는 제품의 품질특성치를 X로 표시하고 목표치를 중앙에 위치한 점으로 표시한 과녁

프로세스 능력 분석

프로세스 능력 분석은 제품이나 서비스를 생산할 때 생산품의 품질특성의 변동폭을 파악하고 분석하여 생산품의 품질에 대한 관리를 행하는 것을 일컫는다. 통계

적으로 관리되고 있는 생산 프로세스에서만 프로세스 능력을 분석할 수 있기 때문에 생산 프로세스가 안정되지 않으면 프로세스로부터 얻어낸 통계량에 근거한 자료는 신뢰하기 어렵게 된다. 따라서 우연원인만 존재하고 이상원인이 존재하지 않는 생산 프로세스인 경우에 생산 프로세스 분석이 가능하다. 이와 같이 생산 프로세스 분석은 프로세스가 주어진 규격에 맞게 제품이나 서비스를 생산할 수 있는지 검토하는 것이다.

생산 프로세스 관리란 프로세스가 안정화된 상태에서 규격에 맞는 제품을 생산할 수 있도록 제품의 품질 특성의 확률분포를 분석하고 조절하는 것을 의미한다. 관리한계를 벗어나는 품질특성의 통계량이 있다면 이상원인이 프로세스에 존재한다고 판단하여 즉시 생산 프로세스를 멈추고 문제점을 해결하기 위한 노력을 실시해야 한다. 구체적으로 프로세스로부터 품질변동을 일으키는 이상원인을 찾아내서 근원적으로 이를 제거해야 한다. 통계적으로 안정된 프로세스에서 생산되는 제품의 개별치 품질변동이 규격한계를 넘지 않기 위해서 프로세스 분석, 자재관리, 설비관리, 검사기준의 재설정 등의 실시와 검토 등을 통하여 프로세스 관리를 철저하게 해야 한다.

참고 — **관리한계와 규격한계의 정의**

관리한계와 규격한계

관리한계는 프로세스변동을 표시하며 프로세스가 관리상태가 아닐때와 관리상태일때는 보여준다. 일반적으로 프로세스에서 생산되는 제품의 변동을 바탕으로 중심선에서 표준편차의 3배 거리에 있는 위선과 아래선을 각각 관리상한(upper control limit: UCL)과 관리하한(lower control limit: LCL)이라고 말한다. 관리한계는 프로세스변동을 기준으로 하지만 규격한계는 제품의 생산능력과 고객의 요구사항을 기준으로 생산자와 고객이 서로 협의해서 정하는 제품의 기준이다. 규격한계에는 규격한계상한(upper specification limit: USL)과 규격한계하한(lower specification limit: LSL)이 있다. 프로세스가 관리상태에 있어도 규격을 충족시키지 못하는 제품을 생산할 수도 있다. 자연공차는 규격한계와 비교하기 위한 지표로서 관리한계와는 구별된다.

프로세스 능력은 규격한계에 맞는 정상적인 제품을 생산하는 역량을 나타내는 척도이다. 프로세스 능력을 평가하기 위해서는 생산되는 제품에 대한 정보가 필요하다. 프로세스 능력을 연구하고 분석하는 것은 기업의 입장에서 매우 중요한 일이다. 소비자와 생산자가 협의해서 정한 규격한계를 지키지 못하는 제품을 생산하면 결국에는 소비자가 그 제품을 외면하게 되기 때문이다. 제조업에서는 신제품을 평가하거나 부품이나 원자재를 공급하는 공급자와 다른 공급자들을 비교하는 연구도 수행할 수 있고 새로운 프로세스를 평가하는 연구도 수행할 수 있으며 새로운 프로세스를 설계할 때 프로세스 능력을 고려할 수도 있다.

프로세스에서 생산되는 제품의 품질특성치와 관련되는 요약통계량이 유용한 수치가 되기 위해서는 표본의 크기가 어느 정도 되어야 한다. 표본이 어느 정도 확보되어 품질특성치에 대한 통계량을 얻었다면 다음의 세 가지 연구를 수행할 수 있다.

- 품질변동의 원인인 우연원인과 이상원인으로 인한 변동을 포함하여 프로세스가 실제 상황에서 규격한계를 만족시키는 제품을 생산하고 있는지 연구
- 우연원인만 존재하는 경우에 프로세스 연구
- 품질변동 출처에 관한 연구

세 가지의 프로세스 능력을 분석하는 연구는 기업의 입장에서는 매우 중요한 일이다. 프로세스 능력의 체계적인 연구를 위해서는 규격화된 운영조건에서 프로세스 성능에 대한 통계 정보를 계획적으로 다뤄야 한다. 통계 정보를 연구하기 위해서 고려하는 일반적인 사항은 다음과 같다.

① 프로세스에서 생산되는 제품이나 서비스 품질특성치의 평균, 분산 등 요약통계량을 어떻게 수집할 것인가?
② 우연원인으로 인한 변동과 이상원인을 인한 변동이 프로세스에 얼마나 존재하는가?
③ 규격한계가 프로세스의 현실적인 능력에 맞게 설정이 되었는가?
④ 규격한계를 만족하는 제품의 생산량과 만족하지 못하는 불량품의 비율은 어떻게 되는가?
⑤ 품질변동의 출처가 어디인가?

프로세스 능력분석을 위한 프로세스 성능에 대한 통계 정보를 분석하는 방법은 다양하지만, 보통 품질특성치의 평균과 분산 및 이를 이용한 기본적인 품질관리 7

가지 방법이 주로 사용된다. 7가지 방법은 워크시트, 히스토그램, 파레토도, 층별화, 산점도, 특성요인도, 관리도이다. 이 중 워크시트는 표와 그래프를 작성하기 위한 기본도구로 사용된다. 보다 자세한 내용은 10장을 참고하기 바란다. 품질특성치의 분포가 정규분포를 따른다고 가정하는 경우 평균으로부터 $\pm 3\sigma$ 이내에 관측치의 99.73%가 위치한다. 또한, $\pm 2\sigma$ 이내에는 관측치의 95.46%가 위치하고 $\pm 1\sigma$ 이내에는 관측치의 68.26%가 위치한다. 이는 프로세스가 안정상태에 있는 경우 품질특성치의 타점이 패턴이나 습성이 없는 경우에 해당된다. 일반적으로 슈하르트(W.A. Shewhart)의 관리도는 관리한계를 평균대비 $\pm 3\sigma$를 사용하며 이 경우에 관리상한과 관리하한의 차이는 6σ가 되고 이것은 프로세스 변동의 척도로 사용된다.

최적 성과에 대한 연구는 우연원인에 의한 품질변동에 대한 분석이 주된 내용이다. 이상원인에 의한 품질변동이 있다면 프로세스가 통계적으로 안정되어 있지 않은 상태이다. 통계적으로 안정되어 있지 않은 상태에서 최적성과에 대한 연구는 의미가 없는데, 이는 이상원인에 의한 품질변동과 우연원인에 의한 품질변동이 구별되지 않아 프로세스 능력에 대한 분석이 왜곡되기 때문이다. 따라서 이상원인이 존재하지 않고 우연원인만 존재하는 경우, 즉 프로세스가 통계적으로 안정되어 있는 상황에서만 우연원인에 의한 품질변동, 즉 프로세스 능력에 대한 분석이 정확하게 이루어질 수 있다. 다만 프로세스가 통계적으로 안정상태에 있는 것과 프로세스의 능력이 높다고 하는 것은 구별되어야 한다. 통계적으로 안정상태에 있고 프로세스 능력이 높은 경우가 가장 바람직한 경우이다. 통계적으로 불안정하고 프로세스 능력이 충분하지 않은 경우는 먼저 이상원인을 제거하여 통계적으로 안정상태로 만든 후에 프로세스 능력에 대한 분석이 이루어져야 한다.

여러 가지 프로세스 능력 지수 중 먼저 C_p 지수 및 C_{pk} 지수를 이용하여 프로세스 능력 분석을 실시한다. 제품의 품질특성치(x)가 모평균(μ), 모분산(σ^2)을 갖는 정규분포를 따른다고 가정하면 **자연공차상한**(Upper natural tolerance limit: UNTL)과 **자연공차하한**(Lower natural tolerance limit: LNTL)은 분포의 모평균을 중심으로 $\pm 3\sigma$ 정도 벗어나 있다고 가정한다. 즉, 다음과 같이 결정된다.

자연공차상한(Upper natural tolerance limit: UNTL)

자연공차하한(Lower natural tolerance limit: LNTL)

$$\text{UNTL} = \mu + 3\sigma$$
$$\text{LNTL} = \mu - 3\sigma$$

자연공차는 이상원인에 의한 품질변동은 없고 우연원인에 의한 품질변동만 있는 생산 프로세스에서 우연원인에 의한 품질변동의 정도를 의미한다. 모평균이 알려져 있지 않은 경우에는 표본을 추출하여 표본평균으로 모평균을 대신하고 모분산을 모르는 경우는 표본분산을 사용하여 모분산을 추정한다. 프로세스 능력을 분석하는 방법은 자연공차 폭과 규격한계를 비교하여 판단한다. 규격한계보다 자연공차 폭이 작으면 프로세스 능력이 높다고 판단할 수 있고 반대의 경우라면 프로세스 능력이 낮다고 생각할 수 있다. 프로세스가 안정되어 있다고 하여 프로세스 능력이 항상 높은 것은 아니다. 다시 말하면 생산 프로세스가 안정되어 있는 상황이라 할지라도 불량품을 생산할 수 있는 것이다. 기업은 프로세스가 안정된 상태에서 규격에 맞는 제품 또는 서비스를 생산할 수 있는 능력을 갖춰야 한다.

규격한계는 개별 제품의 품질 특성에 대해 생산자가 소비자의 요구조건을 고려하여 설정하는 품질변동의 한계이다. 규격한계는 제품의 생산능력과 고객의 요구사항을 고려하여 결정된다. 규격한계는 규격상한과 규격하한의 차이이며, 이 차이는 프로세스 품질특성의 6σ 으로 간주된다. 그 이유는 품질 변동의 특성치가 정규분포를 한다고 가정하면 품질변동은 품질특성치의 표준편차의 3배(즉, $\pm 3\sigma$) 이내에 포함되기 때문이다. 이 때 표준편차는 표본평균을 대상으로 하는 것이 아니고 개별 품목치를 대상으로 하여 구한다. 이에 반하여 관리한계는 관리하는 대상이 관리도의 성질에 따라 달라진다. 즉, 표본평균($\overline{x}$)관리도는 표본평균($\overline{x}$)을 대상으로 하고, 개별치(x)관리도는 개별치(x)를 대상으로 한다.

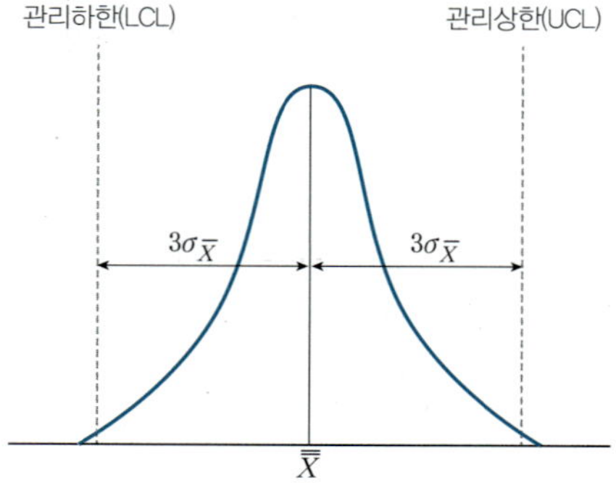

(a) $\overline{x}$ 를 이용한 표본분포

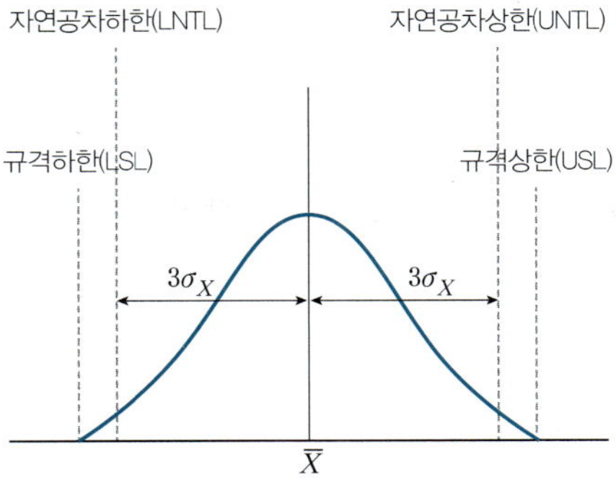

(b) 개별치 x를 이용한 프로세스 분포(생산 프로세스 능력이 높은 경우)

[그림 13-2] 관리한계와 규격한계의 비교

[그림 13-2]에서는 관리한계와 규격한계의 차이를 보여주고 있다. [그림 13-2] (a)에서는 $\overline{x}$ 관리도를 보여주는 그림이다. $\overline{x}$ 관리도의 중심선은 $\overline{\overline{x}}$가 되고 관리상한과 관리하한은 각각 $\overline{\overline{x}}+3\hat{\sigma}/\sqrt{n}$와 $\overline{\overline{x}}-3\hat{\sigma}/\sqrt{n}$가 된다. 여기서 [그림 13-2] (b)에서 본 바와 같이 만약 프로세스 품질변동의 통계량이 규격한계 내에 위치할 때 자연공차 폭이 규격한계 폭 내에 있으므로 프로세스의 능력이 높음을 의미한다. 반면, 자연공차 폭이 규격한계 폭을 벗어난다면 규격을 만족시키지 못하는 제품이 나올 수 있으므로 프로세스 능력이 낮다고 볼 수 있다. [그림 13-3]에서는 프로세스 능력이 높은 경우와 낮은 경우를 보여주고 있다.

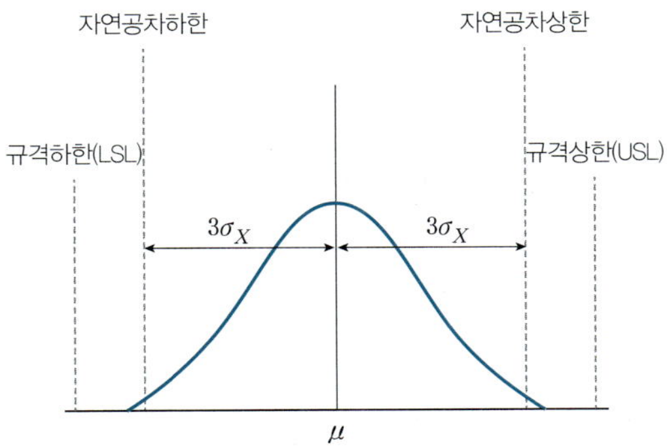

(a) 생산 프로세스 능력이 높은 경우

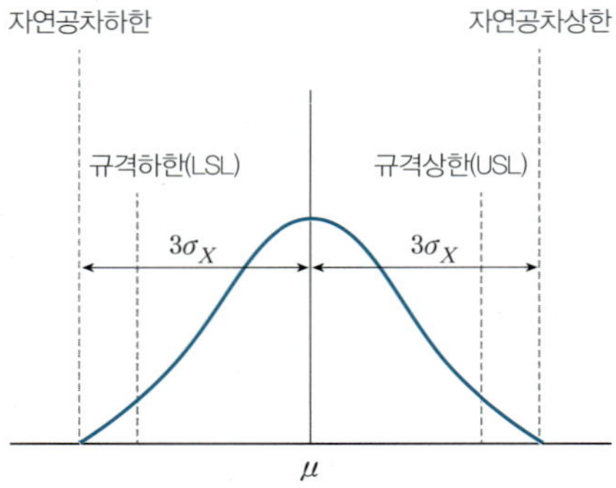

(b) 생산 프로세스 능력이 낮은 경우

[그림 13-3] 프로세스 능력이 높은 경우와 낮은 경우

예제 13-1 프로세스 능력의 개념

어느 제품의 내부 지름에 대한 규격이 0.498인치에서 0.502인치라고 가정한다. 생산 프로세스에서 우연변동으로 인한 지름의 평균범위가 0.496인치에서 0.512인치 사이에 위치하는 경우에, 프로세스는 규격에 맞지 않는다고 판단한다. 생산되는 제품의 내부지름이 규격보다 크면 재작업해서 규격에 맞추지만 규격보다 작으면 어쩔 수 없이 폐기한다. 제품이 규격한계상한보다 크게 생산될 확률을 재작업률이라고 하고 규격한계하한보다 작게 생산될 확률은 폐기율이라고 한다. 또한 재작업률과 폐기율을 합하여 불량률이라고 한다.

예제 13-2 관리한계와 규격한계

어느 회사에서 볼트와 나사를 생산한다. 볼트의 평균치수가 2.44cm이고 표본 표준편차는 0.02cm이다. 데이터는 정규분포를 따른다고 가정하면 $\pm 3\sigma$를 이용한 볼트 치수의 관리상한과 관리하한은 다음과 같다.

- 관리상한 $\mu_{\bar{x}} + 3\sigma_{\bar{x}} = 2.44 + 3 \times 0.02 = 2.5$
- 관리하한 $\mu_{\bar{x}} - 3\sigma_{\bar{x}} = 2.44 - 3 \times 0.02 = 2.38$

또한 규격상한과 규격하한이 2.5cm와 2.4cm라고 가정할 때 프로세스가 일부 부적합품을 생산할 것이라는 것을 예상할 수 있다. 규격상한을 넘는 재작업율과 규격하한을 미치지 못하는 폐기율은 [그림 13-4]에서 보는 바와 같이 구할 수 있다. 부록에 있는 표준정규분포표를 이용해 불량률을 구할 수 있고 표준정규분포표를 이용하기 위해서는 확률변수 Z를 다음과 같이 정의한다.

$$Z = \frac{X - \mu}{\sigma}$$

확률변수 Z는 평균 1, 분산 0을 가지는 표준정규분포를 따른다고 가정한다.
규격상한과 규격하한이 위치한 곳의 눈금을 각각 Z_1과 Z_2라고 하면 Z_1과 Z_2는 다음과 같이 구할 수 있다.

$$Z_1 = \frac{2.5 - 2.44}{0.02} = 3$$
$$Z_2 = \frac{2.4 - 2.44}{0.02} = -2$$

이 값들을 가지고 부록 표준정규분포표에서 각각의 면적을 찾아보면 규격상한을 넘는 부분은 0.0013이고 규격하한을 미치지 못하는 부분은 0.0228이다. [그림 13-4]는 이 내용을 도식화하였다. 따라서 불량률은 재작업률과 폐기율을 더한 0.0241이다.

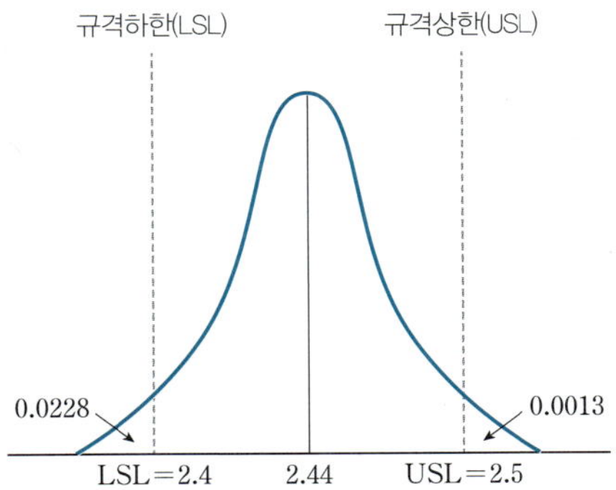

[그림 13-4] 규격상한 2.5와 규격하한 2.4를 가진 제품의 불량률

13.2 불량률을 이용한 프로세스 능력 분석

불량률

공정평균과 표준편차 추정치를 알고 있다면 **불량률**을 추정할 수 있으며 이에 해당하는 확률분포는 다음과 같다. 불량률은 품질특성치가 규격한계상한(Upper specification limit: USL) 위에 위치할 확률(재작업률)과 규격한계하한(Lower specification limit: LSL) 아래에 위치할 확률(폐기율)을 합해서 구한다.

$$P(X>USL)+P(X<LSL)=P\left(Z>\frac{USL-\mu}{\sigma}\right)+P\left(Z<\frac{LSL-\mu}{\sigma}\right)$$

만약 모평균과 모표준편차를 모르는 경우에는 모평균 대신 표본평균을 이용하고, 모표준편차 대신 표본표준편차를 이용하여 불량률을 구할 수 있다.

$$P(X>USL)+P(X<LSL)=P\left(Z>\frac{USL-\bar{x}}{s}\right)+P\left(Z<\frac{LSL-\bar{x}}{s}\right)$$

예제 13-3 재작업률과 폐기율

공장에서 생산하는 어느 부품의 직경에 대한 규격중심은 11.5mm이고 규격상한은 11.53mm, 규격하한은 11.47mm이다. 만일 공정평균이 목표치 11.5mm에 일치하고 표준편차가 0.02mm라고 할 때 제품의 폐기율을 구하라. 또한, 공정평균이 11.55mm이고 표준편차가 0.02mm일 때 재작업률은 얼마인가?

풀이 폐기율을 구해 보면 다음과 같다.

$$P(X<LSL)=P\left(Z>\frac{LSL-\mu}{\sigma}\right)=P\left(Z>\frac{LSL-\bar{x}}{s}\right)=P\left(Z>\frac{11.47-11.50}{0.02}\right)$$
$$=P(Z<-1.5)=0.0668$$

재작업률도 비슷한 방법으로 다음과 같이 구할 수 있다.

$$P(X>USL)=P\left(Z>\frac{USL-\mu}{\sigma}\right)=P\left(Z>\frac{USL-\bar{x}}{s}\right)=P\left(Z>\frac{11.53-11.55}{0.02}\right)$$
$$=P(Z>-1)=0.5+0.3413=0.8413$$

13.3 C_p 지수를 이용한 프로세스 능력 분석

생산 프로세스 분석을 할 수 있는 프로세스 능력을 나타내는 지표는 여러 가지가 있는데, 가장 많이 쓰이는 것은 **C_p 지수**와 C_{pk} 지수이다. 프로세스 능력을 나타내는 지표란 프로세스가 규격한계를 지키는 제품을 생산할 능력을 숫자로 나타낸 것이다. 생산 프로세스가 좋다는 것은 규격에 맞는 제품을 생산할 능력이 높다는 것을 의미한다. 프로세스 능력을 나타내는 지표는 프로세스가 전반적으로 좋은지 나쁜지의 총체적 측정을 가능하게 한다. 생산 프로세스의 잠재적 능력을 평가하는 지수로는 C_p 지수가 있다. C_p 지수는 생산 프로세스의 품질특성치 평균이 설계 규격의 목표치와 일치하는 경우에 사용한다. 보통 품질특성치의 평균과 설계 규격의 목표치가 일치하는 경우가 드물기 때문에 잠재적 또는 이상적 능력을 평가한다고 할 수 있다. C_p 지수는 프로세스 폭과 설계규격의 폭을 비교하여 얻는다. σ를 프로세스에서 생산되는 제품의 품질특성치의 표준편차라고 할 때 C_p 지수는 규격한계와 자연공차 사이의 비율로 결정된다.

C_p 지수

$$C_p = \frac{\text{규격 폭}}{\text{자연공차 폭}} = \frac{USL - LSL}{6\sigma}$$

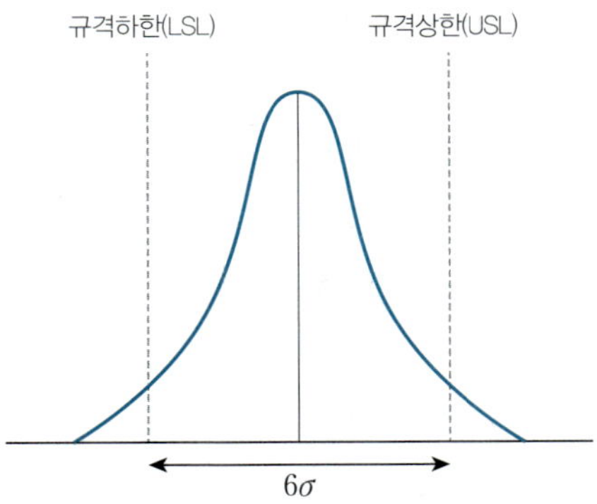

$C_p = \dfrac{USL-LSL}{6\sigma} = 1$인 경우

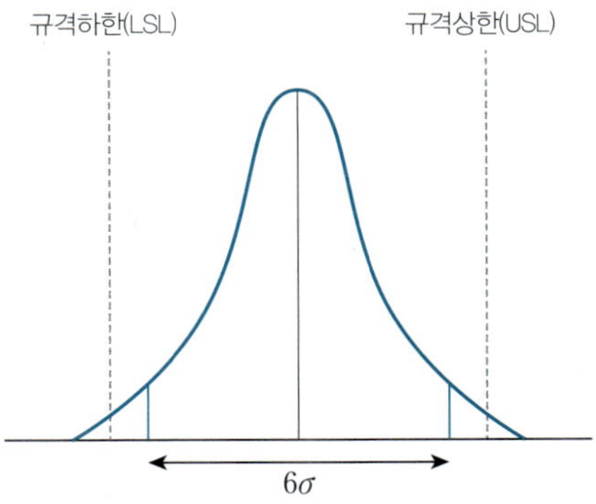

$C_p = \dfrac{USL-LSL}{6\sigma} > 1$인 경우

[그림 13-5] C_p 지수가 1인 경우와 1보다 큰 경우

[그림 13-5]에서 알 수 있듯이 $C_p>1$ 인 경우는 생산 프로세스의 능력이 높아 규격한계를 만족시키는 제품을 생산하는 경우이다. 반대로 $C_p<1$ 의 경우에는 생산 프로세스의 능력이 낮아서 규격한계를 만족시키지 못하는 불량품을 생산한다는 의미이다.

C_p 지수의 해석을 요약한 내용은 〈표 13-1〉과 같다.

〈표 13-1〉 C_p 지수의 해석

C_p지수	프로세스능력의 등급
$1.67 \le C_p$	특급
$1.33 \le C_p < 1.67$	A급
$1 \le C_p < 1.33$	B급
$0.67 \le C_p < 1$	C급
$C_p < 0.67$	D급

규격한계가 $\pm 3\sigma$ 인 경우에서는 C_p 지수가 1인 것을 보여주고 $\left(C_p = \dfrac{USL-LSL}{6\sigma} = \dfrac{3\sigma-(-3\sigma)}{6\sigma} = \dfrac{6\sigma}{6\sigma} = 1\right)$ 규격한계가 $\pm 4\sigma$ 인 경우에서는 C_p 지수가 1.33인 것과 같은 프로세스 능력을 보여준다 $\left(C_p = \dfrac{USL-LSL}{6\sigma} = \dfrac{4\sigma-(-4\sigma)}{6\sigma} = \dfrac{8\sigma}{6\sigma} = 1.33\right)$. 마찬가지로 규격한계가 $\pm 5\sigma$ 인 경우와 규격한계가 $\pm 6\sigma$ 인 경우는 C_p 지수가 각각 1.67과 2가 된다. 즉 C_p 지수에서 분자는 규격한계가 되고 분모는 자연공차한계가 되기 때문에 C_p 가 1보다 크게 되면 규격한계가 자연공차한계보다 커지게 되고 규격에 맞는 제품을 생산하게 된다는 것을 의미한다. C_p 가 2가 되면 6시그마 수준의 품질이 되어 매우 높은 품질 수준을 유지하는 것이 된다. 보통 C_p 지수가 1인 경우는 실제로 작업을 하는 경우 여러 가지 변동으로 인하여 사실상 프로세스 능력은 그보다 더 줄어들 수 있다. 따라서 C_p 지수가 1보다는 1.33을 받아들일 수 있는 기준으로 보는 경향이 많다. 〈표 13-2〉는 위의 내용을 정리한 것이다. C_p 지수는 업종이나 기업의 상황에 맞게 다르게 적용된다. 만약 프로세스에서 1보다 낮은 C_p 지수를 산출한다면 규격한계를 새롭게 설정하거나 투자와 연구개발을 통해 프로세스를 발전시키거나 아니면 다른 특별한 방법을 고안해 내야 한다.

프로세스 능력 분석 결과 프로세스 능력이 낮다고 판단되는 경우는 설계규격을 벗어나는 불량품이 나올 확률이 높아지므로 프로세스 변동 폭을 줄이거나 고객의 요구사항을 수정하여 설계규격의 폭을 증가시키는 등의 조치를 취해야 한다. 그러나 C_p 지수는 프로세스의 잠재적 능력을 분석하기 때문에 생산 프로세스에서 생산되는 제품 품질의 평균치가 설계규격의 목표치와 일치하지 않으면 정확히 프로세스 능력을 평가할 수 없는 단점이 있다. 이와 같은 문제점 때문에 설계규격의 목표치와 제품 품질의 평균치가 일치하지 않을 때에도 쓸 수 있는 C_{pk} 지수가 더 많이 사용된다.

〈표 13-2〉 규격한계와 불량품수의 관계: 공정평균과 목표치가 일치하는 경우[1)]

규격한계	정상제품확률(%)	불량률(ppm)	C_p
$\pm\sigma$	68.27	317,300	1/3
$\pm 2\sigma$	95.45	45,500	2/3
$\pm 3\sigma$	99.73	2,700	1
$\pm 4\sigma$	99.9937	63	4/3
$\pm 5\sigma$	99.999943	0.57	5/3
$\pm 6\sigma$	99.9999998	0.002	2

예제 13-4 **불량률과 C_p지수의 관계**

〈표 13-2〉에서 C_p 지수가 2/3일 때 불량률이 45,500ppm임을 보여라. ppm은 parts per million으로 백만 개 중 개수를 나타내는 단위이다.

풀이 $C_p = \dfrac{USL-LSL}{6\sigma} = \dfrac{2}{3}$ 이므로 $USL-LSL$ 은 4σ 가 된다. 따라서 목표치를 기준으로 USL 또는 LSL까지의 거리는 2σ 가 되어 $P(X>USL)+P(X<LSL)$ $=P(Z>2)+P(Z<(-2))=2\times 0.02275=0.0455$ 이다. 여기서 0.0455는 4.55%이며 ppm으로 환산하면 45,500ppm이 된다.

제품의 특성상 양쪽의 규격이 필요하지 않고 한쪽의 규격한계만 고려대상이 되는 경우도 있다. 이와 같은 경우에는 한쪽의 규격한계에 대한 프로세스 능력지수를

1) 강금식 2016, 품질경영, 제5판, 도서출판 오래

사용한다.

규격상한에 대한 프로세스 능력지수 C_{pu} 는 다음과 같다.

$$C_{pu}=\frac{USL-\mu}{3\sigma}$$

규격하한에 대한 프로세스 능력지수 C_{pl} 는 다음과 같다.

$$C_{pl}=\frac{\mu-LSL}{3\sigma}$$

C_{pu}지수와 C_{pl}지수

예제 13-5 C_{pu}**지수와** C_{pl}**지수**

어느 부품의 직경에 대한 목표치는 11.5mm이고 규격상한은 11.53mm, 규격하한은 11.47mm이다. 만일 공정평균이 목표치 11.5mm에 일치하고 표준편차가 0.02mm라고 할 때 규격상한에 대한 능력지수와 규격하한에 대한 능력지수를 구하라.

풀이 $C_{pu}=\frac{USL-\mu}{3\sigma}$ 이므로 $C_{pu}=\frac{11.53-11.5}{3\times0.02}=0.5$ 가 된다.

또한 $C_{pl}=\frac{\mu-LSL}{3\sigma}$ 이므로 $C_{pl}=\frac{11.5-11.47}{3\times0.02}=0.5$ 가 된다.

참고 13-6 C_p**지수를 이용한 프로세스 능력분석**

제조업체에서 생산하는 제품의 품질특성치의 목표치가 14이고 규격상한은 18, 규격하한은 10이다. 표준편차는 1이라고 가정하면 C_p 지수값은 1.33이 된다. 관리자는 새로운 계약을 성사하기 위해 더 높은 C_p 지수를 원한다. 목표는 3개월 이내에 1.66으로, 6개월 이내에 2.00으로, 1년 이내에 2.33으로 C_p 지수를 증가시키는 것이다. 규격 범위를 이전 수준인 8로 유지한다고 할 때 〈표 13-3〉은 각 단계에서 필요한 프로세스 표준편차를 보여준다.

〈표 13-3〉 C_p지수와 프로세스 표준편차

C_p지수	표준편차
1.33	1
1.66	0.80
2.00	0.67
2.33	0.57

이 작업을 통해 표준편차는 1.00에서 0.57로 줄고 C_p 지수는 현재 1.33에서 최종 수준이 2.33으로 늘어나는 만족할 만한 결과를 이끌어 낼 수 있다. 이를 위해 프로세스 개선과 기술 향상이 요구된다.

13.4 C_{pk}지수를 이용한 프로세스 능력 분석

C_{pk}지수는 C_p 지수와 달리 생산 프로세스의 실제적 능력을 평가한다. 제품 품질의 평균치와 설계 규격의 목표치가 일치하지 않을 때에도 C_{pk} 지수를 사용하여 프로세스 능력 분석을 할 수 있고, 실제로 제품 품질의 평균치와 설계규격의 목표치는 일치하는 경우가 드물기 때문에 일반적으로 프로세스 능력 측정에 C_p 지수보다 C_{pk} 지수가 더 많이 사용된다. 생산 프로세스의 목표치와 품질특성치의 평균의 위치가 일치하지 않는 경우의 C_{pk} 지수는 두 가지 방법으로 구할 수 있다.

C_{pk}지수

첫 번째 방법) 규격한계를 이용하는 방법

$$C_{pk} = \min\left\{\frac{USL-\mu}{3\sigma},\ \frac{\mu-LSL}{3\sigma}\right\}$$

규격상한에서 평균을 빼고 6σ 으로 나눈값과 평균에서 규격하한을 빼고 6σ 으로 나눈 값 중 작은 값을 선택한다.

두 번째 방법) C_p지수를 이용하는 방법

C_p 지수와 C_{pk} 지수 사이에는 $C_{pk}=(1-k)C_p$ 의 관계가 성립하고 이 식을 바탕으

로 C_{pk} 지수를 구할 수 있다. 여기서 k값은 목표치와 품질특성치의 표본평균이 서로 어긋난 정도를 표현하며 다음과 같이 구한다.

$$C_{pk}=(1-k)C_p,\ \ k=\frac{|(USL+LSL)/2-\overline{x}|}{(USL-LSL)/2}$$

k는 0에서 1 사이의 값을 가지며 품질특성치의 표본평균과 목표치가 같아지면 k값의 분자가 0이 되어 C_p 지수와 C_{pk} 지수는 같아진다.

〈표 13-4〉 규격한계와 불량품수의 관계: 공정평균이 목표치로부터 $\pm 1.5\sigma$ 벗어난 경우[2)]

규격한계	정상제품확률(%)	불량률(ppm)	C_{pk}
$\pm\sigma$	30.23	697,700	-1/6
$\pm 2\sigma$	69.13	308,700	1/6
$\pm 3\sigma$	93.32	66,810	1/2
$\pm 4\sigma$	99.3790	6,210	4/6
$\pm 5\sigma$	99.97670	233	7/6
$\pm 6\sigma$	99.999660	3.4	9/6

예제 13-7 — C_{pk}지수와 불량률의 관계

〈표 13-4〉에서 C_{pk} 지수가 1/6일 때 불량률이 308,700ppm임을 보여라.

풀이 $C_{pk}=\min\left\{\frac{USL-\mu}{3\sigma},\ \frac{\mu-LSL}{3\sigma}\right\}$이고 목표치에서 프로세스 평균이 1.5σ 만큼 어긋나 있다고 가정한다면 $\mu=\frac{USL+LSL}{2}+1.5\sigma$로 놓을 수 있다. 목표치를 기준으로 USL 또는 LSL까지의 거리는 0.5σ가 되어 규격상한과 규격하한이 위치한 곳의 눈금을 각각 Z_1과 Z_2라고 하면 Z_1과 Z_2은 다음과 같이 구할 수 있다.

$$Z_1=\frac{2\sigma-(\mu+1.5\sigma)}{\sigma}=0.5$$
$$Z_2=\frac{-2\sigma-(\mu+1.5\sigma)}{\sigma}=-3.5$$

2) 강금식 2016, 품질경영, 제5판, 도서출판 오래

$$P(X>USL)+P(X<LSL)=P(Z>0.5)+P(Z<-3.5)=0.3085+0.0002=0.3087$$

이다. 여기서 0.3087는 30.87%이며, ppm으로 환산하면 308,700ppm이 된다. 이것을 그림으로 나타내면 다음과 같다.

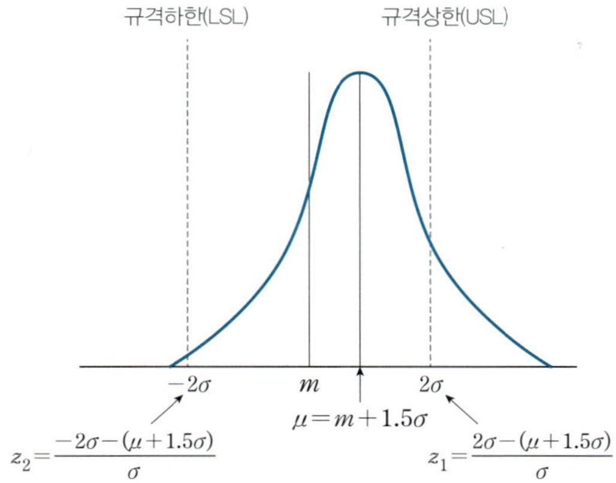

[그림 13-6] 프로세스 품질특성치의 평균과 목표치가 1.5σ 벗어난 경우

〈표 13-5〉 C_{pk} 지수의 해석

C_{pk} 지수	프로세스능력의 등급
$C_{pk}>1.67$	특급
$1.33<C_{pk}<1.67$	A급
$1<C_{pk}<1.33$	B급
$0.67<C_{pk}<1$	C급
$C_{pk}<0.67$	D급

〈표 13-5〉에서 알 수 있듯이 C_{pk} 지수의 해석은 C_p 지수의 해석과 큰 차이가 없다.

프로세스 변동에 이상원인이 존재하는 경우에는 프로세스 능력지수 대신 프로세스 성과지수라 하는 대체 능력지수를 사용하기도 한다. 수학적으로 볼 때 프로세스 성과지수는 C_p, C_{pl}, C_{pu}, C_{pk} 등의 프로세스 능력지수와 동일한 의미를 지니고 있지만, 현실적으로 프로세스 성과지수에 큰 의미를 부여하지 않고 있다. 실제로 프로세스 성과지수보다는 프로세스 능력지수를 주로 사용하는데, 그 이유는 높은 수준의 품질과 고객만족도를 얻기 위해 프로세스를 통제하고 특별한 원인을 제거하는 것이 중요하기 때문이다.

13.5 6시그마 지수

6시그마는 1980년대 미국의 제조업체에서 시작된 품질경영기법이다. 이후 6시그마는 여러 기업에 의해 발전되었고, 이를 도입한 기업들이 지속적으로 경영성과를 내면서 품질경영기법으로 자리잡게 되었다. 그 후 6시그마는 데밍의 품질 철학을 받아들인 일본 기업들을 더욱 발전시키고 일본기업들이 자동차와 전자제품에서 두각을 나타나게 만드는 핵심 역할을 하였다. 또한 미국에서는 GE, Lockheed Martin을 비롯한 여러 기업에서 6시그마의 품질철학을 받아들여 1990년대 이후 미국 기업 제품들의 품질을 향상시키고 미국경제가 부흥하는 데 많은 기여를 하였다. 6시그마 운동은 철학적 정의와 수리적 정의 두 가지의 의미를 갖는다. 철학적 정의의 6시그마 운동은 대표이사로부터 신입직원까지 전 직원과 모든 부서가 참여하여 불량제품을 만들지 말자는 혁신운동이다. 6시그마 운동의 수리적 정의는 생산 프로세스에 있어서 불량제품의 목표치와 제품의 품질특성이 일치하는 경우에 10억 개 제품 중 불량품의 개수를 2개 이내로 유지하자는 의미를 갖는다. 또는 목표치와 제품의 품질특성이 일치하지 않는 경우에는 100만 개 제품 중 불량품의 개수를 3.4개 이내로 유지하자는 의미이다. 다시 말하면 99.9997%의 프로세스 생산능력을 의미한다. 6시그마 운동은 제품의 품질을 이 수준으로 유지하자는 이야기이다. 시그마 수준이 올라가면 제품의 불량률은 감소하고 신뢰성은 향상되어 고객의 만족도가 증가한다.

품질특성치의 평균을 중심으로 산포를 측정하는 것에는 분산, 표준편차, 범위, 변동계수, 상대적 범위 등이 있다. 그 중에서 가장 많이 쓰이는 것은 분산과 표준편차이다. 6시그마에서 흔히 이야기하는 시그마는 바로 표준편차를 의미한다. 목표치수와 실제 제품의 평균품질특성이 정확히 일치하는 것은 실제로 거의 일어나지 않기 때문에 평균품질특성이 목표치와 어느 정도 벗어나 있다고 보는 것이 보다 합리적이다. [그림 13-7]에서는 공정평균이 목표치에서 표준편차의 1.5배 만큼 어긋나 있다고 가정한 경우의 불량률을 고려한 것이다.

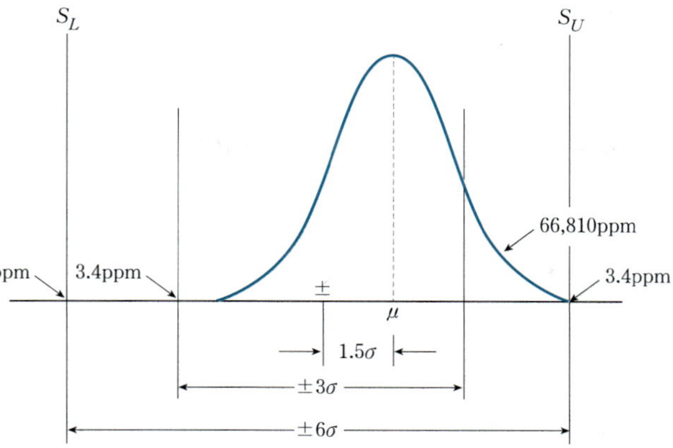

[그림 13-7] 공정평균 μ가 목표치에서 $+1.5\sigma$만큼 떨어져 있을 때 $\mu \pm 6\sigma$과 $\mu \pm 3\sigma$의 불량률 비교[3)]

6시그마 수준에서는 일반적으로 10억 개 중에 2개 이내의 불량품을 예상하므로 %의 단위로는 표현하기가 쉽지 않다. 그래서 백만 개 중 제품수(Parts per million: ppm), 백만 기회 중 결함수(Defects per million opportunities: dpmo) 등의 단위를 사용한다. 제품에 고장이 날 수 있는 기회가 있는 부품들이 여러 개 있다면 ppm과 dpmo는 달라지고, 하나의 부품이 있는 제품이라면 ppm과 dpmo는 같아지게 된다. 6시그마의 일차적인 목표는 품질과 작업능률을 향상시키고 그로 인하여 기업의 수익성을 좋게 만드는 것이다. 이처럼 6시그마는 통계에 근간을 둔 시스템적 접근 방법으로 복잡한 기업 환경에서 기업의 의사결정자로 하여금 당면한 문제를 체계적으로 해결하도록 지원하는 도구이다.

참고 6시그마의 측정단위

ppm은 part per million의 약자로 백만 개당 개수이다. %는 백 개당 개수로 ppm과 비교된다. 6시그마의 허용불량수준은 백만 개 중 3.4개 이내로 % 단위로 표시하면 0.00034%가 된다. 이런 경우에 ppm로 표시하면 3.4ppm이 된다. 또한 dpmo는 defects per million opportunities의 약자로 고장이 발생할 수 있는 백만 기회당 결점수이다. 결점이 발생할 수 있는 경우가 백만 번 있다고 가정

3) 강금식, 품질경영, 제5판, 도서출판 오래, 177페이지에서 발췌

할 때 실제로 발생하는 결점수라는 의미이다. 또한 제품 단위당 결함수(Defects per unit: DPU)가 있고 불량발생기회당 결함수(Defects per opportunity: DPO)가 있다. 예를 들어보자. 생산된 제품이 4개가 있는데 각 제품은 부품이 3개가 있고 부품 한 개만 고장나도 제품 또는 시스템은 고장난다고 가정한다. [그림 13-8]은 이를 보여주고 있다. X는 고장난 부품(또는 제품의 결함)을 의미한다. 이런 상황에서 불량률(%)은 불량제품개수/총생산제품개수=(3/4)×100=75%이다. 제품단위당 결함수는 총결함수/총생산제품개수이므로 4/4=1이다. 불량발생기회당 결함수는 총결함수/총결함발생기회의 수=4/(4×3)=1/3이다. 제품 백만 개당 불량품수는 (3/4)×1,000,000=750,000(ppm)이다. 백만 기회당 결함수는 (총결함수/총결함발생기회수)×1,000,000이므로 (4/12)×1,000,000이 되어 1,000,000/3이 된다.

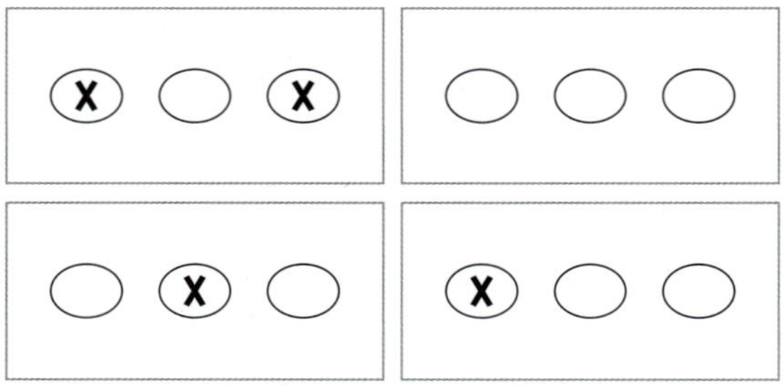

[그림 13-8] 6시그마의 측정단위: 4개의 제품 안에 각각 3개의 부품이 있는 경우

연·습·문·제

1. 프로세스 능력과 프로세스 성능은 어떤 차이가 있는가?

2. 프로세스 능력과 관리도가 관련성이 있는가?

3. 규격한계와 관리한계를 비교하여 설명하라.

4. 자연공차한계에 대하여 설명하라.

5. C_p와 C_{pk}를 비교하라.

6. 3σ 관리도법을 이용한 x관리도에서 $UCL=108$, $LCL=104$이고, 규격중심이 106이고 규격상한과 하한이 각각 109, 103일 때 공정능력지수 C_p를 구하라.

7. 김아무개는 제품을 분류하는 프로세스에서 작업을 하고 있다. 제품의 평균 중량은 64g이고 표준편차는 5g이다. 규격상한은 68g이고 규격하한은 59g일 때

(1) C_p 지수를 계산하라.
(2) 프로세스가 규격을 지키기 위해서는 표준편차가 얼마 이하로 줄어야 하는가?

8. 핸드폰 케이스를 생산하는 주식회사는 고객으로부터 주문을 받았는데, 고객은 14 ± 0.24cm의 길이를 원한다. 이 회사는 프로세스 평균이 14cm이고 표준편차가 0.067cm인 핸드폰 케이스를 생산할 수 있다. 이 회사는 고객의 니즈를 만족시킬 수 있는가?

9. 자동기계에서 생산하는 부품의 직경에 대한 규격이 120~140cm이다. 공정으로부터 25개의 부품을 추출하여 측정한 결과 표본평균은 122cm이고 표준편차는 2cm이다. 규격하한을 벗어나는 직경을 갖는 부품의 폐기비용은 50원/개이고 규격상한을 벗어나는 부품의 재작업비용은 100원/개이다.

(1) C_p 지수와 C_{pk} 지수를 구하라.

(2) 불량률을 구하라.

(3) 생산량이 10,000개인 경우 폐기비용과 재작업비용을 구하라.

10. 다음 두 공정 중 하루 폐기물 비용이 더 적은 공정을 사용하려 한다. 어떤 공정이 더 바람직한가?

	(가) 공정	(나) 공정
$\bar{\bar{x}}$	2,000	1,950
$\bar{s}$	30	20
n(개/일)	10,000	10,000
폐기비용	150원/개	75원/개
규격	1,990±50	1,960±40

11. 공장에서 생산하는 한 배터리의 직경에 대한 규격상한은 20mm, 규격하한은 18mm이다. 만일 공정평균이 목표치 19mm에 일치하고 표준편차 σ가 0.5mm라고 할 때

(1) 제품의 몇 %가 폐기되고 몇 %가 재작업되어야 하는가?

(2) 폐기물을 제거하기 위해서는 공정중심이 어디로 이동해야 하는가?

(3) 이 경우 제품의 몇 %가 재작업되어야 하는가?

12. 핸드크림을 생산하는 화장품회사에서 글리세린의 비율은 50ppm~65ppm여야 한다. 안정된 공정에서 30개의 핸드크림을 무작위로 추출한 결과 글리세린함유의 표본평균은 56ppm이고 표준편차는 4ppm이었다.

(1) 공정의 자연공차한계를 구하라.

(2) 공정이 현재대로 안정되어 있다고 할 때 제품생산의 불량률을 계산하라(품질특성은 정규분포를 따른다).

(3) 공정능력지수 C_p를 구하라.

(4) 불량품 비율을 최소화하기 위하여 공정평균을 이동시키고자 한다면 어떤 값으로 일치시켜야 하는가?

(5) 원래의 문제에 대해 C_{pk}를 구하라.

13. 다음 두 공정을 고려하여 C_{pk}를 비교하고 더 바람직한 공정과 그 이유를 서술하라.

	(가) 공정	(나) 공정
$\bar{\bar{x}}$	120	130
$\bar{s}$	3	2
n	5	5
규격	120±15	120±15

14. 자동차 부품 공정에서 생산하는 한 부품의 직경에 대한 규격은 3.02cm이다. 안정된 공정에서 추출한 표본의 평균은 3.01cm이고 표준편차 s는 0.006cm이다. 이 공정에서 프로세스 능력 한계를 구하고 문제점이 있다면 개선하라.

14 CHAPTER

샘플링 검사

학습 목표

- 샘플링 검사의 정의, 장단점, 필요성, 종류에 대해 설명할 수 있다.
- 샘플링 검사의 생산자 위험과 소비자 위험을 이해한다.
- 샘플링 검사의 분석 결과를 효과적으로 해석할 수 있다.
- 계수형 샘플링 검사와 계량형 샘플링 검사의 차이를 이해하고 장단점을 파악한다.
- OC곡선의 종류와 특징을 이해하고 분석할 수 있다.

14.1 샘플링 검사의 기초

통계적 품질관리가 시작된 1940년대에는 관리도와 샘플링 검사가 주요한 두 가지 형태의 품질관리 기법이었다. 관리도는 12장에서 살펴본 대로 제품 생산 공정상 발생하는 이상 원인으로 인한 제품의 고장이나 결점을 막기 위해 사용된다. 샘플링 검사(sampling inspection)에서는 완제품의 생산단위인 로트(lot)로부터 미리 정해진 수의 표본을 랜덤하게 추출하여 검사하고 그 결과를 여러 가지 표준과 비교하여 해당 로트를 받아들일 것인지 아니면 거부할 것인지 결정한다.

이러한 과정을 통하여 로트의 품질을 일정수준으로 유지할 수 있다. 샘플링 검사는 공급업체가 품질규격을 준수하고 있는지 밝히기 위하여 고객이 사용할 수도 있고, 공급업체 스스로 제품 출하 전에 품질수준이 지켜지고 있는지 밝히기 위하여 사용하기도 한다.

제품의 안전성이 매우 중요하여 사고 발생 시 큰 피해가 예상되는 경우, 또는 소량으로 생산되는 특별한 경우 등에는 전수 검사를 실시할 수 있다. 그러나 비용과 시간의 제약으로 전수 검사를 실시할 수 없는 경우에는 샘플링 검사에 의존할 수밖에 없다.

여러 가지 검사 방법이 있지만 샘플링 검사는 불량제품을 찾아내는 방법일 뿐이고 근본적으로 불량품을 제거하지 못한다. 불량품을 없애는 근본적인 방법은 예방활동을 통해서 처음부터 불량품을 만들지 않는 것이다. 어떤 샘플링 검사를 실시하건 검사는 불량품 발생의 예방법은 아니다. 아무리 전수 검사를 한다고 하더라도 모든 불량품을 제거할 수는 없다. 검사는 로트의 불량품을 발견하고 제거함으로써 로트의 품질수준을 약간 향상시킬 뿐이다.

최근 들어 기술과 산업의 발전으로 기업에서 생산하는 제품의 불량품의 개수가 많이 줄어들었다. 예를 들어 6시그마의 품질수준은 제품 백만 개 중 3.4개 이내의 불량품만을 허용하겠다는 기준이다. 이런 정도의 품질수준에서는 샘플링 검사로 불량품을 제거하고 로트의 품질을 향상시키는 것은 한계가 있다. 생산된 불량품을 찾아 제거하는 샘플링 검사보다는 처음부터 불량품을 생산하지 않게 하는 예방활동이 불량품을 줄이고 생산공정을 개선하여 비용을 절감시킨다. 결국에는 검사보다는 예방활동을 통하여 품질 수준을 관리해야 한다.

본 장에서는 샘플링 검사의 종류, 샘플링 검사의 필요성, 샘플링 검사의 통계적 기초, 검사특성곡선, 검사가 불량품개수 또는 결점 수 등과 같은 계수치에 행해지는 계수형 샘플링 검사법과 길이, 넓이, 두께, 농도 등과 같은 품질특성치에 의한 계량형 샘플링 검사법 중 일반적인 내용에 대해서 공부하고자 한다.

14.1.1 샘플링 검사의 필요성

로트 선고

하나의 생산공정 기본단위인 로트(lot) 또는 배치(batch)에서 생산되는 제품들의 품질을 검사하기 위해 표본을 뽑아 표본으로부터 얻어낸 정보를 바탕으로 로트의 수락 또는 거부에 대한 결정을 내리게 되는데, 이를 **로트 선고**(lot sentencing)라고 한다. 로트 선고 방법에는 무검사 방법(검사를 하지 않는 방법), 샘플링 검사법, 전수검사법이 있다. 검사를 하지 않는 경우는 불량품이 발생되지 않는 상황이거나 6시그마 수준보다 더 높은 품질수준인 경우 등과 같이 샘플링 검사를 해야 할 필요성이 적은 경우 등이 해당된다.

무검사 방법은 공급업체의 프로세스가 아주 좋아서 불량품이 절대로 발생하지 않는 상황이라든가 불량품을 발견해야 할 경제적 정당성이 없는 상황에서는 아주 효과적이다. 예를 들면, 공급업체의 프로세스 능력지수가 3 혹은 4이면 샘플링 검사를 하더라도 불량품을 전혀 발견할 수 없다. 구성품이 극도로 인체의 안전과 관련이 있다든지, 어떤 불량품을 통과시킬 경우 받아들일 수 없는 막대한 실패비용을 결과한다든지 또는 공급업체의 프로세스 능력이 규격을 충분히 만족시킬 수 없는 상황에서는 100% 전수 검사(total inspection)를 실시할 수 있다. 이에 반하여 샘플링 검사 방법은 다음과 같은 상황에서 전수 검사 대신 사용할 수 있는 아주 효과적인 방법이다.

- 황금박쥐 같은 희귀종이기 때문에 전수 검사 자체가 불가능한 경우(전 세계 동굴에 숨어 있는 황금박쥐를 모두 찾아낼 수 없음)

- 형광등처럼 수명을 테스트하면 제품을 판매하지 못하는 파괴검사의 경우(전수 검사를 시행하는 경우 남는 제품이 없음)
- 기업의 입장에서 현실적으로 비용이 많이 들어가거나 너무 오랜 시간이 필요하여 전수 검사가 불가능할 때
- 전수 검사가 오히려 정확하지 못한 경우(전수 검사 시 검사할 품목이 너무 많거나 훈련받지 않은 미숙한 조사원을 동원해야 하는 경우 등 실수할 확률이 높은 경우)
- 기타

14.1.2 샘플링 검사의 장점과 단점

샘플링 검사법은 전수 검사와 비교했을 때 다음과 같은 장점을 갖는다.

- 검사 대상이 많지 않으므로 시간과 비용을 줄일 수 있다.
- 검사에 따른 제품의 손상을 감소시킬 수 있으며 제품의 파괴검사에도 적용할 수 있다.
- 전수 검사의 경우 검사 대상의 과다로 인한 피로도가 검사 오류를 유발할 수 있으나 샘플링 검사의 경우에는 피로로 인한 오류의 발생 확률이 줄어든다.
- 불합격 로트의 거부는 제조업자에게 품질향상을 위한 자극이 된다.

반면, 샘플링 검사법의 단점으로는

- 품질수준이 아주 좋은 로트를 거부할 위험(제1종 위험)이나 아주 나쁜 로트를 수락할 위험(제2종 위험)을 가진다.
- 제품에 관한 로트의 일부만 검사하기 때문에 100% 전수검사에 의해 얻는 정보보다 적은 정보를 얻는다.
- 샘플링 검사법을 계획하고 수립하는 데에 시간과 노력이 들어간다.

14.1.3 샘플링 검사의 전제조건

샘플링 검사는 다음과 같은 전제조건이 구비된 상태에서 실시할 수 있다.

① 제품이 로트로서 처리 가능할 것

샘플링 검사의 대상은 로트이지 로트를 구성하는 개별 품목이 아니다. 따라서 제품은 로트를 구성할 수 있어야 한다. 로트가 어떻게 구성되느냐는 샘플링 검사법

의 효과에 영향을 미치므로 로트를 구성할 때는 다음과 같은 사항을 지키도록 해야 한다.

- 로트는 동질적이어야 한다.
- 가능한 한 로트는 커야 한다.
- 로트는 생산자와 소비자가 사용하는 자재관리시스템에 알맞아야 한다.

② 표본을 랜덤하게 추출할 수 있을 것

검사를 위해 로트로부터 추출하는 제품들은 무작위로 선정되어야 하고, 로트 속에 있는 모든 제품을 대표할 수 있어야 한다. 이러한 무작위 표본추출 또는 랜덤 샘플링(random sampling)이 보장되지 않으면 표본은 로트를 대표할 수 없고 샘플링 검사는 의미가 없어진다.

③ 판정기준이 명백할 것

로트의 합격 · 불합격을 판정할 품질기준이 객관적이고 명확히 제시되어야 하며, 정확한 계기(gauge)와 측정방법을 사용함으로써 누가, 언제 검사하더라도 똑같은 결과를 초래하도록 해야 한다.

14.2 샘플링 검사의 종류

샘플링 검사는 검사대상의 품질 특성치, 검사의 실시방식, 또는 검사횟수 등에 따라 다음 〈표 14-1〉과 같이 나눌 수 있다.

〈표 14-1〉 샘플링 검사의 종류

검사 대상의 품질특성치에 따라	검사의 실시 방식에 따라	검사 횟수에 따라
계수형 샘플링 검사	규준형 샘플링 검사	샘플링 1회 검사
계량형 샘플링 검사	선별형 샘플링 검사	샘플링 2회 검사
	조정형 샘플링 검사	샘플링 다회 검사
	연속생산형 샘플링 검사	샘플링 축차 검사

14.2.1 검사대상의 품질특성치에 따른 분류

모든 제품은 용도의 적합성을 함께 나타내는 여러 가지 요소들을 갖고 있는데 이러한 요소들을 품질특성치라고 한다. 검사대상의 품질특성치에 따라 계수형 자료를 대상으로 한 계수형 샘플링 검사와 계량형 자료를 대상으로 한 계량형 샘플링 검사로 나눌 수 있다.

어떠한 자료를 미리 정해 놓은 규격요건에 일치하거나 또는 일치하지 않는다고 구분할 수 있다면 이를 계수형 자료라고 일컫는다. 계수형 자료의 예는 고장개수, 결점개수 등이다. 또한, 측정 가능하고 수치를 나타낼 수 있는 자료를 계량형 자료라고 한다. 계량형 자료의 예로는 두께, 직경, 온도, 산성도, 점도, 길이, 무게 등처럼 어떠한 것을 측정해서 얻을 수 있는 연속형 자료의 특징을 갖는다. 계수형 샘플링 검사법은 추출된 표본 속에 섞여 있는 불량품 수 또는 결점 수를 이용하여 그 로트 전체의 품질을 추정하려는 방법이고, 계량형 샘플링 검사법은 길이, 넓이, 두께, 농도 등과 같은 품질특성치를 측정하고 이의 평균치를 기초로 하여 해당 로트의 품질을 판단하는 방법이다.

14.2.2 검사의 실시방식에 따른 분류

계수형 샘플링 검사법과 계량형 샘플링 검사법은 표본 크기, 합격 판정 개수의 결정방법, 그리고 불합격된 로트의 처리방식에 따라 규준형, 선별형, 조정형, 연속생산형 샘플링 검사법으로 분류할 수 있다.

규준형 샘플링 검사(sampling inspection based on OC curve)는 해당 로트 자체의 합격 여부를 판정하는 데 사용되는 검사방식으로 생산자와 소비자에 대한 보호를 각각 규정하여 소비자와 생산자의 요구사항이 충족되도록 설계된 검사법이다. OC곡선 상에 좋은 로트가 불합격될 확률(생산자위험)은 보통 5%로 정하여 생산자를 보호하고 나쁜 로트가 합격될 확률(소비자위험)을 보통 10%로 정하여 소비자를 보호한다. 즉, 표본 크기와 합격 판정 수를 결정함으로써 생산자와 소비자 사이에 합의한 소비자위험과 생산자위험을 정할 수 있다.

선별형 샘플링 검사(sampling inspection with screening)는 추출한 표본 중에서 발견된 불량품수가 합격 판정 수 이하이면 해당 로트를 합격시키지만, 합격 판정 수보다 많으면 로트의 나머지에 대해 전수검사한 후 불량품을 양품으로 교체하여

평균출검품질

로트를 합격시키는 검사법이다. 따라서 전수선별을 받지 않고 통과된 로트들과 전수검사를 받은 로트들의 **평균출검품질**(average outgoing quality: AOQ)은 검사받기 전의 로트들의 불량률에 비하여 낮아진다.

조정형 샘플링 검사(sampling inspection with adjustment)는 소비자가 샘플링 검사를 실시할 때 합격품질수준(Acceptable Quality Level: AQL)보다 나쁜 품질의 로트를 불합격시킬 수 있도록 까다로운 검사(엄격검사), 보통검사, 수월한 검사(약식검사) 중에서 필요에 따라 조정하여 실시하는 검사이다. 즉, 품질이 좋은 로트에 대해서는 약식검사를 적용함으로써 로트의 품질수준에 따라 검사의 엄격도를 조정한다.

연속생산형 샘플링 검사(sampling inspection for continous production)는 이미 형성된 로트를 대상으로 하는 것이 아니고 연속생산시스템에서 제품이 연속적으로 생산되고 있는 상태에서 적용하는 검사이다. 즉, 최초에 1개씩 전수검사해서 양품이 일정한 개수가 계속되면 일정 개수 간격으로 샘플링 검사하고 불량품이 발견되는 즉시 다시 1개씩의 전수검사로 되돌아가는 방식이다.

14.2.3 검사횟수에 따른 분류

샘플링 검사법에는 1회, 2회, 다회 및 축차 샘플링 검사법의 네 가지 유형이 있다. 샘플링 1회 검사법에서는 로트 크기(N), 표본 크기(n), 그리고 합격 판정 수(c)를 규정한다. 샘플링 1회 검사법이란 로트로부터 표본 크기 n을 1회만 추출하여 그 속에서 발견되는 불량품의 개수(x)와 합격 판정 수를 비교하는 것이다.

샘플링 1회 검사법에서 로트의 합격 판정을 위한 결정규칙은 다음과 같다. 만일 $x \leq c$ 이면 합격이고, $x > c$ 이면 불합격이다. 만일 품질수준이 아주 좋으면 샘플링 1회 검사로 수락되고 품질이 아주 나쁘면 1회 검사로 거부된다.

1회의 검사 결과 불확정적이면 다시 한 번 더 표본을 추출하여 그의 결과로 합격 · 불합격을 판정하는 방법이 샘플링 2회 검사법(double sampling plan)이다.

샘플링 다회 검사법은 3회 이상 표본을 추출하여 불량품의 개수를 누적한 결과 값으로 해당 로트의 합격과 불합격을 판정하는 방법이다. 샘플링 축차 검사법에서는 로트로부터 하나의 품목이 무작위 추출되어 양품인지 검사를 하게 되는데 검사품목의 누적합과 불량 갯수의 누적합이 동시에 기록된다. 불량 갯수의 누적합이 미리 정해 놓은 어떤 기준에 도달하면 해당 로트는 불합격처리된다. 누적합

(CUSUM) 관리도와 비슷하게 누적합을 이용하는 것이다. 누적된 불량품의 개수를 대상으로 하기 때문에 불량품의 갯수를 좀 더 엄격하게 관리하고 싶을 때 많이 사용된다.

14.3 제 1종 오류와 제 2종 오류

샘플링 검사는 제품의 로트 전체를 검사하는 것이 아니고 추출하는 표본에 대해서만 검사를 한다. 따라서 로트를 대표할 수 있는 표본을 추출하지 못하게 되면 여러 가지 오차로 인하여 정확한 결과를 도출하지 못할 수 있다. 그래서 샘플링 검사법에서는 로트의 합격 · 불합격 판정에 있어 두 가지 유형의 오류, 즉 제 1종 오류와 제 2종 오류를 범할 위험성을 항상 갖고 있다.

① **생산자 위험**(producer's risk)

일반적으로 품질수준이 높은 로트는 받아들여져야 한다. 그런데 제품의 품질수준에 대한 입장은 생산자 관점이나 소비자 관점에 따라 차이가 있다. 생산자는 자기들이 만든 높은 수준의 로트가 합격으로 판정되기를 희망하고, 소비자측은 낮은 수준의 로트가 불합격으로 판정되기를 희망한다. 품질수준이 아주 높은 로트가 샘플링오차 때문에 거부되는 것을 제 I 종 오류(type Ⅰ error)라 하고, 이러한 일이 발생할 확률을 **생산자 위험**이라고 한다. 일반적으로 생산자 위험은 α로 나타낸다. 생산자 위험

② **소비자 위험**(consumer's risk)

품질수준이 좋지 않아 거부해야 할 로트를 샘플링 검사의 오류로 소비자들이 수락할 수도 있는데, 이러한 오류를 제 2종 오류(type II error)라 하고, 이러한 일이 발생할 확률을 **소비자 위험**이라고 한다. β로 나타내는 소비자 위험은 로트의 품질이 받아들일 수 없는 수준임에도 불구하고 샘플링오차 때문에 로트를 정상품의 생산단위로 생각하고 받아들일 확률이다. 소비자 위험

③ **합격품질수준**(Acceptable Quality Level: AQL)

생산자들의 입장에서 좋은 로트이므로 가능한 한 합격시키고 싶은 불량률의 상 합격품질수준

한을 합격품질수준(Acceptable Quality Level: AQL)이라 하고 p_0로 표시한다. 생산자가 샘플링 검사를 사용하여 소비자에게 **합격품질수준** 이하의 불량률을 갖는 로트를 제공할 때 해당 로트가 수락되어야 함에도 불구하고 로트가 거부될 위험을 갖는다.

④ **로트허용불량률**(Lot Tolerance Percent Defective: LTPD)

로트허용불량률

로트의 품질이 좋지 않아 소비자의 입장에서 불합격시키고 싶은 불량률의 최저 수준을 **로트허용불량률**(Lot Tolerance Percent Defective: LTPD) 또는 불합격품질수준(Rejectable Quality Level: RQL)이라 하고 p_1으로 표시한다. 소비자들은 LTPD 이상의 나쁜 로트를 거부해야 함에도 불구하고 이를 수락할 위험을 갖는데, 이 확률을 소비자 위험이라고 한다. 이처럼 LTPD는 소비자 위험과 밀접한 관계가 있다. [그림 14-1]은 로트의 불량률과 로트를 합격으로 판정할 확률 사이의 관계를 나타낸 것이다.

샘플링 검사법을 적용할 때 AQL과 LTPD 사이의 불량률을 갖는 로트는 어떤 방식으로 합격 또는 불합격으로 처리할 것인가? 이럴 경우 분명한 해결책은 없다. 다만 AQL에 가까운 로트는 합격할 가능성이 높고 LTPD에 가까운 로트는 불합격 처리할 가능성이 높다고 말할 수 있다. 이상에서 설명한 바와 같이 생산자와 소

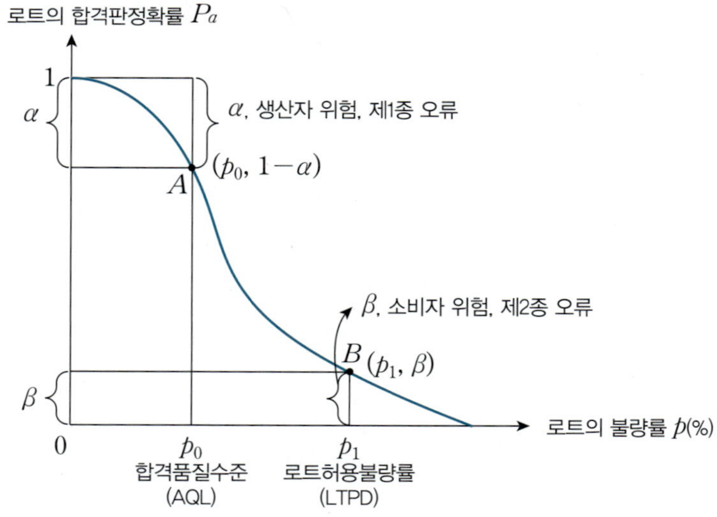

[그림 14-1] 생산자 위험, 소비자 위험, 합격품질수준 및 로트허용불량률 간의 관계

비자가 위험부담을 줄이는 수준에서 보증품질을 정하고 이에 따라 샘플링 검사법을 설계한다. 이때 보증품질은 AQL과 LTPD라는 품질지표로 보통 표시한다.

14.4 샘플링 검사의 검사특성곡선(OC곡선)

14.4.1 검사특성곡선의 원리

샘플링 검사는 로트로부터 일부의 표본을 추출하여 검사하고 이를 근거로 로트의 합격 여부를 판정한다. 좋은 품질의 로트와 나쁜 품질의 로트를 구별하기 위하여 표본 크기(n)과 합격 판정 수(c)를 효과적으로 결정하는 샘플링 검사법을 사용하면 높은 품질의 로트를 합격시킬 확률도 높아지고 또한 나쁜 품질의 로트를 거부할 확률도 높아진다.

샘플링 검사를 평가하는 기법이 검사특성곡선(Operating Characteristic curve: OC 곡선)이다. OC곡선은 n과 c가 주어졌을 때 샘플링 검사의 결과 여러 가지 상이한 불량률을 갖는 로트가 합격품으로 판정될 확률들을 점으로 연결한 곡선이다. 따라서 이 곡선을 보면 어떤 불량률을 갖는 로트가 합격 또는 불합격될 확률을 알 수 있다. n과 c로 결정되는 샘플링 검사에 대해서 하나의 OC곡선을 그릴 수 있기 때문에 여러 가지 품질수준에 따른 로트의 합격 확률을 읽을 수 있다. 샘플링 검사법은 OC곡선을 결정하는 로트의 크기, 표본의 크기, 합격 판정 수의 값에 의해 결정된다. 이러한 값들은 생산자 위험, 소비자 위험, 합격품질수준과 로트허용불량률 같은 요인에 의해 영향 받는다.

샘플링 검사를 하게 되면 제품이나 서비스를 생산하는 생산자와 이들을 사용하는 소비자는 로트에 대한 이해관계가 상충한다. 이들은 표본검사를 함으로써 발생할지 모르는 손실을 피하려 하기 때문이다. 생산자는 좋은 로트는 합격되기를 원하고 소비자는 나쁜 로트는 거부되기를 원한다. 이상적인 OC곡선에서는 합격품질수준보다 큰 불량률을 갖는 로트는 모두 불합격시키고 합격품질수준보다 작은 불량률을 갖는 모두를 합격시킨다. 이상적인 OC곡선만이 생산자와 소비자를 동시에 만족시킨다. [그림 14-2]는 이상적인 OC곡선을 보여주고 있다.

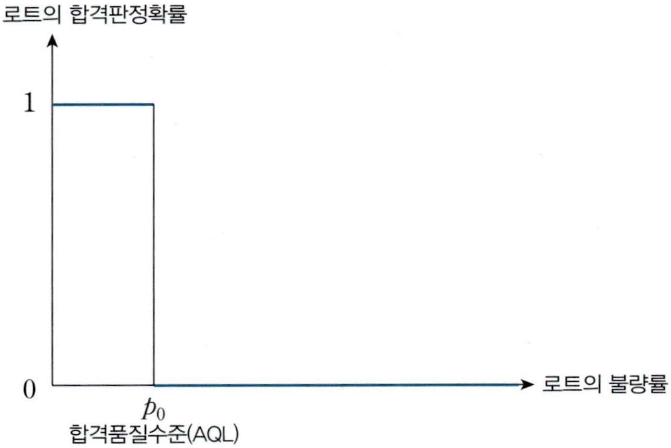

[그림 14-2] 이상적인 OC곡선

만일 로트가 p_0 이하의 불량률을 가질 때 이 로트는 좋은 로트이기 때문에 합격해야 한다고 하자. 반대로 p_0보다 높은 불량률을 갖는 로트는 나쁜 로트이기 때문에 거부해야 한다고 하자. 이럴 경우 불량률 p가 p_0 이하이면($p \le p_0$) 그 로트의 합격확률(acceptance probability: P_a)은 1이다. 반대로 $p>p_0$이면 P_a는 0이다. 여기서 소비자는 로트의 합격 · 불합격 판정수준으로 p_0를 사전에 결정하였음을 전제로 한다. 그러나 실제 현장에서 사용되는 샘플링검사법을 위한 OC곡선은 이상적 형태를 취하지 않는다.

14.4.2 샘플링 1회 검사법의 OC곡선

1회 샘플링 검사법의 OC곡선은 로트와 표본 크기에 따라 A형과 B형으로 나눌 수 있다.

① A형 OC곡선

유한한 크기(finite size)의 독립된 로트로부터 표본을 추출한다고 가정하면 A형 OC곡선을 그릴 수 있다. 로트의 합격확률은 초기하분포(Hyper-geometric distribution)에 입각하여 산정한다. 초기하분포는 샘플링 검사를 하는 경우에 매우 유용한 분포이다. N개의 제품 중에 r개가 불량품인 로트에서 n개의 표본을 무작위 랜덤 추출할 때 나오는 불량품의 개수를 확률변수 X로 정의할 때 x개가 불량품일 확률은 다음과 같이 구할 수 있다.

$$P(X=x)=\frac{\binom{r}{x}\binom{N-r}{n-x}}{\binom{N}{n}} \qquad \text{(식 14-1)}$$

확률변수 X의 확률밀도함수가 (식 14-1)로 주어질 때에 X는 초기하분포를 따른다고 말한다. 여기에서 N, n, p는 각각 로트의 크기, 샘플의 크기와 불량률을 나타내며, $r=p\times N$은 로트 속의 불량품 수를 의미한다. 따라서, 합격 판정 수가 c일 때 A형 OC곡선의 로트의 합격확률은 다음과 같다.

$$P_a=P(X\le c)=\sum_{x=0}^{c}P(x)=\sum_{x=0}^{c}\frac{\binom{r}{x}\binom{N-r}{n-x}}{\binom{N}{n}} \qquad \text{(식 14-2)}$$

예제 14-1

30개의 제품이 있는 로트에서 3개를 임의로 추출하여 검사한 결과 불량품이 하나도 없으면 로트를 합격시킨다고 가정한다. 실제 불량률은 10%이다. 이 경우 로트가 합격할 확률은 얼마인가? 이번에는 불량품의 개수가 1개까지는 로트에 문제가 없다고 보고 로트를 합격시킨다고 가정할 경우 로트가 합격할 확률은 얼마인가?

풀이 로트가 합격할 확률은 무작위 랜덤추출한 표본 중에 불량품이 하나도 없을 확률과 동일하다. 불량품이 하나도 없을 확률을 구하면 다음과 같다.

$$P(X=0)=\frac{\binom{r}{x}\binom{N-r}{n-x}}{\binom{N}{n}}=\frac{\binom{3}{0}\binom{30-3}{3-0}}{\binom{30}{3}}=\frac{\binom{3}{0}\binom{27}{3}}{\binom{30}{3}}=0.7204$$

불량품이 1개까지는 로트를 합격시킬 경우 로트가 합격할 확률은 다음과 같다.

$$P(X=0)+P(X=1)=\frac{\binom{3}{0}\binom{27}{3}}{\binom{30}{3}}+\frac{\binom{3}{1}\binom{27}{2}}{\binom{30}{3}}=0.7204+0.2594=0.9798$$

예제 14-2

로트의 크기가 100이고 로트에서 추출한 표본의 크기가 20인 경우 샘플링 1회 검사법에 대한 A형 OC곡선을 그려라.

풀이 로트에 불량품의 개수가 없는 경우 $(X=0)$ 에는 해당 로트는 언제나 합격한다. 즉 $P_a=1$ 이다. 이는 (식 14-2)를 이용하여 계산한 다음의 결과와 같다.

$$P_a = \frac{\binom{0}{0}\binom{100}{20}}{\binom{100}{20}} = 1.00$$

로트에 불량품의 개수가 1개인 경우 $(X=1)$ 에는 로트의 합격확률 P_a 는 (식 14-2)를 이용하여 다음과 같이 계산한다.

$$P_a = \frac{\binom{1}{0}\binom{99}{20}}{\binom{100}{20}} = 0.80$$

〈표 14-2〉 A형 OC곡선을 그리기 위한 로트의 합격확률

로트 속의 불량품 수(x)	불량률(p)	로트의 합격확률(P_a)
0	0.00	1.00
1	0.01	0.80
2	0.02	0.64
3	0.03	0.51
4	0.04	0.40
5	0.05	0.32
6	0.06	0.20
7	0.07	0.16
8	0.08	0.12

〈표 14-2〉는 로트 속의 불량품 수 r의 크기에 따른 로트의 합격확률을 나타낸다. 다음 [그림 14-3]은 이 샘플링 검사법의 A형 OC곡선이다.

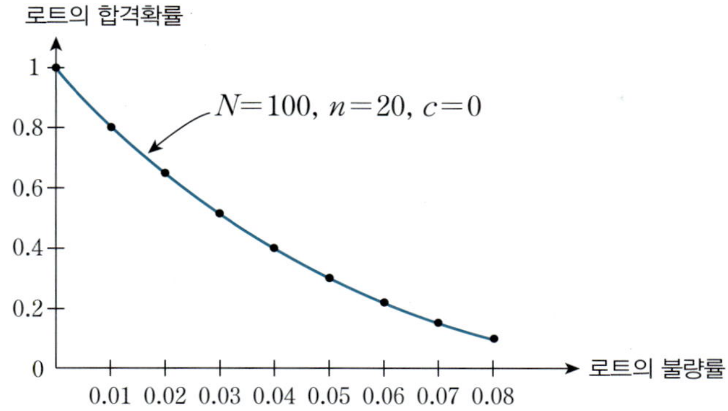

[그림 14-3] A형 OC곡선

② **B형 OC곡선**

프로세스로부터 로트가 계속해서 생산되는 무한한 로트의 경우 또는 로트 크기가 표본 크기보다 10배 이상이고 로트 불량률이 0.1보다 작거나 같은 경우에는 B형 OC곡선을 그릴 수 있다. 로트의 합격확률을 결정할 때에는 이항분포가 사용되나 근사치로 포아송분포가 이용될 수 있다.

B형 OC곡선을 위해서는 포아송분포의 확률밀도함수를 이용하여 표본에서 x개의 불량품이 발견될 확률을 다음과 같이 구할 수 있다.

$$P(X=x) = \frac{e^{-\lambda}\lambda^{x}}{x!}, \quad x=0, 1, 2, 3, \cdots \qquad \text{(식 14-3)}$$

이 식에서 λ는 표본의 평균불량품수이다. 따라서 로트의 합격확률 P_a는 다음과 같이 구한다.

$$P_a = P(X \le c) = \sum_{x=0}^{c} \frac{\lambda^{x} e^{-\lambda}}{x!} \qquad \text{(식 14-4)}$$

예제 14-3

로트의 크기가 1,000이고 표본의 크기가 20, 합격판정수가 0인 경우에 샘플링 검사법에 대한 B형 OC곡선을 그려라.

풀이 로트의 평균 불량률 $p=0.01$ 일 때 $\lambda=np=20(0.01)=0.2$ 이다. 따라서 로트의 합격확률 P_a 는 (식 14-4)를 이용하여 다음과 같이 구한다.

$$P_a = \frac{0.20^0 e^{-0.20}}{0!} = e^{-0.20} = 0.8187$$

$p=0.02$ 인 경우에는 $\lambda=np=20(0.02)=0.4$ 이다. 따라서 로트의 합격확률은 (식 14-4)를 이용하면 0.6703임을 알 수 있다.

〈표 14-3〉 B형 OC곡선을 그리기 위한 로트의 합격확률

불량률(p)	np	로트의 합격확률(P_a)
0.00	0.0	1.0000
0.01	0.2	0.8187
0.02	0.4	0.6703
0.03	0.6	0.5488
0.04	0.8	0.4493
0.05	1.0	0.3579
0.06	1.2	0.3012
0.07	1.4	0.2466
0.08	1.6	0.2019
0.09	1.8	0.1653
0.10	2.0	0.1353

〈표 14-3〉은 로트 속의 불량률과 $\lambda=np$ 에 따른 로트의 합격확률을 나타낸다. 다음 [그림 14-4]는 샘플링 검사법의 B형 OC곡선이다.

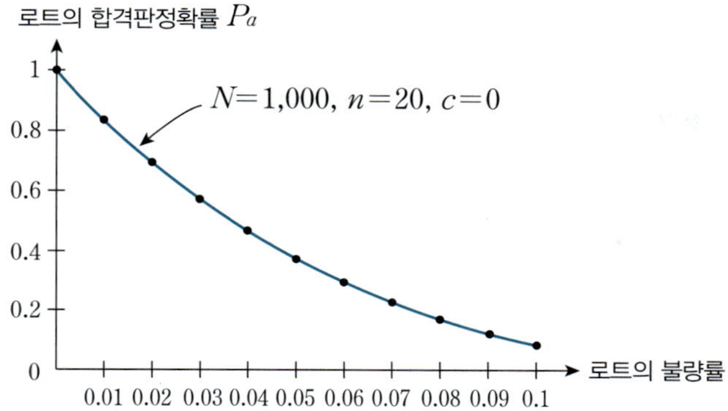

[그림 14-4] B형 OC곡선

OC곡선을 보면 로트의 품질이 나쁠수록 그 로트가 합격할 확률은 점점 낮아진다. 그런데 로트 품질이 나빠질 때 로트의 합격확률의 낙폭이 가파르게 되면 검사법의 변별력은 더욱 강화된다.

생산자 위험과 소비자 위험이라는 개념도 OC곡선을 통해서 설명할 수 있다. 좋은 품질이라고 할 수 있는 합격품질수준(AQL)이 0.01이고 나쁜 품질이라고 할 수 있는 로트허용불량률(LTPD)이 0.10이라고 가정하자. 그러면 〈표 14-3〉으로부터 알 수 있듯이 1% 불량률인 로트의 거부 확률은 1−0.8187=0.1813이 되어 18.13%가 된다. 이는 생산자 위험이다. 한편 불량률이 10%인 로트가 합격될 확률은 13.53%이다. 즉, 소비자 위험은 13.53%라는 것을 의미한다.

14.4.3 OC곡선의 성질

샘플링 검사법의 피라미터 n과 c가 OC곡선의 형태를 결정한다. 로트 크기(N)가 표본 크기(n)에 비하여 굉장히 크면 로트 크기는 OC곡선의 형태에 영향을 많이 미치지 않는다. 로트 크기(N)와 합격 판정 수(c)가 일정하다고 할 때 표본 크기(n)가 증가할수록 OC곡선의 형태는 점점 가파르게 되어 변별력은 더욱 증가하게 된다. 한편 로트 크기(N)와 표본 크기(n)가 일정할 때 합격 판정수(c)가 증가할수록 OC곡선의 형태는 가파르지 않게 된다(c가 감소할수록 OC곡선은 가파르게 된다).

로트 크기와 합격 판정 수가 일정하고 표본 크기가 증가하는 경우에는 생산자 위험은 점차 증가하고 소비자 위험은 감소한다. 또한 로트 크기와 샘플 크기가 일정하고 합격 판정 수가 증가하는 경우에는 생산자 위험은 감소하고 소비자 위험은 증가한다. 마지막으로 샘플 크기와 합격 판정 수가 일정하고 로트 크기가 증가하는 경우에는 상대적으로 크게 OC곡선이 영향을 받지 않는다.

14.4.4 OC곡선의 작성: n과 c를 모를 경우

앞에서는 표본 크기(n)와 합격 판정 수(c)를 알고 있는 경우에 OC곡선 작성 요령을 공부하였다. 그러나 n과 c를 사전에 알지 못하는 경우에는 OC곡선을 어떻게 작성하며, 사후에 어떻게 n과 c의 검사계획을 알 수 있는가?

[그림 14-1]은 AQL, α, LTPD, β 등의 값이 주어졌을 때의 OC곡선이다. 그림에서처럼 AQL과 α는 OC곡선상의 점 A를 결정하고 LTPD와 β는 점 B를 결정한다. 또한 극단적으로 무결점인 로트는 항상 합격하므로 $P_a = 1.00$이고, 불량품으로만 구성된 로트는 항상 거부되므로 P_a는 0이 된다. 이와 같이 합격확률과 로트의 품질과의 관계는 선형은 아니지만 하향관계를 나타낸다. 이러한 네 점이 결정되면 OC곡선을 작성할 수 있을 뿐만 아니라 n과 c값이 나타내는 특정 샘플링 검사법을 규정할 수 있다. AQL, α, LTPD, β의 값들은 상황에 따라서 결정된다. 만일 AQL 이하의 좋은 로트를 거부하는 비용이 높으면 낮은 α값을 택하여 제Ⅰ종 오류를 통제해야 한다. 만일 나쁜 로트를 받아들일 비용이 높으면 낮은 β값을 택하여 제Ⅱ종 오류를 통제해야 한다.

14.5 선별형 1회 샘플링 검사

계수선별형 샘플링 검사법(rectifying inspection by attributes)에서는 로트에서 무작위 랜덤추출된 표본에 대한 샘플링 검사결과 $(x \le c)$ 로트가 합격이 되도 검사된 표본 속에서 발견된 모든 불량품은 정상품으로 대체하지만, 표본 속에 포함되지 않은 불량품은 그대로 통과된다. 만약 로트가 불합격이 되면 불합격된 로트에 대하여 전수검사를 실시하여 로트 안에 있던 불량품은 모두 정상품으로 대체한다.

평균출검품질

선별형 검사에서 합격된 로트를 포함해서 불합격된 로트가 전수검사를 받은 후 검사대를 통과한 로트들의 평균품질을 **평균출검품질**(Average Outgoing Quality:

AOQ)이라고 하는데, 이는 검사대에 들어오는 로트의 품질수준 p에 영향을 받지만 검사 전의 품질수준보다는 더욱 향상되는 것이 사실이다. 일반적으로 검사대를 통과한 모든 로트의 평균검사개수는 증가하게 되는데, 로트당 평균검사개수를 **평균검사량**(Average Total Inspection: ATI)이라 한다.

평균검사량

계수선별형 샘플링 검사에서의 품질보증은 로트품질보증과 평균품질보증의 두 가지 방법이 있다. 로트품질보증(lot-by-lot quality protection)이란 소비자의 입장에서 가능한 한 불합격시키고 싶은 불량품의 최저 기준인 로트허용불량률과 소비자 위험을 지킬 것을 보증하면서 평균검사량을 최소로 하고자 하는 방법이다.

평균품질보증(average quality protection)이란 다수의 로트가 선별형 검사를 받고 검사대를 통과한 로트들의 평균품질을 보증하면서 평균검사량을 최소로 하고자 하는 방법이다. 평균품질을 보증하는 경우에는 소비자가 평균출검품질한계(Average Outgoing Quality Limit: AOQL)를 미리 지정하여 평균출검품질이 이를 넘지 않도록 하면 된다. 예컨대 AOQL=5%라면 이에 알맞은 샘플링 검사법을 사용하여 검사를 실시하면 된다.

14.5.1 평균검사량

만일 로트 속에 불량품이 전혀 포함되어 있지 않으면 이 로트에 대해서는 n개의 표본만을 검사하게 될 것이고 로트 속에 100% 불량품이 포함되어 있다면 로트당 검사개수는 로트 크기(N)가 될 것이다. 일반적으로 평균검사량(ATI)은 n과 N 사이에서 변동하게 된다.

검사대에 들어오는 품질수준(프로세스 불량률)이 p일 때의 평균검사량(ATI)은 다음 공식을 이용하여 구한다.

$$ATI = n+(1-P_a)(N-n) = P_a \cdot n+(1-P_a) \cdot N$$

P_a: 로트합격확률

N: 로트 크기

n: 표본 크기

여러 가지 품질수준 p에 대응하는 평균검사량(ATI)을 선으로 연결한 그래프를 평균검사량(ATI) 곡선이라 한다.

예제 14-4

로트 크기가 1,000이고 샘플 크기가 20이며, 합격 판정 수가 2인 계수선별형 1회 샘플링 검사법에 대한 ATI곡선을 그려라.

풀이 로트의 불량률을 $p=0.02$ 이라고 가정하면 $\lambda=np=20(0.02)=0.4$ 이므로 포아송분포를 이용하면 $P_a=0.938$ 을 구할 수 있다. 이 경우 평균검사량은 다음과 같다.

$$ATI = 20+(1-0.938)(1,000-20)=81$$

비슷한 방식으로 다른 불량률에 대해서도 ATI를 계산할 수 있으며, 이를 그래프로 나타낸 것이 [그림 14-5]이다. 검사의 단위당 비용을 알 수 있다면 ATI는 로트당 평균검사비용을 예측하는 데 이용할 수 있다.

〈표 14-4〉 평균검사량

로트의 불량률(P)	λ =np	로트의 합격판정확률(P_a)	평균검사량(ATI)
0.01	0.2	0.982	38
0.02	0.4	0.938	81
0.03	0.6	0.878	140
0.04	0.8	0.809	207
0.05	1.0	0.736	279
0.06	1.2	0.663	350
0.07	1.4	0.592	420
0.08	1.6	0.525	486
0.09	1.8	0.463	546
0.10	2.0	0.406	602
0.11	2.2	0.355	652
0.12	2.4	0.308	698
0.13	2.6	0.267	738
0.14	2.8	0.231	774
0.15	3.0	0.199	805

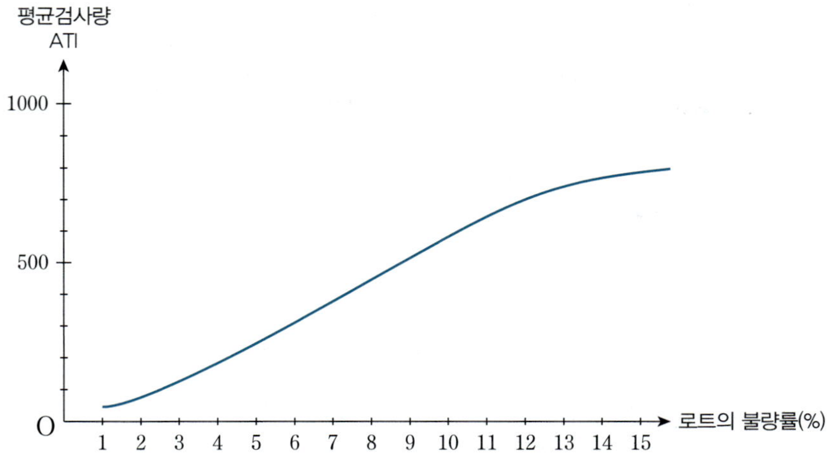

[그림 14-5] 평균검사량 곡선

14.5.2 평균출검품질

검사대를 떠나 검사를 마친 일련의 로트들의 평균불량률을 평균출검품질(Average Outgoing Quality: AOQ)이라 한다. 검사과정에서 로트로부터 발견된 불량품을 양품으로 대체할 때의 AOQ는 다음과 같이 계산한다.

$$AOQ = \frac{P_a \cdot p \cdot (N-n)}{N}$$

로트 크기 N이 표본 크기 n보다 굉장히 크면 $(N-n)/N \approx 1.0$ 이므로 AOQ는 다음과 같이 계산할 수 있다.

$$AOQ \approx P_a p$$

예제 14-5

로트 크기가 10,000이고 샘플 크기가 20이며 합격 판정 수가 2인 계수선별형 샘플링 검사법에서 선별검사를 실시할 때의 AOQ곡선을 그려라.

풀이 검사대에서 불량로트로 판정되어 그 로트를 100% 검사하여 불량품을 모두 양품으로 교체하는 선별검사를 실시하는 경우 검사대에 들어오는 로트들의 각 품질수준 p에 따른 AOQ를 계산하면 아래의 표와 같다. 로트합격확률 P_a는 포아송분포를 이용하여 구한다. 예를 들면 로트 불량률이 1%일 때의 $AOQ=0.98\%$로 개선된다.

〈표 14-5〉 평균출검품질(AOQ)과 평균출검품질한계(AOQL)

로트의 불량률 (p)	표본크기 (n)	평균불량품수 (λ=np)	로트합격확률 (P_a)	$AOQ=P_a p$
0.01	20	0.2	0.982	0.0098
0.02	20	0.4	0.938	0.0188
0.03	20	0.6	0.878	0.0263
0.04	20	0.8	0.809	0.0324
0.05	20	1.0	0.736	0.0368
0.06	20	1.2	0.663	0.0398
0.07	20	1.4	0.592	0.0414
0.08	20	1.6	0.525	0.0420
0.09	20	1.8	0.463	0.0417

[그림 14-6]에서 보는 바와 같이 AOQ곡선은 $p=0.00$일 때 0에서 시작하여 품질수준이 나빠짐에 따라 최대수준에 이르다가 다시 감소하기 시작하여 0에 접근한다. AOQ의 최대수준을 평균출검품질한계(Average Outgoing Quality Limit: AOQL)라고 한다. AOQ와 로트 불량률 p는 함수관계이다. AOQ곡선은 검사 전의 로트의 품질수준이 아주 좋으면 검사 후의 AOQ도 당연히 낮아진다. 또한 검사 전의 품질수준이 아주 나쁘면 대부분의 로트는 전수검사를 받게 되어 당연히 AOQ는 낮아진다. 그러나 불량률이 낮지도 높지도 않은 경우에는 상당수의 로트가 샘플링 검사에서 합격되고, 따라서 합격된 로트에 포함된 불량품으로 인하여 AOQ가 높아진다.

[그림 14-6]에서 검사 전 로트의 품질수준 $p=0.08$일 때 검사 후의 AOQ(또는 $AOQL$)=0.042로서 최악의 품질수준이다. N=10,000, n=20, c=1인 검사계획의 경우, 생산자로부터 소비자에게 전달된 최악의 평균품질은 0.042를 넘지 않는다.

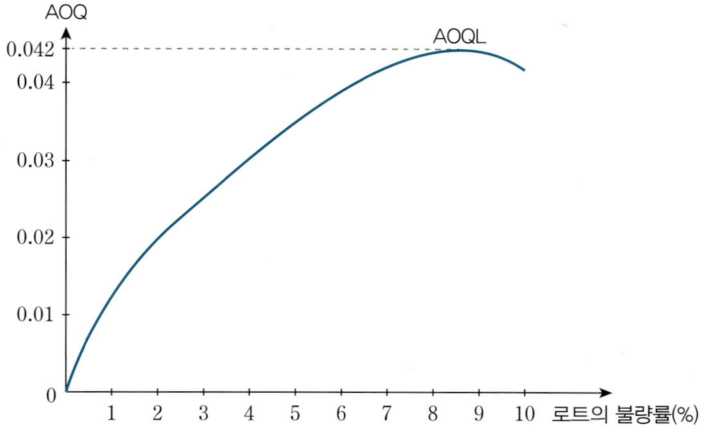

[그림 14-6] 평균출검품질곡선

연·습·문·제

1. 샘플링 검사는 왜 필요한지 전수검사와 비교하여 설명하라.

2. 다음 용어를 설명하라.

   (1) 로트선고
   (2) 생산자위험
   (3) 소비자위험
   (4) 합격품질수준
   (5) 로트허용불량률

3. 샘플링 검사의 장단점에 대해서 설명하라.

4. 샘플링 검사에서 OC곡선의 원리를 설명하라.

5. 평균출검품질과 평균검사량을 설명하라.

6. 검사의 실시방식에 따라 분류된 규준형, 선별형, 조정형, 연속생산형 샘플링 검사에 대해서 각각 설명하라.

7. 50개의 생산품으로 구성된 로트에서 3개를 무작위 랜덤추출하여 샘플링 검사한 결과 불량품의 개수가 2개까지 로트를 합격시킨다. 로트의 불량품의 개수는 5개이다. 이 경우 초기하분포를 이용하여 로트가 합격할 확률을 구하시오.

8. 로트 크기 1,000, 표본 크기 100, 합격 판정 수 2인 1회 샘플링 검사법을 사용한다.

   (1) OC곡선을 그려라.
   (2) 합격품질수준이 0.01일 때 로트의 합격확률은 얼마인가?
   (3) 로트허용불량률이 0.20일 때 로트의 합격확률은 얼마인가?
   (4) 평균출검품질곡선을 그려라. 평균출검품질한계는 얼마인가?
   (5) 평균검사량곡선을 그려라.

9. 3,000개들이 로트의 부품이 양호한지 검사하기 위하여 $n=20$개의 표본을 무작위로 추출하여 만일 불량품이 2개 이상 포함되면 그 로트를 100% 전수검사하려고 한다.

(1) 이 샘플링 검사법에 대한 OC곡선을 작성하라.

(2) 100% 전수 검사하여 불량품이 발견되면 이들을 모두 양품으로 교체할 때 이 검사법에 대한 평균출검품질곡선을 작성하고 평균출검품질한계는 얼마인지 말하라.

15 CHAPTER

품질분임조와 6시그마

학습 목표

- 품질혁신운동인 품질분임조 활동의 역사적 배경과 운영방식을 이해한다.
- 6시그마 활동의 배경, 통계적 의미, 운영방식에 대해 이해한다.
- 품질분임조와 6시그마의 공통점과 차이점에 대해서 논할 수 있다.

사례

1. 품질경쟁력, 현장개선 달인들에게 재미있게 배운다

국내 최고·최대 규모를 자랑하는 현장 중심의 창의적 개선활동 사례 발표 대회인 '제43회 전국 품질분임조 경진대회'가 28일 충청북도 청주예술의전당에서 1,000여 명이 참석한 가운데 개회식을 열고 닷새간의 대장정에 돌입했다.

산업통상자원부 국가기술표준원, 충청북도, 청주시가 공동 주최하고 한국표준협회가 주관하는 이 대회는 현장 근로자들이 국가품질상의 영예를 안을 수 있는 큰 무대로 널리 알려져 있다. 오는 2017년 10월 20일부터 충북 충주시에서 개최되는 '전국체전'과 유사하게 지역예선을 거쳐 선발된 팀이 전국 대회에서 최고를 가리는 방식이다. 아울러 수상자들에게는 전국체전처럼 금·은·동메달(대통령상)을 수여한다는 점도 닮아 있다.

............(중략)............

올해 예선대회는 지난 5월 26일 서울시 대회를 시작으로 약 한 달 동안 전국 17개 시·도별로 치러졌다. 각 대회에서 선발한 285개 팀 분임조원 2,760명의 특별한 이야기(개선 사례)가 선정돼 29일부터 그랜드플라자 청주호텔에서 본격적인 사례 발표를 시작한다. 이번 전국대회에 참여한 3개팀 사례를 보면 품질분임조 경진대회의 진면목을 미리 확인할 수 있다.

..............(중략)....................

융·복합이 요구되는 요즈음 상생협력은 산업 전반에 자리 잡아야 하는 필수 아이템이 됐다. 국가기술표준원에서는 올해부터 중소·중견기업 현장 근로자들의 사기진작을 위해 상생협력 부문의 증서와 메달 수여 방식을 개선해 시행하기로 했다. 참가신청을 한 모기업에만 수여하던 기존 방식에서 벗어나 연합분임조(모기업+협력사)를 결성해 출전하도록 한 것이다. 이에 따라 올해 상생협력 부문에 출전하는 22개 중소기업이 혜택을 받게 된다.

출처: 품질경쟁력, 현장개선 달인들에게 재미있게 배운다, http://vip.mk.co.kr/news/view/21/20/1529731.html

2. LG화학 부회장 "혁신과 품질이 선도기업의 기본"

LG화학이 임직원들에게 기본 체질 강화를 주문하며 '혁신'과 '품질'을 강조했다.

LG화학은 24일 대전 기술연구원에서 '베스트 프랙티스 콘테스트(Best Practice Contest)'를 개최했다고 이날 밝혔다. 이 자리에는 박 부회장을 비롯한 LG화학 임직원 400명이 모여 19개의 팀의 혁신활동 사례를 공유했다.

박 부회장은 "최근 대내외적 경영환경의 불확실성이 가중되는 가운데 시장의 판도가 급변하고 있다."며 "이럴 때일수록 기본 체질을 철저하게 다져야 어떤 위기가 닥쳐와도 시장 주도권을 지킬 수 있다."고 말했다.

박 부회장이 강조하는 시장 선도 기업의 기본은 '혁신의 일상화'와 '최고의 품질'이다. 그는 "혁신은 개인과 조직이 일상생활 속에서 습관화할 때 실현되는 것"이라며 "시장을 선도하는 제품도 품질이 뒷받침되지 않으면 외면받기 마련이고 품질에서 신뢰가 한 번 무너지면 이를 회복하는 데 수많은 시간과 비용을 투입해야 한다."고 설명했다.

LG화학은 지난 6월 박 부회장 직속의 '품질 · 혁신담당' 부서를 신설해 품질시스템 구축, 6시그마(결함 발생률을 100만분의 3.4로 줄이는 것을 목표로 업무 프로세스를 혁신하는 전략) 개선 과제 발굴 · 실행, 품질 · 혁신 인재 육성 등에 공을 들이고 있다.

출처: LG화학 "혁신과 품질이 선도기업의 기본", http://news.mk.co.kr/newsRead.php?year=2016&no=816779

15.1 품질분임조

15.1.1 품질분임조의 역사

품질분임조

품질분임조의 역사는 미국의 ZD 프로그램과 일본의 QC 서클에서부터 시작된다고 볼 수 있다.

ZD 프로그램(zero defects program)

ZD 운동 또는 무결함운동이라고 불리는 **ZD 프로그램(zero defects program)**은 1962년 미국의 마틴사(Martin Co., Orland division)에서 미사일의 신뢰도 향상과 원가절감을 목적으로 전개시킨 품질향상에 대한 종업원의 동기부여 프로그램이다.

당시 마틴사의 품질책임자였던 필립 크로스비(Philip B. Crosby)는 ZD를 위한 다음과 같은 4가지 원칙을 확립하였다.

① 품질이란 요구사항에 대한 적합도이다.
② 검사를 통해 결함을 수정하기보다는 결함 발생을 사전에 방지해야 한다.
③ 무결점(ZD)이 품질의 표준이다.
④ 품질은 부적합 비용이라는 금전적 척도로 측정된다.

이 프로그램의 본질은 인간은 완전을 바라는 기본욕구가 있음을 전제로 종업원으로 하여금 완전성을 향해 노력하게 하는 것이다. 또한 결함(defects)은 오류(error)로부터 생기는 것이므로 이들 오류의 원인을 작업자 스스로 제거토록 하는 ECR(error cause removal)제안이 ZD 프로그램의 핵심이 된다.

합격품질수준(acceptance quality level: AQL)

ZD 프로그램은 적어도 6시그마 품질혁신활동이 나오기 이전까지 품질의 역사상 가장 큰 영향을 미쳤다고 할 수 있다. ZD 프로그램을 시작한 마틴사는 어느 정도의 불량률을 인정하는 **합격품질수준(acceptance quality level: AQL)**이면 충분히 괜찮다고 하는 전통적 가정에 정면 도전하였다. 당시 그 회사에 근무하였던 필립 크로스비(P.B. Crosby)는 “Quality is Free(1979)”와 “Quality Without Tears”(1984)라는 저서를 발간하여 모든 작업자들이 애초부터 잘 만들도록 함으로써(do it right the first time) 무결점 제품생산에 기여하도록 주장하였다.

이러한 ZD 프로그램에 대하여 회의적인 견해도 있다. ZD 프로그램이 작업자의 오류가 품질문제의 근원이라는 가정에 입각하지만 결점의 80% 이상이 작업자에 의해서 통제할 수 없고 관리에 의해서만 통제할 수 있는 것이고 작업자에 의해서 통제할 수 있는 오류에도 복합적인 요인이 있어 동기부여만으로는 감소시킬 수 없다는 것이다. ZD 프로그램의 실천결과에 대해서는 부정적인 주장도 있지만 안전, 제안제도, 노사관계, 그리고 품질관리에 좋은 결과를 가져왔다. 미국의 마틴사에서는 무결점운동 실시 2년 동안 1.65백만 달러를 절약하였고, 결점의 54%가 감소되었다고 보고하였다. 한편 제너럴일렉트릭(General Electric)사에서는 2년 동안 21백만 달러에 해당하는 폐기물과 재작업을 줄이는데 성공하였다고 보고되고 있다.

QC 서클(quality control circle)

일본에서 **QC 서클(quality control circle)**이 처음 등장한 것은 ZD 프로그램이 미국에서 등장할 때 즈음으로 일본과학기술연맹에서 “현장과 QC”라는 잡지를 창간한 1962년 4월이다. QC 서클이란 같은 부서 안에서 품질관리 활동을 자주적으로 행하는 소집단을 가리키는 말이다. QC 서클 구성원은 전사적 품질관리 활동의 일환으로 구성원의 자기계발 내지는 상호계발을 도모하고 QC 기법을 활동해서 직장의 관리개선에 구성원 모두가 자주적으로 참여하는 QC 서클 활동을 전개한다. 따라서 서클 구성원의 자주관리는 QC 서클 활동의 핵심이 된다.

한국 최초의 작업현장 소집단활동은 1960년대 후반 쌍용양회와 대한비타민 등에서 전개한 ZD 운동의 'ZD 그룹 활동'을 꼽을 수 있다. 1967년 정부의 KS(korean standard)표시제도에 의해 품질관리제도가 실시되었고, 공업진흥청이 '품질관리의 해'를 정하면서 품질관리는 전 산업에서 주요한 사안으로 인식되기 시작했다. 그 후 1975년에 제1회 전국품질관리 서클 경진대회가 공업진흥청과 한국표준협회 주관으로 개최되면서 'QC 서클'이라는 명칭의 소집단활동이 확산되는 계기가 되었다.

1982년 11월부터 공장새마을운동과 병행 실시되는 과정에서 '품질관리분임조'로 명칭을 바꾸어 전개했다. 품질분임조는 공장새마을운동과 함께 1970년대와 1980년대 기업의 품질관리와 경제성장에 기여한 것으로 평가된다. 우리나라 분임조활동은 1987년에 이르러 약 10만 분임조에 120만여 명의 분임조원이 참여했으나 1980년대 후반의 사회적 혼란기에 절반 가까이 줄어드는 양상을 보였다. 1990년경에는 전사적 품질관리(TQM)의 개념이 부상하기 시작하였다. 품질분임조는 전사적 품질관리(TQM)의 활동에서도 가장 핵심적이고 기본적인 요소임에 틀림없다. 하지만 시스템을 강조하는 품질경영(quality management)의 개념이 떠오르기 시작하면서 품질분임조의 중요성이 다소 경시되는 분위기가 존재하였다. 실제로 1992년부터 1997년까지의 시기에는 이전 시기에 비해 품질분임조의 숫자가 거의 절반으로 줄어드는 침체를 경험하게 된다. 이러한 침체는 1970년대 후반부터 1980년대까지 품질분임조의 보급이 정부 및 기업 주도로 이루어지고 품질분임조의 성과가 정부 또는 경영자의 개인 성과로 비쳐지면서 1987년 민주화 이후 현장 종업원의 자발적인 참여가 대폭 감소한 결과로 해석된다.

ISO 9001

아울러 그로부터 10년 후인 2000년경에는 ISO 9001이 등장하면서 품질경영의 개념은 양분되기도 하였으며, 이에 6시그마 역시 일조하였다고 할 수 있다. 2000년대 ISO 9001과 6시그마의 등장이 품질분임조의 활성화에 긍정적으로 기여하고 있다는 평가도 있으나 전체적으로 6시그마를 필두로 하는 새로운 흐름과 품질분임조 사이는 긴장관계로 표현하는 것이 적절할 것이다. 이러한 역사는 품질분임조의 운영이 유사한 제도(예: TQM 및 6시그마)의 도입에 의해 상대적으로 경시될 수 있고, 현장 노사관계의 변화에 의해서도 영향 받을 수 있음을 의미한다.

15.1.2 품질분임조의 의미 및 운영방식

품질분임조는 '같은 직장 내에서 작업 및 업무와 관련된 문제점을 찾아내고 이에 대한 해결방안을 찾아서 실행에 옮길 목적으로 자발적 모임을 지속적으로 갖는 소집단'이라 정의할 수 있다. 품질분임조는 작업자의 의사결정 참여를 허용한다. 품질분임조 참여는 어디까지나 강제적이 아니라 자발적이다. 품질분임조의 리더는 감독자 또는 선임 작업자가 된다. 구성원들은 보통 1주일에 1시간 정도 근무시간 내에 모임을 갖고 문제를 상의하고 분석하여 이의 해결책을 경영층에 제안하기도 하며, 문제해결에 재정적 지원이 필요하면 이를 받아내기도 한다. 품질분임조에서 취급할 수 있는 문제는 어디까지나 작업과 관련된 문제이다. 따라서 임금, 복지, 공급업체 선정, 새로운 모델 설계, 판매정책, 인사정책 등에 관해서는 접근할 수 없다.

품질분임조는 기업과 개인에게 모두 많은 도움을 준다. 기업은 생산성 및 품질향상의 도움을 받고, 개인적으로는 품질분임조원들이 학습을 하게 됨으로써 업무 및 개인의 발전에 크게 도움이 된다. 기업은 현장에 숨어 있는 문제를 작업자들의 자발적 참여로 파악할 수 있게 되고, 개선된 사례는 표준화되고 문서화됨으로 이는 기업의 노하우로서 기업의 지적자산이 된다. 즉, 개인이 소유한 기술이 공유됨에 따라 기업 전체에서 많은 도움을 받게 된다. 개인은 품질분임조 활동을 수행하기 위해 다양한 학습의 기회가 공식적으로 주어지게 되어 배우려는 열망이 있는 개인에게는 더없이 좋은 기회가 된다. 이러한 학습을 바탕으로 기존의 주먹구구식 활동을 과학적인 방식으로 개선함으로써 개인은 과학적 업무를 이해하고 실천하게 된다. 또한 품질분임조원 스스로가 개선의 주체가 되므로 주인의식을 갖게 되고, 이에 맞추어 노력하면 창의적인 사람으로 변화하는 것을 느끼게 된다.

품질분임조 활동을 도입하고자 하는 조직에서는 다음과 같은 절차에 따라 진행하는 것이 좋다.

1. 먼저 분임조의 리더(분임조장)가 될 사람을 모집하고 품질관리의 기초, 품질분임조 활동, 기본적인 품질기법 등을 교육한다.
2. 교육받은 리더가 분임조 활동을 함께 할 다른 동료들을 모집한다. 이때 총인

원 수는 10명 이내로 제한한다. 인원이 너무 많으면 전원참가의 활동이 어렵다. 일반적으로 분임조당 인원수는 3~6명 정도가 좋다.

3. 분임조의 리더는 직장(職長)과 같은 일선 책임자가 처음 얼마간은 좋다. 그러나 어느 정도 활동이 진행되면 구성원들의 투표로 결정하거나 직급에 구애받지 않는 다른 방법을 사용하는 것이 좋다.

QC 스토리(QC story)

QC 7가지 도구(seven QC tools)

신 QC 7가지 도구(new seven QC tools)

분임조가 자신의 문제를 해결하기 위해 사용하는 표준적 절차를 'QC 스토리(QC story)'라고 한다. 이것은 원래 일본의 건설 기계 및 중장비 제작업체인 코마츠(小松)제작소에서 품질개선 활동의 발표와 공유를 위해 고안한 것이지만 논리적으로 구성되어 있기 때문에 문제해결의 절차로 널리 사용된다. QC 스토리의 과정에서 품질분임조에서는 주로 QC 7가지 도구(seven QC tools) 또는 신 QC 7가지 도구(new seven QC tools)를 활용한다. QC 스토리는 다음과 같은 10가지 단계로 구성되어 있다.

① 주제선정 → ② 활동계획 수립 → ③ 현상파악 → ④ 원인분석 → ⑤ 목표설정 → ⑥ 대책수립 및 실시 → ⑦ 효과분석 → ⑧ 표준화 → ⑨ 결과보고 → ⑩ 향후 대책 계획

① 주제선정

주제선정은 조원들이 느끼는 가장 시급한 문제를 자발적으로 합의하여 선정해야 한다. 다수결로 혹은 중요도 점수로 주제를 선정하게 된다. 중요도 점수는 조원들이 제시한 여러 가지에 대해서 각 조원들이 중요한 순으로 3점, 2점, 1점을 주어 가장 높은 점수를 받는 주제를 선정하게 된다. 주제가 선정된 후 조장은 다른 의견을 제출한 조원들을 설득하여 참여를 유도해야 한다.

② 활동계획 수립

주제가 선정되었으면, 구체적인 활동계획을 수립한다. 처음 분임조 활동에 참여하면 수행기간을 정확하게 예측하기 어렵기 때문에 활동계획 수립이 어렵게 느껴질 수 있다. 이러한 때는 임시로 계획을 수립하고 수행하면서 계속 수행일정을 수정하는 방법이 좋다. 활동계획은 간트차트를 이용하여 주별로 각 일정을 명확하게 표시하여 모든 조원들이 볼 수 있는 장소에 설치한다.

③ 현상파악

현상파악은 현재의 상황을 파악하는 것이다. 불량률, 생산량 등 데이터를 수집한다. 정성적인 데이터는 설문조사, 전문가 의견수렴, 시장조사 등의 방법으로 데이터를 모은다.

④ 원인분석

현상파악에서 모은 데이터를 기반으로 문제의 원인을 분석한다. 원인분석 시에는 모든 조원들의 자유토론을 보장하는 브레인스토밍 방법을 사용한다. 자유토론 내용은 특성요인도를 이용하여 정리한다.

⑤ 목표설정

원인분석에서 원인이 분명하게 밝혀졌으면, 목표설정에서는 가능한 단계까지의 목표를 설정한다. 원인이 여러 개 있을 때엔 실행 가능한 것까지만 설정하고 나머지는 다음 단계로 넘긴다. 목표설정 시에는 목표를 너무 높게 잡지 않는다. 품질분임조 활동은 끊임 없는 개선이 중요하다. 단기간의 높은 효과보다는 지속적인 활동이 중요하다.

⑥ 대책수립 및 실시

목표설정에 맞추어 대책을 수립하고 실시한다. 너무 많은 비용이 들거나 노력이 필요한 방식은 지양한다. 많은 비용이 드는 과제는 품질분임조 활동이 아니다. 회사에서 다른 형태의 프로젝트로 해야 할 일이다. 품질분임조 활동은 조원들이 스스로 해결할 수 있는 범위의 일이어야 한다. 회사의 지원이 필요한 부분은 즉시 회사에 협조를 구한다.

⑦ 효과분석

대책을 실시한 후 일정 기간 후에 과연 효과가 있었는지 효과분석을 한다. 효과분석은 목표치에 도달했는지와 실시 전후의 성과를 비교한다. 또한 수치로 파악되지 않는 다른 효과들을 나열하고 구체적인 예를 제시해준다.

⑧ **표준화**

대책실시 후 결과가 충분한 의미가 있고, 앞으로 계속 사용할 수 있으면 일정한 심사를 거쳐 표준화한다. 앞으로는 개선된 해법으로 작업방법이라든가 분위기를 바꾸도록 홍보한다.

⑨ **결과보고**

품질분임조 활동이 끝났으면 활동사항을 주제선정부터 표준화까지의 활동을 기록으로 남겨야 한다. 결과보고서는 해당 품질분임조뿐 아니라 품질사무국에서도 보관한다. 품질분임조 활동의 중요한 일 중 하나는 정확한 기록이다. 문제해결과정 중에 남겨진 문제점 등은 다음 활동의 주요 주제가 될 수 있으므로 반드시 기록하고 공고해야 한다.

⑩ **향후대책 계획**

품질분임조 활동 중 어려웠던 일을 조원 간에 토의하고 앞으로 품질분임조 활동 시 참조한다. 차기 분임조장을 선출한다. 분임조장은 자유로운 선출로 하되, 너무 한 사람이 오래하지 않도록 한다. 가능하면 돌아가면서 하고, 차기 주제 선정자가 하는 것이 좋다.

15.2 6시그마 활동

6시그마(Six Sigma)

6시그마(Six Sigma) 프로그램은 일본의 품질에 대항하기 위하여 1987년 모토로라(Motorola)에서 처음 적용한 이후 1995년 GE의 잭 웰치(Jack Welch)가 이를 도입하면서 전 세계적으로 확산되어 괄목할 만한 품질향상의 효과를 가져왔다. 국내에도 도입되어 선풍적인 경영혁신의 방법론으로 자리매김한 6시그마 활동의 탄생배경, 원칙, 통계적 의미, 인력양성 체계, 절차적 방법론 및 사례를 살펴보자.

15.2.1 6시그마의 탄생배경

1945년 8월 2차 대전에서 패한 일본은 경제적 폐허로 전락했다. 이에 1950년대의 일본 제품의 품질에 대한 미국의 평가는 매우 낮았으며 당연히 가격도 낮았다. 이러한 상황에서 일본의 산업을 부흥시킬 목적으로 설립된 비영리단체 일본과학기술연맹(JUSE)은 일본 번영의 핵심을 품질문제로 인식하였고 미국의 품질관리 방식을 학습하기 시작했다. 당시 품질 분야의 대가인 데밍(W. Edwards Deming), 주란(Joseph M. Juran) 박사 등을 10여 차례나 초빙하여 강의를 개설하였고 많은 기업들이 자문을 받게 된다. 데밍과 주란은 미국에서 가르친 내용을 동일하게 강의하였으나 일본 교육생들의 자세는 남달랐다.

데밍(W. Edwards Deming)
주란(Joseph M. Juran)

당시 주란은 그때(1950년대)를 다음과 같이 회고하였다. "1954년 나는 일본 경단련과 JUSE로부터 강연을 요청받았다. 내가 그들에게 전한 것은 수년 동안 미국에서 강의했던 것일 뿐 새로운 비법은 없었다. 그러나 참석한 청중은 미국과 크게 차이가 있었다. 일본에서 실시한 처음 이틀간의 강의에 참석한 사람들은 과정당 70명으로 모두 140명이었는데, 이들이 대기업의 최고경영자라는 사실에 나는 놀라지 않을 수 없었다." 주란은 이때 일본의 품질은 1970년대 중반이면 미국을 앞설 것이라고 예측하였고, 실제로 1970년대 후반부터 일본 제품의 경쟁력과 품질은 세계 제일이 되었다.

일본은 1975년과 1979년 두 번의 오일쇼크를 견디면서 전기가 적게 드는 전자제품, 연료가 적게 드는 자동차 등을 생산하게 된다. 이로써 오래 사용하면서도 전기가 적게 드는 일본 전자제품은 1980년대 이후 미국 시장을 점유하게 되었다.

1980년대 미국은 일본 제품의 품질이 미국 제품의 품질보다 뛰어나다는 사실을 인정했고, 일본에서 품질을 배우기 시작한다. 1980년 6월 24일 미국 NBC TV는 70분짜리 다큐멘터리 'If Japan Can, Why Can't We?'를 방송하여, 일본 품질의 우수함을 알렸다. 프로그램의 내용은, 일본은 미국의 품질전문가(주란, 데밍)로부터 품질을 배웠으며, 그들은 배운 대로 실천했다는 것이었다. 그리고 일본의 CEO들은 품질을 잘 알고 있으며 품질교육에 집중하고 있었다는 사실이었다. 미국의 CEO들은 자극을 받았고, 이후 일본을 벤치마킹하여 새로운 품질경영(quality management)의 체계를 만들어 나갔다.

품질이 우수한 일본 제품이 미국 제품을 압도하기 시작한 1980년대 이후 미국은 정부 차원에서뿐만 아니라 기업들도 품질향상을 위한 노력에 몰두하기 시작하였다. 이러한 시대적 배경에서 대두한 개념이 6시그마(Six Sigma)이다.

통신 분야 최강자로 오랜 동안 명성을 누리던 모토로라는 1980년대 초에 위기를 맞게 된다. 모토로라 제품의 불량률이 일본 제품에 비해 월등히 높았고 고객들이 점점 외면하기 시작했다. 1981년 회장이었던 갈빈(Robert W. Galvin)은 품질경쟁력을 획기적으로 향상시키기 위해서 '모든 부문에서 품질 10배 향상'이라는 목표를 과감히 발표한 후, 본격적으로 품질전략을 연구하였다. 이때 조지 피셔(George Fisher)를 중심으로 빌 스미스(Bill Smith)와 마이클 해리(Mikel J. Harry) 등이 통계적 방법에 기반한 품질개선 방법론을 연구하기 시작했다. 이러한 배경 하에 6시그마 기법은 마이클 해리에 의해 1987년에 창안되었다. 어떻게 하면 품질을 획기적으로 향상시킬 수 있을 것인가를 고민하던 마이클 해리는 통계지식을 활용하자는 착안을 하게 되었고, 이 통계적 기법과 갈빈 회장의 품질개선 운동이 만나 6시그마 기법이 비로소 탄생하게 된다.

DMAIC

회사의 모든 부문에서 품질에 관심을 가지고 노력하였다. 제품이 설계되기 전에 마케팅부서에서는 고객이 원하는 것을 제품특성으로 결정하고 생산부서에서는 제품설계, 제조 프로세스, 자재사용을 통해 제품특성을 정확하게 달성하려 하였다. GE, 록히드 마틴(Lockheed Martin), 아메리칸 익스프레스(American Express), 텍사스 인스트루먼트(Texas Instrument)와 같은 많은 기업에서 모토로라의 리더십을 따르고 6시그마 개념을 실현하였다. 이와 같이 6시그마 품질표준은 많은 산업에서 벤치마크(benchmark)가 되었다. 모토로라의 6시그마 기법은 GE에 의해 채택되었을 때 다시 GE 자사의 실정에 맞게 개정되었다. 현재 사용되는 6시그마 기법의 로드맵인 DMAIC는 GE에서 개발한 방법론이다. 결국 6시그마 기법은 마이클 해리에 의해 개발되었지만, 전 세계적으로 확산되는 데 실질적으로 기여한 사람은 GE 회장인 잭 웰치(Jack Welch)이다. 1990년대 이후 미국 경제가 되살아나고 경쟁력을 회복하는 데 크게 기여한 강력한 무기 중 하나가 바로 6시그마 계획의 실행이었다.

6시그마의 이념적 원리는 데밍과 주란의 품질철학에 기반을 두고 있다. 그 후 수많은 기업에서 6시그마 방법론을 사용하여 엄청난 비용절감과 이익증가 등을 이룩하였다. 결과적으로 오늘날 6시그마는 가장 인기 있는 품질경영 시스템의 하나가 되었다. 1990년대 초반 삼성, LG, 현대, 포스코 등과 같은 우리나라 주요 기업들도 6시그마를 전사적인 혁신전략으로 채택하여 10년 이상 강력하게 추진하였다. 시대의 변화에 따라 6시그마 열풍도 식어가고 있지만 새로운 혁신전략의 이면에는 여전히 6시그마의 전략적 체계와 접근방법이 큰 몫을 담당하고 있다.

15.2.2 6시그마의 통계적 의미

6시그마의 통계적 의미는 **산포(variability)**를 줄이는 것이다. 산포란 데이터가 흩어진 정도를 의미한다. 즉, 품질특성치들이 서로 비슷한 값들을 가지면 산포가 작은 것이고, 들쑥날쑥하면 산포가 큰 것이다. 품질수준을 높이려면 무엇보다 산포를 줄여야 한다. 통계학에서는 산포의 크기를 측정하는 단위로서 표준편차라는 척도를 사용한다. 편차란 중심치(통상적으로 평균값)와의 차이를 말한다. 일반적으로 표준편차를 나타내는 기호로서 그리스 문자 **시그마(σ)**를 사용한다. 간단히 말해 시그마란 산포의 크기를 나타내는 수치이며, 시그마 값이 크다는 것은 산포가 크다는 뜻이므로 시그마 값은 작을수록 좋다.

산포(variability)
시그마(σ)

6시그마에서는 품질수준을 '시그마'가 아니라 '**시그마 수준(sigma level)**'으로 나타낸다. 산포가 클수록 시그마 값이 커지므로 시그마 값은 작을수록 좋다. 또한 시그마 값이 작을수록 품질수준이 높으므로 시그마 수준은 클수록 좋다. 따라서 6시그마는 '6시그마 수준'을 줄여서 부르는 말이라고 볼 수 있다.

시그마 수준(sigma level)

시그마 수준의 의미를 설명하기 위해 다음과 같은 예를 생각해 보자. 음료수를 병에 주입하는 3개의 공정 A, B, C에서 한 병에 들어가는 양의 분포 형태를 조사해 보았더니 [그림 15-1]과 같이 공정 A의 산포가 가장 작고 공정 C의 산포가 가장 크게 나타났다. 한 병에 200mL를 담는 것이 목표지만 주입량의 산포 때문에 ±12mL의 편차를 허용한다. 그러면 주입량의 목표치는 200mL, 규격하한(LSL)은 188mL, 규격상한(USL)은 212mL가 된다.

'시그마 수준(sigma level)'은 '공정중심에서 규격한계까지의 거리가 표준편차(즉, 시그마 값)의 몇 배'인지를 나타낸다. [그림 15-1]에서는 공정중심 200에서 규격한계(상한 212 또는 하한 188)까지의 거리가 12이므로, 표준편차가 2인 공정 A의 시그마 수준은 6(=12/2)이 된다. 마찬가지로 공정 B와 C의 시그마 수준은 각각 4(=12/3)와 3(=12/4)이 된다. 이처럼 시그마 값이 작아지면 시그마 수준은 높아지고 규격한계를 벗어난 불량품이 나올 확률은 줄어든다. 시그마 수준별로 불량률이 어느 정도 되는지 앞서 설명한 음료수 주입공정을 가지고 설명해 보자. 만약 한 병에 주입되는 양의 분포가 [그림 15-2]와 같다면 이 공정의 시그마 수준은 얼마일까? 공정평균에서 규격한계까지의 거리가 표준편차(시그마)의 3배이므로 3시그마 수준이 된다. 이 경우 주입량이 규격하한과 상한을 벗어날 확률은 각각 1,350ppm(parts per million)이다. 따라서 규격한계를 벗어나는 용량 불량의 발생 확률은 2,700ppm이 된다. 다시 말해 음료수 용량이 허용 범위를 벗어나는 경우는 100만 병당 2,700병 정도가 된다.

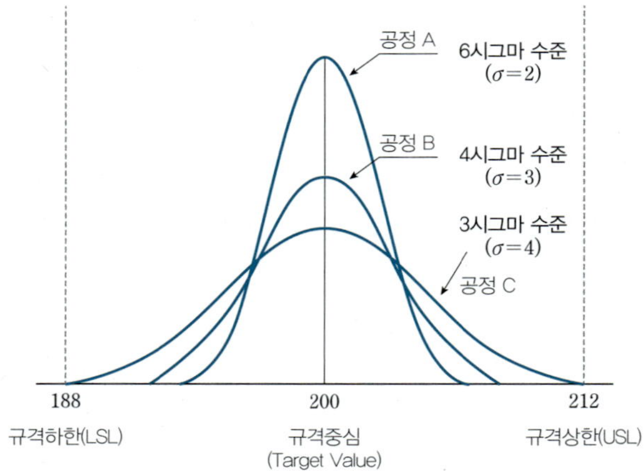

[그림 15-1] 시그마 수준의 의미

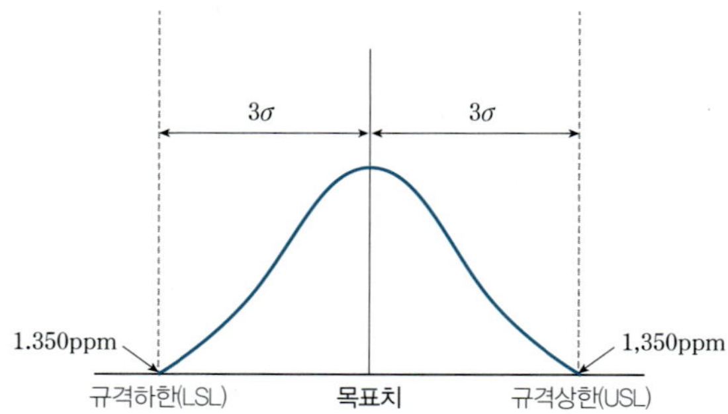

[그림 15-2] 3시그마(3σ) 수준의 프로세스

그런데 공정평균값이 목표치와 일치하지 않으면 어떻게 될까? 공정평균값과 목표값이 일치하도록 기계의 상태를 조정해 두었다 하더라도 오랜 시간이 지나면 이 상태를 유지하기 어렵다. 예를 들어 음료수의 끈적끈적한 점성 때문에 음료수가 주입관에 달라붙으면서 관을 통과하는 음료수의 양이 줄어들거나 주입 밸브가 헐거워지면서 주입량이 늘어나는 일이 발생할 수 있다.

6시그마를 처음으로 고안한 모토로라는 대략 공정평균이 목표치에서 표준편차(시그마)의 1.5배 정도 이동하는 것을 경험하였다고 한다. 이 때문에 6시그마에서는 통상적으로 공정평균이 목표치에서 1.5시그마 벗어난다고 가정하고 불량률을 계산한다. [그림 15-2]에서는 규격을 벗어날 확률이 2,700ppm이었으나 공정평균이 목표치에서 1.5시그마 이탈한다면 불량률은 66,807ppm으로 대폭 증가한다. 〈표 15-1〉은 공정평균이 목표치에서 1.5시그마 벗어날 경우 동일한 시그마 수준에서 불량률이 얼마나 늘어나는지 예시한 것이다.

〈표 15-1〉 시그마 수준별 불량률의 크기(단위: ppm)

시그마 수준	공정중심이 목표치에서 벗어나지 않을 경우	공정중심이 목표치에서 1.5시그마 이탈할 경우
1	317,400	697,700
2	45,400	308,537
3	2,700	66,807
4	63	6,210
5	0.57	233
6	0.002	3.4

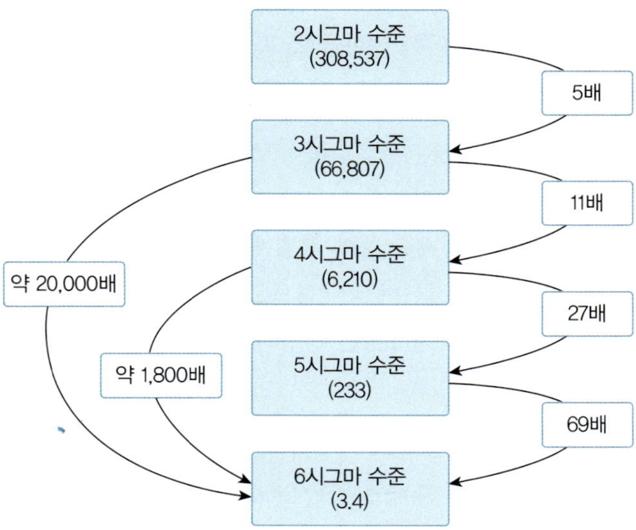

[그림 15-3] 시그마 수준에 따른 필요한 개선의 정도

[그림 15-3]은 〈표 15-1〉을 토대로 작성한 것이다. 이를 보면 시그마 수준을 한 단계 높인 다음, 이를 한 단계 더 높이기 위해서는 훨씬 더 큰 개선성과가 요구된다. 예를 들어 4시그마 수준을 5시그마 수준으로 높이기 위해서는 27배의 개선이 요구되지만, 5시그마 수준을 6시그마 수준으로 높이기 위해서는 69배의 개선이 있어야 한다. 참고로 4시그마 수준의 기업이 6시그마 수준이 되기 위해서는 1,800배, 3시그마 수준의 기업이 6시그마 수준이 되려면 20,000배의 개선이 필요하다. 이것을 기억해 두면 6시그마 척도에 대한 현실감을 익히는 데 도움이 될 것이다.

15.2.3 6시그마 절차 로드맵

통계적 품질관리(statistical quality control: SQC)
문제해결도구(problem-solving tools)

6시그마 개념을 도입하는 데는 두 가지 측면이 있다. 첫째는 품질문제를 규명하고, 둘째는 그의 원인을 제거하는 데에 기술적 도구를 사용한다는 것이다. 사실 6시그마 개념은 계량적 자료를 사용한다. 이러한 기술적 도구에는 **통계적 품질관리**(statistical quality control: SQC)와 **문제해결도구**(problem-solving tools)를 포함한다.

개념적으로 6시그마는 불량품의 발생을 줄이고, 비용과 시간을 줄이며, 고객만족을 증진시키고자 하는 프로그램(program)이라고 할 수 있다. 6시그마 방법론을 사용하면 고객에 가치를 제공할 능력을 향상시킨다. 즉, 프로세스 흐름을 촉진하여 사이클 타임을 단축시키고 생산성을 향상시키고 제품이나 서비스의 신뢰성(reliability)을 제고시킨다. 이러한 변화들로 고객에게는 가치를 증진하고 기업에는 재무성과를 호전시킨다. 이러한 목적을 달성하기 위해서 여러 가지 도구와 기법을 사용한다.

6시그마 프로그램은 원래 품질향상을 위한 기법으로 출발하였지만 지금은 설계, 생산, 고객 서비스, 재고관리, 배송 등에 폭넓게 적용되어 저비용, 시간 절약, 고객만족을 유도하고 수익성을 증진하여 궁극적으로 기업의 경쟁력을 강화하는 수단으로 사용되고 있다. 이와 같이 6시그마는 경영의 모든 부문에서 결점예방을 위한 전략으로 발전되어 왔다.

다시 말하면, 6시그마 프로그램의 기술적 측면은 현행 프로세스의 성과를 개선하고 프로세스 변동을 줄이며 통계적 방법을 사용하고 DMAIC라고 하는 로드맵(roadmap)을 사용하는 것이다.

〈표 15-2〉 6시그마 프로젝트의 수행단계

단계	내용
정의(Define)	핵심품질특성(CTQ)을 파악하고 개선 프로젝트를 선정한다.
측정(Measure)	측정방법을 확인하고, 현재의 CTQ 충족정도를 측정한다.
분석(Analyze)	CTQ와 그에 영향을 미치는 요인의 인과관계를 파악한다.
개선(Improve)	CTQ의 충족정도를 높이기 위한 방법과 조건을 찾는다.
관리(Control)	개선된 상태가 유지될 수 있도록 관리한다.

DMAIC란 다음과 같은 다섯 단계를 거친다.

① D: **정의**(define)

6시그마 프로세스를 개선할 프로젝트를 우선 선정하고 그의 목표와 범위를 결정한다. 프로젝트는 문제의 증상에 따라 선정된다. 프로젝트가 선정되면 문제를 분명히 정의해야 한다. 예를 들면 무엇이 문제인가? 문제의 규모가 어느 정도인가? 언제, 어디서, 어떤 상황에서 발생하는가? 등을 밝혀야 한다. 정의단계에서 고객이 누구이며 그들의 요구사항이 무엇인지, 그리고 제품이나 서비스의 성과에 큰 영향을 미치는 **핵심품질특성(critical-to-quality characteristics: CTQ)**을 규명해야 한다. 여기서 CTQ에 영향을 미치는 중요 프로세스를 찾아내고 개선토록 해야 한다.

핵심품질특성(critical-to-quality characteristics: CTQ)

② M: **측정**(measure)

프로세스 결과를 정의하기 위해서 프로세스 지도를 사용한다. 프로세스 지도를 사용하는 목적은 가치를 부가하지 않는 활동을 찾아내려는 것이다. 측정단계의 주요 내용은 지도를 통해 찾은 개선대상 프로세스의 CTQ를 나타내는 종속변수 Y와 이에 영향을 미치는 주요 투입 변수인 독립변수 X의 함수관계를 다음과 같이 표현하려는 것이다.

M: 측정(measure)

$$Y=f(X)$$

이 함수적 관계를 나타내기 위해서는 신뢰할 만한 측정시스템을 이용하여 생산 프로세스로부터 측정이나 관찰을 통해 자료를 수집해야 한다.

③ A: **분석**(analyze)

A: 분석(analyze)
근본원인(root cause)

불량, 실수, 과도한 변동이 왜 프로세스에서 발생하였는지 근본원인(root cause)을 찾기 위하여 5Why, 브레인스토밍, 특성요인도, 계통도 같은 기법을 사용하여 분석한다.

잠재적인 소수의 핵심인자를 추출하면 실험을 실시하여 이들이 옳게 추출되었는지 확인하기 위하여 자료를 수집 · 분석하고 가설검증 같은 통계분석을 실시한다.

④ I: **개선**(improve)

I: 개선(improve)

문제의 근본원인이 규명되면 이를 해결하고 프로세스와 CTQ를 개선할 아이디어를 찾아 실행해야 한다. 개선방안을 강구하기 위해서는 브레인스토밍, 체크리스트, 창의적 문제해결 기법, 벤치마킹 등과 같은 방법을 활용할 수 있다.

잠재적 해결방안이 제안되면 CTQ와 핵심 프로세스 변수에 긍정적 영향을 미치는 가장 효율적인 개선방안을 선택하고 이들 변수의 최대허용 범위를 설정한다. 주요 변수의 불규칙한 변동이 이 범위 내에 들어가도록 프로세스를 변경한다.

⑤ C: **관리**(control)

C: 관리(control)

6시그마를 통해 개선된 프로세스를 유지하고 관리하기 위해 개선사항을 표준화하고 절차를 수립하고, 작업자들을 훈련하도록 한다. 한편 주기적으로 모니터링을 통해 개선안의 이행방법과 개선된 상태의 유지를 확인해야 한다.

DFSS(design for six sigma)
DMADV(define, measure, analyze, design, verify)
DIDOV(define, identify, design, optimize, verify)

[그림 15-4]는 다양한 6시그마 로드맵의 변종들을 논리적으로 연계하여 표시한 그림이다. 지금까지 설명한 DMAIC 로드맵은 기존에 하고 있던 업무를 개선하는 데 적용하는 표준적 문제해결 과정이다. 이에 반해 'DFSS(design for six sigma)'는 새로운 프로세스의 설계나 신제품개발 등에 적용하는 방법론이다. 그러나 DFSS에는 DMAIC와 같이 표준적으로 널리 통용되는 방법론이 없다. DFSS의 방법론으로 가장 많이 사용되고 있는 것은 GE에서 창안한 'DMADV(define, measure, analyze, design, verify)'이다. 이 절차는 6시그마 프로젝트를 진행하다가 기존 프로세스의 개선으로는 문제가 해결되지 않는다고 판단될 경우 프로세스를 재설계하고 검증하는 방법이다. 처음부터 새로운 프로세스를 설계하고자 할 경우에는 'DIDOV(define, identify, design, optimize, verify)' 절차가 주로 사용된다.

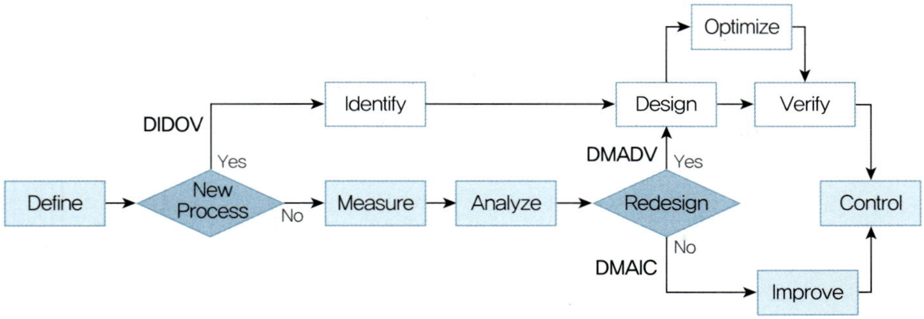

[그림 15-4] 6시그마의 목적별 로드맵

15.2.4 6시그마의 인적 조직

챔피언(champion)
마스터 블랙벨트(master black belt)
블랙벨트(black belt)
그린벨트(green belt)

6시그마를 효과적으로 이끌기 위해서는 전문가가 필요한데, 이들은 조직에서 우수한 사람들에게 수여하는 벨트 인증을 받아야 한다. 6시그마를 처음 주창한 마이클 해리는 일본무술인 가라데 학원을 다녔는데 그것에서 힌트를 얻어 6시그마에 참여하는 정도에 따라, **챔피언(champion)**, **마스터 블랙벨트(master black belt)**, **블랙벨트(black belt)**, **그린벨트(green belt)**로 명명하였다. 6시그마 인적조직의 구조는 〈표 15-3〉에서 보는 바와 같다.

〈표 15-3〉 6시그마 추진요원의 구성

구분	주요 인력	역할	교육
챔피언	경영간부	6시그마 추진에 필요한 자원을 할당하고 블랙벨트의 개선 프로젝트 수행을 뒷받침한다. 또한 성과에 따른 보상을 실시한다.	1주일간의 챔피언 교육
마스터 블랙벨트 (MBB)	교육 및 지도 전문요원 (6시그마 전임)	블랙벨트나 그린벨트 등의 품질요원의 양성교육을 담당하고, 블랙벨트의 활동을 지도 · 지원한다.	블랙벨트로서 2년 정도 활동한 사람 중 희망자, 1개월 정도 추가교육
블랙벨트 (BB)	개선 프로젝트 추진책임자 (6시그마 전임)	6시그마 개선 프로젝트의 실무 책임자로서 활동한다.	4주간의 교육을 포함하여 총 4개월간의 교육 및 실습
그린벨트 (GB)	현업담당자 (모든 임직원 가능)	블랙벨트의 개선 프로젝트에 파트타임으로 참여하거나, 상대적으로 작은 규모의 프로젝트를 책임지고 수행한다.	블랙벨트와 동일한 교육을 받는 것이 좋으나, 통상 1~2개월의 교육 및 실습

한 가지 유념할 것은 통상 고위간부가 맡는 챔피언을 제외하고 마스터 블랙벨트(MBB), 블랙벨트(BB), 그린벨트(GB)와 같은 벨트의 자격은 직위와는 상관없이 그들이 맡는 역할에 의해 결정된다는 점이다. 다시 말해, 블랙벨트(BB)가 그린벨트(GB)보다 상위 직급인 것은 아니며, 마스터 블랙벨트(MBB)가 블랙벨트(BB)의 상사인 것도 아니다.

각 벨트의 자격을 인증하는 과정은 아래와 같다.

(1) 블랙벨트(BB) 자격인증

BB 양성교육은 보통 4개월 정도 소요되는데 '1주 교육, 3주 실습'이 4차례 반복된

〈표 15-4〉 제조부문 블랙벨트 교육과정의 예

기간	내용	비고
1주차	6시그마 및 DMAIC 로드맵 개요 프로세스 매핑 품질기능전개(QFD) FMEA 조직 효과성(성과) 개념 통계 패키지 활용방법 공정능력 측정시스템 분석	주로 측정(measure)에 필요한 교육
2주차	1주차 내용 복습 통계적 사고 가설검정 상관분석 회귀분석 팀 평가	주로 분석(analyze)에 필요한 교육
3주차	실험계획법 팩토리얼 실험 블록설계 EVOP(evolutionary operation) 반응표면분석 다중회귀분석	주로 개선(improvement)에 필요한 교육
4주차	관리계획 통계적 공정관리 실수방지(Mistake-Proof) 팀 개발 도구활용 총정리	주로 관리(control)에 필요한 교육

다. 먼저 MBB로부터 1주일 동안 문제해결의 방법을 배우고 난 후, 마스터 블랙벨트의 지도하에 배운 것을 각자 자기가 가지고 들어 온 프로젝트에 적용해 본다. 그 후 다시 이러한 '1주 교육 3주 실습'이 계속된다. 4번의 교육과 실습이 반복되어 4개월에 걸친 전(全) 과정이 끝나게 된다.

(2) 그린벨트(GB) 자격인증

GB는 현업을 수행하면서 BB의 프로젝트 수행을 돕거나, 규모가 작은 프로젝트는 현업과 동시에 자체적으로 수행한다. 원칙적으로 GB는 BB와 동일한 교육을 받는 것이 이상적이지만 교육 기간을 1~2개월 정도로 단축하여 운영하는 경우도 많이 있다. 6시그마에서는 프로젝트의 수행 경험이 중요하기 때문에 상대적으로 규모가 작은 프로젝트라도 수행하지 않으면 GB 자격을 주지 않는 것이 원칙이다. GB의 교육과 프로젝트 지도는 MBB나 BB들이 맡는다.

(3) 마스터 블랙벨트(MBB) 자격인증

MBB는 무술도장의 사범과 같이 수련생(BB, GB)을 지도하고 양성하는 사람들이다. 6시그마 활동 초기에는 외부 전문가가 이 역할을 담당하지만 시간이 지나면 6시그마 프로젝트를 성공적으로 추진한 경험이 있는 기업 내의 BB 중 적임자를 선발하여 이 역할을 맡긴다. 이런 사람들이 사외 전문가가 맡고 있던 MBB 역할을 물려받기 때문에 6시그마를 도입한 지 3년 정도 지나면 외부 전문기관의 도움 없이 모든 활동을 자체적으로 수행할 수 있다. 일반적으로 BB 인증을 받은 후 추가적으로 2~3개 정도의 6시그마 프로젝트를 성공시킨 사람들 중에서 자원자를 선발하여 1개월 정도의 추가교육을 시킨 후 MBB로 임명한다.

15.2.5 6시그마 실행의 성공요소

6시그마는 제조업에만 적용되는 것이 아니라 화학, 제약, 장비, 금융기관, 병원, 레저산업 등 전 업종에 적용이 가능하다. 그러나 6시그마 수준에 이르려면 철저한 경영개선 노력이 요구되며 무엇보다 조직 내 정렬된 분위기가 필요하다. 이는 최고경영자가 확신을 가지고 솔선수범하며 충분한 자원이 할당되고 조직문화적인 변화와 지원을 의미한다.

6시그마 프로그램이 성공하려면 다음 원칙들이 준수되어야 한다.

(1) 톱의 리더십이 발휘되어야 한다.

6시그마로 획기적 성과를 이룩한 GE의 잭 웰치(Gack Welch)나 모토로라의 갈빈(Bob Galvin)의 리더십 엔진을 예로 들 수 있다.

(2) 6시그마 노력은 조직의 경영전략, 성과척도 등과 통합되어 전개되어야 한다.

GE의 잭 웰치 회장은 기업의 장래를 위해 글로벌화, 서비스, 6시그마 세 가지로 3대 기업전략을 구축하였다. 결과적으로 6시그마는 GE 캐피탈서비스의 금융서비스에 엄청난 능률과 생산성을 향상시키는 데 기여한 바 있다.

(3) 6시그마의 성공적 추진은 프로세스적 사고틀을 활용해야 한다.

6시그마는 고객요구사항과 기업성과를 비교하면서 계량적 사업분석을 하므로, 사업 프로세스에 대한 엄밀한 매핑(mapping)을 하지 않고서는 제대로 실천할 수 없다.

(4) 훈련된 고객/시장지식 정보의 수집을 필요로 한다.

고객/시장에 관한 지식 데이터를 수집하는 프로세스를 구축함으로써 수집된 자료를 정기적으로 분석하고 사업의 실제 성과와 비교할 수 있다.

(5) 6시그마 프로젝트는 실질적인 절약 효과나 수익증대 효과가 있어야 한다.

6시그마를 도입한 많은 기업들이 엄청난 성과를 올린 바 있다.

(6) 잘 훈련된 요원들에 의해 추진되어야 한다.

6시그마는 강도 높은 품질향상 접근법이므로 요원들의 전문적 훈련과 주도적 역할이 필수적이다. GE에는 5천 명 이상의 블랙벨트(BB)들이 있는데, 이들은 고도의 품질기법, 원인분석법, 통계적 수법을 교육받은 사람들이다.

(7) 지속적인 강화대책과 요원들에 대한 정당한 보상이 따라야 한다.

15.3 품질분임조와 6시그마의 차이점

ZD 및 품질분임조 활동에서 드러난 교훈 중의 하나는 품질의 문제 중에서 작업자의 오류로 인한 부분은 20% 남짓에 불과하고 나머지 80%는 작업자 개인이 아닌 복합적이고 구조적인 원인에 의해 발생한다는 것이다. 이는 작업자 개인의 인식변화나 동기부여에만 의존할 경우 구조적인 품질문제를 해결하기 어렵고, 이 구조적인 문제의 해결은 경영층의 전사적인 노력에 의해 가능하다고 6시그마는 전제한다. 이런 전제에 기반하기 때문에 6시그마는 프로세스와 관련된 연관 부서 간의 공동의 문제를 해결하는 데 탁월한 장점이 있다고 인정된다. 아울러 품질개선이나 생산성 향상에는 기여하지만 기업수익성 증가에는 뚜렷한 기여를 하지 못하는 것으로 평가되는 품질분임조와는 달리, 6시그마는 기업 수익성에 가시적인 효과가 있다는 인식이 확산의 기폭제가 되었다.

6시그마의 활동 단계는 흔히 DMAIC으로 일컬어지는데, 이는 데밍의 P(plan)-D(do)-C(check)-A(act)의 단계를 모방한 것으로 볼 수 있다. 그 구체적인 내용은 ① 문제정의/측정단계(Define/Measure), ② 분석단계(Analyze), ③ 개선단계(Improve), ④ 관리단계(Control) 등으로 구분할 수 있다. 품질분임조의 P-D-C-A의 사이클과 가장 다른 점은 문제정의 및 분석단계가 보다 치밀하다는 점이다. 6시그마의 문제해결기법의 70~80%는 기본적으로 품질분임조에서 사용하는 QC 7 도구 또는 신 QC 7도구와 중복된다. 추정과 검정, 실험계획법, 다변량분석, 시뮬레이션 등의 고급통계기법이 추가된다는 점이 문제해결기법 측면에서의 차이점이다. 문제해결기법의 유사성으로 인해 품질분임조가 도입된 기업에서 6시그마 도입의 가능성이 높아질 것으로 예상할 수 있다.

6시그마 제도에서의 보상은 품질분임조와 비교할 때 보다 중요한 의미를 지닌다. 근무시간 외에 진행되는 경우가 많고 상징적 보상에 가까운 소액만이 지급되는 일본의 QC 서클과 달리, 미국에서 시작된 제도답게 블랙벨트 등 6시그마의 핵심인재에 대한 금전적 보상, 인센티브, 스톡옵션 등 다양한 방법으로 상당한 보상을 하는 것으로 알려져 있다. 예를 들어, GE의 경우 보너스의 40%가 6시그마와 연계되어 있다. 2000년대 초반 6시그마를 도입한 국내 기업의 경우 6시그마 과제수행으로 인한 재무성과의 2~7%를 과제참여 구성원들에게 배분하는 것으로 알려졌다.

아울러 인사고과에서의 가점이나, 특정벨트 소지자에게만 승진자격을 부여하는 등의 인센티브도 중요한 비급여적 보상이다.

6시그마는 이전에 출현했던 많은 혁신 기법들을 통합하였고, 내부전문가 양성이나 성과지표 연계 등의 이유로 가장 선진화된 혁신기법으로까지 평가되기도 한다. 하지만 6시그마가 고성과 작업조직의 하나의 관행(practice)으로 간주하는 것이 타당한지, 작업장 혁신의 한 구성요소인지에 대한 논란이 있을 수 있다. 6시그마는 품질혁신을 목표로 하는 전사적 품질관리의 일환이지만 하향식(top-down)으로 진행되며, 작업장에 있는 일선 종업원보다는 통계기법에 대한 전문지식을 구비한 품질경영스텝의 주도력이 강조된다는 점에서 작업장 혁신의 범위 밖이라는 주장도 가능할 것이다. 그러나 실행과정에서 작업장 종업원의 참여가 초래될 수밖에 없으며, 현장 종업원이 수행하는 품질제고 활동의 도구(tool)로 활용된다는 점에서 작업장 혁신과 고성과 작업조직의 요소 또는 관행으로 간주할 수도 있다. 1996년 삼성SDI와 LG전자 등의 대기업에 의해 국내에 도입된 6시그마는 지난 20여 년간 대기업을 넘어 중소기업과 공공부문 등 여러 조직으로 확산되어 왔다. '과거를 돌이켜 보면, 6시그마처럼 국내 기업에 강력하고 오랫동안 영향을 미친 경영혁신 기법도 없었던' 정도라고 설명될 정도이다.

〈표 15-5〉는 품질분임조와 6시그마를 여러 측면에서 비교하는 결과를 보여준다. 한 예로, 6시그마는 지식의 특성과 추진주체 측면에서 볼 때, 엘리트 중심적이라고 할 수 있다면, 품질분임조는 보다 대중적인 접근법을 취하고 있다. 이를 보면 6시그마와 품질분임조는 분명히 크게 차이가 나는 제도임을 알 수 있다.

〈표 15-5〉 품질분임조와 6시그마의 비교

구분	품질분임조	6시그마
목표의 내용	결함/에러/낭비 제로	6시그마
결함 측정의 구체성	측정의 구체성 낮음	측정의 구체성 확보
최적화 내용	부서별 부분 최적화	조직 전체 최적화
과제 설정 기준	현장 애로사항	기업수익성
활동 절차	P-D-C-A	D-M-A-I-C
HRM 지원 인프라	일본 고용 시스템의 3보(종신고용, 연공임금제, 기업별 노조주의)	세분화된 직무전문성, 스텝 전문성 중시, 성과주의 임금제, 산별/업종별 노조
리더십	CEO와 스텝의 리더십	수평적 참여
조직화 기제	부서별 경계에 따른 품질분임조	벨트제도(챔피온, MBB, BB, GB, WB)
조직 공식화	비공식적 접근(근무시간 외 활동)	공식적 접근(MBB 등 전담 인력의 확보)
조직화의 방향	Bottom-up	Top-down
보상방식	내재적 보상	외재적 보상
지식의 형태	오랜 현장경험에 의한 암묵적 지식	통계적 접근에 의한 명목적 지식
전문지식 소유자	현장기술자	설계자 및 경영자
노사관계적 특징	생산직/사무직 통합으로 인한 노사관계 영향 적음	직무 간 분리로 인해 6시그마 활동이 노사관계 밖에 놓임

출처: 이정현 (2015), p.314, p.314

연·습·문·제

1. TQM에서 전원참여(total involvement)의 개념이 무엇이며 왜 중요한지 설명하라.

2. 품질분임조 경진대회에 대하여 주관기관인 한국표준협회(www.ksa.or.kr) 홈페이지를 방문하여 알아보자(예를 들어, 발표규정, 포상내역, 과거우승자 등).

3. 품질분임조 활동을 작업장 혁신운동으로 추진했을 때 기업과 개인이 각각 어떤 혜택을 얻게 되는지 설명하라.

4. 6시그마의 통계적 의미를 간략하게 설명하라.

5. D－M－A－I－C의 개념을 예를 들어 설명하라.

6. DMAIC, DMADV, DIDOV 등이 어떻게 차이가 나는지 설명하라.

7. 6시그마 활동을 추진하고 있는 기업이 있으면 현재 어떻게 운영하고 있는지 조사해보자.

8. 생활 주변에 6시그마 기법을 적용하여 개선해보자.

9. 품질분임조와 6시그마의 공통점과 차이점을 구분하여 설명하라.

[부록 A] 통계적 사고의 기초

학습 목표

- 통계적 품질관리에 사용되는 기본적인 통계지식을 습득한다.
- 기초확률개념과 이산형/연속형 확률분포에 대하여 배운다.
- 통계적 방법론과 통계추론을 이해한다.
- 분산분석과 회귀분석을 이해하고 실제 데이터를 가지고 분석해본다.

1. 품질관리와 통계적 기법의 활용
2. 기초 확률 개념과 확률분포
3. 통계적 방법론
4. 통계적 추론
5. 통계치 해석 및 결론

1. 품질관리와 통계적 기법의 활용

품질관리에서 통계적 기법을 사용하기 시작한 것은 1900년대 초로 올라간다. 관리도의 아버지라고 불리는 슈하르트(W.A. Shewhart)는 제조업체에서 근무하는 엔지니어이자 통계학자였다. 그는 당시 제조과정에서 많은 불량품이 나오는 것을 경험하였다. 이후 연구소로 직장을 옮긴 후 관리도를 만들게 된다. 연구소에서는 개별전화통화자와 전화국을 연결하는 통신선이 얼마나 필요한지 분석하였다. 통화시 필요한 통신선의 개수를 파악하기 위해 시간대별 통화수요를 분석하고 가장 통화가 많이 이루어지는 시간대에 통화량을 예상하였다. 연구소직원들은 여기서 개발한 통계 소프트웨어를 공장에서 사용할 방법에 대해 생각했고 표본으로 실험하기 시작했으며 결국 관리도를 개발하였다. 비슷한 시기에 샘플링기법에 관련된 여러 가지 방법들도 개발하였다. 그 후로 통계적 기법이 제품시장분석, 제품공정설계, 공정관리, 시험 및 검사, 공정향상의 규명 및 검증, 신뢰도 검사, 6시그마 등과 같이 품질분야에서 많이 사용되기 시작했다.

품질관리에서 통계적 기법의 활용은 필수적이다. 통계적 품질관리는 품질변동의 출처, 품질변동의 원인, 정상제품과 불량제품, 관리한계와 규격한계 등 정보를 전달하는 과정이 반드시 필요한 방법이다. 프로세스에서 품질특성치의 평균수준과 변동수준의 분포는 품질담당자를 포함한 기업의 담당자들이 제품의 품질수준을 쉽게 이해할 수 있게 해 준다. 통계적 품질관리에서 사용되는 통계적 기법을 잘 다루는 사람일수록 품질관리가 수월해지고 문제가 생길 경우에 후속대처를 쉽게 할 수 있다. 또한 컴퓨터와 관련 산업이 급속도로 발전함에 따라 통계적 품질관리기법을 잘 이해하고 관련한 컴퓨터 기술을 잘 다룰 줄 아는 능력이 매우 중요해졌다.

부록 A에서는 통계적 품질관리 분야에서 사용되는 통계의 기본적이고 중요한 개념 중 일부를 간략히 공부한다.

2. 기초 확률 개념과 확률분포

통계학에서 실험(experiment)이란 여러 가지 결과가 나올 수 있는 상황에서 하나의 결과를 가져오는 과정을 말한다. 예를 들면 주사위를 던져 나오는 숫자를 확인하는 행위, 동전을 던져 앞면인지 뒷면인지 확인하는 것도 실험이 될 수 있고 생산 공정에서 몇 개의 생산품을 표본 추출하거나 전구가 나갈 때까지 켜 놓는 것도 모두 실험이라고 할 수 있다. 이러한 실험의 결과는 관측의 결과이다. 다시 말하면, 주사위의 숫자, 동전의 앞뒷면 또는 불량품의 개수나 전구 사용시간이 실험의 결과가 된다. 한편 실험에서 나타날 수 있는 모든 가능한 결과를 표본공간(Sample space)이라 하고 간단하게 S로 표시한다. 표본공간의 예를 들면, 주사위 하나를 던져 나올 수 있는 숫자는 1,2,3,4,5,6이고(S={1, 2, 3, 4, 5, 6}) 동전을 던져 나오는 결과는 앞면 또는 뒷면이며(S={앞면, 뒷면}) 10개의 제품표본에서 나올 수 있는 불량품의 개수는 0,1,2,...,10이다(S={0, 1, 2, ⋯, 10}). 표본공간은 측정하여 얻는 연속형 자료의 형태이거나 세어서 얻는 이산형 자료의 형태로 구성될 수 있다. 이산형 자료의 예는 품질경영 수업을 수강하는 학생 수 또는 하늘의 별의 수이고 연속형 자료의 예는 키, 몸무게, 온도 등 측정하여 얻는 것들이다. 앞서 이야기한 전구 사용시간은 연속형 자료의 예이다. 전구 사용시간은 0에서부터 시작하여 이론적으로 무한의 실수로 표시될 수 있다.

예제 1 실험과 표본공간

동전을 한번 던져 앞면이 나오는지 뒷면이 나오는지 확인하는 실험에서 표본공간을 정의하라. 또한 동전 2개를 한꺼번에 던지는 실험에서 표본공간을 정의하라.

풀이 동전 1개를 던지는 경우의 표본공간={(앞면),(뒷면)}

동전 2개를 한꺼번에 던지는 경우의 표본공간={(앞면,앞면),(앞면,뒷면),(뒷면,뒷면)}

확률변수는 모든 실험 결과를 숫자를 이용하여 표현한 것이다. 확률변수를 사용하는 이유는 각각의 실험결과를 하나하나 설명하는 것보다 숫자를 이용하여 표현하는 것이 다루기가 더 편하기 때문이다. 예를 들어 어느 실험이 10개의 부품을 표본추출하여 그 중 불량품의 개수를 세는 것이라 하자. 확률변수 X를 표본에서 나오는 불량품의 개수로 정의하면 확률변수 X가 취할 수 있는 값은 $0,1,2,\ldots,10$ 중에 하나가 될 것이다. 만약 확률변수를 사용하지 않으면 이 상황을 말로 설명해야 하지만 말로 설명하는 것보다 숫자로 설명하는 것이 훨씬 다루기가 편하다. 만약 실험이 최종 조립 후 제품을 검사하는 것이라면 결과는 합격과 불합격 둘 중의 하나일 것이다. 확률변수 Y를 합격이면 1로, 불합격이면 0으로 정의하자. 확률변수는 추정값에 따라 연속형 자료 또는 이산형 자료의 형태를 취할 것이다. 확률변수 X의 확률분포는 수학적 함수 $f(x)$로 표기되고 x_i는 확률변수 X의 i번째 관측값을 나타낸다. 누적분포함수 $F(x)$는 확률변수가 특정값인 x보다 작거나 같은 값을 취할 확률을 나타낸다. 누적분포함수는 $F(x)=P(X \le x)$로 표기되고 확률변수 X가 특정값인 x보다 작거나 같을 확률이라고 읽는다. 또한, 확률분포는 확률변수가 특정한 값을 가질 확률을 나타내는 분포를 의미하며 확률변수유형에 따라 연속형 확률분포이거나 이산형 확률분포가 된다. 이산형 확률변수의 특징은 셀 수 있는 값을 가진다는 점이다. 또한, 연속형 확률변수의 특징은 수치화하거나 측정할 수 있다는 점이다. 이산형 확률변수를 이용한 확률분포가 이산형 확률분포가 되며 연속형 확률변수를 이용하여 만든 분포는 연속형 확률분포가 된다.

다음으로는 여러 가지 이산형 확률분포 중에 품질분야에서 많이 사용되는 이항분포, 포아송분포 및 초기하분포에 대해서 알아본다.

이항분포(binomial distribution)

이항분포의 확률밀도함수(probability density function)는 연속된 n번의 시행에서 x번 성공할 확률을 의미하며 성공이란 매 시행의 두 가지 결과 중 하나를 의미한다. 품질관리에서 성공이란 정상품을 의미하고 실패란 불량품이라고 가정할 수 있다. 매 시행에서 성공확률은 상수인 p로 나타낸다. 이항분포가 성립되기 위해서는 다음의 세 가지 조건을 만족해야 한다. 이항실험(binomial experiment)은 n개의 동일한 시행으로 구성되어야 하고 각 시행에 따라 단지 두 개의 결과만 존재해야 한다. 예를 들면 성공과 실패와 같은 경우이다. 성공의 확률은 매 시행마다 고정된 값으로 같아야 하고 각각 시행들은 상호 독립적이어야 한다. 확률변수 X가 이항분포를 따른다고 가정하면 확률변수 X가 관측값 x번 발생할 확률은 다음의 확률밀도함수로 표현된다.

$$P(X=x)={}_nC_xp^x(1-p)^{n-x}$$

여기서, n은 시행횟수, x는 성공횟수, p는 성공의 확률이다. 간단한 계산을 통하여 이항분포의 기댓값은 np이고 분산은 npq이 됨을 알 수 있다. 증명은 생략한다.

예제 2 — **이항분포의 활용**

생산공정에서 정상품이 나올 확률은 80%이고 불량품이 나올 확률은 20%로 알려져 있다. 만약 표본조사에서 5개의 제품을 임의로 선택하는 경우 5개 제품 중 2개가 불량품이 나올 확률은 얼마인가? 또한 2개 이하가 불량일 확률은 얼마인가?

풀이 5개 제품 중 2개가 불량품이 나올 확률은 다음과 같다.

$$P(X=2)={}_5C_2(0.2)^2(0.8)^3=\frac{5!}{2!3!}(0.2)^2(0.8)^3=0.2048$$

따라서 5개 제품 중 2개 이하가 불량품일 확률은 다음과 같다.

$$P(X\le 2)=P(X=0)+P(X=1)+P(X=2)=0.3277+0.4096+0.2048=0.9421$$

포아송분포(Poisson distribution)

포아송분포는 이항분포와 밀접한 관련이 있고 기대치를 일정하게 유지하면서 표본의 크기를 매우 크게, 그리고 성공 또는 실패의 확률을 매우 작게 함으로써 얻을 수 있다. 즉, 시행횟수 n이 성공확률 p에 비해 월등히 클 때 포아송분포는 이항분포의 근사치로써 사용될 수 있다. 일반적으로 성공확률 p가 0.05보다 작거나 같고 시행횟수 n이 20 이상인 경우 포아송분포의 모수 λ는 np의 근사치가 될 수 있다. 특정 시간 간격이나 공간 간격상 사건의 발생 수를 계산하는 데에 포아송분포는 널리 사용된다. 예를 들어 전화안내원에게 5분 동안 걸려오는 전화번호 문의 횟수나 횡단보도에서 하루 동안 발생하는 교통사고 건수, 특정시간 동안 은행에 방문하는 고객 수 등은 포아송분포를 이용하여 예측할 수 있다. 또한 포아송분포는 품질관리에서 많이 사용되고 있는데 비슷한 방식으로 어느 기계에서 생산되는 제품 중 특정기간 동안 발생하는 결점 수 등을 분석하는 데에 이용할 수 있다. 이처럼 포아송분포는 단위시간이나 단위공간에서 어떤 사건(예를 들면, 결점이나 불량품)의 출현 횟수가 갖는 분포이며 포아송분포의 확률밀도함수는 다음과 같다.

$$P(X=x)=\frac{e^{-\lambda}\lambda^{x}}{x!},\ x=0,\ 1,\ 2,\ 3,\ \cdots$$

여기서 e는 오일러 상수로 2.7182818...이다. 포아송 확률변수 X는 0 이상의 모든 정수를 값으로 취할 수 있는 이산형 확률변수이며, λ는 주어진 구간 내에 발생한 사건들의 평균값을 의미한다.

예제 3 — **포아송분포의 활용**

어느 공장의 생산라인에서 제품의 결점 수를 조사해 보니 평균 하루에 2.3개로 알려져 있다. 어느 날 결점 수가 1개 이내일 확률을 구하라.

풀이 제품의 결점 수는 평균(λ)이 2.3인 포아송분포를 따른다. 따라서

$$P(X=0)+P(X=1)=\frac{e^{-2.3}(2.3)^{0}}{0!}+\frac{e^{-2.3}(2.3)^{1}}{1!}=0.1003+0.2306=0.3309$$

초기하분포(hypergeometric distribution)

초기하분포는 샘플링에서 유용한 분포이다. N개의 제품 중에 r개가 불량품인 하나의 생산단위(로트)에서 n개의 표본을 추출할 때 나오는 불량품의 개수를 확률변수 X라고 정의하면 x개가 불량품일 확률은 다음의 초기하분포의 확률밀도함수로 정의할 수 있다.

$$f(x)=P(X=x)=\frac{\binom{r}{x}\binom{N-r}{n-x}}{\binom{N}{n}}$$

예제 4 초기하분포의 활용

10개의 제품이 있는 로트에서 3개를 임의로 추출하여 검사한 결과, 불량품이 하나도 없거나 또는 추출한 표본 안에 불량품이 1개인 경우 합격시키는 방법으로 검사한다고 하자. 실제 불량률이 20%라고 할 때 이 로트가 합격할 확률은?

풀이 $N=10,\ n=3,\ r=2$인 경우

$$P(X=0)+P(X=1)=\frac{\binom{2}{0}\binom{10-2}{3-0}}{\binom{10}{3}}+\frac{\binom{2}{1}\binom{10-2}{3-1}}{\binom{10}{3}}=\frac{7}{15}+\frac{7}{15}=\frac{14}{15}$$

연속형 확률변수의 분포는 연속확률분포라고 한다. 연속형 확률변수는 하나 또는 그 이상의 실수 구간에서 정의되며, 취할 수 있는 값이 무한하기 때문에 하나의 값을 취하는 특정 확률값은 이론상 0이 된다. 따라서 연속형 자료의 확률은 단지 구간에서만 정의된다. 연속확률변수의 함수형태를 확률밀도함수라 하고 $f(x)$로 표기한다. 연속확률변수의 누적분포함수 $F(x)$ 또는 $P(X\le x)$는 확률변수 X가 관측값 x보다 작거나 같을 확률을 나타낸다. $F(x)$를 알면 연속분포상의 구간확률 계산을 용이하게 할 수 있다. X가 어느 특정한 값 a와 b 사이에 있을 확률은 a와 b 각각에서 계산된 누적분포함수의 차이와 같다. 즉,

$$P(a\le X\le b)=P(X\le b)-P(X<a)=F(b)-F(a)$$

또한 위의 확률에서 연속확률분포의 경우에는 경계값이 포함되든 포함되지 않든 경계값이 하나의 선이기 때문에 확률값에는 영향을 미치지 않는다.

$$P(a\le X\le b)=P(a\le X<b)=P(a<X\le b)=P(a<X<b)$$

그러나 이산확률분포는 경계값의 포함여부에 따라 확률값이 달라진다.

또한 신뢰도함수 또는 신뢰성함수는 $R(x)$로 표시하고 1에서 누적분포함수를 뺀 값이다. 즉, $R(x)=1-F(x)$이다. 마지막으로 실패율함수 또는 고장률함수는

$h(x)$로 표시하고 확률밀도함수를 신뢰도 함수로 나눈 값이다. 즉,

$$h(x) = \frac{f(x)}{R(x)}$$

연속확률분포는 여러 가지가 있는데 여기서는 품질관리에서 많이 쓰이는 정규분포와 지수분포에 대해서 알아본다.

정규분포(normal distribution)

정규분포에 대한 확률밀도함수는 종모양의 곡선으로 표현된다. 자연현상과 사회현상에 가장 많이 근사하므로 널리 사용되는 분포이다. 독일의 가우스에 의해 폭넓게 응용되어 가우시안 분포(gaussian distribution)라고도 한다. 정규분포는 수학적으로 사용하기가 용이하고 표본수를 늘리면 데이터가 정규분포를 따르는 성질이 있어서 매우 유용하다(중심극한정리). 정규분포의 확률밀도함수는 다음과 같다.

$$f(x) = \frac{1}{\sqrt{2\pi\sigma^2}} e^{-\frac{(x-\mu)^2}{2\sigma^2}}, \quad -\infty < x < \infty$$

특히, 정규분포의 평균이 0이고 표준편차가 1인 경우를 표준정규분포라고 한다. 표준정규분포의 확률밀도함수는 다음과 같다.

$$f(x) = \frac{1}{\sqrt{2\pi}} e^{-\frac{x^2}{2}}, \quad -\infty < x < \infty$$

확률변수 X가 평균이 μ이고 표준편차가 σ인 정규분포의 특정값을 갖는다면 다음의 확률변수 Z를 이용하여 X의 값은 표준정규분포상의 값으로 전환된다.

$$Z = \frac{X-\mu}{\sigma}$$

확률변수 Z는 평균이 0이고 표준편차가 1인 표준정규분포를 따르게 되고 부록 C에 있는 표준정규분포표를 이용하여 정규확률값을 계산할 수 있다.

예제 5 정규분포의 활용(1)

어느 제조업체에서 만드는 제품의 고장이 발생하기까지의 시간을 확률변수로 가정하고 이 확률변수가 평균이 1,020일이고 표준편차가 20일인 정규분포를 따른다고 가정한다. 제품의 고장이 발생하기까지의 시간이 1,044일 이하일 확률은 얼마인가? 또한 980일 이상일 확률은 얼마인가? 마지막으로 고장이 발생하기까지의 시간이 980일과 1,044일 사이일 확률을 구하시오.

풀이 표준정규분포표를 이용하기 위해 먼저 X의 값을 Z값으로 변환한다. $X=1,044$에 대해 Z값은 다음과 같이 계산된다.

$$Z=\frac{X-\mu}{\sigma}=\frac{1,044-1,020}{20}=1.2$$

이것은 1,044일을 평균 0, 표준편차 1을 가지는 확률변수 Z로 변환하면 그 값이 1.2라는 것을 의미한다. 따라서 부록 C의 표준정규분포표를 이용하여 값을 구하면 0.8849가 된다. 즉,

$$P(X\le 1,044)=P(Z\le 1.2)=0.8849$$

X가 980일 초과할 확률은 상응하는 Z값을 같은 공식을 이용하여 계산한다.

$$Z=\frac{X-\mu}{\sigma}=\frac{980-1,020}{20}=-2.0$$

$P(X\le 980)=P(Z\le -2)=0.02275$ 이고 따라서 $P(X\ge 980)=1-P(X<980)=1-P(\le 980)=1-0.02275=0.97725$ 가 된다.
또한 x가 980일과 1,044일 사이의 값을 확률은 다음과 같다.

$P(980\le X\le 1,044)=P(X\le 1,044)-P(X<980)=F(1,044)-F(980)=0.88493-0.02275=0.86218$

예제 6 정규분포의 활용(2)

관리도에서 프로세스가 안정되어 있는데 불안정하다고 판단하는 오류를 제1종 오류 또는 생산자 위험이라고 한다. 관리한계가 $\pm 3\sigma$ 인 관리도에서 제1종 오류의 값은 얼마인가?

풀이 표준정규분포의 확률변수 Z로 변환한 후에 부록 C에 있는 표준정규분포표를 이용한다.

$Z = \dfrac{3\sigma - \mu}{\sigma}$ 이 되고 μ가 0이고 σ가 1이므로 Z의 값은 3이 된다. Z가 3보다 클 확률은 표준정규분포표를 이용하면 0.00135이다. 좌우대칭이므로 제1종 오류의 값은 $0.00135 \times 2 = 0.0027$로 구할 수 있다.

지수분포(exponential distribution)

연속확률분포 중에 품질경영에서 자주 사용되는 분포로는 정규분포 외에 지수분포가 있다. 지수분포는 전기나 기계부품들의 고장 발생시간과 같은 독립사건들 간의 시간을 모형화할 때 가정할 수 있는 분포 중 하나이다. 따라서 지수분포는 신뢰성 모형을 가지고 분석하는 경우에 폭넓게 사용된다. 지수분포는 다음과 같은 점에서 포아송분포와 유사하다. 사건들 간의 시간에 대한 분포가 지수형태라면 그 시간 동안 발생한 사건들의 수는 포아송 형태를 보인다. 예를 들어 만일 자동차 대리점에 10시에서 오후 2시 사이에 방문하는 고객의 수가 포아송분포를 한다면 자동차 대리점을 방문하는 연속된 두 고객의 도착시간 간격은 지수분포를 따르게 된다. 따라서 지수분포(exponential distribution)는 한 작업을 완수하는 데 소요되는 시간 등을 설명하는 데 매우 유용한 연속확률분포이며, 이런 이유 때문에 대기시간분포(waiting time distribution)라고도 불린다. 지수분포의 예로서 세차장을 이용하는 자동차의 도착 시간, 트럭에 짐을 싣는 시간, 기계나 사람의 수명 등을 들 수 있다. 지수함수의 경우에 실패율함수는 $h(x) = \dfrac{1}{\lambda}$ 으로 고정된 값을 나타낸다. 실패율 함수가 고정된 값을 보이는 경우는 계산이 간단해지는 장점이 있지만 시간이 지나도 고장률이 변하지 않는다는 점에서 제한적으로 사용된다. 단위시간에 발생하는 평균사건의 수를 $\lambda(\lambda \geq 0)$라고 할 때 두 사건 사이의 시간간격을 확률변수 X라고 정의하면 X의 분포인 지수분포의 확률밀도함수, 누적분포함수, 신뢰도함수와 실패율함수는 각각 다음과 같이 정의된다.

$$f(x)=\frac{1}{\lambda}e^{-\frac{1}{\lambda}x},\ F(x)=1-e^{-\frac{1}{\lambda}x},\ R(x)=e^{-\frac{1}{\lambda}x},\ h(x)=\frac{1}{\lambda},\ 0<x<\infty$$

예제 7 — 지수함수의 활용

어떤 제품의 고장까지의 시간이 지수분포를 따른다고 가정한다. 제품의 고장률은 1,000시간당 8%이다. 5,000시간에서의 제품의 신뢰성은 얼마인가? 고장까지의 평균시간을 구하라.

풀이 고장률이 8%/1,000시간이므로 기본단위를 1,000시간으로 가정하면 $h(1)=0.08=\frac{1}{\lambda}$이 되고 따라서 평균고장시간은 $\lambda=12.5$이다. 또한, 5,000시간에서의 제품의 신뢰성은 $R(5)=e^{-\frac{1}{12.5}5}=0.6703$이다.

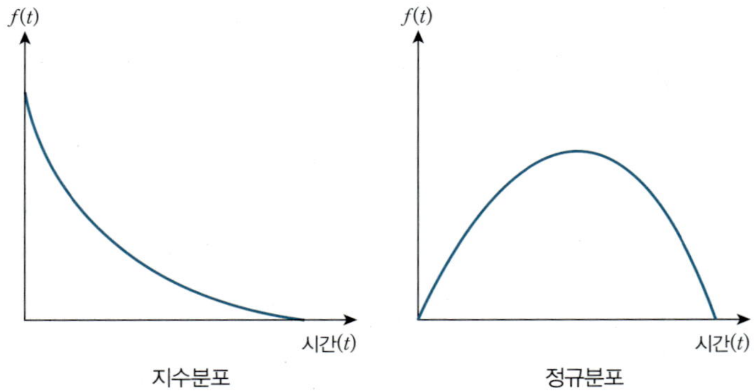

[그림 1] 지수분포, 정규분포의 확률밀도함수

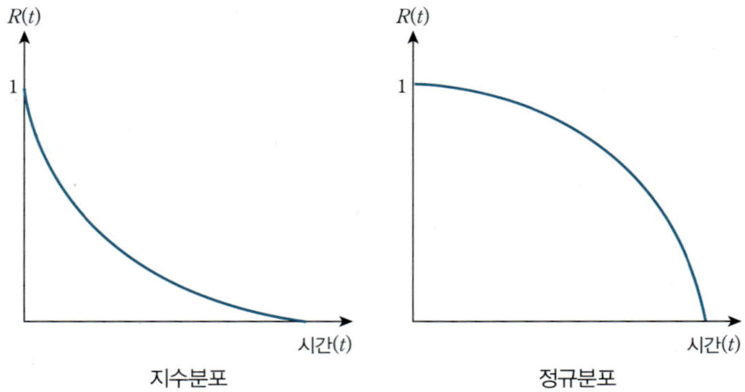

[그림 2] 지수분포와 정규분포의 신뢰성 함수

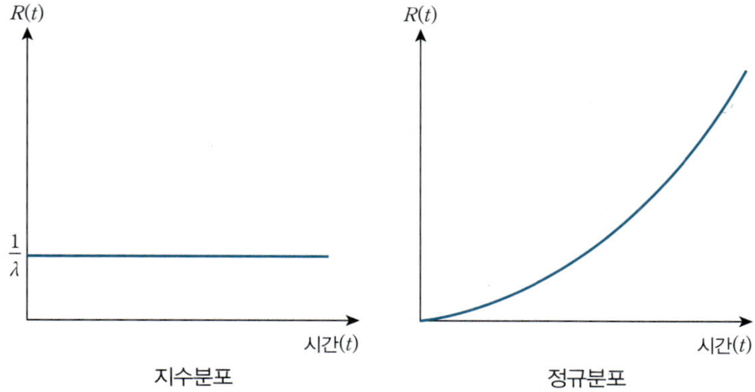

[그림 3] 지수분포와 정규분포의 실패율 함수

3. 통계적 방법론

통계적 방법론은 크게 기술통계학과 추론통계학으로 나뉜다. 기술통계학은 자료를 시각적으로 보여주는 방법에 대한 내용이며, 자료를 표시하고 정리하기 위한 도수분포표, 그래프, 히스토그램, 중심화 경향 측정, 산포도 측정 등을 포함한다. 예를 들어, 화물분실문제를 조사한 항공사는 문제의 원인 중 부정확한 태그부착이 30%, 화물청구장소의 오류가 20%로 총 50%의 분실이 두 가지 원인에 의해 발생했다고 결론을 내는 경우 또는 항공사는 월별로 승객 1,000명당 화물분실 횟수의 평균을 계산하여, 추세분석을 위해 자료를 도표화하는 경우에 기술통계학을 이용할 수 있다.

통계문제해결의 두 번째 요소는 추론통계학이다. 이론통계학의 내용은 대부분 추론통계학이라고 볼 수 있다. 추론통계학 또는 통계적 추론은 모집단의 특성에 대해 추출한 표본을 이용하여 결론을 유도하는 과정이다. 이 과정에서 사용되는 기법으로 신뢰구간, 가설검정, 실험설계 등이 있다. 예를 들어 화학제품 제조업체는 온도가 새로운 생산 공정의 수율에 미치는 영향에 대해 관심이 있을 수 있다. 또한, 측정수율의 변동에 따른 신뢰구간을 설정하여 표본의 불확실성을 정량화할 수 있다. 통제된 실험에서 회사는 온도가 수율에 영향을 미친다는 가설검정을 행한다. 만약 온도가 중요한 변수라면 적정온도 유지가 필요하며 수집된 자료에 근거해 프로세스가 제대로 통제되고 있는가에 대한 추론도 필요하다.

통계분석방법으로 상관분석과 회귀분석은 널리 사용되는 중요한 기법이며 이 두 기법을 품질관리에서 사용하면 공정의 특성을 명백히 알 수 있고 미래값을 예측할 수 있다. 또한, 실험계획법은 공정요인들의 산출물 품질에 대한 영향력에 대한 파악 및 시스템 최적화를 위해 사용된다. 여러 가지 기본적인 통계방법들은 엑셀을 사용하여 구현할 수 있다. 엑셀은 통계분석을 위한 다양한 함수와 자료분석 도구들을 제공한다. 엑셀을 이용하는 통계방법에 대한 구체적인 설명은 생략한다.

4. 통계적 추론

일반적으로 자료는 모집단이라 불리는, 개체들의 아주 큰 집단에 대한 정보를 알아내기 위하여 수집된다. 또한 개체들을 선별하여 조사하게 되는데 선별한 개체들의 집단을 표본이라 부른다. 즉, 모집단이란 특정한 연구에서 관심대상이 되는 모든 개체들의 집합이며 표본은 모집단의 부분집합이 된다. 품질관리에서는 다음과 같은 이유로 모집단 전체를 조사할 수 없는 경우가 발생한다.[1)]

- 파괴검사일 때
- 전수검사에 소요되는 비용이 막대할 때
- 전수검사가 기술적으로 불가능하거나 장시간을 요하여 생산계획에 영향을 미칠 때
- 검사할 품목이 많고 검사실수율이 높아 전수검사를 하게 되면 많은 불량품이 통과될 우려가 있을 때
- 공급업체의 품질수준이 우수하여 전수검사를 실시하지 않아도 될 때
- 기타

이러한 경우에 표본조사를 하고 그것을 바탕으로 다양한 통계량을 구하게 되는데 이 통계량들을 가지고 모수를 추측하는 것이 통계적 추론의 예이다. 즉, 통계의 중요한 기능은 표본으로부터 얻어진 정보를 이용하여 모집단의 특성에 대해 추측

1) 출처: D.C. Montgomery, 1985. “Introduction to statistical quality control”, New York, NY: John Wiley & Sons
강금식. 2016. “품질경영”, 5판, 도서출판 오래

하거나 어떤 현상에 대한 결론이나 판정을 내리는 것이다. 이러한 모집단의 특성에 대해 추측이나 판정하는 절차를 통계적 추론이라고 부른다.

통계적 추론은 표본으로 모집단에 대한 결론을 유도하는 것과 관련이 있다. 표본을 뽑아서 표본통계량으로 모집단의 모수를 추론해야 하는 경우 더 정확하게 판단하기 위해서는 먼저 표집분포를 이해해야 한다.

표집분포(sampling distribution)

확률변수의 평균이나 표준편차도 그 자체로 확률변수가 될 수 있고 확률변수의 분포도 존재한다. 당연히 서로 다른 표본은 모수에 대해 서로 다른 추정값을 갖는다. 이러한 확률 분포를 표집분포라고 부른다. 품질에서는 표본평균과 표본표준편차에 대한 표집분포가 가장 중요하다. 확률변수 X가 평균이 μ, 분산이 σ^2을 가지는 정규분포를 따른다고 가정하면 이를 다음과 같이 표시할 수 있다. N은 정규분포(normal distribution)의 앞자를 의미한다.

$$X \sim N(\mu,\ \sigma^2)$$

또한, 무작위로 표본을 여러 번 추출하였을 때 표본평균은 평균이 $\mu_{\overline{x}}=\mu$이고 분산이 $\sigma_{\overline{x}}^2 = \frac{\sigma^2}{n}$을 가지는 정규분포를 따르게 된다. 즉,

$$\overline{X} \sim N\left(\mu,\ \frac{\sigma^2}{n}\right)$$

표준편차는 무한모집단인 경우와 유한모집단인 경우로 나누어 생각해 볼 수 있다.

① 무한모집단 또는 유한 모집단으로부터의 복원추출을 하는 경우 표준편차

$$\sigma_{\overline{x}} = \frac{\sigma}{\sqrt{n}}$$

② 유한모집단으로부터 비복원추출을 하는 경우 표준편차

$$\sigma_{\overline{x}} = \sqrt{\frac{N-n}{N-1}}\frac{\sigma}{\sqrt{n}}$$

위의 식에서 대문자 N은 모집단의 수이고, 소문자 n은 표본의 수이다.

또한 평균의 확률분포를 규정할 필요가 있는데, 모집단의 분포를 모를 때 중심극한정리가 중요한 의미를 제공할 수 있다. 모집단의 분포가 정규분포를 따를 때는 표본의 분포도 정규분포를 따른다고 가정하고 분석할 수 있다. 그런데 모집단의 분포가 정규분포를 따르지 않는 경우에도 어느 정도 표본의 크기가 크다면 정규분포를 가정해서 분석할 수 있다. 그 이유는 중심극한정리 때문이다. 무작위로 n개의 표본이 평균이 μ이고 표준편차가 σ인 모집단에서 추출되었을 때 표본평균의 확률분포는 n이 커질수록 평균이 μ이고 표준편차가 $\frac{\sigma}{\sqrt{n}}$인 정규분포에 접근하는 성질이 있는데 이를 중심극한정리라고 한다.

가설검정(hypothesis testing)

모집단으로부터 얻은 표본정보를 이용하여 모수에 대한 추정을 한 이후에는 모수에 대한 예측치가 올바르게 얻어졌는지를 판정하는 과정이 필요하다. 이러한 과정을 수행하기 위하여 모집단의 모수에 대한 가설을 설정하고 기각역과 검정통계량을 계산하여 결과를 판정하게 되는데 이를 가설검정이라고 한다.

가설검정은 모집단의 특성을 나타내는 모수값에 관한 가설을 설정하는 과정으로부터 시작되며 가설은 귀무가설과 대립가설로 나누어진다. 귀무가설은 모수에 관하여 이미 알려진 사실을 사용하여 세워지는 가설이며 H_0로 표기된다. 대립가설은 귀무가설에 반대되는 가설로 귀무가설이 옳지 않은 경우 받아들이는 가설이며 H_1으로 설정한다. 가설검정의 근본적인 관심은 제기되는 문제를 반영하는 대립가설의 타당성 여부를 확인하는 것이다. 그러나 직접적으로 대립가설만을 사용하여 대립가설의 타당성 여부를 검정하지 못하므로 그것의 반대되는 귀무가설을 세우게 되며 귀무가설이 옳지 않은 경우에 대립가설의 타당성을 받아들이는 과정으로 가설검정이 진행된다. 가설검정은 다음의 단계를 따른다.

1. 검정할 가설 수립
2. 유의수준 설정
3. 결론 판단에 필요한 규칙 선정(임계치값을 이용하는 경우와 유의확률을 이용하는 경우에 따라 규칙이 달라짐)
4. 자료수집 및 검정통계량 계산

5. 통계치 해석 및 결론

유의수준(significant level)은 귀무가설이 참인데도 불구하고 대립가설이 참이라고 잘못된 결론을 낼 오류를 정의하는데 일반적으로 10%, 5%, 또는 1% 중에서 한 가지가 사용된다. 기각법칙은 임계치를 이용하는 경우와 유의확률을 이용하는 경우로 나눈다. 귀무가설을 기각하거나 채택하는 결정은 귀무가설과 유의수준에 근거한 표본분포의 임계치값과 검정통계량을 비교함으로써 이루어진다. 검정통계량의 표본분포는 일반적으로 정규분포, t분포 및 잘 알려진 다른 분포 중의 하나가 된다. 모평균의 가설검정에 있어서 모집단의 분산이 알려지지 않았으나 표본의 크기가 큰 경우, 검정통계량 $(\overline{X}-\mu)/(S/\sqrt{n})$의 분포는 근사적으로 표준정규분포를 따른다는 사실을 이용하여 가설검정을 수행한다.

임계치를 기준으로 표본분포는 2개의 영역으로 나뉘는데, 바로 기각구간(기각역)과 채택구간(채택역)이다. 검정통계량이 기각구간에 포함되는 경우 귀무가설은 기각된다. 반대로 검정통계량이 채택구간에 포함되는 경우는 귀무가설은 기각되지 않는다. 귀무가설이 참일 경우 검정통계량이 기각영역에 위치할 확률이 제1종 오류(α)의 확률이 되도록 기각구간이 설정된다. 단측검정의 경우 기각영역은 확률이 α인 확률분포의 하단과 상단 (또는 좌측과 우측)의 부분이다. 양측검정일 경우, 기각영역은 상단과 하단 모두를 포함한다. 일반적으로 각각의 꼬리부분은 $\alpha/2$의 면적이며 두 부분을 더해서 α가 된다.

임계치를 이용하는 방법 이외에 가설검정하는 또 다른 방법은 검정통계량을 얻게 되는 확률을 계산하는 것이다. 이 확률은 p값 또는 유의확률이라고 부른다. p값을 이용하는 경우의 기각법칙은 조사자가 선택한 유의수준 α와 p값을 비교하여 유의수준 α보다 p값이 적으면 귀무가설을 기각하고 반대의 경우, 즉 유의수준 α보다 p값이 큰 경우에는 귀무가설을 기각하지 않는다. 몇 가지 예제를 통하여 가설검정에 대해 알아보겠다.

예제 8 모분산이 알려져 있지 않고 표본의 크기가 큰 경우

초고속 인터넷 서비스를 제공하는 H사의 경영진은 새로운 고객 확보를 위한 홍보 전략으로써 모든 백화점 안에 홍보창구 설치를 고려하고 있으며, 모든 백화점의 홍보창구에서 고객으로 가입하는 회원의 평균수가 100명을 넘을 수 있다면 홍보를 시작하기로 결정하였다. 이 전략을 실행하기 전에 30곳의 백화점에서 일주일 동안 H사의 고객으로 가입하는 회원수를 조사하기로 결정하였다. 30곳의 백화점에 가입한 회원수는 평균 109명, 표준편차는 23.0032이다. 유의수준 5%에서 가설검정을 수행하라.

풀이 주어진 자료로부터 $n=30$, $s=23.0022$, $\overline{x}=109$ 및 $\alpha=0.05$를 이용하여 모평균에 관한 가설검정을 수행한다. 가설은 아래와 같이 설정한다.

$$H_0 : \mu \leq 100$$
$$H_1 : \mu > 100$$

검정통계량은 귀무가설이 참인 경우를 고려하며 설정되며 모집단의 표준편차가 알려져 있지 않으나 표본의 크기가 크기 때문에 검정통계량의 분포는 표준정규분포를 근사적으로 따른다. 또한 기각역은 유의수준 5%이고 단측검정이므로 기각역은 부록 C1에 위치한 표준정규분포표로부터 $z>1.645$로 얻어진다. 검정통계량의 값은

$$z=\frac{109-100}{23.0022/\sqrt{30}}=2.1431$$

이다. 얻어진 z값은 기각역에 포함되므로 유의수준 5%에서 귀무가설은 기각되고 각 백화점 광고창구에서 가입하는 회원의 평균수는 100명 이상이라고 할 수 있다. 그러므로 H사는 이 가설검정으로부터 모든 백화점에서 홍보창구를 개설할 수 있는 통계적 근거를 갖는다고 할 수 있다.

모평균의 가설검정에 있어서 모집단의 분산이 알려지지 않고 표본의 크기도 작은 경우, 검정통계량 $(\overline{X}-\mu)/(S/\sqrt{n})$의 분포는 t-분포를 따른다는 사실을 이용하여 가설 검정을 수행한다.

예제 9 — **모분산이 알려져 있지 않고 표본의 크기가 작은 경우**

A 지역은 지역 내에서 생산하는 4kg 쌀 부대의 실제 무게를 자체조사하기로 결정하였다. 16개의 4kg 쌀 부대를 대상으로 조사한 결과 $\overline{x}=3.9\,\text{kg}$, $s=0.4\,\text{kg}$으로 조사되었다. 조사결과로부터 쌀 부대의 무게가 잘못 표시되었다고 할 수 있는지를 유의수준 5%에서 가설검정을 수행하라(단, 모집단은 정규분포를 가정한다).

풀이 다음과 같은 가설을 설정할 수 있다.

$$H_0 : \mu=4.0$$
$$H_1 : \mu\neq4.0$$

표본의 크기가 작고 모집단의 분산이 알려지지 않았으므로 검정통계량의 분포는 부록 C2에 위치한 t-분포를 따른다. 기각역은 유의수준 5%이고 양측검정이므로 기각역은 t 분포표로부터 $t< -t_{0.025,\ 15}=-2.131$과 $t>t_{0.025,\ 15}=2.131$로 얻어지며 검정통계량의 값은

$$\frac{3.9-4.0}{0.4/\sqrt{16}}=-0.103$$

이다. 얻어진 검정통계량값은 기각역에 포함되지 않으므로 유의수준 5%에서 귀무가설을 기각하지 못한다. 그러므로 A 지역에서 생산하는 쌀 부대의 무게가 4kg이 아니라는 통계적 근거는 제시되지 않는다.

분산분석

분산분석은 서로 다른 집단의 평균이 같은지 다른지를 알아볼 수 있는 분석방법이다. 집단의 차이는 집단의 평균의 차이이거나 아니면 각각의 집단 내의 자체적인 변동의 차이, 두 가지로 가정하고 집단의 평균의 차이가 각 집단 내의 자체적인 변동의 차이보다 크면 집단 간 차이가 있다고 결론을 내리고 반대의 경우라면 집단 간 차이가 없다고 결론을 내린다. 가장 간단한 형태인 일원분산분석은 변동의 원인이 하나라고 가정하는 것이다. 일원분산분석은 여러 집단의 품질변동의 차이가 하나의 원인 때문인 경우 집단 간 관측평균을 비교하는 데 유용하다. 또는 가장 중요한 한 가지 원인을 집중적으로 살펴볼 때 사용된다. 분산분석검정은 모든 집단의

평균은 동일하다는 귀무가설과 적어도 하나의 평균이 나머지와 다르다는 대립가설을 검정하는 것이다. 데이터의 변동의 측정은 여러 요약통계량 중 분산을 이용한다. 즉, 각 데이터와 평균의 차이에 대한 제곱합의 제곱근을 평균제곱근이라 한다. 집단 간의 평균제곱근을 집단 내 평균제곱근으로 나누면 F 검정통계량을 구할 수 있다. 임계치를 이용하는 경우는 검정통계량이 임계치보다 더 크면 평균의 차이가 존재한다고 결론을 낸다. 유의확률(p값)을 이용하는 경우는 F 검정통계량을 가지고 p값을 구한 후 p값이 유의수준보다 작으면 집단(또는 그룹) 간 평균의 차이가 존재한다고 결론을 내린다. 이처럼 평균의 동일성을 집단 간 변동과 집단 내 변동으로 나누어 분산을 비교하기 때문에 분산분석이라고 한다.

회귀분석과 상관분석

기업을 경영하는 과정에서 의사결정을 할 때 여러 가지 요소들을 고려해야 하는 경우가 대부분이다. 영향을 미치는 것과 영향을 받는 것을 고려해야 하고 둘 또는 그 이상의 변수들 사이의 관계를 고려해야 한다. 예를 들어 광고비와 매출액 사이의 관계를 가정하는 경우 광고비가 매출액에 영향을 줄 수도 있고 그 반대의 경우도 생각해 볼 수 있다. 먼저 전자를 가정하여 광고비를 늘리면 매출액이 증가한다고 가정하자. 마케팅 담당자는 광고에 지출된 금액 수준에 대해 매출액을 예측할 것이다. 이 경우 마케팅 담당자는 변수들의 관계를 파악하기 위하여 그들의 경험이나 직관을 이용할 것이다. 그러나 만일 자료를 얻을 수 있다면 변수들 사이의 관계를 설명할 수 있는 함수식을 찾아내어 예측에 이용할 수 있는데 이 방법을 회귀분석(regression analysis)이라 한다. 회귀분석에서는 하나의 변수(독립변수)가 다른 변수(종속변수)에 미치는 영향을 파악할 수 있게 될 뿐만 아니라 특정 변수들의 변화가 관측된다면 다른 변수의 변화를 예측할 수도 있게 된다. 회귀분석에서 예측되어지는 변수를 종속변수(dependent variable) 혹은 반응변수(response variable)라고 하며 예측에 이용되는 변수를 독립변수(independent variable) 혹은 설명변수(explanatory variable)라고 한다. 예를 들어 광고의 효과를 분석하는 경우 매출액은 종속변수가 되며 광고비 지출액은 독립변수가 될 것이다.

하나의 독립변수와 하나의 종속변수를 포함하는 가장 단순한 회귀분석의 형태를 단순선형회귀분석(simple linear regression analysis)라고 하며 여러 개의 종속변수가 있는 회귀분석을 다중선형회귀분석 또는 중선형회귀분석(multiple linear regression analysis)이라고 한다. 단순선형회귀분석을 실시하는 경우에는 하나의 독립변수와 종속변수가 선형의 관계를 가지고 있다고 가정한다. 만약 둘 사이의 관계가 선형이 아니라면 단순선형회귀모형은 적절한 분석방법이 아니다. 따라서 회귀분석을 하기 전에 둘의 선형 관계가 실제로 존재하는지 파악해야 하는데 보통의 경우는 산점도를 그려서 선형의 관계가 있는지 판단한다.

변수들 사이의 관련성을 시각적으로 평가하는 방법 외에 또 다른 방법은 계량적으로 평가하는 것인데 이를 상관분석이라 한다. 상관분석은 변수들 간에 존재하는 선형관련성의 정도를 계량적으로 측정하여 분석하는 방법으로 변수들 사이의 선형 관련성 정도를 측정하는 척도로는 상관계수(correlation coefficient)를 사용한다. 다른 모수들과 마찬가지로 모집단의 상관계수 역시 표본자료를 통해 추정할 수 있으며 확률변수 X와 확률변수 Y가 있다고 가정하고 표본상관계수를 r이라고 놓으면 표본상관계수(sample correlation coefficient) r은 다음과 같이 정의된다.

$$r = \frac{\sum xy - \sum x \sum y / n}{\sqrt{(\sum x^2 - (\sum x)^2 / n)(\sum y^2 - (\sum y)^2 / n)}}$$

상관계수는 −1에서 +1 사이의 값을 취하며 상관계수가 1일 경우를 완전 양의 선형관계라고 하고 하나의 변수값이 증가하면 다른 변수의 값도 기울기 1의 곡선값만큼 증가한다. 상관계수가 −1인 경우도 완전 음의 선형관계라고 하고 한 변수의 값이 증가하면 다른 변수의 값은 기울기 −1의 곡선 위의 값만큼 감소한다. 상관계수가 0이면 무상관관계라고 한다. 이 경우 두 변수 간의 관계가 없기 때문에 한 변수의 값이 변경되더라도 다른 변수의 값을 예측할 수 없다. 또한, 상관계수의 제곱을 결정계수라 하고 독립변수에 의해 설명되는 종속변수의 변량의 비율을 나타낸다. 이는 회귀모형이 데이터를 얼마나 잘 적합하였는지 판단하는 기준이 된다.

실험계획법

실험계획법은 1920년대 영국의 피셔(R.A. Fisher)가 밀의 품종개량을 위해 통계적인 실험계획을 통해 수확량의 차이를 평가한 것이 시작이라고 알려져 있다. 그 이후 최근에는 6시그마의 개발로 인하여 생산공정의 품질관리와 신제품 개발방법 등에서 많이 사용되고 있다. 실험계획법은 여러 가지 방법 중 더 좋은 방법을 선택하거나 프로세스의 수율을 최적화하는 변수들을 결정하거나 반응변수의 변량을 최소화하기 위한 단계를 결정하기 위하여 2개 이상의 방법을 비교하여 수행하는 통계적 기법이다. 관심의 대상이 실험자에 의해 통제되는 실험계획법은 무작위 확률표본으로 관측되는 연구와는 다르다. 실험계획법은 프로세스 성과를 향상시키기 위해 프로세스 내부의 문제를 제거하거나 프로세스 변동의 외부요인에 덜 민감한 프로세스를 얻기 위하여 사용된다. 예를 들어 도자기 회사에서 도자기를 대량생산하는 경우 도자기를 굽는 가마 안이 원형이라 위치에 따른 온도의 차이 때문에 많은 불량 도자기들이 생산되고 있다고 가정한다. 불량 도자기를 줄이기 위해서는 가마 안의 위치에 상관없이 온도를 일정하게 유지해야 하는데 그렇게 하려면 가마를 새로 제작해야 한다. 가마를 새로 만드는 것은 비용이 아주 많이 들어가는 큰 작업이다. 이 상황에서 가마를 다시 제작하지 않고 도자기의 성분을 변화시켜 온도의 변화에 둔감한 제품을 생산하기 위해 실험계획법을 이용하여 최적의 성분조합을 찾아낼 수 있다. 이러한 시도로 불량 도자기의 비율을 많이 줄일 수 있는데 이것은 실제로 있었던 사례로 이나(Ina) 타일 회사의 강건설계에 관련된 일화이다. 또 다른 예로 2대의 장비가 같은 부품을 생산한다고 가정하자. 공정에 사용되는 재료는 수동 또는 자동으로 장비에 의해 투입된다. 장비와 재료투입방식을 어떻게 하느냐에 따라 불량률이 달라지고 실험자는 불량률을 최소화하기 위해 실험계획법을 사용할 수 있다. 이처럼 품질개선의 실질적인 도구로써 실험계획법은 다양한 산업에서 널리 성공적으로 사용되어 왔다.

실험계획법은 프로세스나 시스템에 실험을 실시하여 프로세스 개선에 필요한 정보를 얻을 수 있다. 비록 실험계획법이 제품과 프로세스의 설계단계에서 최적 파라미터의 값을 구하는 데 사용되지만 프로세스의 통계적 안정을 추구할 경우에도 사용된다. 예를 들면 생산 프로세스가 안정되어 있고 프로세스의 여러 통제가능변수 가운데 어느 것이 더욱 중요한지 알 수 없는 경우에는 실험계획법을 사용하여 영향력 있는 프로세스 변수를 찾아 낼 수 있다. 이와 같이 실험계획법은 현재의 제품 또는 제조 프로세스를 개선한다든지 새로운 제품 생산 프로세스를 개발하는 데에 사용되는 매우 중요한 도구이다.

연·습·문·제

1. 주사위를 두 번 던지는 실험을 고려하자.

(1) 실험결과를 나열하라.

(2) 주사위를 던져서 나온 수를 확률변수로 정의하라.

(3) 이 실험은 이산확률변수인가 혹은 연속확률변수인가?

(4) 확률변수에 대한 확률분포를 구하라.

2. 은행에 1시간당 방문하는 고객의 수(X)는 포아송확률분포를 이룬다고 가정하자. 그리고 평균적으로 1시간당 2명($\lambda=2$)의 고객이 방문한다고 가정하자.

(1) 1시간 동안 방문하는 고객의 수(X)의 평균 및 표준편차를 구하라.

(2) 1시간 동안 방문하는 고객이 1명도 없을 확률을 구하라.

(3) 3명 이상의 고객이 방문할 확률을 구하라.

3. 새로 출시된 전구의 평균 수명은 1,000시간인 지수분포를 따른다고 할 때 이 전구를 구입하는 경우

(1) 이 전구를 1,000시간 이상 사용할 확률은 얼마인가?

(2) 사용시간이 1,500~2,200시간일 확률은 얼마인가?

4. 여객터미널 창구에서 좌석을 배정받는 데 걸리는 시간은 평균 6분에 표준편차 3분을 갖는 정규분포를 따른다는 사실을 알았다.

(1) 창구에서 소요시간이 7분을 초과할 확률을 구하라.

(2) 창구에서 소요시간이 5분 미만일 확률을 구하라.

(3) 창구에서 소요시간이 3분에서 7분 사이에 놓일 확률을 구하라.

5. 어느 학과 신입생들의 IQ가 평균 100, 분산 20이다. 신입생들 중 50명을 무작위로 추출하여 IQ의 표본평균을 계산했을 때, 이 표본평균이 이루는 분포의 평균, 분산, 표준편차를 계산하라.

[부록 B] 엑셀(MS-Excel)을 활용한 관리도

1. $\overline{X}-R$ 관리도의 작성 순서

2. p 관리도의 작성 순서

본 부록에서는 $\overline{x}-R$ 관리도, p 관리도와 np 관리도, c 관리도 및 u 관리도를 MS-Excel 프로그램을 이용하여 생성하는 방법에 대해서 설명하고자 한다. 특히 $\overline{x}-R$ 관리도와 p 관리도에 대한 예시를 단계별로 보여준다. 나머지 관리도인 np 관리도, c 관리도 및 u 관리도는 UCL, CL, LCL의 수식만 다를 뿐 p 관리도와 동일한 방법이므로 설명을 생략한다.

1. $\overline{X}-R$ 관리도의 작성 순서

(〈표 12-2〉의 자료표 활용한 [그림 12-5] 생성)

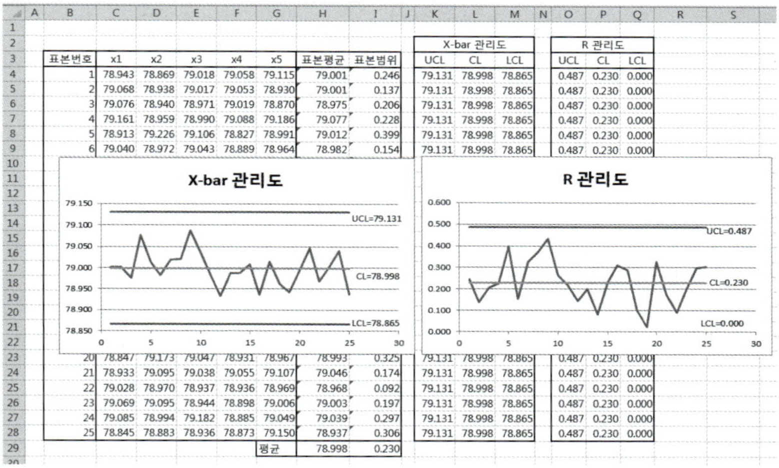

① 다음과 같이 수식을 입력한다.

셀 주소	수식	비고
H4	=AVERAGE(C4:G4)	H28까지 복사
H29	=AVERAGE(H4:H28)	I29까지 복사
I4	=MAX(C4:G4)-MIN(C4:G4)	I28까지 복사
K4	=$H$29+0.577*$I$29	K28까지 복사
L4	=$H$29	L28까지 복사
M4	=$H$29-0.577*$I$29	M28까지 복사
O4	=2.115*$I$29	O28까지 복사
P4	=$I$29	P28까지 복사
Q4	=0*$I$29	P28까지 복사

② B4:B28을 블록으로 지정한 후 Ctrl 키를 누른 채 H4:H28, K4:K28, L4:L28, M4:M28, K4:K24를 블록으로 지정한다.

③ 「삽입」–「분산형」–「직선이 있는 분산형」을 선택한다.

④ 마우스 포인터를 그림의 오른쪽에 있는 「계열」 부근에 놓고 마우스 오른쪽 버튼을 클릭한다.

⑤ 「삭제」를 클릭한다.

⑥ 「삽입」–「텍스트 상자」–「가로 텍스트 상자」를 선택한다.

⑦ UCL의 오른쪽 끝 부분에 마우스 포인터를 놓고 상자 속에 「UCL=79.131」을 입력한다.

⑧ 마우스 포인터를 그림 밖에 놓고 마우스 왼쪽 버튼을 한 번 클릭한다.

⑨ 위의 절차를 반복하여 「CL = 78.998」과 「LCL= 78.865」를 입력한다.

⑩ 마우스 포인터를 그림 속에 놓고 한 번 클릭한 후 「차트도구」–「레이아웃」–「차트제목」–「차트 위」를 선택한다.

⑪ 「차트제목」을 지우고 「X–bar 관리도」를 입력한다.

⑫ 그림과 같은 「X–bar 관리도」를 얻는다.

⑬ B4:B28을 블록으로 지정하고 Ctrl 키를 누른 채 I4:I28, O4:O28, P4:P28, Q4:Q28을 블록으로 지정한 후 「평균관리도」를 작성할 때 거친 절차를 따른다.

⑭ 그림과 같은 「R 관리도」를 얻는다.

2. p 관리도의 작성 순서

(〈표 12–4〉의 자료표 활용한 [그림 12–6] 생성)

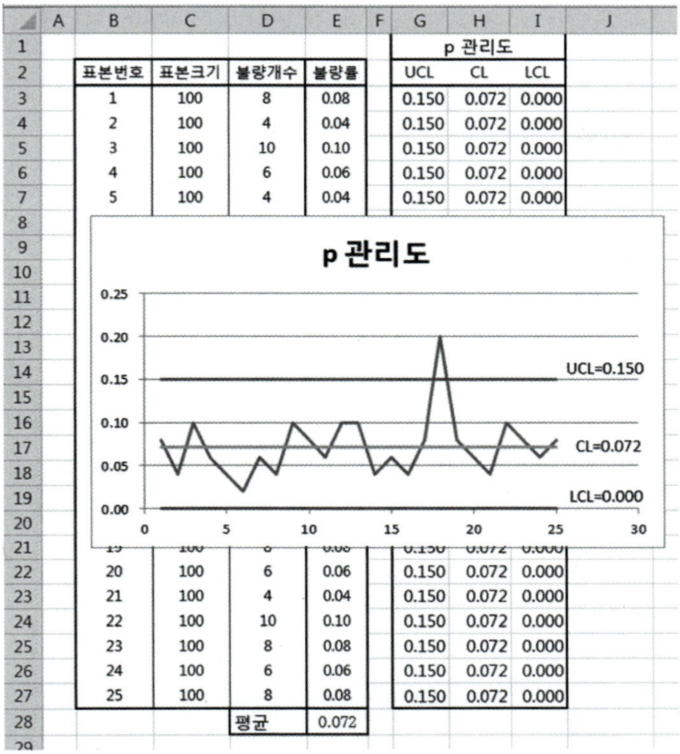

① 다음과 같이 수식을 입력한다.

셀 주소	수식	비고
E3	=D3/C3	E27까지 복사
E28	=AVERAGE(E3:E27)	
G4	=$E$28+3*SQRT($E$28*(1-$E$28)/100)	G27까지 복사
H4	=$E$28	H27까지 복사
I4	=IF($E$28-3*SQRT($E$28*(1-$E$28)/100)<0, 0)	I27까지 복사

② B3:B27을 블록으로 지정한 후 키를 누른 채 E3:E27, G3:G27, H3:H27, I3:I27을 블록으로 지정한다.

③ 「X-bar 관리도」와 「R 관리도」를 작성하기 위하여 취한 절차를 따른다.

④ 그림과 같은 「p 관리도」를 얻는다.

[부록 C] 품질과 신뢰성

학습 목표

- 품질과 신뢰성의 관계를 이해한다.
- 신뢰성과 관련된 여러 가지 용어와 개념을 파악한다.
- 신뢰성측도로 이용되는 와이블분포, 지수분포, 정규분포를 이해한다.
- 제품의 신뢰성을 제고하는 방법들을 공부한다.

신뢰성이란 제품의 성능을 장기간에 걸쳐 평가하는 개념으로, 제품이 일정 기간 동안 본래의 기능을 안정적으로 수행할 수 있는지를 나타낸다. 이는 제품의 전체 사용 수명과 밀접한 관련이 있으며, 고객 만족을 보장하기 위해 설계 단계에서부터 신뢰성을 향상시키기 위한 다양한 조치들이 반영되어야 한다. 또한, 제품이 주어진 기간 동안 기능을 안정적으로 수행할 수 있을지를 예측하는 일은 기업이 적절한 보증 정책을 수립하는 데 중요한 근거가 된다. 본 장에서는 신뢰성의 개념과 향상 방안, 관련 확률분포, 그리고 신뢰성 및 수명 검사 계획 등에 대해 살펴본다.

1. 품질과 신뢰성

기술의 발전과 더불어 제품의 구조와 기능이 점점 복잡해지면서, 단기적 품질뿐 아니라 장기적인 성능을 의미하는 신뢰성이 소비자 선택의 중요한 기준으로 부각되고 있다. 소비자는 제품 구매 시 가격뿐만 아니라 성능, 외관, 내구성, 사용 편의성, 수리 가능성, 그리고 애프터서비스와 같은 다양한 요구 조건을 고려한다. 결국 제품이 얼마나 오랫동안 고장 없이 안정적으로 작동하는지가 제품의 가치를 좌우하며, 이러한 특성을 정량적으로 평가하고 설계에 반영하기 위해 신뢰성 이론에 기반한 분석이 필요하다.

일반적으로 신뢰성이란 제품이 특정 조건 하에서 주어진 기간 동안 의도한 기능을 성공적으로 수행할 수 있는 능력을 의미한다. 이 개념은 품질과 밀접한 관련이 있다. 품질은 생산 직후의 제품 상태나 성능을 다루는 반면, 신뢰성은 사용부터 보전, 폐기까지 전 생애 주기에 걸쳐 제품의 성능과 내구성을 포괄한다. 따라서 신뢰성은 단순한 기술적 문제를 넘어서, 제품의 설계, 제조, 검사, 운송, 사용 환경, 수리, 유지보수 등 전 과정에 걸쳐 다양한 이해관계자가 함께 고려해야 할 종합적 요소다.

제품 개발과정에서는 시장의 요구와 사용 환경을 충분히 고려해야 한다. 예를 들어, 시장조사를 통해 소비자의 기대와 만족도를 파악하고 이를 설계에 반영해야 하며, 아무리 고장이 적은 제품이라도 고객의 니즈와 맞지 않으면 경쟁력을 갖기 어렵다. 이러한 고객 지향적 품질은 '매력적 품질'로 불리며, 단순히 고장률이 낮은 수준을 넘어 시장에서의 성공에 핵심적인 역할을 한다. 또한, 신뢰성 확보를 위해 사용 환경 분석이 필수적이다. 제품이 실제로 사용될 조건—온도, 습도, 충격, 염해 등—을 예측하고 설계 단계에서 반영하지 않으면 예상치 못한 고장이 발생할 수 있다. 예컨대, 겨울철 제설제로 인한 부식, 여름철 고온 환경에서의 열화 문제 등은 초기 설계에 충분히 고려되어야 할 변수다.

신뢰성을 향상시키는 설계 전략 중 하나는 중복배치(redundancy)이다. 이는 동일한 기능을 수행하는 부품을 병렬로 배치해 하나가 고장 나더라도 전체 시스템이 계속 작동할 수 있도록 하는 방식이다. 또한 제품의 수명을 단축 시간 내에 평가하기 위해 가속수명시험이 활용되며, 고온, 고습, 고진동 등 가혹 조건에서 제품을 시험하여 신뢰성을 예측할 수 있다. 시간이 지남에 따라 성능이 점진적으로 저하되는 경우에는 가속열화시험을 통해 데이터를 수집하고 분석한다.

제품의 초기 결함을 사전에 제거하기 위한 방법으로는 번인(Burn-in) 시험이 있다. 이는 제품을 시장에 출시하기 전 일정 기간 동안 미리 작동시켜 고장을 유도하고, 이를 통해 잠재적 결함을 개선함으로써 초기 고장률을 줄이기 위한 과정이다.

결론적으로, 신뢰성은 제품이 실제 사용 환경에서 얼마나 오랫동안 기대된 성능을 안정적으로 발휘할 수 있는지를 평가하는 개념으로, 제품 기획부터 고객 사용까지 전 과정에서 체계적인 접근이 요구된다. 이를 통해 소비자 만족도를 높이고, 기업의 경쟁력을 강화할 수 있다.

소비자는 구입한 제품이 오랜 기간 동안 안정적으로 작동하기를 기대하며, 아무리 성능이 뛰어나고 가격이 저렴하더라도 신뢰성이 부족하다면 제품의 가치는 크게 감소한다. 기술의 발전과 제품에 대한 성능 요구가 증가함에 따라, 고신뢰성 설계를 위한 기술 개발과 신뢰성 향상이 필수적인 과제로 부상하고 있다. 특히 제품 책임 및 품질보증에 대한 사회적 요구가 강화되면서, 신뢰성 확보는 기업의 생존과 직결되는 핵심 이슈가 되었다.

신뢰성 분석에서는 시스템과 부품의 구분이 중요하며, 이는 관점에 따라 동일 품목이라도 다르게 분류될 수 있다. 예를 들어, 완성차 관점에서 엔진은 부품이지만, 엔진 제조자에게는 하나의 시스템이 된다. 일반적으로 부품은 수리보다 교체 대상이며, 시스템 고장은 해당 부품의 상태에 크게 의존한다.

신뢰성은 제품이 특정 환경 하에서 일정 기간 동안 의도된 기능을 수행할 확률로 정의되며, 이는 다음 네 요소로 구성된다: (1) 고장이 발생하지 않을 확률, (2) 의도된 기능, (3) 기대 수명, (4) 작동 환경 조건. 예를 들어, 나일론 줄이 건조한 실내 환경에서 2년간 1,000kg을 지탱할 확률이 0.92라는 식으로 표현된다.

또한, 소비자의 안전 의식 향상과 제조물책임법의 시행은 고신뢰성 제품의 필요성을 더욱 부각시키고 있으며, 이를 위해 실험실 기반 수명시험뿐 아니라 현장 및 서비스 센터의 고장 데이터를 활용한 신뢰성 분석이 요구된다. 신뢰성은 단순한 제조 품질을 넘어, 장기적 제품 성능의 지표이며, 반복적인 고장은 제조업체의 비용 부담과 평판 저하로 직결되어 사업 전반에 부정적 영향을 미친다.

2. 설계를 통한 신뢰성의 제고 방안

제품 신뢰성에 대한 관심이 증가되고 있다. 그 한 가지 이유는 소비자보호 운동 때문이다. 또 하나의 이유는 제품들이 더욱 더 복잡해지기 때문이다. 예를 들어, 원래 세탁기는 세탁물을 뜨거운 비눗물에 흔들어 주는 단순한 장치였다. 오늘날의 세탁기는 여러 가지의 흔드는 속도, 여러 가지 헹구는 속도, 다양한 주기 시간, 다양한 물 온도, 다양한 급수 수준, 주기의 특정 시점들에 공급되는 세탁재료 등의 특성을 지니고 있다.

신뢰성이 더욱 강조되고 있는 또 다른 이유는 자동화 때문이다. 많은 경우에 소비자들은 제품의 자동화된 요소가 실패하면 그 제품을 수동으로 운영할 수가 없다. 제품은 규정된 기간 동안 어떤 기대대로 작동되어야 한다. 고객의 만족을 보장하기 위하여 신뢰성을 개선하려는 노력이 설계단계에서 주어져야 한다. 제품이 어떤 기간 동안 성공적으로 운영될 기회에 대해 아는 것은 중요하다. 그래야만 생산자는 보증정책에 이를 반영할 수 있을 것이기 때문이다. 제품이 더욱 복잡해짐에 따라 실패의 가능성은 증가한다. 부품들을 배열하는 방법은 전체 시스템의 신뢰성에 영향을 미친다. 부품들의 배열 방법으로는 직렬, 병렬, 혼합 등이 있다. [그림 1]과 같이 부품들이 직렬로 배열되었을 때 시스템의 신뢰성은 개별 부품 등의 곱이다.

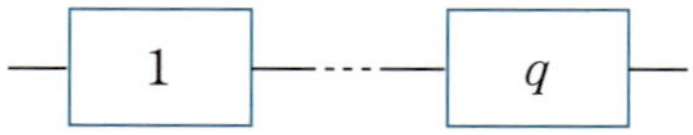

[그림 1] q개의 부품이 직렬배치인 경우

[그림 1]에서처럼 q개 부품이 직렬로 배치된 시스템의 경우, 곱셈정리에 의해 시스템의 신뢰성은 다음과 같이 계산된다.

$$R_s = \prod_{i=1}^{q} R_i = R_1 \cdot R_2 \cdots R_q \qquad \text{(식 1)}$$

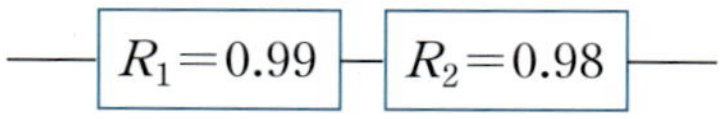

[그림 2] 2개의 부품이 직렬배치인 경우

[그림 2]는 2개의 부품이 직렬배치된 시스템을 보여준다. 각각의 부품의 신뢰성이 0.99와 0.98인 경우 시스템의 신뢰성은 (식 1)을 이용하면 간단하게 다음과 같이 구할 수 있다.

$$R_s = \prod_{i=1}^{2} R_i = R_1 \cdot R_2 = 0.99 \cdot 0.98 = 0.9702 \qquad \text{(식 2)}$$

부품들이 직렬로 첨가되면 시스템의 신뢰성은 저하된다. 또한 신뢰성은 부품들의 가장 낮은 값보다도 항상 작다. 부품들이 직렬로 배열되면 어느 한 부품의 실패는 시스템 전체의 실패로 나타난다. 부품들이 병렬로 배열되었을 때는 어느 한 부품의 실패가 전체 시스템의 실패로 나타나지는 않는다. 한 부품이 실패하더라도 제품은 다른 부품을 이용하여 계속 기능하며, 이것은 모든 병렬 부품들이 실패할 때까지 계속될 수 있다. [그림 3]은 q개의 부품이 병렬로 배치된 시스템을 보여준다.

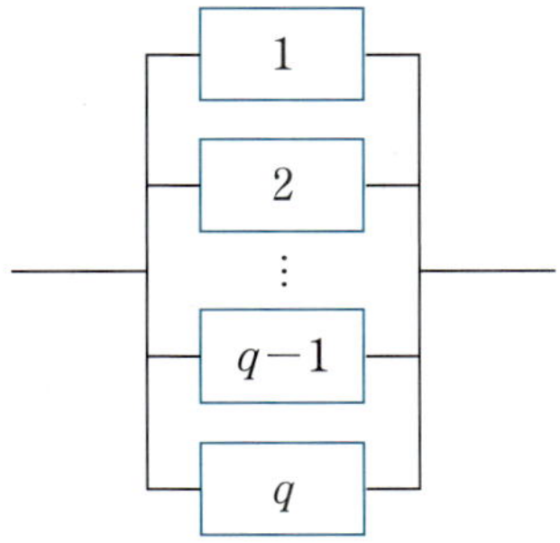

[그림 3] q개의 부품이 병렬배치인 경우

q개의 부품이 병렬배치된 경우의 시스템 신뢰성을 구하는 식은 다음과 같다.

$$R_s = 1 - \prod_{i=1}^{q}(1-R_i) \qquad \text{(식 3)}$$

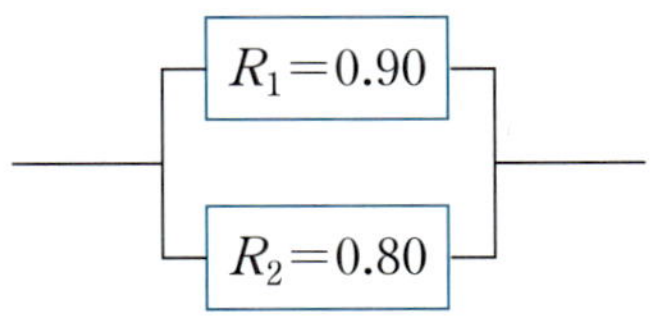

[그림 4] 2개의 부품이 병렬배치인 경우

[그림 4]에서처럼 2개 부품이 병렬배치되어 있고 부품의 신뢰성이 각각 0.90과 0.80으로 주어진 경우 시스템의 신뢰성을 구해 보면 다음과 같이 계산된다.

$$R_s = 1 - \prod_{i=1}^{2}(1-R_i) = 1-(1-R_1)(1-R_2) = 1-0.1\cdot0.2 = 0.98 \qquad \text{(식 4)}$$

병렬 부품들의 수가 증가하면 신뢰성은 증가한다. 부품들의 병렬배열의 신뢰성은 개별 부품의 신뢰성보다 크다. 대부분의 복잡한 제품들은 직렬 및 병렬배열들의 혼합이다. 하나의 예가 [그림 5]에 묘사되어 있는데 직렬배열에서의 부품이 병렬부품들로 배치되어 있는 모양이다.

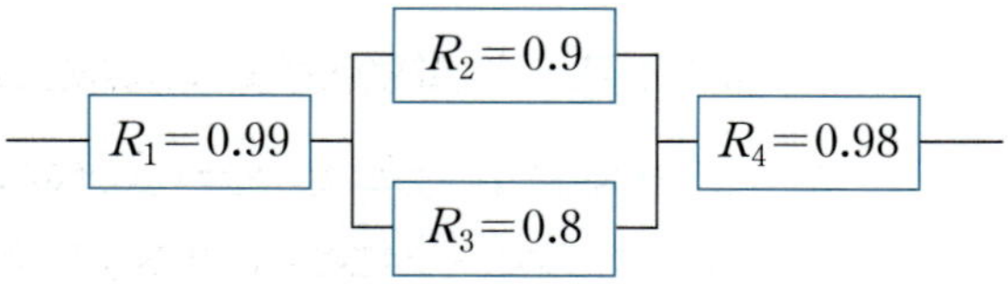

[그림 5] 직렬배치와 병렬배치가 혼합되어 있는 경우 I

[그림 5]의 혼합배열 시스템의 경우 시스템의 신뢰성은 다음과 같이 계산된다.

$$R_s = R_1 \cdot R_{23} \cdot R_4 = 0.99 \cdot 0.98 \cdot 0.98 = 0.9508 \qquad \text{(식 5)}$$

다음은 더 복잡한 혼합배열 시스템을 고려한다. [그림 6]에 나온 시스템은 총 12개의 부품으로 되어 있는데 직렬과 병렬이 혼합되어 있다. 각 부품들의 신뢰성은 다음과 같다.

$A_1 = A_2 = A_3 = 0.7,\ A_4 = A_5 = A_6 = 0.9,\ B_1 = B_2 = 0.8,\ C_1 = C_2 = 0.8,\ C_3 = C_4 = 0.9$

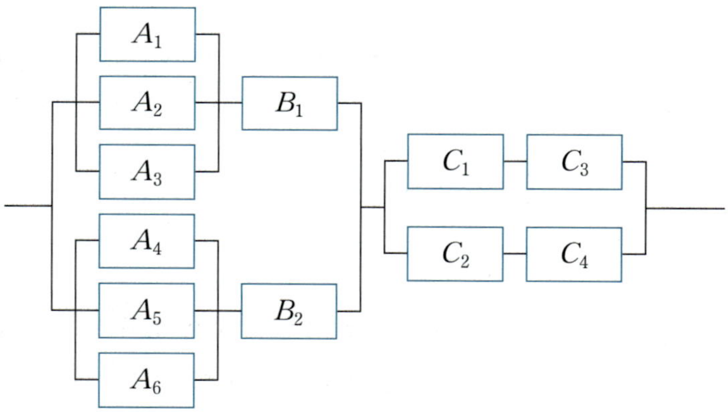

$A_1 = A_2 = A_3 = 0.7,\ A_4 = A_5 = A_6 = 0.9,\ B_1 = B_2 = 0.8,\ C_1 = C_2 = 0.8,\ C_3 = C_4 = 0.9$

[그림 6] 직렬배치와 병렬배치가 혼합되어 있는 경우 II

[그림 6]의 혼합 시스템의 경우 신뢰성을 구해보자. 먼저 각 하위시스템들의 신

뢰성을 구해야 한다. A_1, A_2, A_3 부품으로 구성된 하위시스템을 고려하자. 하위시스템의 신뢰성은 다음과 같다.

$$R_{A_{123}}=1-(1-A_1)(1-A_2)(1-A_3)=1-(1-0.7)(1-0.7)(1-0.7)=0.973$$

같은 요령으로 계산하면 부품으로 구성된 하위시스템의 신뢰성은 다음과 같다.

$$R_{A_{456}}=1-(1-A_4)(1-A_5)(1-A_6)=1-(1-0.9)(1-0.9)(1-0.9)=0.999$$

이런 식으로 [그림 6]의 전체 시스템 신뢰성은 서브시스템의 신뢰성을 구한 다음에 서브시스템의 신뢰성을 하나의 부품의 신뢰성처럼 생각해서 전체 시스템의 신뢰성을 구할 수 있다.

신뢰성의 가장 중요한 측면은 설계다. 설계는 가능한 한 단순해야 한다. 부품의 개수가 증가할수록 제품이 실패할 가능성은 커진다. 만일 시스템이 직렬로 50개의 부품으로 되어 있고 각 부품들의 신뢰성이 0.95라면 시스템의 신뢰성은 다음과 같이 격감한다.

$$R_{system}=0.95^{50}=0.07694$$

신뢰성을 제고하는 다른 방안은 비상용 혹은 중복 부품을 두는 것이다. 주 부품이 실패하면 다른 부품이 작동한다. 이 개념은 부품의 병렬배열과 같은 구조라고 생각할 수 있다. 목표로 하는 신뢰성에 도달하기 위해서는 하나의 비싼 부품을 쓰는 것보다 값싼 부품을 중복으로 설계하는 것이 더 효과적일 수 있다. 신뢰성은 과잉설계에 의해 성취될 수 있다. 안전 용인을 크게 잡는 것이 제품의 신뢰성을 증가시킬 수 있다.

예를 들어, 케이블카를 매다는 데 1/2인치의 강선으로도 충분하지만, 신뢰성을 증가시키기 위해 1인치 강선을 이용하는 경우다. 시스템의 보전은 신뢰성에 있어 또 하나의 중요한 요인이다. 더 잘 보전되기 위하여 제품이 보전되기 쉬워야 함은 물론이다.

어떤 경우에는 보전의 필요성 자체를 제거하는 것이 더 실용적이다. 예를 들어 석유주유기의 베어링은 제품수명기간 전체에 걸쳐 윤활유를 필요로 하지 않는다. 환경조건들, 즉 먼지, 습기, 온도, 진동 등은 실패의 원인이 될 수 있다. 설계자는 이런 조건들로부터 제품을 보호해야 한다. 열방패, 고무진동판, 필터 등이 절대적인 환경조건 아래서 신뢰성을 증가시키기 위해 이용된다.

신뢰성으로의 투자와 신뢰성 사이에는 확실한 관계가 있다. 그러나 어떤 한계 이후에는 제품비용에 큰 투자를 하더라도 신뢰성이 아주 조금만 개선된다. 예를 들어 5만 원짜리 부품이 0.75의 신뢰성을 가진다고 하자. 비용이 10만 원으로 증가된다면 신뢰성은 0.90이 된다. 만일 비용이 15만 원으로 증가하면 신뢰성은 0.94가 된다. 만일 비용이 20만 원으로 증가하면 신뢰성은 0.96이 된다. 이 가상적인 예에서 알 수 있듯이 투자금액에 비해 신뢰성 증가율은 점차 감소한다.

3. 기타 신뢰성을 높이는 방안

제품 신뢰성을 높이기 위한 다른 측면들은 제조, 수송 및 보전이다. 제조공정은 설계에 이어 신뢰성의 두 번째로 중요한 측면이다. 기본적인 품질관리기법들이 제품 실패의 위험을 극소화시킬 것이다. 가장 덜 신뢰가 가는 부품들에 유의해야 할 것이다.

제조부문의 종사자들은 사용하는 장비가 직무에 적합한 것인지를 점검해야 하며, 새로운 장비가 도입된다면 이를 조사해야 한다. 또한 어떤 조건하에서 가장 신뢰성 있는 제품이 생산되는지를 알아보기 위해 공정조건들을 실험해 볼 수도 있다.

신뢰성의 또 다른 측면은 고객으로의 제품 수송이다. 얼마나 잘 설계했는지 혹은 얼마나 주의 깊게 제조했는지에 관계없이 고객에 의한 제품의 실제 성과가 최종 판단이 된다. 사용 시점에서의 제품의 신뢰성은 제품 운송 중의 취급에 의해 크게 영향 받을 수 있다. 포장을 좋게 하고 수송에 대한 평가를 하는 것이 필수적이다.

설계자들은 고객이 보전해야 할 필요성을 제거하려고 노력하기는 하지만, 그것이 실제적이거나 가능하지 않은 경우가 많다. 그런 경우에 고객은 충분한 경고를 받아야만 한다. 예를 들어, 어떤 부품에 윤활유가 필요한 경우 경고등 혹은 경음기가 작동하게 할 수 있다. 보전은 시행하기 간단하고 쉬워야 한다.

4. 신뢰성분석에 이용되는 확률분포

시스템의 노화에 따르는 성능의 변화를 정량적으로 측정할 수 있는 여러 가지 형태의 함수들을 정의하고 이러한 함수들이 시스템의 가동시간에 따라서 어떻게 변화하는지에 대한 성질들을 설명한다. 시스템의 성능을 시간의 함수로 간주하였을 때 가장 보편적으로 사용되는 함수로는 신뢰도 함수, 고장률 함수 및 평균잔여수명함수 등이 있다. 이러한 함수들은 신뢰성 이론의 학습 및 응용에 필요한 기본적인 개념들로써 시스템의 수명을 통계적으로 나타내는 수명 분포들에도 널리 이용된다. 특히 고장률 함수 및 평균잔여수명함수는 시간 t에서의 시스템의 성능을 객관적으로 나타낼 수 있는 정량적인 함수들로써 이러한 함수들의 값의 변화에 따라 시스템의 주어진 임무수행능력이 좋아지는지 또는 악화되는지에 관한 분석이 가능하다.

T를 시스템의 수명 또는 고장시간을 나타내는 연속확률변수라 하고, T의 누적분포함수를 $F(t)$라고 하자. $F(t)$는 시간 T 이내에 고장날 확률을 나타내므로 불신뢰도 함수라고도 한다. 또한 확률밀도함수를 $f(t)$라고 표시한다. 일반적으로 고려되는 신뢰도의 측도는 다음과 같다.

- **신뢰도 함수**: 신뢰도 함수 $R(t)$는 시간 t 동안 시스템이 고장 나지 않을 확률을 의미한다. $R(t)=1-F(t)$
- **고장률**: 만일 확률밀도함수 $f(t)$가 존재하면 고장률함수는 다음과 같다.

$$r(t) = \frac{f(t)}{R(t)}$$

- **평균수명**: 평균수명은 평균고장시간(Mean Time To Failure: MTTF)이나 평균고장간격(Mean Time Between Failures: MTBF) 등으로 약칭된다.

신뢰도 함수
고장률
평균수명

이 장에서는 신뢰성 분석에서 자주 나타나는 대표적인 수명분포 즉 지수분포, 와

이블분포, 정규분포 등 몇 개의 수명분포에 대해서 알아본다.

(1) 지수분포: 신뢰성이론 및 수명분포모형에 있어서 지수분포는 중요한 위치를 차지한다. 지수분포의 특징은 무엇보다도 노화현상이 보이지 않는다는 것이다. 즉 어느 부품의 수명이 지수분포를 따른다는 것은 사용시간이 경과하더라도 고장률의 값이 변하지 않는다는 것이다. 특히 지수분포는 무기억성을 가지고 있는 분포이며, 이러한 성질은 부품이 앞으로 일정시간 이상 가동할 확률이 현재 부품의 사용시간, 즉 나이에 무관하게 일정하다는 것을 의미한다. 지수분포의 확률밀도함수, 불신뢰도함수, 신뢰도함수, 고장률함수는 각각 다음과 같다.

$$f(t)=\lambda e^{-\lambda t},\ \ t\geq 0$$

$$F(t)=\int_0^t \lambda e^{-\lambda x}dx$$

$$\begin{aligned} R(t)&=1-F(t)\\ &=1-\int_0^t \lambda e^{-\lambda x}dx\\ &=e^{-\lambda t}\end{aligned}$$

$$r(t)=\frac{f(t)}{R(t)}=\frac{\lambda e^{-\lambda t}}{e^{-\lambda t}}=\lambda$$

그리고 고장까지 걸리는 평균예상시간은 다음과 같다.

$$MTTF=\frac{1}{\lambda}$$

(2) 정규분포: 정규분포는 통계 이론에서 매우 중요한 역할을 한다. 정규분포는 중심극한정리의 핵심이며, 관측오차의 분포로 쓰이면서 여러 가지 분포의 극한분포의 역할도 한다.

(3) 와이블분포: 와이블분포는 지수분포를 일반화한 분포로서 고장률상수가 상수, 증가 또는 감소함수인 수명분포들을 모형화할 때 적당한 분포이다. 이 분포는 스웨덴의 물리학자 와이블이 1939년에 재료의 파괴강도에 대한 분포를 나타내기 위해 발표하였다. 3개의 모수를 가진 와이블분포의 확률밀도함수,

신뢰성함수, 고장률함수는 다음과 같다.

$$f(t) = \frac{\beta}{\alpha}\left(\frac{t-r}{\alpha}\right)^{\beta-1} \exp\left(-\left(\frac{t-r}{\alpha}\right)^{\beta}\right),\ t \geq r$$

$$R(t) = \exp\left(-\left(\frac{t}{\alpha}\right)^{\beta}\right)$$

$$r(t) = \frac{f(t)}{R(t)} = \frac{\beta t^{\beta-1}}{\alpha\beta}$$

고장까지 걸리는 평균시간은 다음과 같다.

$$MTTF = \alpha\Gamma\left(\frac{1}{\beta}+1\right)$$

와이블분포는 다음의 3개의 모수에 의해서 결정된다. 파라미터들은 위치파라미터(location parameter, γ), 척도파라미터(Scale parameter, α), 형상파라미터(Shape parameter, β)이다. 파라미터값들을 적절히 이용하면 다양한 모델로 활용할 수 있다. 와이블분포는 제품의 실패율이 일정하지 않은 경우에 실패까지의 시간을 모델화하는 데 적당하다.

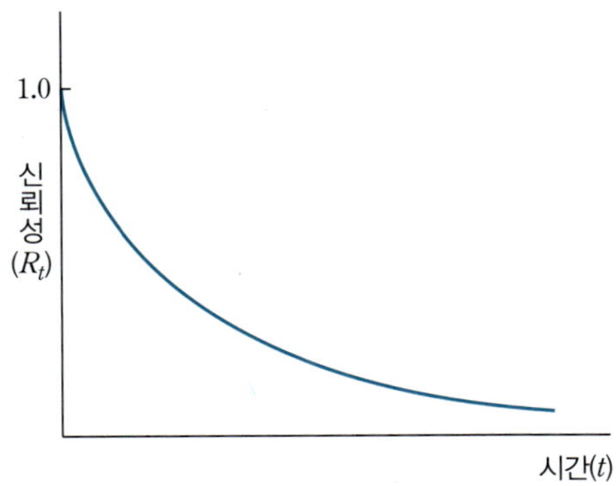

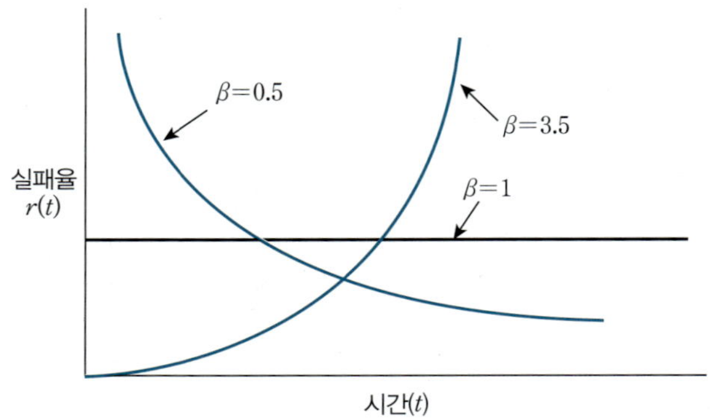

예제 1

어떤 앰프는 실패까지의 시간이 지수분포이고 실패율은 8%/1,000시간이다. 5,000시간에서의 앰프의 신뢰성은 얼마인가? 실패까지의 평균시간을 구하라.

$$\lambda = 0.08/1{,}000\text{시간} = 0.00008/\text{시간}$$
$$R(5000) = e^{-\lambda t} = e^{-0.00008 \cdot 5000} = e^{-0.4} = 0.6703$$
$$MTTF = \frac{1}{\lambda} = \frac{1}{0.00008} = 12{,}500\text{시간}$$

예제 2

어떤 제품의 최고 실패율을 구하라. 이 제품은 4,000시간에서 95%의 생존(즉, 성공적인 운영)확률을 가지고 있다. 실패까지의 시간이 지수분포를 따르고 있다고 가정하라.

$$R(t) = e^{-\lambda t} = 0.95$$
$$e^{-\lambda \cdot 4000} = 0.95$$
$$\rightarrow 4000\lambda = -\ln(0.95)$$
$$\lambda = \frac{-\ln(0.95)}{4000} = 0.0000128/\text{시간}$$

와이블분포는 제품의 실패율이 일정하지 않은 경우에 실패까지의 시간을 모델화하는 데 적당하다.

예제 3

어떤 전기회로의 고장까지의 시간분포는 척도모수 400시간이고 형상모수 0.2인 와이블분포로 모델화할 수 있다. 600시간 운영 후의 전기회로의 신뢰성은 얼마인가? 실패까지의 평균시간을 구하라. 실패율이 시간에 따라 증가하는지 또는 감소하는지 분석하라.

$$\alpha=400,\ \beta=0.2,\ \gamma=0$$
$$R(t)=\exp\left(-\left(\frac{t}{\alpha}\right)^{\beta}\right)=\exp\left(-\left(\frac{600}{400}\right)^{0.2}\right)=0.3381$$
$$MTTF=\alpha\Gamma\left(\frac{1}{\beta}+1\right)=400\Gamma\left(\frac{1}{0.2}+1\right)=400\Gamma(6)$$
$$=400\cdot 5!=48,000$$
$$r(t)=\frac{\beta t^{\beta-1}}{\alpha^{\beta}}=\frac{0.2t^{0.2-1}}{400^{0.2}}=0.0603t^{-0.8}$$

5. 고장률패턴과 수명-역사 곡선

시간 t의 증가에 따라는 고장률의 추이에 대하여 수명분포를 다음과 같이 분류할 수 있다.

- 고장률이 시간의 경과에 따라 증가할 때 수명분포를 증가고장률분포라고 한다.
- 고장률이 시간의 경과에 따라 감소할 때의 수명분포를 감소고장률분포라고 한다.
- 고장률이 시간의 경과에 상관없이 일정할 때 수명분포를 상수고장률분포라고 한다.

그 이외에도 고장률함수의 모양에 따라 욕조모양고장률곡선 등이 있다. 초기에는 짧은 기간 동안의 고장률 감소 현상을 보이고 그 이후에는 상당 기간 동안은 거의 일정한 고장률을 유지하게 된다. 이 기간 동안의 고장은 노화에 기인한다기보다는 주로 과부하 발생에 의한 고장 등과 같이 우발적으로 발생하는 것으로 우발고장기간이라 부른다. 가동기간이 길어져서 우발고장기간이 끝남에 따라 후기에는 시스템의 고장률함수는 증가하게 된다. 이러한 기간은 마모기간으로 볼 수 있다. 다음 그림은 이러한 욕조모양고장률의 변화에 대하여 설명하고 있다.

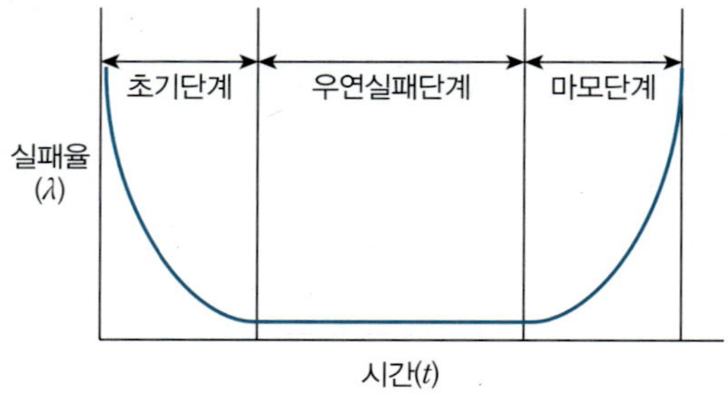

각 구간별의 가능한 고장 원인은 다음과 같다.

(1) 초기고장: 제품에 내재하고 있는 설계나 공정에서의 결함에 의한 것으로 그 결함을 찾아내어 안정화시킬 필요가 있는 시기이다. 차량 등에서는 길들임 운전 등이 이 시기에 해당한다. 다시 말해서 적절하게 설계, 제조되지 않음으로써 생기는 비교적 심각한 결함이 내재하고 있는 경우로 사람의 경우 신생아 시기가 이에 해당한다.

(2) 우발고장

① 발생 원인: 외부로부터 가해지는 부하, 과중한 부하, 과중한 조작, 사용자의 과오, 안전계수가 낮은 것, 디버깅 중에도 발견되지 않은 고장 등

② 대책: 신뢰성이 높은 부품이나 재료 사용, 적절한 사용, 극한 상황을 고려한 설계, 안전계수를 고려한 설계

(3) 마모고장

① 발생 원인: 마모, 노화, 부식

② 대책: 장치가 보전 가능하다면 예방보전이라든가 고장 난 부품을 교환하는 사후 보전방법으로 상승하는 고장률을 감소시킬 수 있다.

처음에는 실패율이 높고 이어서 실패율이 낮은 상태가 계속되다가 마모 실패가 높은 비율로 발생하는 시기가 온다. 이처럼 제품의 실패율은 그 수명 역사에 있어서 달라지게 되는 것이 보통이다. 이를 수명-역사곡선으로 표현할 수 있다. 수명-역사 곡선은 횡축에 시간, 종축에 실패율을 기재한 좌표에 표현된다.

이는 욕조곡선이라고 불리는데 시간에 따른 실패율의 추이를 한눈에 볼 수 있다. 이것은 3개의 구별된 단계를 가지는데, 초기단계, 우연실패단계 및 마모단계이다.

초기단계는 유아사망단계라고도 불리는데 실패율의 급격한 감소를 야기하는 한계적인 짧은 수명의 부품들로 특징을 이룬다. 곡선의 모양은 제품의 유형에 따라 다르기는 하지만, 모양파라미터가 1보다 작은 와이블분포가 실패의 발생을 묘사하기 위해 이용된다. 초기단계는 어떤 제품들의 경우에는 출하 전의 검사활동의 부분이 되기도 한다. 다른 제품들의 경우에는 이 단계는 보증기간으로 규정된다. 어떤 경우든 막대한 품질비용이 소요된다.

우연실패단계는 그림에서 수평선으로 나타나는데, 실패율이 일정하다. 일정한 실패율이므로 실패는 랜덤하게 발생된다. 대부분 제품들에서 일정한 실패율이라는 가정은 옳긴 하지만, 어떤 제품들에서는 실패율이 시간에 따라 증가하기도 한다. 사실 어떤 소수의 제품들에서는 약간의 감소를 보이기도 하는데 이것은 제품이 시간에 따라 개선된다는 의미이다.

지수분포 및 형상모수가 1인 와이블분포가 수명 역사의 단계를 보여주기 위해 이용된다. 곡선이 증가하거나 감소하면 와이블 모양모수는 1보다 크거나 작은 와이블분포가 이용될 수 있다. 그림의 곡선은 대부분의 제품들에서 나타나는 실패의 유형이다. 하지만 이 곡선과 다르게 나타나는 제품들도 있을 것이다. 실패유형을 아는 것은 중요한데, 그래야만 제품 신뢰성의 분석 및 예측을 위해 알려진 확률분포가 이용될 수 있기 때문이다. 샘플로부터의 검사결과들이 적절한 확률분포를 결정하기 위해 이용될 수 있다.

6. FMEA와 FTA

고장모드 영향분석(FMEA, Failure Mode and Effect Analysis)은 제품의 구성 부품이 고장이 나는 경우 제품에 어떠한 영향을 미칠 것인가를 체계적으로 분석하는 작업이다.

좋은 품질을 확보하기 위해서는 설계 초기단계에서 설계에 대한 적합성을 검토하고 제조공정에서 야기될 수 있는 고장, 결함 또는 불량에 대한 사전검토와 대책을 세우는 일이 필수적이다. 고장모드 및 영향해석(Failure Mode and Effect Analysis: FMEA)은 이러한 목적에 맞는 가장 적합한 접근 방법이라 할 수 있다.

FMEA는 1950년대 초 프로펠러 추진 항공기가 제트엔진항공기로 전환될 때 유압장치, 전기장치 등으로 구성되는 복잡한 조정시스템을 가진 제트기의 신뢰성 설계를 위하여 사용된 것이 효시이다. 또한 FMEA는 신뢰성을 중시하는 설비 보전의 핵심적 방법론이기도 하다. 통상 이야기되는 FMEA는 설계 FMEA를 가리킨다. FMEA는 원래 설계내용의 신뢰성 해석과 평가를 위한 도구로 개발되었으며, 공정 FMEA는 설계 FMEA의 기본개념을 공정설계와 공정개선에 응용한 것이라고 할 수 있다.

설계 FMEA를 효과적으로 추진하기 위해서는 FMEA 추진방법을 숙지하는 것도 중요하지만, 실시대상의 특성 등을 고려하여 독자적인 실시 방법을 정착시켜 나갈 필요가 있다. 효과적인 FMEA의 실시를 위해서는 무엇보다도 분석하고자 하는 시스템에 대한 고장모드, 고장 원인, 고장 영향 등에 대한 많은 지식이 필요하다.

결함나무분석(FTA, Failure Tree Analysis)은 시스템의 고장이나 원치 않는 사상을 정의하고 시스템의 작동과 환경을 분석하여 원치 않는 사상의 발생 원인과 인과관계를 논리기호 사용, 나무 모양의 그림으로 나타낸 것이다. 이를 바탕으로 시스템의 주요 고장 원인과 고장 발생 확률을 평가하여, 시스템 고장에 큰 영향을 주는 원인을 찾아 해결함으로써 신뢰성을 개선시키고자 하는 고장해석 또는 신뢰성 평가 방법이다.

FTA는 1960년대 초 미국의 대륙간 탄도 미사일의 개발단계에서 미사일 관제시스템의 안전성을 평가하기 위하여 벨연구소의 왓슨(Watson)이 고안한 방법으로 주로 안전성 해석을 위해 사용되었으나 그 후 신뢰성 분석에도 널리 쓰이고 있는 기법이며, 1965년 보잉항공사의 D.F. Haasl에 의해 보완되고 실용화되었다.

FTA는 시스템의 고장을 발생시키는 사상과 그 원인과의 인과 관계를 논리 관계를 설명하는 게이트나 사상 기호를 사용하여 나뭇가지 모양의 그림으로 나타내고 이에 의거하여 시스템의 고장 확률을 구한다. 이를 통해 문제가 되는 부분을 찾아내고 이 부분을 개선함으로써 시스템의 신뢰성을 개선하는 계량적 고장 해석 및 신뢰성 평가 방법을 말하며, 하향식(Top-down) 전개방식을 취한다.

연·습·문·제

1. 신뢰성에 관련한 4개의 요인을 설명하라.

2. 신뢰성을 제고하는 방안들을 설명하라.

3. 아래 그림의 시스템은 총 11개의 부품으로 되어 있는데, 직렬과 병렬이 혼합되어 있다. 각 부품들의 신뢰성은 각각 다음과 같다. 시스템 신뢰성을 구하라.

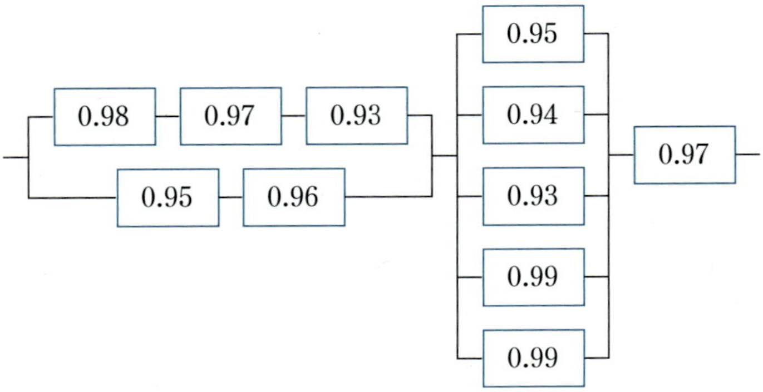

4. 어떤 시스템이 5개의 부품, A, B, C, D, E로 구성되어 있는데, 신뢰성 계수는 각각 다음과 같다. 만일 부품들이 직렬로 구성되어 있다면 시스템 신뢰성은 얼마인가?

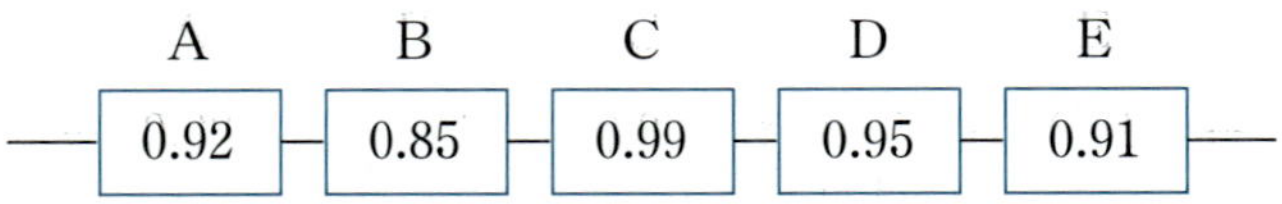

5. 어떤 시스템이 병렬로 연결된 5개의 부분품 A, B, C, D, E로 되어 있다. 시스템 신뢰성은 얼마인가? 4번과 비교해 봤을 때 어느 배치가 시스템 신뢰성이 더 높은가?

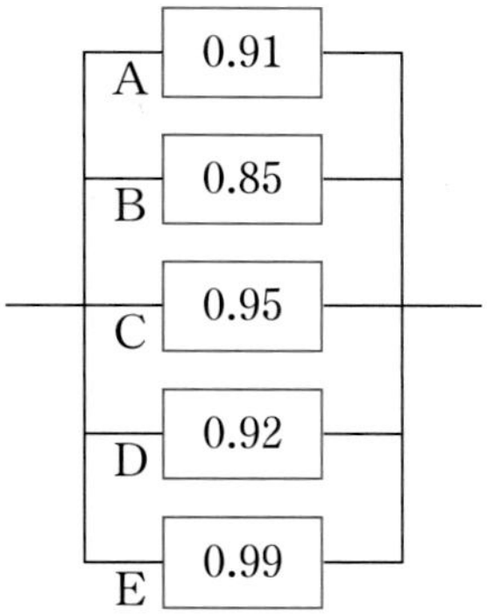

6. 하나의 구성품은 10,000시간당 0.4의 실패율을 갖는다. 이 구성품이 적어도 6,000시간에서도 작동할 확률을 구하라.

[부록 D] 부표

1. 표준정규분포표
2. t-분포표
3. 누적포아송분포표

1. 표준정규분포표

Z	0.00	0.01	0.02	0.03	0.04	0.05	0.06	0.07	0.08	0.09
0.0	0.0000	0.0040	0.0080	0.0120	0.0160	0.0199	0.0239	0.0279	0.0319	0.0359
0.1	0.0398	0.0438	0.0478	0.0517	0.0557	0.0596	0.0636	0.0675	0.0714	0.0753
0.2	0.0793	0.0832	0.0871	0.0910	0.0948	0.0987	0.1026	0.1064	0.1103	0.1141
0.3	0.1179	0.1217	0.1255	0.1293	0.1331	0.1368	0.1406	0.1443	0.1480	0.1517
0.4	0.1554	0.1591	0.1628	0.1664	0.1700	0.1736	0.1772	0.1808	0.1844	0.1879
0.5	0.1915	0.1950	0.1985	0.2019	0.2054	0.2088	0.2123	0.2157	0.2190	0.2224
0.6	0.2257	0.2291	0.2324	0.2357	0.2389	0.2422	0.2454	0.2486	0.2517	0.2549
0.7	0.2580	0.2611	0.2642	0.2673	0.2704	0.2734	0.2764	0.2794	0.2823	0.2852
0.8	0.2881	0.2910	0.2939	0.2967	0.2995	0.3023	0.3051	0.3078	0.3106	0.3133
0.9	0.3159	0.3186	0.3212	0.3238	0.3264	0.3289	0.3315	0.3340	0.3365	0.3389
1.0	0.3413	0.3438	0.3461	0.3485	0.3508	0.3531	0.3554	0.3577	0.3599	0.3621
1.1	0.3643	0.3665	0.3686	0.3708	0.3729	0.3749	0.3770	0.3790	0.3810	0.3830
1.2	0.3849	0.3869	0.3888	0.3907	0.3925	0.3944	0.3962	0.3980	0.3997	0.4015
1.3	0.4032	0.4049	0.4066	0.4082	0.4099	0.4115	0.4131	0.4147	0.4162	0.4177
1.4	0.4192	0.4207	0.4222	0.4236	0.4251	0.4265	0.4279	0.4292	0.4306	0.4319
1.5	0.4332	0.4345	0.4357	0.4370	0.4382	0.4394	0.4406	0.4418	0.4429	0.4441
1.6	0.4452	0.4463	0.4474	0.4484	0.4495	0.4505	0.4515	0.4525	0.4535	0.4545
1.7	0.4554	0.4564	0.4573	0.4582	0.4591	0.4599	0.4608	0.4616	0.4625	0.4633
1.8	0.4641	0.4649	0.4656	0.4664	0.4671	0.4678	0.4686	0.4693	0.4699	0.4706
1.9	0.4713	0.4719	0.4726	0.4732	0.4738	0.4744	0.4750	0.4756	0.4761	0.4767
2.0	0.4772	0.4778	0.4783	0.4788	0.4793	0.4798	0.4803	0.4808	0.4812	0.4817
2.1	0.4821	0.4826	0.4830	0.4834	0.4838	0.4842	0.4846	0.4850	0.4854	0.4857
2.2	0.4861	0.4864	0.4868	0.4871	0.4875	0.4878	0.4881	0.4884	0.4887	0.4890
2.3	0.4893	0.4896	0.4898	0.4901	0.4904	0.4906	0.4909	0.4911	0.4913	0.4916
2.4	0.4918	0.4920	0.4922	0.4925	0.4927	0.4929	0.4931	0.4932	0.4934	0.4936
2.5	0.4938	0.4940	0.4941	0.4943	0.4945	0.4946	0.4948	0.4949	0.4951	0.4952
2.6	0.4953	0.4955	0.4956	0.4957	0.4959	0.4960	0.4931	0.4962	0.4963	0.4974
2.7	0.4965	0.4966	0.4967	0.4968	0.4969	0.4970	0.4971	0.4972	0.4973	0.4974
2.8	0.4974	0.4975	0.4976	0.4977	0.4977	0.4978	0.4979	0.4979	0.4980	0.4981
2.9	0.4981	0.4982	0.4982	0.4983	0.4984	0.4984	0.4982	0.4985	0.4986	0.4986
3.0	0.4987	0.4987	0.4987	0.4988	0.4988	0.4989	0.4989	0.4989	0.4990	0.4990
3.1	0.4990	0.4991	0.4991	0.4991	0.4992	0.4992	0.4992	0.4992	0.4993	0.4993
3.2	0.4993	0.4993	0.4994	0.4994	0.4994	0.4994	0.4994	0.4995	0.4995	0.4995
3.3	0.4995	0.4995	0.4995	0.4996	0.4996	0.4996	0.4996	0.4996	0.4996	0.4997
3.4	0.4997	0.4997	0.4997	0.4997	0.4997	0.4997	0.4997	0.4997	0.4997	0.4998
3.5	0.4998									
4.0	0.49997									
4.5	0.499997									
5.0	0.4999997									

2. t-분포표

자유도	$t_{0.1}$	$t_{0.05}$	$t_{0.025}$	$t_{0.01}$	$t_{0.005}$	$t_{0.001}$
1	3.078	6.314	12.706	31.821	63.656	318.289
2	1.886	2.920	4.303	6.965	9.925	22.328
3	1.638	2.353	3.182	4.541	5.841	10.214
4	1.533	2.132	2.776	3.747	4.604	7.173
5	1.476	2.015	2.571	3.365	4.032	5.894
6	1.440	1.943	2.447	3.146	3.707	5.208
7	1.415	1.895	2.365	2.998	3.499	4.785
8	1.397	1.860	2.306	2.896	3.355	4.501
9	1.383	1.833	2.262	2.821	3.250	4.297
10	1.372	1.812	2.228	2.764	3.169	4.144
11	1.363	1.796	2.201	2.718	3.106	4.025
12	1.356	1.782	2.179	2.681	3.055	3.930
13	1.350	1.771	2.160	2.650	3.012	3.852
14	1.345	1.761	2.145	2.624	2.977	3.787
15	1.341	1.753	2.131	2.602	2.947	3.733
16	1.337	1.746	2.120	2.583	2.921	3.686
17	1.333	1.740	2.110	2.567	2.898	3.646
18	1.330	1.734	2.101	2.552	2.878	3.610
19	1.328	1.729	2.093	2.539	2.861	3.579
20	1.325	1.725	2.086	2.528	2.845	3.552
21	1.323	1.721	2.080	2.518	2.831	3.527
22	1.321	1.717	2.074	2.508	2.819	3.505
23	1.319	1.714	2.069	2.500	2.807	3.485
24	1.318	1.711	2.064	2.492	2.797	3.467
25	1.316	1.708	2.060	2.485	2.787	3.450
26	1.315	1.706	2.056	2.479	2.779	3.435
27	1.314	1.703	2.052	2.473	2.771	3.421
28	1.313	1.701	2.048	2.467	2.763	3.408
29	1.311	1.699	2.045	2.462	2.756	3.396
30	1.310	1.697	2.042	2.457	2.750	3.385
40	1.303	1.684	2.021	2.423	2.704	3.307
60	1.296	1.671	2.000	2.390	2.660	3.232
120	1.289	1.658	1.980	2.358	2.617	3.160
1000	1.282	1.646	1.962	2.330	2.581	3.098

3. 누적포아송분포표

λ=Mean

x	.01	.05	.1	.2	.3	.4	.5	.6	.7	.8	.9
0	.990	.951	.905	.819	.741	.670	.607	.549	.497	.449	.407
1	1.000	.999	.995	.982	.963	.938	.910	.878	.844	.809	.772
2		1.000	1.000	.999	.996	.992	.986	.977	.966	.953	.937
3				.1000	.1.000	.999	.998	.997	.994	.991	.987
4						1.000	1.000	1.000	.999	.999	.998
5									1.000	1.000	1.000

x	1.0	1.1	1.2	1.3	1.4	1.5	1.6	1.7	1.8	1.9	2.0
0	.368	.333	.301	.273	.247	.223	.202	.183	.165	.150	.135
1	.736	.699	.663	.627	.592	.558	.525	.493	.463	.434	.406
2	.920	.900	.879	.857	.833	.809	.783	.757	.731	.704	.677
3	.981	.974	.966	.957	.946	.934	.921	.907	.891	.875	.857
4	.996	.995	.992	.989	.986	.981	.976	.970	.964	.956	.947
5	.999	.999	.998	.998	.997	.996	.994	.992	.990	.987	.983
6	1.000	1.000	1.000	1.000	.999	.999	.999	.998	.997	.997	.995
7					1.000	1.000	1.000	1.000	.999	.999	.999
8									1.000	1.000	1.000

x	2.2	2.4	2.6	2.8	3.0	3.5	4.0	4.5	5.0	5.5	6.0
0	.111	.091	.074	.061	.050	.030	.018	.011	.007	.004	.002
1	.355	.308	.267	.231	.199	.136	.092	.061	.040	.027	.017
2	.623	.570	.518	.469	.423	.321	.238	.174	.125	.088	.062
3	.819	.779	.736	.692	.647	.537	.433	.342	.265	.202	.151
4	.928	.904	.877	.848	.815	.725	.629	.532	.440	.358	.285
5	.975	.964	.951	.935	.916	.858	.875	.703	.616	.529	.446
6	.993	.988	.983	.976	.966	.935	.889	.831	.762	.686	.606
7	.998	.997	.995	.992	.988	.973	.949	.913	.867	.809	.744
8	1.000	.999	.999	.998	.996	.990	.979	.960	.932	.894	.847
9		1.000	1.000	.999	.999	.997	.992	.983	.968	.946	.916
10				1.000	1.000	.999	.997	.993	.986	.975	.957
11						1.000	.999	.998	.995	.989	.980
12							1.000	.999	.998	.996	.991
13								1.000	.999	.998	.996
14									1.000	.999	.999
15										1.000	.999
16											1.000

참·고·문·헌

강금식, (2016),『품질경영』, 제5판, 도서출판 오래.

김연성 외 6인, (2009),『글로벌 품질경영』, 제4판, 박영사.

니시오 마사히로, (2013)『알기쉬운 ISO50001 에너지 경영시스템』, 이승희 역, 한국표준협회미디어.

박민재 외 2인, (2015),『Excel을 활용한 통계학』, 제3판, 도서출판 원.

박영택, (2018),『박영택 품질경영론』, 제2판, 한국표준협회미디어.

박지혁, (2017),『ISO9001 품질경영시스템을 위한 24가지 포인트』, 한국표준협회미디어.

박해근 외 4인, (2016),『품질경영론』, 형설출판사.

서비스경영연구회 편역, (2006),『서비스경영』, 제4판, 한경사.

송인식, (2015),『Quality Bible 관리도, 프로세스 능력 편』, 이담북스.

안상형 외 2인, (2008),『21세기 품질경영』, 박영사.

유한주 외 1인, (2006),『혁신과 리더십』, 기한재.

유한주 외 5인, (2002),『경영품질의 베스트프랙티스』, 법문사.

유한주 외 6인, (2008),『국가품질상 경영시스템』, 한국표준협회미디어.

유한주,「엑설런트 서비스」, KSAM, 2020.

유한주, (2016),『품격경영』, 한국표준협회미디어.

이기엽, (2016),『경영통계학』, 제4판, 집현재.

이나모리 가즈오, (2015),『바위를 들어올려라』, 유운한 역, 서울문화사.

이상복, 신동설, (2008),『품질기능전개 이론과 사례』, 이레테크.

이유재, 라선아, (2006),『한국기업의 서비스품질 평가제도 변천과정』, 서울대학교출판부.

정해성, 권영일, 박동호 공저,『신뢰성 시험 분석 평가』, 영지문화사

한국전력공사, (2017),『국가품질경영상(공공부문) 품질경영 현황설명서』.

한국표준협회, 2017 국가품질경영상 현황설명서.

한국표준협회, 2016 국가품질경영상 현황설명서.

한국표준협회, 2015 국가품질경영상 현황설명서.

한국표준협회, 한국서비스대상 현황설명서.

J. A. Fitzsimmons, (2004),『서비스경영』, 제4판, 서비스경영연구회 역, 한경사.

J. R. Evans, W. M. Lindsay, (2015)『품질경영』, 제9판, 이창원 외 6인 역, 한경사.

송광석, 박정희, 송예봄, 최대국, (2013),「서비스 인카운터 지수의 개발 및 측정에 관한 연구 -국내 공항서비스를 중심으로」서비스경영학회지, 14권 5호, pp.273-296.

서창적, 이세영, (2006),「한국서비스 품질 지수(KS-SQI)모형의 개선에 관한 연구」, 서비스경영학회지, 7권 2호, pp.99-121.

이정현, (2015),「품질분임조 (QC) 및 6 시그마 제도의 공존-K 공사 사례」, 생산성논집 (구 생산성연구), 29권 2호, pp.277-325.

정규석, (2004),「미국형과 일본형 TQM 간의 비교를 통한 한국형 TQM에 관한 모색」, 품질경영학회지, 32권 3호, pp.1-9.

A. Parasuraman, V. A. Zeithaml and L. L. Berry(1985), "A Conceptual Model of Service Quality and Its Implication for Future Research," Journal of Marketing, Vol.49, No.4, pp.41-50.

A. Parasuraman, V. A. Zeithaml and L. L. Berry(1988), "SERVQUAL: A Multiple-Item Scale for Measuring Consumer Perceptions of Service Quality," Journal of Retailing, Vol.64, pp.12-40.

C. Grönroos(1984), "A Service Quality Model and its Marketing Implications," European Journal of Marketing, Vol.18, pp.30-44.

D. C. Montgomery(1985), "Introduction to statistical quality control", New York, NY: John Wiley & Sons.

D. Garvin(1987), "Competing on the eight dimensions of quality," Harvard Business Review, Vol.65, No.6, pp.202-209.

H. S. Gitlow, P. T. Hertz(1983), "Product Defects and Productivity." Harvard Business Review, pp.131.

J. A. Fitzsimmons, J. M. Fitzsimmons(2006), Service Management, McGraw-Hill, 6th.

J. J. Cronin, S. A. Taylor(1992), "Measuring Service Quality: A Reexamination and Extension," Journal of Marketing, Vol.56, pp.55-68.

J. M. Juran(1974), Quality Control Handbook, McGraw-Hill, pp.3-7.

K. Ishikawa(1976), Guide to Quality Control. Tokyo, Japan: Asian Productivity Organization, (Eleventh Printing, 1983).

K. Ishikawa(1985). (translated by David J. Lu). What is Total Quality Control?-The Japanese Way. Englewood Cliffs, N.J.: Prentice Hall.

L. P. Sullivan(1986), "Quality function deployment", Quality progress.

M. B. Holbrook, K. P. Corfman(1985), "Quality and Value in the Consumption Experience: Phaedrus Rides Again," Perceived Quality, Lexington Books, pp.31-57.

M. J. Bitner(1990), "Evaluating Service Encounters: The Effects of Physical

Surroundings and Employee Response," Journal of Marketing, Vol. 54, pp.69-82.

P. B. Crosby(1979), Quality is Free : The Art of Making Quality Certain, McGraw-Hill.

R. C. Lewis, B. H. Booms(1983), "The Marketing Aspects of Service Quality," In Emerging Perspectives on Services Marketing, American Marketing Association, pp.99-107.

R. E. Bohn(2013), "Managing Quality", Harvard Business Publishing.

T. R. B. Sanders(1972), "The Aims and Principles of Standardization", International Organization for Standardization, pp.5-11.

W. B. Dodds, K. B. Monroe(1985), "The Effect of Brand and Price Information on Subjective Product Evaluations," Advances in Consumer Research, Vol.12, pp.85-90.

W. E. Deming(1975), "On Some Statistical Aids Toward Economic Procuction." Interfaces 5, no. 5, pp.1-15.

- ISO26262, https://ko.wikipedia.org/wiki/ISO_26262
- ISO26262, http://www.abni.net/bbs/content.php?co_id=consulting_26262
- ISO, https://www.icin.or.kr/INTR/INTR_01_001.aspx
- ISO26262, https://ko.wikipedia.org/wiki/ISO_26262
- ISO26262, http://www.abni.net/bbs/content.php?co_id=consulting_26262
- 품질기능전개, http://blog.daum.net/boho3/8578223
- "Defects: A Vanishing Species?", http://www.siemens.com/innovation/en/home/pictures-of-thefuture/industry-and-automation/digital-factories-defects-a-vanishing-species.html
- 국가품질상, http://knqa.ksa.or.kr/sites/knqa/files/국가품질상%20가이드북.pdf
- http://www.catlin.com/en/newsandviews/thought-leadership/2014/10-thingsmanufacturers-need-to-know-about-quality-06-14
- http://www.pp-s.com/Files/PPSWP_QMSbeyondprod.pdf
- "현대중공업, 작년 품질관리 실패로 6,000억 원 손실", http://biz.chosun.com/site/data/html_dir/2016/04/18/2016041801305.html?rsMobile=false
- "성공하는 기업의 비결", http://blog.lgdisplay.com/2016/04/toyota/
- "역대 최악의 자동차 50위", http://content.time.com/time/specials/2007/article/0,28804,1658545_1657867_1657781,00.html
- http://www.businessinsider.com/lessons-from-the-failure-of-the-ford-edsel-2015-9
- "사장님이 미쳤어요", http://news.donga.com/3/all/20170205/82720993/2

- "측정없이 개선없다", http://news.hankyung.com/article/2017012001781?nv=o
- "핵심역량 강화로 가치 극대화하는 (주)한화", http://www.kyeonggi.com/?mod=news&act=articleView&idxno=1512833
- "화장품을 만드는 필름회사", http://news.mt.co.kr/ 머니투데이 2015년 7월 19일 기사
- 품질분임조, http://knqa.ksa.or.kr/knqa/2294/subview.do
- "실시간으로 운영하고 의사결정하라", http://biz.chosun.com/site/data/html_dir/2016/11/14/2016111401107.html
- 품질분임조, http://knqa.ksa.or.kr/knqa/index.do
- "품질경쟁력, 현장개선 달인들에게 재미있게 배운다", http://vip.mk.co.kr/news/view/21/20/1529731.html
- LG화학 "혁신과 품질이 선도기업의 기본", http://news.mk.co.kr/newsRead.php?year=2016&no=816779
- 한샘, http://blog.naver.com/hansemeug_e/221054317589
- http://biz.chosun.com/site/data/html_dir/2016/12/13/2016121300973.html#csidxf4587e13afc0cd29567faaa54451520
- 자원순환선도기업대상 http://www.keco.or.kr/kr/customer/gov30/advanceInformation/view.do?SEARCH_FIRST_CD=2377&p=1&IDX=848&SEARCH_SECOND_CD=2608
- KS-SQI 조사 모형; http://www.kssqi.or.kr/ks-sqi/3366/subview.clo
- 인지서비스품질 기대의 활용, http://www.kssqi.or.kr/ks-sqi/3368/subview.clo
- 고객만족과 지속가능성장의 원천: 품질경영, 1판, 유한주 외, 생능출판사
- 품질경영, 5판, 강금식, 도서출판 오래
- 글로벌 품질경영, 4판, 김연성 외, 박영사
- 박영택 품질경영론, 2판, 박영택, KSAM

찾·아·보·기

ㅈ

ㅊ

ㅋ

저자 소개

김연성(金淵星)

인하대학교 경영학과 교수로 재직 중이며, 서울대학교에서 경영학학사, 경영학석사, 경영학박사 학위를 취득하였고, 인하대학교 대학원에서 융합고고학전공으로 문학석사를 받았다.

주요 연구 분야는 오퍼레이션스(Operations)를 통한 가치창출, 고객경험(CX), 품질경영, 서비스품질과 고객만족경영, 서비스혁신, 서비타이제이션 등이다.

미국 남가주대(USC) 마샬 경영대학원 초빙교수, 국민은행경제연구소 중소기업연구실장, 인천테크노파크 전략기술기획단 자문교수, 한국경영학회 회장, 한국고객만족경영학회 회장, 한국품질경영학회 회장, 한국생산관리학회 회장, 서비스디자인연구회 회장, 인하대학교 기획처장, 연구처장, 산학협력단장, LINC사업단장, 경영지원본부장, 정석학술정보관장 등을 역임하였다.

삼성물산 사원으로 대기업에서 경험을 하였고, 벤처기업의 CEO를 맡아 경영의 실전을 쌓았으며, OBS와 MBN, KBS 등 TV 방송의 MC로도 활동하였다. 글로벌 기업은 물론 공공기관 및 공공부문을 대상으로 강연과 경영 자문을 하고 있고, 행정안전부, 산업통상자원부, 국토교통부, 기획재정부, 동반성장위원회, 법제처, 해양경찰청, 인천광역시 등의 평가 및 자문위원으로도 봉사하고 있다.

공공부문 혁신 및 서비스 개선에 기여한 공로를 인정받아 대한민국 정부로부터 홍조근정 훈장과 대통령 표창장을 받았으며, 한국경영학회에서 우수경영학술상, 한국품질경영학회에서 품질경영학술상을 받았다. 국내외 학회에서 학술적인 성과를 인정받아 다수의 우수논문상과 우수발표논문상 수상자에 선정되었다. 인하대에서 우수연구상 1회와 우수교육상 2회를 수상했으며, 대한민국학술원 우수학술도서 선정 저서 2권과 세종도서 학술부문 우수도서 선정 저서를 포함한 50여 권의 저서와 국내외 공인학술지에 100여 편의 논문이 있다.

정욱(鄭昱)

동국대학교 경영대학 교수로 재직 중이며, 주요 연구 분야는 품질경영, 공급사슬관리, 기계학습을 활용한 Business Analytics 등이다. 성균관대 산업공학사, 미국 Georgia Institute of Technology 산업공학 석사 및 박사학위를 취득하였으며, 동국대 경영대학장 겸 경영전문대학원장, MBA 주임교수, 산업통상자원부 국가품질상 심사위원 등을 역임하였다.

또한, 한국생산관리학회장, 한국품질경영학회 편집위원장을 비롯하여 Asian Network for Quality 등의 여러 국내외 학술단체에서 임원으로 활동하였다. 그리고 삼성, 현대, 코오롱, 두산 등 민간부문과 한국조폐공사, 한국가스공사, 한국과학기술기획평가원 등 공공기관을 대상으로 자문과 교육활동을 해오고 있다.

동국대 우수강의상을 수차례 수상하였으며, Journal of Operational Research Society, Total Quality Management & Business Excellence, Quality and Reliability Engineering International, Decision Support Systems, International Journal of Production Research를 비롯한 여러 국내외 학술지에 50여 편의 논문을 출간하였다.

박민재(朴民宰)

홍익대학교 경영대학 교수로 재직 중이며, 품질경영, 경영통계, 생산관리, 경영과학 등을 강의하고 있다. 연세대 학사, 미국 컬럼비아대학 석사, 럿거스 대학 박사 학위를 취득하였으며, 홍익대 디자인예술경영학부 학부장, 입학관리본부 부본부장, 한국연구재단 전문위원 등을 역임하였다.

주요 연구 분야는 품질경영, 신뢰성모형, 빅데이터 통계 등이다. 한국품질경영학회(부회장, 학술위원장)와 한국신뢰성학회(운영부회장, 대표편집위원)를 비롯하여 품질과 신뢰성과 관련해서 다양한 국제학회 위원회의 위원 및 국가품질상 심사위원으로 활동하고 있다.

Annals of Operations Research, IEEE Transactions on Reliability, Reliability Engineering & Systems Safety, International Journal of Production Research, Total Quality Management & Business Excellence, Quality Technology & Quantitative Management, Applied Stochastic Models in Business and Industry, Applied Mathematical Modelling, Computational Statistics & Data Analysis, Computers & Industrial Engineering, IEEE Transactions on Systems, Man and Cybernetics를 비롯한 여러 저널에 60여 편의 논문을 출간하였고 통계 전공 서적, Wiley Encyclopedia, Springers Series 등의 집필에 참여했다. 수상 경력으로는 홍익대 경영대학 Best Teacher Award와 국제학술대회에서 최고 논문상을 다수 수상했다.

유한주(柳漢冑)

숭실대학교 경영학부 명예교수로 재직 중이며, 품질경영론, 서비스운영관리론 등을 강의하고 있다. 숭실대 경영대학장과 한국품질경영학회 회장, 한국서비스경영학회 회장, 동반성장위원회 공익위원, 국토교통부 산하기관 경영평가단장 등을 역임하였으며, 산업자원통상부 산하기관 경영평가위원, 방위사업청 정책자문위원, 국가품질상 심사위원 등으로 활동하고 있다. 삼성전자, 현대자동차, 코오롱 인더스트리, 롯데건설 등 민간부문과 한국전력, 한전KPS, 한국가스안전공사, 서부발전 등 공공기관을 대상으로 자문과 교육 활동을 해 오고 있다.

서강대학교에서 경영학사, 고려대학교에서 경영학 박사학위를 취득한 후 일본 동경의 히토츠바시(一橋) 대학 산업경영연구소에서 객원연구원으로 품질경영을 연구한 바 있다. 수상경력으로는 숭실대 Best Teacher Award와 2013년 국가품질대회에서의 홍조근정훈장, 2024년 황조근정훈장 등이 있다.